中国当代作家评传丛书

姚雪垠 评传 上

吴永平 著

河南文艺出版社
·郑州·

图书在版编目（CIP）数据

姚雪垠评传／吴永平著． -- 郑州：河南文艺出版社，
2025.8. --（中国当代作家评传丛书）． -- ISBN 978-7-5559
-1699-4

Ⅰ. K825.6

中国国家版本馆 CIP 数据核字第 2024KK1844 号

出 版 人　　许华伟
策　　划　　张　娟
责任编辑　　张　娟
责任校对　　梁　晓　樊亚星　殷现堂
装帧设计　　刘婉君

出版发行　河南文艺出版社
社　　址　郑州市郑东新区祥盛街 27 号 C 座 5 楼
承印单位　河南瑞之光印刷股份有限公司
经销单位　新华书店
开　　本　700 毫米 × 1000 毫米　1/16
总 印 张　60.25
总 字 数　1 050 000
版　　次　2025 年 8 月第 1 版
印　　次　2025 年 8 月第 1 次印刷
定　　价　138.00 元（全二册）

印厂地址　河南省武陟县产业集聚区东区（詹店镇）泰安路
邮政编码　454950　　电话　0371-63956290

卷首语

从三十年代到一九四九年大陆解放，这一段现代文学史我没有白活，可以说每个历史阶段，我在创作上都留下了也许可以传世的作品。这些作品是《姚雪垠文集》的脊梁骨，另外还有不少较有特色的论著。

——1986 年 8 月 8 日姚雪垠致王维玲信

序一

陈美兰

（武汉大学文学院资深教授）

　　记得多年前在一次学术研讨会上，遇见了许久不见的湖北省社科院研究员吴永平，在随意的交谈中得悉他正准备撰写《姚雪垠评传》，我不觉脱口而出：现在只有你完成这一任务最适合了。我这一说，其实并非敷衍之言，而是有着较长时间心理依据的。因为自 20 世纪 90 年代中期开始，我们作为湖北省文艺理论家协会的一员，常有机会在一起参加研讨活动。那时他还很年轻，性格也比较拘谨，讨论时发言不多，但对问题常有独立见解，有时还一语中的。当时我就隐约感到这位年轻学者身上似乎蕴藏着一种特殊的潜力，学识不浅，会钻研，爱思索。此后有十多年没见面，更难有机会直接交谈，但他给我留下的印象似乎没有淡忘，所以得悉他在承担《姚雪垠评传》的课题，我才会那样"脱口而出"。

　　今年春天，姚海天先生告诉我，吴永平写作《姚雪垠评传》历经十余年，现在已经完稿。这消息确实令我惊喜，但他又说，作者和他都希望我为这部七十余万字的著作写篇序言，这倒又令我惶恐，我怕自己精力不济，思维迟钝，耽误了他们的正事。无奈他们的一片真诚，最终使我难以推却。

　　当我细细阅读完这部书稿时，我不能不由衷地发出赞叹：这是目前我所看到的一部资料最丰富、翔实，叙述最全面、清晰，富有特色且评说公允的作家评传。

　　用吴永平自己的话说，这部《姚雪垠评传》的构思是"以时间纵线为经，重要作品为纬，著者情思为梭"，力图熔"事件史传记"和"心态史传记"于一炉。这种构思不同于某些评传重点凸现对系列作品的评说，作家的经历往往仅隐于其后的写法。而吴永平的"以时间纵线为经"，实际上是以传主的人生经历作为《姚雪垠评传》的主轴，在这个主轴展开的过程中来凸显其不同阶段的文学创作成就和贡献。值得注意的是，他所把握的"主轴"不是单线条的，而是多种史料、多种事件和细节的汇聚，是作家的足迹和时代音响的汇聚。由此让我们了解到作家的家族环境与他个性形成的关系;了解到作家青少年时期的生活经历,品尝到他"走异路、逃异地"的滋味以及对多种知识广泛吸纳;让我们更真实具体地了解作家如何萌生对文学的爱好和他的历经磨难、执着终生的奋斗历程。《姚雪垠评传》对姚雪垠不同时期最具影响的作品的呈现与论述:如20世纪30年代的《"差半车麦秸"》、40年代的《春暖花开的时候》和《长夜》等以及许许多多优秀作品及论文,直到最后的巨著《李自成》,都是在这个主轴依托下一一展开。在这里,吴永平展示了作家在20世纪不同时期的文学贡献,溯源了他能作出如此贡献的由来——使我们不仅仅知道姚雪垠创作了《李自成》,而且比较全面地了解在中国现代文学史上作家姚雪垠应该占有的位置。

　　吴永平在《姚雪垠评传》中毫不讳言姚雪垠在人生历程中除了经受生活磨难外,还遭受了多种精神磨难。可能我们许多读者只知道姚雪垠在新中国成立后曾受过不公正待遇,其实,在20世纪的三四十年代,他因为向往革命、追求进步,就曾经受了无数曲折;文学事业上为了坚持历史唯物主义的创作理念,也多次受到革命阵营内部不同派别的嘲讽、诬陷,甚至是欲置之于死地的攻击,使他不得不戴着精神"镣铐"前行。但正是通过这种种坎坷的展示,吴永平强烈地凸显了传主姚雪垠强劲的精神力量和开阔的心胸,凸显了他坚信历史未来的"过程论"所怀抱的自信,更凸显了他为祖国的文学事业作奉献"虽九死其犹未悔"的永不消沉的进取心。读着这些文字,确实使我内心震撼不已。

　　《姚雪垠评传》也十分注重展现姚雪垠作为小说家一生创作所追求的美学理想,从他在《春暖花开的时候》开始萌生的长篇小说美学追求,一直到《李自成》创作中所体现的系统的美学见解,都有比较详尽的叙述和剖析。更让我们感兴趣的是,吴永平通过对姚雪垠写作《李自成》过程中所留下的初稿、一次又一次的各种修改稿这些第一手资料的详尽搜集和掌握,别出心裁地从这些稿子前前后后的、实证式的对比中,详细描述了姚雪垠对《李自成》各卷的故事情节、人物个性、战争场面、生活细节等所作的反复修改,甚至他会把几十万字推倒重写。这些描述,既让我们感悟到姚雪垠创作《李自成》的艰辛,而且更有力地、感人地说明作家的美学追求绝不是空洞的理论条条,而是熔铸到他的许许多多艺术笔墨中,是一种充满艺术感染力的美学理想,他为此而呕心沥血。

　　为了使这部《姚雪垠评传》具有更强的真实感和客观性,吴永平对有关的第一手资料的掌握也同样可谓"呕心沥血"。用他的话来说,就是"致力于还原传主所曾置身的历史文化环境,以再现其学习、追求、挣扎、苦斗的原始样貌,因而尤重原刊、原报、原稿、原版、原档及作家笔记、录音、尺牍等'第一手'研究资料"。为此，他多年来不辞劳苦，走南闯北，或对知情者做专访，或深埋故纸堆里细心挖掘，经年枯坐冷板凳认真研读，鉴别资料的真伪、价值，进行符合实际的梳理。尽管在驾驭材料及行文的精练等方面还有待加强，但他对待研究工作的严肃作风，不能不令我由衷敬佩。

毋庸置疑，对一个作家研究越深入，也许情感的投入越无法遏制。吴永平在这方面总的来说还是注意有所控制的，客观性、求真性是他进行写作的最高要求，但在叙述某些事件的过程中，笔端有时也会不自觉地流露出一些过浓的感情色彩。这点，我相信读者会有所鉴别的，也会体谅的。

2023 年炎炎夏日，于珞珈山居

序二

俞汝捷

（湖北省社会科学院研究员，曾任姚雪垠先生助手）

与吴永平先生相识已近四十年。有意思的是，关于我们初次会面的场景曾为姚老所记录，并保存在他的一幅行书遗墨中。原文如下：

著书倦后思名酒，小饮芳醪诗兴回。梦想长篇完稿日，知交欢会醉茅台。

著名书法家姜东舒同志偕夫人、青年楚史研究者程涛平同志、拙著研究者周勃副教授与研究生吴永平同志以及我的得力助手俞汝捷同志夫妇，今日齐集寒斋，诚乐事也。吟诗四句，以资纪念，并书条幅奉赠。

东舒同志补壁并祈哂正

八四年四月廿八日　　姚雪垠

永平之所以出现在 1984 年 4 月北京姚宅的聚会上，是因为他当时正在撰写硕士学位论文，论题为《姚雪垠抗战时期小说创作研究》。

1985 年春，我调到湖北省社科院文学所，而永平硕士毕业后也留在该所，从此我们成为同事。几十年来研究的领域虽各有侧重，但他的治学路径、学术成果素为我所关注和钦赏。他的研究方向为中国现当代文学，而于老舍、胡风等着力尤深。2006 年，他的专著《隔膜与猜忌：姚雪垠与胡风的世纪纷争》问世，由我作序。此前此后，他还出版了《李蕤评传》《小说家老舍》《〈胡风家书〉疏证》《舒芜胡风关系史证》《我与舒芜先生的网聊记录》等书，均为学界同道所推重。

姚雪垠其人其作，一直是永平的兴趣所在和治学重点之一。1999 年我和他同赴北京参与 22 卷本《姚雪垠书系》的编纂工作，在姚老前期作品的搜集整理和年谱撰写方面，永平出力甚多。而对姚老生平著作的全面研究则体现在这本《姚雪垠评传》中。这是一本资料翔实、考据严谨、持论公允、叙述生动的评传，也是迄今所见有关姚雪垠研究的扛鼎之作。

对资料的广搜博采、力求完备，是永平治学的一大特点。早在撰写硕士论文时期,他的勤走图书馆,他对抗战乃至更早时期期刊、报纸的博览,就曾给姚老和我留下较深印象。这本评传则延续了他的一贯学风。翻开上卷第一章,一幅清末民初豫西农村落后、凋敝、战乱频仍、民不聊生的图景便呈现在我们面前。正是在这片土地上,姚雪垠出生并度过了自己的童稚岁月。在有关时代、地域、环境的叙述上,永平不作艺术虚构,而是言必有据。为阐明邓县的历史沿革,弄清姚氏先人由赣入豫的迁徙、定居过程以及家族脉系,他不仅细读传主本人的回忆录,参阅姚家亲属的相关书信,还查阅了从方志、族谱到碑文的各种文献。我于1999年到过姚营。那时改革开放已经二十年,但整个村子,从房屋外观到室内陈设,贫穷的景象仍令我吃惊,不由引起对姚老幼时生活的臆想。现在又过了二十多年,姚营当然已经旧貌换新颜。惟其如此,对于年青一代来说,想了解往昔的姚营,了解养育了姚雪垠的父母之乡,除作家本人的回忆录外,这本评传的价值就非常珍贵了。

上述资料功夫,体现在全书各章各节中。而当进入创作评述领域,永平的优长更通过对报纸期刊所发作品的搜寻探讨、对传主各种著作的版本比较而显示出来。一个作家的创作历程,既有若干重要站点,也有逶迤起伏的沿路风光,唯有细细追踪,才能看清全程。我于1977年秋担任姚老助手后,曾借助中国青年出版社(包括原开明书店)的藏书,花一两年时间浏览了有关明末农民起义的重要野史笔记和夏燮编著的《明通鉴》,也阅读了姚老各种著作的单行本,但我从未查阅过报纸杂志上的姚老佚文,从未留意其以笔名发表的作品,于是翻阅这本评传,便常有新的收获。譬如《春暖花开的时候》,我知道书稿曾边写边连载于胡绳主编的《读书月报》,却并未见过该刊。我最初读的是20世纪40年代的单行本,后来又读了1986年的修订稿,原以为单行本只是连载本的简单结集,读了《姚雪垠评传》,才知二者从篇幅到内容多有差异。《姚雪垠评传》除介绍现已鲜为人知的连载本人物、情节外,还把胡绳写在各期作品前面的"前情提要"全部转引出来。由此我才更加真切地感受到当年读者对连载中的《春暖花开的时候》"重温"与"期待"的热情,也感受到主编胡绳对该作的喜爱。又如《长夜》,我同许多读者一样,原以为这是传主唯一以被土匪绑票经历为题材的小说,也是读了评传,才知早在1933年他就曾以薛衡为笔名,在自己创办的《大陆文艺》上登过一篇《露水夫妻》。该小说同样描写陷身匪窟的生活,乃是早于《长夜》十多年的一次试笔。再如《李自成》,从传主、责编到评家都曾有过回忆或评述,而永平并不人云亦云,总是在概述他人著作之余,依凭自身考据,作出独特论断。他指出传主最初设想的小说主人公是崇祯皇帝,之后才变为李自成。在叙述小说第一卷如何问世时,他刻意将活页本上的草稿与誊录于稿纸的初稿加以区分,通过对两种文本的比较,展示出作品由粗具轮廓而日臻完善的过程。此等笔墨,即使对于我这样熟悉《李自成》的人来说,也会感到新鲜和有益。

姚老一生,几度被嘲骂,被孤立,被诬陷,被批斗,被误解,被"冷藏",这里涉及政治运动,也涉及文坛论争。《姚雪垠评传》直面所有的问题,既不回避,也不偏袒。从早年作品被诬为"色情"文学、"娼妓"文学,到中年被定为极右分子,再到晚年卷入几场论争,永平于传主的每一次经历,都能详细写出事发的背景和因由、双方的观点与方法、产生的影响与后果。因为一切从事实而非概念出发,他的评述就显得客观公允,经得起检验。这里,引起我回想和感慨的是,关于姚老晚年的几次笔战,事先我都有所知闻,并试图劝阻。姚老以"作家兼战士"自许,认为自己既要在创作领域作出贡献,也要勇于为捍卫他一生信奉的马克思主义而战。而我认为人到老年,时间可贵,应先集中精力完成《李自成》。为此,我们在谈话和通信中曾多次交换看法,他还直率地批评我缺乏"战士"精神。但我的说法对他也有影响,毕竟《李自成》是他创作生涯中的头等大事,他总是在一时"旁骛"之后又回归正途。20世纪90年代后,我与姚老每次会面,必谈第四卷,也必谈全书完成后的统改。我的感觉是,姚老进入耄耋之年后,心心念念的就是完成第四卷和统改全书。关于统改,特别是删除那些为防"棍子"而在第一卷修订本和第二卷中临时加上的议论,早在当年他给茅盾的信中就已谈及。现在为人诟病的某些段落其实早已纳入他的统改计划中。

永平善于夹叙夹议,他的多本著作都因这一特色而引人入胜。这本《姚雪垠评传》篇幅虽长,却同样因笔致摇曳而读来毫不枯燥。此外,他以据实而言、立论客观见长,但笔端也常带感情。譬如下面一段便是谈及传主20世纪50年代初倍遭轻慢的境遇时即兴而发的感喟:

> 也许我们可以斗胆地说一句,姚雪垠在20世纪40年代末名声受损,深深地影响了河南本土青年作家对他的"观感"。如果没有《李自成》的横空出世,如果没有拨乱反正的时代洪流,他在某些人眼中也许会永远保持着那种扭曲了的形象,他过去的作品也许很难有重见天日的一天,他的人品和文品也许永远也不会得到实事求是的评价。

此类于不经意间发出的感叹在评传中随处可见。

凡书皆有缺点。阅读评传初稿,亦曾发现个别讹误或尚可商榷之处,都已及时向永平指出,估计他会参酌修正,也就毋庸赘述了。

序三 一部专业研究者写的"学术型"传记

阎浩岗

（姚雪垠研究专家，河北大学文学院教授）

　　研究现当代作家，需要了解关于其生平与创作的尽可能全面而准确的细节，所以对于自己的重点研究对象我必读其传记，而且是不同作者所写的不同版本的传记。读得多了，自然会比较不同类型、不同版本作家传记的优劣得失。从其功能着眼，笔者将作家传记（可能也包括其他方面名人的传记）分为两大类型，即"文学型"传记与"学术型"传记：前者情感色彩浓郁，讲究文学性、感染性，后者则比较理性客观，重视学理性、学术性；前者面向各方面读者，包括普通文学爱好者，后者则主要面向专业研究者。当然，上述区分是相对而言的。事实上，"文学型"传记也要以作者对传主的研究为基础，"学术型"传记在保证学术严谨性的前提下也要有一定文采，作者对传主及所涉其他人物在内心里也不可能没有个人情感倾向。笔者个人的感觉，它们之间的本质区别是，"文学型"传记"编"的成分较大，就是说，材料未必是独家的、稀见的，而且常常不注明出处。还常常加上许多作者想象的细节，读起来近似于小说。例如笔者读过的一本《蒋光慈传》，写1921年5月蒋光慈从上海登船赴苏俄时如何鹄立船头放眼远眺、如何心潮澎湃、如何与人对话。普通读者若不掌握专门资料，无法判断这是依据传主本人散文或日记，还是作者的艺术想象。"学术型"传记则讲究最大限度地掌握资料，其所用资料有许多是传记作者本人发现、独家占有的资料，运用这些资料时要仔细考辨真伪，而且每种资料都详细、具体地注明出处。笔者认为，吴永平先生所著这部《姚雪垠评传》，就是一部典型的"学术型"传记。

　　我与吴永平先生迄今尚未谋面，但因我们都将姚雪垠作为主要研究对象之一，我早就读过他的文章及著作。我们十几年前曾一同受邀分别在北京和武汉参加央视《人物·姚雪垠》节目的录制，在屏幕上看到过他的形象，听到过他的侃侃而谈。也常听姚海天老师提到他，称道他做学问的严谨，于是心生敬意。姚老师在给我的小册子《〈李自成〉的经典性与经典化》所写序言中称"当下研究姚雪垠与《李自成》有南北两个知名学者,南是指湖北省社科院文学所研究员吴永平……北是指河北大学文学院教授阎浩岗",读之实在愧不敢当。虽然我在上初中时即关注姚雪垠和《李自成》,但那时仅仅是一个文学爱好者,而吴先生早在1984年就完成了关于姚雪垠的硕士论文,而且那时即有为姚雪垠写评传的动念,并与传主本人联系过。吴先生曾受张啸虎、周勃先生直接指导,还曾留学法国,是真正的资深姚雪垠研究专家。

作为"学术型"传记,吴著《姚雪垠评传》给我印象最深的是它对史实和史料的态度。著者对关于传主的资料多方搜集、仔细辨证,严格区分著者本人推想与客观史料之间的界限,不妄下结论;同时,对传主本人回忆文字也不尽信,而是还原历史语境,站在今天高度对彼时彼地传主的有关表述进行心理分析。例如,姚雪垠在与杨建业的谈话录音中提到1927年在学习班上听过共产党人郭衍福讲共产主义道德,自己当时听得"很懵懂",因为还"认识不清形势";但他在写回忆录时却从未提这段经历。吴先生推测:"也许是不太愿意回顾自己当年与革命机缘擦肩而过的'懵懂'吧,也许是不太愿意深谈当年'认识不清形势'的窘态吧。"但是,由于没有查到有关郭衍福到邓县办学习班的历史资料,吴先生并未用想象来演绎这段历史。他在1957年《人民日报》所载一篇批判姚雪垠的文章中读到关于姚雪垠"1927年混入共产党"的文字,也只在注释中以"待考"处理。如果是"文学型"传记,这段故事或许就会被以文学笔法予以大肆渲染了。对姚雪垠回忆录中谈及当年劝自己投考河南大学预科的那位同乡学生时,说"我并不喜欢这个青年",吴先生进行了心理分析,认为这"并不是当年他对这位同乡学生的真实看法,而是十余年后、五十余年后的现实政治促使他对其重新作出的评价"。这一分析颇有见地,是阅历了人生、深谙中国当代社会历史的学者才会想到的。

近年曾有学者呼吁应该有一部姚雪垠的"心态史传记",我感觉吴著《姚雪垠评传》就称得上一部注意分析姚雪垠不同历史时期特定心态并梳理出其毕生心路历程的姚雪垠心态史传记。以前出版过的姚传也写到了姚雪垠的心态,吴著的不同之处在于,它不是对传主一味歌颂,而是将其作为研究的对象、作为一种文化现象来对待,并以历史的眼光予以专业的、学理的分析。吴著注意到,姚雪垠从小就有一种"小说化"的生活态度,即使在身陷土匪队伍之中时,也以儿童的又是文学的态度来想象现实与未来。20世纪40年代姚雪垠与胡风的恩怨是中国现当代文学史上的史实,吴先生既是姚雪垠研究专家,也是胡风研究专家,这使其处理这一问题时有了立体观照、客观分析的优势。《李自成》获得成功后，姚雪垠极其自信，第二卷出版后他曾在给茅公的信中预言"它的出版就标志着一个新的历史阶段确已开展"，而吴著在指出传主这种自信之后，紧接着说："可惜至今未能得到学界的公认。"这是事实。姚雪垠毕竟是中国现当代文学史特别是小说史上不可忽略、无可取代的大家，读吴著《姚雪垠评传》，字里行间我们能感到著者对传主的自信是持肯定态度的，只是遗憾如今的学界在对《李自成》的认识与评价上尚存在误读和遮蔽。有不少当代文学研究者在只读过《李自成》前三卷甚至前两卷的情况下对全书所下断语，明显非持平公正之论。还有人人云亦云地重复"一卷不如一卷"之说。而吴著《姚雪垠评传》明确指出："《李自成》第三卷在史实考证和艺术表现上均有可观处，从某种角度来看，其成就并不逊于第一、二卷。"这一见解不同流俗，笔者对此深表赞同！只有细读过全书的专业研究者，才有可能作出如此判断。

在这部吴著《姚雪垠评传》出版之前，关于姚雪垠的传记，最主要的有杨建业本和许建辉本两种。杨著的特点是以记者身份对传主进行采访，材料多来自传主口述，与姚雪垠回忆录最接近。许著则更有文学性和情感性，特别是作为传主最后一任助手，对晚年姚雪垠特别是生命最后几年姚雪垠的描述具有更大程度的贴近性、生动性，当然，也就带有更多个人情感色彩，其所写是著者独特情感视角中的传主。吴著作为一部"学术型"传记，与传主有更大的物理的和心理的距离。这三部姚传都是姚雪垠研究的重要参考文献。

从事姚雪垠研究、从事现当代文学研究的学者，有必要认真读一下吴永平先生这部《姚雪垠评传》。普通读者特别是喜爱姚雪垠小说的读者，读之也会大有收获。

谨向为姚雪垠研究付出心血、取得丰厚成果的吴永平先生致贺致敬！

2024 年 1 月 3 日于保定

目　录

第一章

姚雪垠的家世

1910——

第一节　邓县西乡姚营寨

姚雪垠的家乡在河南省邓县西乡姚营。

邓县，古时称邓，穰、穰邑、穰城、邓州，1913年后称邓县，1988年后仍称邓州[①]。该地自古便是战略要冲，宋王安石《临川集》中有云："邓于京西，为一都会，持兵以守，常择大吏。序于东省之华，寄以南阳之重。"明李濂撰《邓州志序》称："今夫邓之为郡也，南控荆襄，北连河洛，西通巴蜀，东际淮海，是当天地之中，号称陆海，盖豫州之雄镇也。"清乾隆《邓州志》称誉此地："左襟白水，右带丹江，江汉环其前，熊耳耸其后，中原重地，四省雄关。"该地自然条件优越，位于"南阳盆地"的西南部，地势西北高东南低，河流纵横，土地肥沃。两汉之际有"召父杜母"率民兴修水利，历代续有废兴，相传最盛时期有三十九堰，四十八陂，"蓄泄时矣，旱涝备矣，多黍多稑，无年不丰矣！"[②]

由于地理位置重要，邓州有史以来便是群雄逐鹿的必争之地，每逢朝代更迭，中原板荡，此地必有大战发生，毁城屠民之事不绝于书。以宋金、宋元之际史实为例，明嘉靖《邓州志》卷之二"郡记"载有"宋高宗建炎二年春正月金（万户）银术可取邓州，二月金迁邓民于河北"及"元至正十一年王权借号叛据（邓）州城攻陷郡县，十二年元将失剌把都攻王权破之毁其城"的记录，修志者慨叹称："向使晋不代祖逊之经略，宋不坏道济之长城，高宗不尼岳飞之长驱，则邓之灾乱未必如此其甚也。"由于自然条件优越，每战之后人口锐减，移民便随之而来。于史有征的大规模的移民潮，如：秦昭襄王十五年（前292），秦国迁"不规之徒"于穰。唐开元十年（722），迁河曲六城"残胡"五万余口于许、汝、唐、邓等州。宋仁宗天圣七年（1029），诏命："契丹饥民，所过给米，分送唐、邓等州，以闲田处之。"明洪武二年（1369），"命金吾卫镇抚孔显至邓招抚游民"，迁山西、江西[③]、福建等省人口至邓。其中明朝初年的移民潮，是规模最大的一次。有人说现今的邓州居民皆为移民之

① 参看涂治安《古穰城漫谈》，载《南阳志通讯》1985年第1期。

② 《邓州志》卷十二"陂堰志"："邓州三县诸陂堰，汉南阳太守召信臣杜诗相继经营，视他郡邑为盛，自汉以来代有修废。"民感其德，尊称其为"召父杜母"。

③ 骆立群《邓州古代史考·邓州移民》中称："明洪武四年（1371），江西十三府（南昌、南康、饶州、抚州、临江、吉安六府），三十个家族六千多移民迁徙邓州。"

后,也许有一定的道理。

姚雪垠的出生地——姚营,位于邓县西南岗地与平原的交会处。因为外面有一道土寨围着,所以人们也叫它姚营寨①。

姚雪垠在《我的故乡、家庭与童年》(1980)一文中概略地描述过家乡的地望:

那村庄坐落在南阳盆地的西南角,往西去是盆地的尽头,隔了一道河就是小山,小山连着大山,一直通向陕西。我们的村庄离县城大约五十里。在我幼年和少年时候,天不明坐上牛车,戴着星星,戴着残月,两头牛慢腾腾地拉着母亲和我们兄弟往城里赶路,要到黄昏降临时候才能赶到邓县城中。可是我们的县城,离省城开封还有八百里,所以邓州城俗话就叫"邓八百"。这八百里路,在今天坐飞机转眼就到,可是在我的童年和少年时代得走十几天,还得起五更搭黄昏赶路才能赶到。遇着阴雨天气就要停在路上,时间花费得更多。因此在我们同村人里面,有许多人家几代人不曾进过县城,至于一生没有进过省城的更是绝大多数。

姚营寨的居民大都姓姚,也有过几户杂姓,但都是佃户。姚雪垠童年时对此很是纳闷,直到成年后才知道此事的来龙去脉。他曾回忆道:

这姓姚的是从哪儿来的呢? 在我的少年时代总认为是从山西洪洞县来的。我们南阳一带人、也许大部分河南人都说是从山西洪洞县迁来的,而且还说出迁来的村庄叫做大槐树下,几乎人无异词。我们少年时候还常常被大人们指出证据:左右小脚指的指甲分出来一个小的部分,说这就是洪洞人的特征。直到抗战期间,我有机会回到姚营寨住了几天问了村中识字的老年人,到底姓姚的是从什么地方迁来? 他们告我说,北岗上有一通石碑上面记载着,是洪武年间从江西迁来的。他们引着我到了几里外荒凉的岗头上,果然找到了这通不大的石碑,记载当时兄弟两个从江西什么地方迁到这里。从这以后我才确定了洪洞的说法是一种误传。

大概明朝初年,有一次大的移民。因为河南经过长久战乱,死亡流离,人口锐减,所以向河南移民最多,其中有一部分是从陕西迁过来的。从陕西迁移过来的人是先集中在洪洞县大槐树下,这"大槐树下"大概是一个市镇的名称。集中之后,再向河南分送,这就是河南人从洪洞县迁来的传说的根源。

---

① 现今为邓州市九龙乡姚营寨村。

姚营寨姚氏祠堂内的姚氏始祖石碑

还有一部分人是从南方迁来的,这一部分人多是陈友谅的臣民①。经过明太祖与陈友谅的战争,陈友谅失败了,他的臣民有许多是不服气的,所以明太祖从陈友谅的臣民中也征发了一部分向河南的移民,其中从江西来的人就有一部分落到了邓县,这就是我们姚营寨的祖先。

不晓得从什么时候起,姚营寨的祖先从北岗上移到现在这个地方,这显然是因为北岗上土地瘠薄,而姚营寨靠着刁河,土地肥沃,利于耕种。②

值得庆幸的是,姚雪垠当年见过的这块石碑,至今犹存。石碑为清代嘉庆年间所刻,原立于北岗姚氏祖茔中,由于年代久远,风化严重,字迹漫漶难辨,现已易地珍藏。今立于姚营村姚氏祠堂内的石碑为近年新刻,碑文与旧碑无异,只是新

---

① 姚雪垠原注:陈友谅——元末沔阳人,为渔家子。初从徐寿辉起义军,至正二十年杀寿辉,后并其军自立为帝,国号汉,年号大义,尽有江西、湖广之地。屡与朱元璋战,后中流矢死,立凡四年。

② 姚雪垠:《我的故乡、家庭与童年》,根据1980年口述录音整理,收入《姚雪垠书系》第16卷。下不另注。

添了标点①。石碑碑文如下：

> 始祖讳正飞江西陈园人也，洪武初年迁居邓西四十里黄渠地方，取名姚
> 家凹，后传殷铁凹者，即其地也，始祖之茔择于兹。迨及明末，迁居禹山庙后
> 刁水之阴地，去祖茔六里有余焉。后其子孙恐年远失传，特树碑记，以贻来兹
> 云。
>
> 始祖　考姚公讳正飞字云翔　妣辛老孺人之墓
>
> 合族公立
>
> 大清嘉庆二十年季春

读过这块石碑，再查勘相关史籍，姚营姚氏数百年的家族史如在眼前。姚老
回忆文章中的某些朦胧的说法也登时清晰了起来：

姚营姚氏的确不是邓州土著，而是外省迁来的移民。明朝洪武初年，姚氏始
祖夫妻带领其宗族，自江西陈园迁来邓州②。他们起初定居在距邓州县城四十余
里外的"黄渠"，该地为岗地，土地贫瘠。明朝末年③，迁移到距祖茔六里外的刁河
南岸④，胼手胝足，拓荒垦殖。至清朝嘉庆年间，悠悠四百余年⑤，繁衍成了一个
偌大的家族。

姚氏自迁居到刁河南岸后便开始筑寨墙⑥。当年邓州匪患严重，稍有实力的
移民家族便纷纷筑寨自保。先民艰辛的生存环境和挣扎求生的努力，在现今邓州
乡村名册上留下斑斑印痕，数不尽的"营"，数不尽的"寨"，便是明证。

姚营的寨墙，象征着姚氏历史上的荣光。数百年间屡毁屡修，鼎盛时期竟可
与小型城垣媲美。《邓州姚营寨姚氏族谱》有记载：

> 清道光年间⑦，姚营寨姚氏十二世祖姚际堂修复营寨。寨成，南阳知府、
> 邓州知州亲临营寨查验，挥笔为寨门题写匾额。东寨门曰："长河山寨"、西
> 寨门曰："绿水清风"、南寨门曰："刁水环抱"、北寨门曰："岗岭崛环"。

---

① 原标点"即其地也。始祖之茔择于兹，"，笔者改为"即其地也，始祖之茔择于兹。"。其余相
同。

② 近年整理的《邓州姚营寨姚氏族谱》称其始祖系孔显部属，"在政事安定之后，孔显即派人至
江西，南京摘取部属家眷沿长江汉水抵襄阳，再至邓州，并沿交通要道、重要集镇和河流两岸居
住。……始祖姚正飞即是在这种情况下从军并迁居邓州的"。录以待考。

③ 明朝（1368—1644），国祚276年。

④ 近年编写的姚氏族谱认为迁居地为"刁水之阳地"。录以备考。

⑤ 从洪武初年（1368）至嘉庆二十年（1815）。

⑥ 《邓州市地名志》："明朝末年，姚家凹迁刁河东岸、筑寨，更名姚营寨村。"

⑦ 清道光年间（1821—1851）。

姚氏先民得寨墙之助，曾抵御过多次外敌袭扰。据《邓州姚营寨姚氏族谱》载："姚营寨（寨墙）的建成，为以后咸丰、同治年间四方百姓躲避盗匪侵扰破坏，发挥了重要作用。"

姚雪垠的曾祖母（老奶）就是在清同治年间（1862年前后）为"逃反"而仓促嫁到姚营寨的。姚雪垠曾在回忆录中写道：

> 太平天国亡国前后，也就是天京陷落的前后，有几支太平军从事西征，为首的是遵王赖文光，另外还有扶王陈得才等等。我不知道是哪一支太平军路过我的家乡进入陕西，曾经将姚营寨包围起来。在包围姚营寨的前几天，也许前一两天，附近的村民纷纷向寨中逃难。人们最担心的是姑娘，我的老祖母就是在这个逃难的日子里从她的娘家坐牛车进入姚营寨，同我的老爷拜堂成亲。在我们家庭里，这是个有趣的事情。（《我的故乡、家庭与童年》）

据《南阳地区志》载，"同治元年（1862）太平军围困南阳达半月之久"，在此期间，太平军启王梁成富曾率部入邓州，其后几年捻军也曾入境或过境，他们是否"围"过姚营寨，尚不得而知。不过，即使有过"围"，也未"破"。否则就不会有下面所说的"有趣的事情"了——

> 老奶的娘家离我们的寨子只有几里，是一个很有名气的村庄。她的家姓王，也是大地主。当她出嫁的时候，她的家还正在雷动风响，前清末年才垮了下去。我们小的时候，从没有看见出嫁的姑娘不坐花轿，那简直不能想象。但我的老奶出嫁时就没有坐花轿，当然也没有排场的嫁妆和"仪仗"走在前边。我所说的"仪仗"，通常是由一群打旗的和一群吹鼓手所组成，在静静的农村里最能够吸引观众。特别是唢呐和大锣，还有笙，在旷野中最为好听。没有这，怎么能算喜事？可是，老奶出嫁时坐的是一辆牛车，牛车噶噶当当地把她拉进了我们的寨，拉到我家的大门口。没有鼓乐，也没有凤冠霞帔，在一种匆忙的情形下，她被搀扶着拜了天地，做了新娘。[①]

在那个动乱的年代，姚营的寨墙能抵御太平军或捻军的兵锋，护卫一方乡土的平安，功莫大焉。

"老奶"从"雷动风响"的娘家嫁进姚营寨时，婆家也是"雷动风响"。姚营姚氏经过数百年的繁衍，已经发展成为有六十余户人家的大家族；积数百年拓荒垦殖之功，拥有周边数万亩土地的所有权。那时节，姚营姚氏几乎家家都是"地

---

① 姚雪垠：《我的老祖母》，载1946年开封《春潮》创刊号。

主"，多者拥有上千亩土地，中者拥有数百亩。当然，也有失地卖房沦为赤贫者，这就当另述了。姚雪垠的曾祖那一辈是"中者"，拥有数百亩土地。

可惜的是，姚雪垠出生得太晚了，没有目睹过寨墙的英姿，没有享受过寨墙的庇护。民国初年，固若金汤的寨墙已经千疮百孔，完全失去了御敌护民的功能。他曾自述称，"从我做婴儿起就知道随大人逃反"①。一旦遭遇兵荒或匪乱，姚营寨的居民再也不能据寨自保，而是要逃到乡邻的营寨去避难了。

> 大概到我二三岁的时候，开始逃了一次反，据说那个地方叫做小王营。为什么全家要跑到那个地方，我不清楚，很可能是姚营寨的寨墙不好，守寨十分困难，而小王营的地方有一个较好的寨，容易守住。②

民国初年，匪祸四起，民不聊生，姚营寨颓败的寨墙只是一个象征。

寨墙颓败之后，姚营居民虽然没有了寨墙的庇护，但用以自保的武装力量还是有的。据姚雪垠回忆，当年姚营寨"有一种团练乡勇的组织"，办公地点设在寨子东边，称作"东局"，有少量的快枪，掌管者是姚营"拥有上千亩土地"的"姚大爷"（姚益谦）那一支的叔伯兄弟。③　这支家族武装的主要功能原本应当是抵御土匪袭扰，但在当年已经蜕化成了阶级压迫的工具。

姚雪垠早年的小说中不乏对这类"土寨子"的描写，他的小说处女作《两个孤坟》（1929）即取材于"西山脚下姚家寨的寨主姚泽民"欺男霸女的土豪生活，姚寨主经常随意指使手下的"捉命鬼"（"勇"）④吊打佃户，他们草菅人命，打死个佃户"全当打死个鸡子"，而佃户们则有冤不得申。在《查夜》（1936）中，寨墙的形象狰狞可怖，有如黑暗地狱，"一条沙河擦着寨墙根，带着冰块、浪花，又激溅着水星子，向东南流去。明月挂在寨外的林木杪，蓝色的天幕下映出一排雉堞来，昏暗的，颓残的，像幽灵展露出黑色巨齿，对着苍天狞笑。寨墙上没有灯火，没有人语，更夫们躲在碉楼里，披着被子，偎着火堆，有节奏的敲着梆子"。在《援兵》（1936）中，被逼上生死路的农民起义军则把攻破豪绅们的土寨子（"撕开围子"⑤）作为"偿还血债"的第一步。

尽管对寨墙无甚好感，姚雪垠晚年的回忆中，仍少不了那破败寨墙，更少不了

① 姚雪垠：《学习追求五十年》，收入《姚雪垠书系》第16卷。下不另注。
② 姚雪垠：《我的故乡、家庭与童年》。
③ 参看姚雪垠《我的故乡、家庭与童年》。
④ 姚雪垠原注：勇就是恶霸地主手下的武装，即乡兵、乡勇，简称勇。
⑤ 姚雪垠原注：围子就是寨。

1985 年 10 月，姚雪垠夫妇重返姚营寨村旁的刁河边，这是他儿时经常同哥哥玩耍、割草的地方

寨墙周边的一切，那里绾系着他的童年印象：

当然，在几十年前，即我的童年和少年时代，故乡社会非常封建、闭塞、落后、愚昧，闹饥荒，闹疾疫，旱涝不断，饿殍载道，死亡枕藉。先是土匪如毛，随后是封建民团横行，苛捐杂派，任意杀人，以及贪官、土豪、劣绅，扭结一起，无法无天地统治人民，所以故乡的现实常使我非常痛苦，愤慨，诅咒。然而半个多世纪过去了，那些令人痛苦的记忆逐渐淡去，留下来的是某些永不褪色的童年生活印象。任何儿童，纵然生活在不幸中，总有若干不幸中的幼年乐趣。我也如此。纵然有些事在大人眼中十分平淡，十分幼稚可笑，却因为经过漫长的岁月，经过人世几度沧桑，那些片段的记忆逐渐升华，变成了一首首充满天真情趣的儿童诗或浓染着地方色彩的田园诗。每次回忆到八岁前在姚营寨的幼年生活，我的眼前就出现了残破的、可以任牛羊翻越的北寨墙，出现了荒凉而静谧的平岗原野，出现了西寨门外铺满石子儿的清澈小河，夕阳下的丘陵和浅山，以及丘陵北端的、没有半间房屋、当然也没有人居住的古老山寨。我常常想起我曾经如何在这样的大自然中度过我诞生后的七个春秋，特别是我可以记事又能够随着哥哥们奔跑玩耍的那些岁月。我的眼前每次出(现)了这些回忆片段，我好象生活在古老的牧歌式的环境之中。①

① 姚雪垠：《故乡情》，《河南画报》1985 年第 12 期。

第二节　古灵精怪的孩子

1910 年 10 月 10 日,姚雪垠在姚营寨一户中等地主家庭里呱呱坠地①。

姚雪垠出生之时,姚家尚是一个四世同堂的大家庭:曾祖辈(老奶),祖辈(祖父、祖母),父辈(父亲、母亲、姑姑),同辈(大哥、二哥)共同居住在一个二进的院落里。祖辈和父辈二世单传,人丁不旺。寨子外面有百十亩地,家里雇有长短工。虽然家中有四杆烟枪(祖父、祖母、姑姑和父亲),耗费甚巨,但仍有少许积蓄,全家温饱无忧②。

他的出生对于这个大家庭来说似乎并不太重要,毕竟前面已经有了两位男性继承人。老奶(曾祖母)甚至希望这次能添个巧笑倩兮的重孙女,点缀一下晚年生活,不料却未能如愿。

1935 年,姚雪垠在一篇杂文中诙谐地写道:

> 我的生日是在旧历九月初八夜间。当我落地之前,老奶对母亲说:"等等吧! 等到后半夜就算是明儿了,给我生一个重孙女儿吧,我好给她起个名字叫'重阳'。"虽然结果使老奶很失望,但因此家人也就硬把我的生日派在重阳节这天了。③

然而,到了 1946 年,关于他的出生又有了新的说法。据说,当初他母亲打算一生下来就把他溺死,多亏曾祖母营救,他才保住了一条命。

这个趣闻是姚雪垠在散文《我的老祖母》(1946)中首次披露的,文中写道:

> 正如旧家庭的一般情形,我的母亲和我的姑母是天生的一对敌人,直到死不曾和好。据我的母亲说,我的姑母常常在我的祖母面前陷害她,挑唆是非,使她受虐待,甚至挑唆我的父亲打她。我虽然不完全相信母亲的话,但母

---

① 姚雪垠在《我的前半生》中写道:"许多年来,关于我的生日,我都写作一九一〇年十月十日,对外国的资料也是这么写的。《中国大百科全书》中也是明明白白地印着我的这一生日。其实我生于宣统二年阴历九月初八日亥时,再过一两个钟头才进入初九日。按阴阳对照,应该是 1910 年 10 月 9 日才对。"该文收入《姚雪垠书系》第 16 卷。录以备考,下不另注。

② 姚海天的堂兄姚晴林 2019 年 1 月来函称:"现在社会流传的一些《姚雪垠传记》里写'姚雪垠出生于一个破落地主家庭'或写'姚雪垠出生时家庭已经败落',显然这完全与实际情况颠倒。"又称:"家庭经济生活状态是:不富也不贫,属于社会的中等水平。"

③ 姚雪垠:《日子倒走》(1935)。

亲的恨姑母却是真的。

　　一则为家庭里天天生气，二则为眼看着家产没落，母亲在我诞生前下了狠心，决意不让我留在世上。多亏老奶是我的救命恩人，假如没有她，我不会在人间活一个钟头。

　　老奶年轻轻的守一棵孤苗，提心吊胆地眼看着两代单传，所以她希望多要重孙。事先晓得我母亲要在我落地时把我溺死到尿罐里，她的心时时刻刻地悬挂着我的小生命。旧历九月初八的这一天晚上，老奶寸步不离地在我的母亲的房屋里守候。她希望我是一个女孩子，而且希望我能够再挨延几个时辰降生，那样，她觉得更有趣味。因为，一过子时便是九月九，她可以给她的重孙子起名"重阳"。可惜我是男孩子，又早生一个时辰。我刚呱呱落地，老奶便把我抢到手里，抱起来逃出了母亲房屋。我随着老奶住在堂屋西间里，由我的堂四奶和一位姓胡的佃户女人给我奶吃。等到第三天，老奶把我抱到我的母亲面前，小心地监视着让母亲看一看我。据说那时我的眼睛已经会睁得很大，发光，跟着灯亮儿转动。看见这情形，母亲哭了。

　　姚雪垠这里所描写的，是他自己还没有出世以前的事情，根据只能是来自曾祖母和母亲后来的叙说，再加上点文人的想象，平添了一些传奇色彩。现在来看，此事却颇为可疑。首先，姚母扬言"溺婴"的两个理由似乎有点牵强：一、姑嫂关系不和，古语称之为"妇姑勃豀"，是封建家庭中常有的事。这并不是非"溺婴"不能泄愤的理由。二、姚家曾祖那一代，家里还有三四百亩地；祖父那一辈虽然开始没落，仍有百十来亩地，还雇得起长短工，并非"破落"到了非"溺婴"不能维持生计的程度。

　　无论怎样，经济原因总是导致"溺婴"悲剧发生的最主要因素。谈到姚家当年的家境，请参看姚雪垠在同文中对姚家过"年节"的描写：

　　一到旧历的十二月，家中就酿好了烧、黄二酒①。过了腊八，大人们一天比一天忙了起来。母亲一面忙着为孩子们赶制新衣，一面在老奶的指挥下预备过年的各种东西。年货陆续办齐了，猪杀了，羊宰了，老奶也越发忙了。在静静的农村里，地主们非常重视过年。过年时，不仅自己要吃好东西，还要请年客。请年客从破五开始，一直拉长到元宵节后。被请的客人都是本族、亲

---

　　①　姚雪垠原注：烧酒指用蒸馏方法生产的酒；黄酒指用米类经过发酵和锅炒酿造的酒，酒色发黄，含酒精度数较低。

戚和乡邻，而以本族和亲戚为主。这是从远古的氏族社会传下来的敦厚风俗，自从静静的农村崩溃以后，这风俗就顿然衰落下去。在预备酒席方面，母亲不得不尊重老奶的意见，因为老奶懂的太多了。一个年节，老奶大半时间是在厨房里忙碌；即使她有时不亲自下手，也得做母亲和伙计们的最高顾问。在那时代，谁家请年客所费的酒席愈多，谁家的面子愈光彩。所以老奶是不怕忙的，她愈忙愈感到高兴。假若有一年因家境困难，祖父和父亲不主张多请客，老奶会比谁都感到这年节过得不够劲儿，带着无限的感慨回想过去。

初一五更，老奶天不明就起床，迎过神，开始受全家拜年。跟着，一群化好装的戏子走进二门，被祖父带到堂屋，给老奶拜了年，然后在堂屋前檐下唱一出很短的"喜神戏"。戏子走后，天色闪亮，一群一群的族人不断地来拜年。最早的是男人；早饭后，女人们也来了，有的还拉着孩子。他们一到堂屋，先分着班辈给祖宗的神主磕头，然后给老奶磕头。女客多的时候，院里屋里，到处是轻脆的笑声、话声、环佩声，到处是晃动的花冠、花勒子，耀眼的花衣服。整个上午，老奶应接不暇地受人跪拜，还要忙着给孩子们拿点心，没有休息的工夫。有的新媳妇被她的婆婆或嫂嫂带来，打扮得像一朵花儿，羞羞答答地站立在老奶面前，任她欣赏。于是老奶就用感慨和快活的声调叫着："哎呀，看看多快！我来的时候，你公公还在吃奶呢！"本村拜年，到初二或初三就可完毕，以后是附近的亲戚和邻里。再往后，是远处或远门亲戚，一直淋淋拉拉到了二十以后。过了正月，肉和菜都吃光了，烧、黄二酒喝完了，客人不来了，而老奶的生活也减色了。

姚家老奶身上是不是有着《红楼梦》中贾母的影子呢？

读过《红楼梦》的人都艳羡贾府那"烈火烹油、繁花似锦"的大排场，尽管也知道这家"外面的架子虽未甚倒，内囊却也尽上来了"；姚家当年过"年节"的场面也有那么一丁点相似，尽管"家境困难"，还是要顾及"面子"。一般地讲，这样的一个要面子、讲排场的封建家庭，是不会发生溺杀男婴的悲剧的。

因此，关于"溺婴"的事，还需另外解读。非常可能的情况是，姚母当初扬言"溺婴"只是一种病态情绪的发泄，只是对其祖母和姑母虐待的口头报复；更何况，当时她并不知道腹中婴儿是个男娃，"溺婴"事可能只是说说而已，并不一定会付诸实施的。还有一个因素也不能忽略，姚母当时似乎患有严重的产前忧郁症，患有这种病症者，最为突出的症状是具有"自我惩罚"类的"罪恶妄想"。网上医学资料称：

起初可能在短时间内表现为各种情感体验能力的减退,表现无精打采,对一切事物都不感兴趣。病人感到"过失"和眼前的"不如意事"纷纷涌上心头,萦回不去。瞻望未来渺茫暗淡,欢乐之情完全消失,渐萌发厌世之念。沉重的情绪忧郁总是带来自责自罪,有的把过去的一般缺点错误夸大成不可宽恕的大罪,有的可能因罪恶妄想而拒食,情绪极度低落时可能会自杀或自我惩罚。

"溺婴",便是"自我惩罚"中最严重的一种。姚母产前的状态正与上面提到的病症表现相似。

而且,姚雪垠曾不止一次在回忆文章中提到他的母亲"是一个容易激动,带有神经质的人","有歇斯底里病"(《外祖母的命运》),"她过于感伤和歇斯底里,过于神经质"(《大嫂》)。带有这种精神气质的女性,产前忧郁症的症状自然会比较严重。

当然,也不能排除姚母在知晓生下的是男婴后仍然有要"溺婴"的冲动,在这种情况下,曾祖母的"抢救"就是非常及时而且必不可少的了。姚雪垠成年后感念她老人家的"救命"之恩,也是万分应该的。附带说一句,姚母后来精神疾病越来越重,经常无端地哭泣吵闹,甚至成了促使姚雪垠多次离家出走的负能量,这是后话了。

不管怎么说,姚家的这第三位男性继承人,未来的大作家,终于得到了在这个并不完美的世界上生存的权利。

姚雪垠的大哥名冠杰,二哥名冠洛,他名冠三。据说,他出生时父亲不在家,无人给他取名字,家人昵称其为"三"。父亲归家后,便在昵称"三"前加上个"冠"字,于是便成了"冠三"。姚冠三这个名字他用了很久,或许一直用到了被河南大学预科开除之时(1931),或许还一直用到了被吸收为中共预备党员之时(1937)。中间他还用过其他的名字,如浮生、雪痕、姚雪痕等,但那都是笔名。至于什么时候开始使用姚雪垠作笔名,什么时候将此笔名改作本名,且待后述。

姚雪垠出生之后,便成了全家人的宠儿。诸般宠爱,难以描述。用他自己的话来说,即:"我是在不合理的溺爱下长起来的孩子……"[1]

他颜值颇高,长相喜人。刚出生的时候,"眼睛已经会睁得很大,发光,跟着灯亮儿转动";能抱出去的时候,邻居们"都夸赞长得跟神娃儿一样";稍大一点,"别

---

[1]　姚雪垠:《大嫂》(1946),收入《姚雪垠书系》第14卷。下不另注。

人看见我长得浓眉大眼，五官端正，好像一个聪明的孩子"①。

他记事很早，记忆力超凡。一岁学步的事情，到晚年都能记得清清楚楚，"我家的堂屋院是砖铺地，在砖铺地里东西两边用砖立起来划成一条线。虽然是立起的砖，但比平砖高不了多少。我记得有一天，大人们在望着我，看着我沿着立起的砖线上走，我身子摇摇晃晃，走了不多几步。胜利啦，我没有摔倒，大人都非常高兴，我也高兴得了不得。因为我非常高兴，所以这个印象一直深深地印在我的记忆中，不能忘却"②。

他颇为聪颖，模仿力极强。两三岁时便会模仿各种声音，"有时候我也给她（母亲）学狗叫学羊叫，学牛叫学马叫，学驴子叫"。而且还无师自通地把这一天赋用来取巧，"我家有一只羊常常拴在后院中一棵楸树上，有一次母亲听不见后院羊叫，嫌我磨在她身边使她不能做活，就叫我到堂屋后面看看羊跑了没有。我到了堂屋后边羊果然跑掉了，它什么时候把绳子挣断了跑了出去不知道，跑到什么地方也不知道，但我不愿意走出后门去找羊，我就站在楸树下面学着羊叫：'咩……咩……'学了几声之后回到堂屋前面告诉母亲说，羊还在楸树上拴着，没有跑掉。当然老奶奶和母亲听出来是我学的羊叫，就笑了起来，说我学会说瞎话啦"③。

他古灵精怪，想象能力匪夷所思。1935 年他写过一篇杂文，讽刺那些"提倡读经复古的名人学者之流"，题目叫《日子倒走》，讲的是自己儿时的一件趣事。大约四五岁时，他跟着母亲和哥哥们在外婆家里住，重阳节那天，外婆按照当地的规矩给他做了煮鸡蛋和炸油馍，但没有"提明"是给他"做生"的。回到家里，老奶问起，他便不认账，说是外婆忘了，要家里给他重新"做生"。老奶不同意，说："既然忘了也就罢，日子没有倒走的，明年再说吧。"他却说什么也不依，"嘴一张，哭开了。'我要天少呀！我要天少呀！……'"闹了半宿，家人才懂得"要天少"是什么意思。故事的结局非常奇妙，录如下：

> 原来在我的故乡里，农夫们使用牛时另有几个对付牛的字眼儿，如"哒哒"是叫牛向前走，"咧咧"是叫牛靠里走之类。"少"是叫向后退，大概是从"倒"字变出来的。我哭了整半夜，真是一个难解的谜。谁也想不到在我的

---

① 姚雪垠：《我的故乡、家庭与童年》，收入《姚雪垠书系》第 16 卷，录以备考，下不另注。
② 同上。
③ 引自姚雪垠《我的故乡、家庭与童年》。《我的老祖母》中也有类似情节。

心里会想得这么古怪,又竟然用农夫们的特殊字眼儿来表达这古怪的想法!

"乖乖,你是要天倒退吧?"老奶问。

"嗯,我要天少!"我说了,又抽咽着向母亲:"要天少!"

"你怎大一点儿就这样古怪,哼,看吧,天偏不会少,跟牛不一样!"

听了母亲的话,我又哭起来。

老奶急得一边骂母亲,一边哄我,又仰起头来对天吩咐道:

"天!你明儿可得少到重阳节,不少我打你屁股!记清,明儿得给我乖乖往后少!"

老奶把天吩咐毕,凡我的要求也全应承了,就叫母亲抱我去睡觉。我没等给放在被窝里,便在母亲的怀里睡着了。

第二天,果然我一起来便看见做饭的在忙着煮鸡蛋,炸油馍,母亲又给我换上花衣裳,都说天又"少"到我的生日了。我非常快活,高高兴兴的又过了一次重阳节。

这个被"隔代宠"和"全家宠"娇惯得无法无天的任性的孩子,就这样,在不经意之间,始终保持着一颗玲珑剔透的童心,他的放荡不羁的想象,他的出人意料的联想,他的古灵精怪的诉求,这一切构成未来作家基本素质的东西,他都具备了。

1934 年,姚雪垠曾在一篇随感里谈道:"文学家是生来的,后天的修养只足以助其发挥天禀;天生麻木不仁的家伙永远修养不成一个文学家,虽然他也可以作一个科学家,政治家或实业家之类。"①这种与生俱来的任性、自负和自恋,伴随了他的一生。

或许有人说,姚雪垠的文学启蒙是在外祖母、母亲的怀中及族人"说古今"的牛屋里开始的,最早启发他的想象能力和文学趣味的,是故乡土壤中孕育的优美的民间故事和历史传说。这当然是对的。姚雪垠本人也曾在《我的外祖母》中这样写过:"最早启发我的想象能力,培养起我的文学趣味的,不是王尔德,不是安徒生,也不是五四时代的文学先驱者,而是我的外祖母,一个不识字的乡下老婆子。"但是,如果考虑到当年中国青年作家对俄国文豪高尔基的无限崇拜,高尔基能拥有一位高洁、善良、天真、乐观、朴实、浪漫如圣徒的外祖母,姚雪垠也必定会这样想:我等为什么不能也拥有一位呢?!

所有的幸福都是相似的,所有的外祖母也都是相似的。但是,没有被"爱"滋

---

① 姚雪垠:《诗人底天禀与命运》,《青春诗刊》1935 年第 1 期。

润和呵护着的能够发现"美"的心灵和眼睛,再多的外祖母的故事也是没有用的。

姚雪垠是幸运的。

第三节　鸦片之祸

20 世纪 40 年代,姚雪垠成为知名作家之后,曾翻检童年记忆,写下了三篇饱含深情的回忆文章,描写了他的"有着一双蓝色的眼珠"的曾祖母(《我的老祖母》),描写了他的具有"倔强的性格"的外祖母(《外祖母的命运》),也描写了"(既)像是我的姐姐又像是我的母亲"的大嫂(《大嫂》)。在这三篇文章中,他也同时深情款款地提到了父亲和母亲,但对于祖父和祖母,则几乎没有用多少文字。

在《我的老祖母》中,他是这样提到祖父和祖母的——

> 我的祖父是在童年时代就有了大烟瘾的。他留给我的印象是披一条小小的发辫,穿一双"双脸儿"花鞋,带着长指甲,说话时不住地从鼻孔发出来干咳声音。他每天四分之三的时间是躺在床上抽鸦片,有时他自己烧烟,有时有一个烟把子替他烧,他只管舒服地闭着眼睛抽。

> ……(笔者删节)

> 我的祖母死的时候我只有四岁,除记得有人抱我到她的棺材旁边外,她没有留给我任何印象。不过我听说她的烟瘾很大,每天得一两膏子。

在他的童年和少年时代,祖父和祖母似乎是缺席的。他对于这"无爱"的上上辈,语气中也自然地带着漠然和冷淡。

20 世纪 80 年代,晚年的姚雪垠在回忆祖辈的时候,冷静了许多,也理智了许多,他不再单纯地把上辈的"无爱"归咎于"大烟(鸦片)瘾",而转而叩求造成这种人格悲剧的社会历史原因。在《我的故乡、家庭与童年》中,他重新描写他的祖父和祖母:

> 在清朝末年和民国初年的封建地主家庭,有些人为要使儿子守住家业,长大后不要出远门,不要惹是生非,就用各种办法使孩子没有什么出息。我的祖父也是在这样的气氛中度过了他的童年。大人替他起了个名字叫做守业,就是守着家产的意思。据说他还是被抱在怀里的时候,大人就用大烟向他的脸上喷,让他习惯于闻大烟的香味,几岁的时候就上了烟瘾,后来他的一生大部分就在抽鸦片烟的床上度了过去。他虽然也上过学,但好像识字不很

多。由于起小就抽大烟，身子发育不好，个头不高，很不健康。我记得他的样子是一个小小的老头子，有点驼背，脑后披着一个小小的头发辫，好像气管或支气管有点毛病，经常从鼻子里发出吭吭的声音，所以村里人都给他起个绰号叫做"吭先"。

……（笔者删节）

我的祖母姓袁，也是一天到晚的躺在床上抽大烟。堂屋西头一间住着我的老祖母，东头一间住着我的祖母，我的祖母很少离开她的房间，那屋里本来就暗，我祖母的皮肤也比较黑，加上抽大烟，脸色也就更发青了，因此虽然也在她的房间里玩，但我很少看清楚她的面孔，所以我从童年起就记不得我祖母的相貌。

在姚雪垠的笔下，祖父和祖母的悲剧，他们的畸形的生存状态，他们的畸形的心理状态，并不是个人意愿所能左右的，而是封建家庭为了维持家计而不得不施于后代的"甜蜜的陷阱"，鸦片只是他们捆住后代独立心智的无形的绳索而已。他的祖父在尚未拥有自我意识之时就已经中招了，他的父亲也是在同样的情况下中招的。他因此非常痛恨大烟，甚至终生连香烟也不肯沾染。

不过，对于鸦片毒害的社会历史原因的尝试性发掘，这只是姚雪垠后来在理性上达到的认识，传统农耕社会的不可遏止的崩溃也罢，封建地主家庭徒劳的维持现状的挣扎也罢，都不能稍减现实生活中的苦难；而在作家的即时的感性表达上，他始终没有原谅他的吸食大烟的长辈。由于吸食大烟，祖父的"桃园"及腰间别着的"鹌鹑笼子"，失去了吸引目光的魅力；由于吸食大烟，祖母手头的"针线活计"，被扫入了记忆的忘川深处。他甚至一度认为，姚家"走向衰败破落"的"打瓦（破败）命运"，主要便与长辈们吸食大烟有关。

现代人都知道，大烟是19世纪西方帝国主义用炮舰轰开中国大门带来的，帝国主义者用它来掠夺中国的财富，摧残中国人的精神和体质，造成社会生产力的萎缩，阻碍国民经济的发展。马克思曾谴责道："非法的鸦片贸易年年靠摧残人命和败坏道德来充实英国国库……"

一言以蔽之，大烟沾染不得，它是毁家灭门的毒品。

但在民国初年，军阀混战，法令混乱，民国政府对种植、贩卖、吸食鸦片屡禁不止。中国的鸦片产量一度占全世界鸦片产量的八成，全国吸毒人口达到8000万人以上，占总人口的16.8%，成为世界上产毒、吸毒第一大国。河南更是鸦片的重灾区，在闭塞落后的豫西南，由于地方军阀的庇护和鼓励，鸦片种植和吸食几乎是公开的,因吸食大烟而致贫、毁家的事例,数不胜数。河南曲剧传统剧目中有一出喜剧《草人媒》,就是表现民国时期鸦片的危害的,剧中人物"二火鞭"有一折非常辛酸的唱词:

> 头昏脑涨,腰疼腿酸,鼻涕眼泪打呵闪,我浑身软瘫,二火鞭好羞惭,好不该学会吸大烟,先卖地后卖田,骡马成群烟壶漏里钻,家具田产都卖净,结发妻子也换了钱。想当初荣华富贵我享不尽,如今少吃我没有穿,都怪我当初那个吸大烟。鸦片烟它本是害人的毒苗,它好比杀人不见血的刀,谁要是吸上瘾就算是入了圈套,他纵有那钢铁意志一切都算完了。为吸烟亲戚朋友这都不要,为吸烟好邻居都断情也绝交,要论说不来不往这也怪好,也免得我过瘾时都来这儿闹吵吵,乱七八糟烟瘾也过不好。眼看年节已来到,一没米二没面三没有柴烧,没吃没穿还算小,大烟瘾发我实在难熬。

这一折唱词把吸大烟的危害演唱得淋漓尽致。

在姚营寨,儿时的姚雪垠就目睹了许多因毒毁家的悲剧,这样的悲剧就发生在他的直系亲属之中。

> 抽了大烟,明晓得越抽越不得了,可是非抽下去不可,古人有句话叫做"饮鸩止渴",抽大烟就是这种情况。抽的结果是房子土地卖光,最后孩子和老婆都变成抵押品,自己也在贫困中死去。我有一个三爷,就是老院里头的长辈,最后把土地卖光,干脆一不做二不休,拿出一部分卖地的钱写了一台戏,在村庄里唱了三天。他把这一台戏叫做"告干戏",意思是向亲戚邻居和同族人宣告他的家产是干了。这种一直抽大烟毫无挣扎能力是普遍的现象。我祖父的亲叔伯兄弟,住在客房院里的二爷也是这么样把家产抽穷了,一家人后来都死了。

姚雪垠的这个四世同堂的大家庭,吸食大烟的情况比"二爷"和"三爷"家好不到哪里去,崩溃是迟早的事情。

如前所述,他家是"二代单传",老辈子为了要让"儿子守住家业,长大后不要出远门,不要惹是生非,就用各种办法使孩子没有什么出息"。祖父和父亲的烟瘾都是这样养成的。如果姚雪垠也是棵独苗,他能不能逃脱同样的宿命呢? 说不准,时代毕竟变了。

姚家当年有四人吸食大烟①,家境并没有迅速地"破落"下去,这又是为什么?

---

① 姚雪垠在《七十述略》中谈道:"我的祖父、祖母、姑母和父亲,全抽大烟。"

姚雪垠分析过其中的原因，他认为是："从我的曾祖父、祖父到父亲，三代单传，没有分家的问题①，所以我的家在没落的道路上没有很快破产。"其实，还有一个重要原因，就是他家里种植有罂粟，不需外购，省下了一大笔开支。

姚雪垠晚年时在回忆文章中对家中种烟的情况有过描述：

> 大烟是怎么种的我不记得了，但只晓得常常跟着大人到鸦片烟地里去。满地开着鲜艳的花，有红的、白的、紫的各种颜色的花，开得很鲜艳，结出的烟果像核桃那么大。大人用小刀在烟果上划上几条痕，鸦片烟的白浆就从伤痕里面流下来。人们把这白浆用手指抿到小桶里，集中起来，然后再一加工，就变成了烟土了。如果是头一天割的伤口，第二天早起那些浆就凝结在伤口外边，用刀轻轻地刮下来。像这样的事情我是不会做的，只能跟着看看。逢到这样的季节，我们家里收了许多烟土，我父亲的烟瘾更大了，我祖父的烟瘾也更大了。记得有一次，在我们的后门外头一棵皂角树下，我父亲熬烟——我是经常看父亲熬烟的——熬了以后把烟装在大缸子里面。我并不知道这烟是有毒的，许多人肚子疼就喝大烟。我用手指头剜了一小疙瘩烟，刚想用舌头舔一舔，尝尝是什么滋味，被我父亲看见，照我头上狠狠地打了一巴掌，又骂了我一顿。我害怕得很厉害，把小手指头上沾的烟给我父亲刮了下来。
>
> （《我的故乡、家庭与童年》）

当年，不单是姚家，整个豫西南都种植鸦片，吸食大烟的现象非常普遍。有人甚至这样说，民国初年邓县吸食大烟者与今日吸食卷烟者一样多。

由于家里的长辈们吸食大烟，姚雪垠"他自小儿就在祖父和父亲的烟榻上躺惯了，爱看橙红色的烟灯亮儿，爱闻从灯亮上烤出的和从别人鼻孔中喷出的那种烟香"②，对吸食大烟者的生活有着常人无法企及的了解。在他的早年小说中，凡写到豫西南的社会生活，便少不了对吸食大烟者的描绘，如《查夜》《福之死》《上工》《选举志》等；在其中年的小说《长夜》中，更是对豫西南地区吸食大烟的普遍现象作了不加掩饰的表现，其中对烟具的描写堪称精细——

> 二少的烟家具非常讲究：盘子是紫檀木的；灯是一种名贵的白铜"十件头"③，风圈上有工细的透花图案；盘子边放一根烟枪，葫芦是南玉的，嘴子是玛瑙的，年深月久的沉香枪杆呈着紫红色，油浸浸的；盘子上有一个粗大的镶

---

① 姚雪垠曾祖父有兄弟三人，但没有分家。
② 引自《长夜》第五章。
③ 姚雪垠原注：一种很排场的烟灯名字。这种烟灯，拆卸开一共有十个零件。

银的犀牛角烟缸,一个半大的象牙烟缸,还有一个扁圆的广东产的精致的牛角小烟盒。所有这些烟家具,以及钎子,挖刀,小剪之类,样样都给小伙子擦得没一点灰星儿,在灯光下闪闪发明,而紫檀木烟盘子光亮得照见人影。

对烧烟过程的描写更是无与伦比——

> 七少用皮袍后襟将双脚包紧,掂起钎子插进牛角烟缸中搅一搅,然后在灯上滚着钎子。黑色的烟膏子在钎子上唑唑地发出微声,不停地膨胀着,开着似乎透明的金花,散发出扑鼻的阵阵芳香。等烟膏在火上烤到半干时,他将钎子尖向左手食指的指头肚上轻轻一按,翻个过儿又一按,再用两个指头肚轻轻一捏,将烟泡捏成扁圆形,又插进烟缸中蘸了一下,重新再烧。因为烟膏稠,他只须蘸两三次,烟泡就差不多有小拇指头肚那样大小。他一面极其熟练地烧着烟泡,一面讲说着他最近曾经将四川土、云南土和甘肃土所作的仔细比较。

试想,如果没有儿时的生活经验,怎么能描绘得如此精细。

20 世纪 40 年代末,姚雪垠曾有过全面表现豫西南社会生活的写作计划,他打算以"农村三部曲"(《黄昏》《长夜》和《残星》)为起始,以"姊妹篇"《烟草》和《烟卷》为后续,为亲爱的故乡在历史长河中留下一帧倩影。[①] 儿时的"生活经验"就是他所赖以执笔的重要依仗之一。新中国成立初期,由于各种历史因素的限制,作家的创作计划未能实现。

1957 年初,姚雪垠在《创作问题杂谈》中曾严肃地批评新中国成立初期轻视老作家独具的生活经验的普遍现象:"一九五一年我回到河南以后,常听到一些年轻的同志对我忠告说:'你虽然对旧社会有相当丰富的生活经验,但那种生活经验已经没用了。你虽然在写作上有一套技巧,但从前的技巧也都是资产阶级的技巧。'"并深有感触地谈道:

> 老作家在旧社会生活得久,不但不应该把这一点看做是他们的包袱,反而应看做是他们的有利条件,是他们的财富。这种财富正如其他知识一样,是没法用金钱购买,也没法通过任何捷径获得的。

---

① 姚雪垠:《三年写作计划》(1946),收入《姚雪垠书系》第 17 卷。下不另注。

第四节　姚父的复兴运动

在姚营寨这户四世同堂的中等地主家庭里,当家做主的不是曾祖辈和祖辈,而是第三代男性继承人——姚雪垠的父亲。姚父的所思所想所为直接决定了这个家庭未来的命运,也间接地决定了他的儿子们未来的前途。

姚父,大约生于 1883 年,名薰南,字化甫,后以字行。[①] 他大约于 1904 年完婚(妻姚张氏),生有三子。长子姚冠杰,1905 年出生;二子姚冠洛,1907 年出生;三子姚冠三(姚雪垠),1910 年出生。三儿问世时,姚父才二十七岁,正是风华正茂的青年。

姚父是一个接受过新式教育的读书人。姚雪垠在回忆文章中不止一次地谈道:

> 我父亲不是秀才,大概在他要考秀才期间科举废除了,所以他没有功名,可是我们那一带人都认为他最有知识,最有学问。(《我的故乡、家庭与童年》)

> 他在开封读过"洋学",可能是优级师范或优级师范的前身,但没有读完就回家了。(《我的前半生》)

姚父在开封就读的是哪所"洋学"? 哪年入学? 又为何中途辍学呢?

据相关史料,1901 年 9 月清廷实行"新政",1904 年颁布《奏定学堂章程》,1906 年"废除科举"[②]。开封最早的"洋学"开办于 1905 年,即在省垣课吏馆旧址上设立的河南(初级)师范学堂,1907 年改为河南优级师范学堂,"完全科"学制五年,"简易科"学制一年。初级师范学堂是清代培养小学堂教师的中等学校,以招收高等小学堂毕业生为主,初办时亦招收贡、廪、增、附生及文理优长的监生等,后来或有变化。

简言之,这个"洋学"起初的招生是有门槛的:一是高等小学堂的毕业生,二是有"秀才"功名的读书人。

---

① 姚海天的堂哥姚晴林 2019 年 1 月来函称,其祖父常用名为"姚化甫"。

② 1905 年 9 月 2 日,袁世凯、张之洞奏请立停科举,以便推广学堂,咸趋实学。清廷诏准自 1906 年开始,所有乡会试一律停止,各省岁科考试亦即停止,并令学务大臣迅速颁发各种教科书,责成各督抚实力通筹,严饬府厅州县赶紧于乡城各处遍设蒙小学堂。

　　姚父没有"秀才"功名，只能用"高等小学堂毕业生"的身份报考。邓州高等小学堂创建于 1905 年，校址在花洲书院，学制三至四年。假设姚父在废除科举之年（1906）即就读邓州高等小学堂，毕业后（1909）即赴开封就读优级师范①，毕业时间当在 1914 年。

　　然而，姚父却"没有读完就回家了"，这又是怎么回事呢？辍学的原因只有两个，不是经济原因，就是政治原因。所谓经济原因，是指家庭是否能提供足够的经济支持。姚家当年尚称富足，支持他读完绝对没有问题。所谓政治原因，是指国内政治环境是否安靖，开封能否放得下一张平静的书桌。当年，恰恰是后一个方面出现了问题。

　　众所周知，1911 年 10 月 10 日武昌爆发了震动全国的辛亥革命，各地相继举起义旗，同年 12 月 22 日河南革命党人以开封优级师范为指挥中心密谋起义响应，不料事泄，十一位革命志士被清廷捕获，随即血洒刑场。在这场大风暴中，开封优级师范学堂受到了巨大的冲击，学校被迫停课，姚父只得束装返乡。其后，姚家祖辈再也不肯放这位二世单传的继承人返回开封继续学业了。

　　姚父辍学的原因很可能如上所述。

　　不管姚父接受新式教育时间的长短，有过读"洋学"经历的他，必然受到过新思潮的冲击和震荡。返回闭塞落后的家乡，他的见识和意见对姚营寨居民来说当是非常新鲜的，他的穿着和派头也是他们闻所未闻的。因此，他也才被乡人公认为"最有学问"。

　　不过，姚父虽然接受过新思潮的洗礼，在闭塞落后的姚营寨堪称得风气之先，但站在更高的视点上及放在更为广阔的地域范围里进行考察，他在骨子里仍只能算作一个半新半旧的读书人。

　　1911 年姚父从开封辍学返乡后，并不常着家，似乎总待在县城里。1918 年他突然返回姚营寨，进行了两项改革，期望以此来重振家业。

　　第一项改革是家庭经济的开源和节流。

　　姚雪垠在回忆文章中曾具体地谈道：

　　　　有一年，父亲从不知什么地方回家了，他下决心要挽救家庭的打瓦命运。父亲的办法分开源和节流两面：节流方面，他决心逐渐裁减烟瘾，裁减到戒掉

---

　　①　姚雪垠在《我的老祖母》（1946）中写道："生我的时候，我的父亲没在家，似乎在省城读书。"该文收入《姚雪垠书系》第 14 卷。下不另注。

为止;开源方面,他把寨边的田地收回来自己经管。(《我的老祖母》)

　　所谓自己经营,并不是他自己劳动,而是把佃户的土地收回来,请了几个长工,买了两头牛——一头黄牛,一头水牛,自己管理,将土地耕种起来。这对全家都是一件大事。原来我们家的土地分散在三个地方,在姚营寨旁边的是主要的;另外还有一部分是在杨庄,离我们家大概有六七里路;还有少量土地是在杨沟。我父亲把姚营寨的土地自己经营耕种。(《我的故乡、家庭与童年》)

姚父打算戒烟了!

　　如前所述,这个二世单传的家庭,长辈为让小辈居家"守业",便有意地让小辈很小就染上烟瘾,长大后便不能远行。这种恶习并非只存在于姚营寨,而广泛地存在于当时的社会中。清末民初有一部很有名的"醒世小说"《黑籍冤魂》(彭养鸥著),写的就是与姚家同样的故事。小说讲述了一个"因毒毁家"的故事,说是有个富翁为了让儿子"闭门自守,长保家业",劝逼其子吸食鸦片,结果其子终日沉溺烟榻无所事事,父亲懊恼而死,家业败落,后代皆不得善终。辛亥革命后该小说被改编成"文明戏",1916年又被张石川等搬上银幕,极为轰动。

　　姚父也是这样的受害者。他是不是观看了演出后,痛定思痛,而立志戒烟的呢?然而,他只是决心"裁减(自己的)烟瘾",并没有动员长辈戒烟的打算,更没有废除家庭鸦片种植的计划。他的戒烟大业,势必不会成功。

　　至于"自己经营",也是貌"新"实"旧"。

　　当年,姚营寨的地主们都是把田地租给佃户耕种,自己撒手不管,到了收获季节,搬个大秤到地头,东家与佃户"五五分成"。姚父决心"自己经营",貌似改变东家不参与生产的做法,其实想改变的是"五五分成"的惯例。然而,姚家没有一个劳动力,自己并不能耕作,平时得请长工,忙时还要请短工。因此,秋后姚家的收益并没有增多,因为还得支付长工和短工的报酬。忙碌了一年,也只是把原来应给佃户的分成转付给了雇工而已。

　　尽管如此,姚父的决定当初还是得到了全家人的衷心拥护,姚家四代人紧张欢乐地忙碌了一整年。姚雪垠在回忆文章中多次描写了全家人参与农业生产的场面,字里行间充满了欢乐。

　　第二项改革是插手姚营寨的自卫武装组织。

姚雪垠在回忆文章中写道:

　　那时候的农村已经开始不安静,小股的土匪起来了。我们寨子里的地主都是一族，分为两派。一派地主既有钱又有势力，另一派虽有钱却没势力，常受欺负。我的父亲是我们村中顶有学问的人，不把有势力的一派放在眼中，曾经挺身出来为受欺负的一派抱打不平。为着门头①较近和利害一致，受欺负的有钱地主同我的父亲结成联盟。父亲俨然是这一联盟的领袖人物。在父亲的主持之下，村中请来了几位硬肚教师，教人们喝符念咒，抵抗枪炮。父亲可能根本不相信硬肚教师；我想他是不得不利用迷信来组织武力，一方面抵御土匪，一方面同有势力的一派争村中的领袖地位。硬肚才学了几天，敌对派的某一位少爷勾引了一杆土匪，突然在一个晚上攻破寨，打死了九个人，烧毁了许多房子。我家的房子烧得最惨，其次遭殃的是几家和父亲站在一边的地主们，而另一派却几乎毫无损失。②

如前所述，姚营寨当年"有一种团练乡勇的组织"，称作"东局"，有少量的快枪，掌管者是姚营"拥有上千亩土地"的"姚大爷"（姚益谦）那一支的叔伯兄弟。③这支家族武装的主要功能是抵御土匪袭扰，后来蜕化成了阶级压迫（包括压迫非本支的同族）的工具。

姚父牵头聘请红枪会的教师来训练乡民，利用迷信来搞自卫武装，④颇有点顺时而起的胆识，其本意可能是为了"抵御土匪"，也可能是企图为受欺负的本支增加点底气；但在另一派看来，此举明显地有着与"东局"分庭抗礼的意思，更有想"争村中的领袖地位"的意思。于是，灾祸便降临了。

姚雪垠在回忆文章中非常惋惜地谈到父亲的失败："父亲的复兴运动只是匆促的回光反照：不到一年工夫，牛被新起来的土匪拉走了，而父亲受过挫折后烟瘾更大了。"⑤

20世纪10年代姚父为振兴家业所作的新旧参半的努力，在作家姚雪垠的笔下，被写成了"复兴运动"。姚父当年肯定没有这样提过，而姚雪垠为什么要这么写呢？是联想到了20世纪20—30年代以晏阳初、梁漱溟为代表的风行一时的"乡村建设运动"，还是联想到了以彭禹廷、别廷芳为代表的颇具盛名的"宛西自

---

① 姚雪垠原注：按封建宗法习俗，同族人以亲疏差别分门头远近。
② 姚雪垠：《我的老祖母》。
③ 参看姚雪垠《我的故乡、家庭与童年》。
④ 《南阳地区志》载：民国年间，河南土匪蜂起，民间自卫团体多以红枪会为名。南阳一些信徒用迷信的方法，画符拜药，为人治病，形同巫婆神汉。农民以为入了红枪会可以"念符咒，刀枪不入"，参加者甚多。
⑤ 姚雪垠：《我的老祖母》。

姚雪垠童年时,土匪进寨烧毁姚家祖宅,仅残存这三间房子

治运动"?这些"复兴运动"都是以平民教育、社会改良和自卫自强为主要特征的,全是复兴濒临崩溃的农村的社会实践活动,虽有人责之为纡远空泛,却不失为当时进步知识分子切实的救国之道。姚父的努力,只是着眼于家庭或家族自救,虽然早于上述"运动"若干年,也没有提出什么明确的纲领,大抵只是出自大厦将倾的预感和恐惧而焕发出的挣扎罢了。

20世纪30年代,姚雪垠曾非常关注近代中国农村的崩溃及拯救之途。他的短篇小说《月出之前》《援兵》《生死路》和《七月的夜》等,都是以豫西南农村自然经济和宗法社会的崩溃为主题,并塑造出了许多呼喊、挣扎、抗争的农民形象。1948年,他还曾创作过以宛西自治运动为背景的长篇小说《小独裁者》,已写成十余万字，因不满意或其他原因而焚稿，这是后话了。

还是回到土匪破寨的那个恐怖之夜吧——

> 当土匪破寨的时候，幸而父亲带着我的母亲和我们三个小兄弟到三舅爷①家走亲戚去了。据说土匪的目的是要将我的父亲打死的，既然没有找到我的父亲，就把我们的住宅和佃户的住宅烧光，使我们从此不可能留在乡间。在十几里外的亲戚家望见火光，听见枪声，母亲绝望地指着最高的火头哭着说："我的天呀！那就是咱家的房子！那就是咱家的房子！"（《我的老祖母》）

1918 年晚秋的这场大火，烧光了他家的祖宅，烧掉了所有的动产（家具、衣物、棉花、烟叶、香油和木材）。姚父带着全家人逃到了县城里租房住下，靠着舅爷的帮衬勉强维生，大约有一年或两年时间，全家生活沦落到了非常窘迫的境地。

姚雪垠在回顾往事的时候，没有在家庭悲剧上长吁短叹，而是哀惋于豫西南农村自然经济的彻底崩溃，他写道：

> 烧我们的村子是匪荒的真正开始。以后一天比一天严重，几年之后，遍地土匪，又加上水旱天灾，几十万的人口，死的死了，逃的逃了，无边无涯的土地荒芜了，旧时代真的完了。（《我的老祖母》）

历史也真是这个样子。没过几年，豫西南山区就成了土匪滋生之地，汤山、禹山、朱连山、厚坡一带的土匪最为猖獗，故老相传："三山加一坡，兔子没有土匪多。"

姚家的打瓦经历是近代豫西传统种植业命运的一幅缩影。姚家上三代都以烟草种植业为生，是家境殷实的小财主。清末民初，西方资本主义列强经济侵略的魔爪深入内地，美国烟草挤垮了"均邓名烟"，姚家开始走下坡路。姚父在省城初级师范读过书，返乡后试图重振祖业。可是，这个"洋学生"很快发现，一家一户的"改良"既不能逃避土豪的欺压和土匪的骚扰，更不能与西方金元帝国抗衡。他很快便堕入了绝望的深渊，放弃了刚刚试行一年的"改良"计划，又沉湎于鸦片毒雾之中。

---

① 姚雪垠原注：父亲的舅父辈，称舅爷。

第二章

姚雪垠的启蒙教育

1918——

第一节　冠三开蒙

姚营寨的这把大火，烧掉了这个家庭辛辛苦苦累积数十年的财富，也把老辈子生存的希望给烧没了。不久，曾祖母和祖父便相继离开了人世，"他们都是经历过几十年的富裕和太平，忽然对世界完全绝望，带着深深的悲哀闭起了眼睛"①；姚营寨的这把大火，烧掉了这个家庭传承数代的老宅院，也把这个家庭为了让儿孙"守业"宁可让子女"没有出息"的"故意"烧掉了；最为重要的是，这场大火把姚父给烧醒了，突如其来的"一贫如洗"的家境②，逼得他不得不收敛起吊儿郎当的少爷派头，强打起精神来寻找新的生计。

1918 年冬，姚家迁到邓县县城，在租来的房子里住定。尽管生活艰难，全家人挤在一起，倒比往昔多了点生气。1943 年，姚雪垠在一篇回忆文章中写道：

> 我们赁的房子在尹巷街中段西路，记不清是一间或是两间很小的北屋。两间临街的东屋，小院里有一棵石榴树，一座粪堆。母亲带着我住在北屋，父亲带着二哥住在东屋。白天，父亲在东屋里给乡下打官司的写呈子维持全家生活，同时他教我和二哥读书。大哥在二舅爷开办的叫做爱国公司的织布工厂中作学徒糊口，暂时还没有福（气）回家来同我们一道读书。③

姚父"写呈子"的新职业是他的二舅帮忙搞定的。他的这位二舅名叫袁嵩，字协一，在邓县是大大有名的人物。"他是秀才出身，也是个绅士，人很聪明，很有智谋，很会写呈子。有些人打官司，就找袁嵩。那时候，他还开有工厂，叫爱国工厂，一个织'洋布'的工厂。"姚父进城后，曾找舅舅诉苦求助。"舅舅就叫他写呈子。那时候没有律师。我父亲是个知识分子，他舅舅又很有名，所以很多人一听说他舅舅是袁嵩就愿意找他写呈子。"④

① 姚雪垠：《我的老祖母》。

② 这里借用的是姚雪垠在《初学记》(1943)中的说法："九岁的这年秋天，土匪贾麻子打开了姚营寨，把我家的房子全部烧光，我家就变成所谓'一贫如洗'了。"其实，姚家的土地仍在，只是由于匪祸，暂时得不到收益而已。姚雪垠《我的学校》(一、初学记，二、东大寺，三、北城门楼)，连载于 1943 年 6 月 27 日、30 日，7 月 4 日、11 日、14 日的《国民公报》。下不另注。

③ 姚雪垠：《我的学校》(一、初学记)。

④ 参看杨建业采访姚雪垠(1986 年 10 月 29 日至 1988 年 3 月 21 日)的记录整理稿《我的文学之路——杨建业十六次采访记》，将收进《姚雪垠全集》。下略为杨建业录音整理稿，不另注。又，杨建业录音整理稿中将"袁嵩"误记为"杨松"，笔者更正。

安顿好了全家之后，姚父开始慎重地考虑儿子们的学业。他决定接受流行的现代教育方式，用"新知识"（新教材）来重新教育大儿和二儿，并为适龄的三儿开蒙，以期他们都能有一个较好的未来。

说来惭愧，姚父曾经以敷衍的态度对待过大儿和二儿的启蒙教育——

1915年，姚父从开封辍学返回故乡后的第四年，他曾亲自为大儿和二儿开蒙。按照旧时的规矩，儿童一般在七岁左右开蒙。而在这年，他的大儿十岁，二儿八岁，年龄已经偏大。为什么会如此呢？姚雪垠曾解释道："为什么上学这么晚？可能一个原因是我们村庄里没有好的蒙学先生，第二个原因是我的哥哥们需要帮助家中割草。其中第一个原因是比较主要的。"又称："父亲当时是有新知识的，比一般人知识要丰富，读的书要多，所以大家都佩服他有学问。他也瞧不起那些秀才，怕他们把我哥哥们教糊涂啦。"①

这个解释似乎有点牵强，民国初年邓县教育事业虽然不够发达，但乡镇里的私塾和县城里的初等小学堂都还是有的，合格的师资也还是有的，而且不管送到哪里去读书，姚家当年也负担得起。因此，姚家的两个儿子被荒废，除了家传的让后代"没出息"以便"守业"的"故意"之外，姚父的疏忽和懈怠也是重要的原因。

因此说，1915年姚父亲自为两个"大龄"儿子开蒙，颇有点补过的意味。但他当年并没有用"新知识"来为孩子启蒙，所用的教材或许只比姚营寨私塾里用的稍微"新"了一点，这倒是与他的半新半旧的知识结构相匹配的。

姚雪垠在回忆录中谈到过姚父那年为他两个哥哥开蒙所用的教材：

> 他自己教我哥哥们开始读书，读《三字经》。《三字经》这本书是在那时候必读的初学课本，除《三字经》外，一般蒙学要读《千字文》、《百家姓》、《大字本》。但我父亲重视的是《三字经》，因为《三字经》里头包括的知识面多，有儒家的思想，有勉励勤学苦读的实际例子，有历史知识——包括明代的历史都编进去了。我父亲教的另一种课本是《七字鉴略》，也是一种中国通史的初级读物，用通俗的七字韵语编成。他自己还编了一本用四个字作一句的韵语历史课本。②

教材就是这三本书：《三字经》《七字鉴略》和《四字鉴略》。

私塾里教授《三字经》《千字文》和《百家姓》，姚父只选择了最浅显的《三字

---

① 姚雪垠：《我的故乡、家庭与童年》。
② 姚雪垠：《我的故乡、家庭与童年》。当年已经有"用四个字作一句的韵语历史课本"《四字鉴略》。姚父无须自己再来编。姚雪垠可能误记。

经》,算是略作改良。私塾里还教授"四书五经",姚父则完全弃置,另外选择了《七字鉴略》和《四字鉴略》,也算是有所改良。

不过,姚父此时的教育主张,与五十里外的邓县小学堂或百余里地外的南阳小学堂相比,就见不出有多少新意了。据《南阳地区志》介绍:"清末,(本地区)小学堂开设有必修科和随意科。必修科有修身、读经讲经、中国文学、算术、历史、地理、格致和体操等;随意科有图画、手工等。"

细究起来,姚父当年的偏重于历史知识传授的教育主张,接近于晚清略微有点革新意识的读书人的水准,譬如鲁迅的祖父。1887 年鲁迅开蒙,按照鲁迅祖父的主张,为获得一些历史基础知识,先读《鉴略》,鲁迅的发蒙书只有一本,那便是《四字鉴略》。

《四字鉴略》是一部什么样的历史书呢? 以下摘录二十行(每行两句),这是年仅七龄的鲁迅花了半个上午便能背下来的段落:

粤自盘古　　生于太荒

首出御世　　肇开混茫

天皇氏兴　　澹泊而治

先作干支　　岁时爰记

地皇氏绍　　乃定三辰

人皇区方　　有巢燧人

太昊伏羲　　生于成纪

时河出图　　用造书契

八卦始画　　婚娶以正

炎帝神农　　以姜为姓

树艺五谷　　尝药辨性

轩辕黄帝　　生而圣明

擒戮蚩尤　　神化宜民

六相分治　　律吕调平

五币九棘　　泉货流行

麟凤显瑞　　屈轶指佞

在位百年　　文明渐兴

少昊颛顼　　帝喾高辛

唐尧崛起　　嗣挚而升

　　屋茅阶土　　饭箪啜铆

　　……

　　鲁迅自小聪颖,博闻强记,背是背下来了,却也深以为苦。成年后他曾批评这种禁锢儿童思想和智育发展的做法及死记硬背的教学方法,写道:"记得那时听人说,读《鉴略》比读《千字文》,《百家姓》有用得多,因为可以知道从古到今的大概。知道从古到今的大概,那当然是很好的,然而我一字也不懂。'粤自盘古'就是'粤自盘古',读下去,记住它,'粤自盘古'呵!'生于太荒'呵!……"①

　　至于姚父教子用的另一本历史书《七字鉴略》,又有什么新的特点呢? 下面摘录十一行(二句一行),请鉴赏:

　　　　混沌初开事渺茫　　先儒亦未尽推详

　　　　鉴略首注盘古氏　　过此天地人三皇

　　　　三皇之后序五帝　　不必深究夫洪荒

　　　　第一伏羲姓风氏　　蛇身牛首象异常

　　　　命臣朱襄与苍颉　　制字画卦分阴阳

　　　　第二炎帝神农氏　　教民稼穑本姓姜

　　　　忧民疾病思救济　　医药相传草亲尝

　　　　第三轩辕公孙氏　　国于有熊制衣裳

　　　　四传帝相羿篡位　　相子中兴号少康

　　　　至桀履癸作色荒　　宠爱妹喜国灭亡

　　　　成汤放桀子姓昌　　创制显庸国号商

　　　　……

　　这本书较之鲁迅读过的那一本确实要简易一些。不过,鲁迅发蒙,时在1887年;姚氏兄弟发蒙,时在1915年。时光悠悠,前进了二十八年,儿童开蒙教材,只稍微进步了一点。

　　当年,姚雪垠的两个哥哥是否读得懂、背得会《鉴略》呢? 不知道。不过,自幼聪慧的姚雪垠,却从"旁听"中获益不少。他曾回忆道:

　　　　我三四岁前,我父亲教两个哥哥学习,我在院里玩。我一直认为我是中等之才,不是很聪明,但我眼睛大又有神,所以人们以为我很聪明,实际不是这样。我父亲教我哥哥《三字经》,讲中国前朝古代的历史。我在院子里听

───────────────

　　① 参看鲁迅《五猖会》。

着很有趣，记住了不少。①

如今幼儿园里三四岁的孩子，也有能顺畅地背诵《三字经》的；但即便是今天的大学生，也没听说谁能够背诵《鉴略》。后一类历史书还是太难了。

1918年冬，在邓县尹巷的那座小院子里，如果姚父还是拿这三本旧书来为三儿开蒙，说不定真的就会把这未来的作家给毁了。

所幸的是，姚父这次拿出来的是另外三本教科书。姚雪垠在回忆文章中写道：

> 9岁的那年冬天，我开始真正读书，学写大字。书是用的当时学堂里所用的《共和国教科书新国文》，开始从哪里读起，现在早已完全忘了。除国文课本之外，父亲不知从哪儿弄到了一册《华英初阶》，教我们学读英文。有一个印象永远清楚得如像昨日，就是，一个冬天的上午，阳光十分明媚，父亲带着二哥同我离开了阴冷的屋子，坐在院中的粪堆旁边，一面晒太阳，一面大声的教我们学习拼音。……除读国文之外，好像还有《共和国教科书新修身》，二哥还学算术，但记得不很清楚了。②

教材换成了这三本书：《共和国教科书新国文》《共和国教科书新修身》和《华英初阶》③。

那么，这些新教材是否真的浅显易懂，适合于为儿童发蒙呢？

请看《共和国教科书新国文》（初等小学校）第一册的前十课（图文并茂的啊！）：

第一课：人

第二课：手、足

第三课：尺、刀

第四课：田、水、山

第五课：狗、牛、羊

第六课：　身、二手

---

① 参看杨建业录音整理稿。

② 姚雪垠：《我的学校》（一、初学记）。

③ 《华英初阶》出版于1898年，商务印书馆出版的第一本书，是它从小作坊向出版巨头过渡的转折点。此书原为英国人为印度小学生编的课本 Primer，商务印书馆对其内容进行删减，逐课进行翻译并附中文注释，以中英两种文字编排出版，成为我国自编最早的英语教科书。教学上侧重书面读写能力，内容组织上遵循循序原则，形式上图文并茂，并首次采用中西文编排。谢洪赉编写。

第七课：大山、小石

第八课：天、地、日、月

第九课：父、母、男、女

第十课：红、黄、蓝、白、黑

再请看《共和国教科书新修身》（初等小学校）第一册的目次（该教材学生用课文为彩绘画，老师用课本有文字）：

第一课　入学

第二课　敬师

第三课　爱同学

第四课　课室规则

第五课　操场规则

第六课　仪容

第七课　早起

第八课　清洁

第九课　清洁（二）

第十课　应对

还请看《华英初阶》，这本书只有三十二页。

课程先从语音开始，逐渐涉及字母、拼写、单词、短句，与现代英语教学法完全相同。据说，此书一出，旧有的英语教学法（洋泾浜口诀式）——如：来是"康姆"，去是"谷"，是叫"也司"，勿叫"拿"——顿时没有了市场。顺便提一句，抗战最艰难的时期，姚雪垠蛰居在大别山中，曾从上海租界出版的英文报纸《密勒氏评论报》上翻译了不少文章，用来鼓励当地军民的斗志。他对英文的兴趣便萌生于童年时期。

"新国文"，作为开蒙教材，儿童学习没有困难；"新修身"，老师讲解，学生聆听；《华英初阶》，循序渐进，可惜姚父教了没多久便停止了。

姚雪垠在父亲督导下，在家塾里整整学习了一年。第二年（1920）春天，他和两个哥哥一起，被送到东大寺的私塾里继续学习。第三年（1921）春天，他们又被送到北门楼上的私塾里接着学习。私塾里当然教的是"四书五经"，但他们兄弟三人却学的是"共和国"新教材，这是姚父和私塾先生们事先说好了的。同年（1921）秋天，兄弟三人同时考上一墙之隔的鸿文高等小学，学制三年，进校就相当于完小的四年级，1924年毕业。如此算下来，从1918年冬至1924年夏，将近六个春秋,姚雪垠也算是接受过较为完整的小学教育(虽然前三年不正规)。

20世纪40年代,姚雪垠曾回顾三年的家塾和私塾生活,感慨地写道:

> 在闭塞落后的故乡里,父亲的思想不仅不顽固,而且是相当新的。他很坚决的不让我们读四书五经,坚决的要设法送我们入学堂读书。在我们入鸿文小学之前的两三年中,不管是我们在家中读书,在私塾读书,都没有把时间浪费在四书五经上,没有受当时起支配作用的旧思想的影响,这完全是由于父亲的思想新,主张坚决……假若在儿童时代没有父亲的进步的教育主张,我成年后所走的路也许是另外一条吧。[①]

读者也许会问,姚父当年为什么不把孩子们送进县城里的国民小学呢? 差钱并不是问题呀! 据说,当年国民政府有法令,小学是义务教育,完全免费的。

笔者也曾为此事煞费思索,后来查阅了相关资料,并询及当地老人,才窥得历史真相之一斑。

确实,民国初年孙中山领导的临时政府即开始推动全国实行免费的义务教育,教育部为此颁布了《学校系统令》(即《壬子学制》),其中明确规定"初等小学四年为义务教育"。义务教育的经费由各地政府从财政中划拨,其来源可能是加之于农、工、商各业的"义务教育税"。但在实施过程中,或全免,或部分免,各地并不统一。

当年邓县只有两所小学,一所是设在尹巷街的鸿文高等小学,一所是设在春风阁的邓县高等小学堂。前者是教会办的,经费自有来源;后者是县里公办的,经费仰仗于政府。民国初年,如果政权稳定,政府财政收入有保证,官员廉洁,邓县的这所县立小学应该是可以实现义务教育的。然而,当年邓县却处于军阀割据的旋涡之中,樊钟秀的"建国豫军"与吴佩孚的"北洋军"在这一带拉锯,政权更迭频繁,官吏横行不法,赋税全被挪为军费,义务教育于是荒废。姚雪垠曾就读过的东大寺私塾,门口挂的是"国民小学"的牌子,实际上是民办的改良私塾,教舍、教材、教法都没有任何的新气象。

读者或许还要问,既然如此,姚父何以不早点把儿子们送到仅一墙之隔的鸿文小学去接受正规教育呢? 家塾也罢,私塾也罢,姚氏兄弟虽说可以不读"四书五经",但毕竟不正规!

答案倒也简单,两个字:差钱! 教会学校也是要交学费的。1918年冬,姚父

---

① 姚雪垠:《我的学校》(一、初学记)。

带着全家逃难进县城,其状况可以说是"一贫如洗"。后来虽然得到了舅舅的帮衬,谋得一个临时的饭碗,但也只是勉强维持温饱而已。更为要命的是:

> 当时父亲抽大烟的烟瘾很大,可家里没什么积蓄,家里的地半荒芜着,粮食也不值钱……这时候,我母亲也开始抽大烟,家里有两个人抽大烟,可想日常开支有多大。(杨建业录音整理稿)

可以说,当年姚父把儿子们送进私塾,完全是不得已的。两年后,姚父事业有了起色,家境好转,他才把三个儿子一起送到小学里去读书。[①]

第二节　特殊学生

从 1920 年春到 1921 年夏,姚氏三兄弟都在邓县县城的私塾里读书。

1943 年,姚雪垠曾在一组题名为《我的学校》的回忆文章中,饶有情趣地描述了在这两所私塾里的学习生活。他很体谅有着"新思想"的父亲当年却把他们送进私塾读书的苦衷和用心:

> 一过了旧历的正月,当私塾都照常开学的时候,父亲就把我们弟兄三个一起送进私塾了。我们的进私塾当然不是父亲的心愿,他一向坚决的反对私塾,而且坚决的主张孩子们应该进学堂的。他的送我们暂且进私塾,主要是因为经济困难,没有力量供我们进学堂读书。不过我们的私塾先生都不是顽固学究。他们都能够依照着父亲的意见教育我们,把我们当做私塾中的特殊学生。[②]

姚家三兄弟就读的第一个私塾在外城的东大寺内。

当年,邓县县城有两道城墙。"一道在内是砖城,一道在外是土城。砖城十分

[①]　姚海天的堂哥姚晴林不同意上述说法,他在来函中写道:"我的意见是:祖父送三个儿子首先暂读私塾,再读正规学堂是他的精心安排。当时邓县北门处有名声很高的私塾先生,国学水平渊博,必须送儿子们去这个私塾受教;又祖父十分开明,具有浓厚的革新思想,认为儿子们在私塾受教的历时决不能长,只几个月不能超过一年,而进正规小学必须按国家规定的学制学数年至毕业,并且紧跟着应进中学大学,其间最好能保持连续性。这就决定了读私塾应在前,读小学应在后(试想,假若首先读小学许多年毕业,全班同学都兴高采烈进中学,唯独姚家三兄弟却停下来不进中学而去读私塾,这成何体统,真滑天下大稽)。因此,先读私塾后读小学的原因很简单,何必非要与家境的穷富联系起来。建议湖北学者写新书时不要写'因家境困难不能读小学而不得不读私塾'类似的词句,因为这类词句违背了历史的实际又无必要而写。"笔者尊重姚雪垠自己的说法,录姚晴林说备考。

[②]　姚雪垠:《我的学校》(一、初学记)。

紧凑坚固，四四方方周围不到四里，靠城墙紧围着几丈宽的城河。土城很大，周围有十里开外。"姚家迁进县城后，搬过几次家，先在尹巷街，后在北街，都在砖城内。而东大寺私塾却是在砖城外的土城内，从北街走过去可不近：

> 这一年我们所进的私塾是在砖城外的东大寺里，要走出砖城东门，走完荒凉的东河街再向东南走，经过许多熬硝的场子，穿过一大片菜园，才能走到。从北街到东大寺大约有三里路，每天来回四趟，风雨不避。父亲送我们走这么远读书，大概是因为先生是他的同学，为人并不顽固，可以完全依照他的意见教育我们。其次，也许还因有先生既是他的老朋友，束修就可有可无，不必成为一种沉重的担子压在他的身上。东大寺是一座相当大的古寺，起初是兴建于唐朝的开元年间，所以又叫做开元寺。自然，如今的东大寺只是历劫之后残存的一点神殿和僧房，而且都不是古代的建筑物了。①

这家私塾的塾师名叫李芳千，在邓县颇有名气。姚雪垠在回忆文章中称他是其父的"同学"，但未指出他们曾在哪所学校里"同窗"。如前所述，姚父约在废除科举之年（1906）就读邓州高等小学堂，又于 1909 年赴开封就读优级师范。笔者认为，他们是邓州高等小学堂"同窗"的可能性较大，而为开封优级师范的"同学"则不大可能，因为当年的优级师范是省城的最高学府，这所学校的毕业生（包括肄业生）大都眼高于顶，不会在改良私塾里屈就的。

东大寺私塾前挂的牌子是"国民小学"，实际上是民办的改良私塾。"学生很多，两间屋子坐得满满的，（算）来总也有三十多名。这些学生全都是读的旧书，由《百家姓》《千字文》，到四书五经，程度高低不同"。

姚家三兄弟是这所"私塾中的特殊学生"，由于父亲与先生是朋友，由于"读的是洋书"，由于他们都具有灵动的个性，"先生对我们也特别的好，整整一年中他不但没有打过我们，连一点不好的脸色也没有给过我们，这在私塾中是一种特殊的现象"②。

他们读的是什么"洋书"呢？姚雪垠晚年曾回忆道："先生是我父亲的同学。他按照我父亲的嘱咐，不让我们读四书，而读当时教育部审定的高等小学'国文'（不称'国语'）课本。课本是较浅的文言文，必须背熟。"③

当时教育部审定的《共和国教科书新国文》分为初等小学卷（八册）和高等小

---

① 姚雪垠：《我的学校》（二、东大寺）。
② 上面两段中的引文皆出自姚雪垠《我的学校》（二、东大寺）。
③ 姚雪垠：《我的前半生》。

学卷（六册），按照姚氏三兄弟当年的程度，他们读的应该是初等小学卷的后几册。下面摘录初等小学卷第八册中的两篇课文，以便读者体味这"较浅的文言文"：

第三十一课　军人

军人，至有荣誉之人也。为军人，亦国民之义务也。生为男子，苟非犯罪废疾，靡有不当为军人者。

吾国古时，本有征兵之法，全国之民，莫不当兵。惟老弱则汰之。唐宋以后，专用募兵，兵与民始分为二。于是士、农、工、商，各营其业。所谓兵者，大抵以游民充之。重文轻武，沿为风俗。国势衰颓，职此之由。诚欲转弱为强，当复行征兵之制。使凡为国民者，俱能尽卫国之责任，人孰敢侮之哉？

第三十二课　　兵器

鸟有爪距，兽有蹄角，皆所以自卫也。国之自卫恃兵，兵所以能自卫，则恃兵器。

古者，相击之器，梃刃而已。护身之具，甲盾而已。其后有弓矢，而所击杀者渐远。有城郭，而所保护者亦渐广。然以今视之，其拙陋已甚。盖自制造日精，陆有炮台，海有战舰，攻守之具，猛烈无比。古之城郭、弓矢，至此皆无用矣。

笔者摘录这两篇课文，是有用意的。姚家三兄弟后来都有"英雄主义"情结，都有过"从军"梦，都曾在军阀部队里待过。笔者揣测，"军人，至有荣誉之人也"，莫非就是在此时播下的种子？

说来有趣，在这一年里，这所普通的改良私塾竟成了新旧两类学生、新旧两种教材、新旧两种教育思想的竞技场。一边的选手是学习"四书五经"的普通学生，另一边的选手则是姚家这三个"特殊的学生"中的"我"。1943 年，姚雪垠在回忆文章中记下了这一幕：

我们的书，每天读得多，背得也一般熟，那些读四书的孩子们，每天有的只能读一两句，多的也不过十句八句，拼着已经嘶哑的喉咙死叫，到背书的时候还往往不免挨先生的板子。……有时先生也并不立刻就拿起板子来惩罚背不好书的孩子，他让他继续站着，却喊我去背。等我不打磕顿的背完以后，先生才拿起板子，回过头来狠狠的打着那个孩子，用那种严厉得可以使听着小腿发软的声调说道："你看看人家！……手伸出来！"①

1986 年，姚雪垠在接受杨建业采访时仍不无骄傲地谈道："在私塾读书的学生里我是最聪明的，特别是背书很快，快的老师来不及看课文，因此即使背掉几句老师也听不出来。而笨的学生连'子曰学而时习之'也背不出来。"②

那个挨打的倒霉孩子当时背的是《论语》中的"学而篇"，摘录"十句八句"如下，与姚家三儿"不打磕顿的背完"的"较浅的文言文"比较一下：

> 子曰：学而时习之，不亦说乎？有朋自远方来，不亦乐乎？人不知而不愠，不亦君子乎？

> 子曰：其为人也孝弟，而好犯上者，鲜矣；不好犯上而好作乱者，未之有也。君子务本，本立而道生。孝弟也者，其为仁之本与！

其难易程度不言而喻。

在新旧两类学生、新旧两种教材、新旧两种教育思想日复一日的较量中，姚家这三个"特殊的学生"完胜。

姚家三兄弟就读的第二个私塾在内城的北城门楼上。

这家私塾的塾师名叫李峨楼，是位前清的武秀才，民国初年被县警察局雇用，成为北门楼上"火药局"的看守③。但警察局给的月俸太低，不够养家糊口，于是他便央请附近的人家给找几个学生来教，赚取一点束修。姚家离北城门不很远，于是他便和姚父谈妥了。

姚雪垠曾在回忆文章中描写过这所私塾的环境，写道：

> 北城门楼坐北向南，地势还相当高，可以望见全城各处。站立在北城楼后面，凭着古旧的，苔藓斑驳的，暗灰色的城垛子，可以欣赏城河外的一带麦田，城外的无边的平原与湍河。倘若在深秋或初冬的季节里，连湍河沙滩上的宿雁也可以望得一清二楚。所以在这座小城市里，当年处处屎尿，夏天满街瓜皮和苍蝇，雨天满街泥泞，旱天满街灰土的小城市里，北城楼上倒是一个好地方，它清静，干净，空气新鲜，接近郊外的原野。在早晨或黄昏时候，常有三几个老绅士或老地主，提着鸟笼子，噙着长竿子烟袋，在城墙上悠闲的散

---

① 姚雪垠：《我的学校》（二、东大寺）。

② 杨建业录音整理稿。

③ 2020 年 8 月《汴梁晚报》刊出《洛阳名士李荦楼吟咏开封名胜古迹的诗稿引起关注》一文，文中称"考证得知，李荦楼是著名作家姚雪垠的启蒙老师"。此李荦楼似乎不是彼李峨楼，似有误，录以备考。

步。但城墙根里里外外，都差不多埋满了死人：有些是从监狱中抛出来的囚犯，有些是病死的或被母亲按进尿罐里溺死的婴儿。破木板，破席片，破布头棉絮，以及零碎的人骨头，随处可见。倘若有新死的人埋在城墙下，有几只狗正扒开了黄土争吃着尸首，腥气被微风送上城头，散步的人就得紧皱着眉头，掩住鼻孔，疾走而过，隔几天不愿来了。①

李峨楼先生并非"科班出身"，在县城私塾行里没有名气，姚父为何就安心把三个儿子的功课托付给他呢？可能有两个原因：一、如前所述，姚父没有秀才功名，而李先生却是有功名的武秀才，前者对后者多少有点仰慕之心吧；二、李先生口碑很好，"是一个正派的读书人：认真，严肃，诚实，俭朴，没有任何坏嗜好"，而且很重承诺。

于是，姚家三兄弟又在这所只有六个学生的私塾里继续着"特殊学生"的生活，姚雪垠曾回忆道：

> 到了一九二〇年春季（应是 1921 年春，笔者注），我们转到离家较近的北城门楼上读私塾。老师遵照我父亲的意见，不让我们读四书五经，而读高等小学校的《国文》《历史》《修身》等课本，另外还背诵一本书《论说文范》。我从这年春季开始学习写作文言文，老师规定每隔一天写一篇。这样的学习办法虽然只有短短的半年时间，但对我一生的关系很大。（《我的前半生》）

既说是"对我一生的关系很大"，那么，不得不对姚家兄弟在这个私塾里所使用的课本进行认真的考察：基本上还是当时小学校通行的教科书，只是多了本《论说文范》②。这新增加的课本似乎不是教育部审定的教材，而是坊间提供给"自修者"使用的读物。

据查：《论说文范》，撰述者山阴邵伯棠，上海会文堂书局于清末民初印行。作者曾自云，有感于"文至今日弊矣，非粗俗即支离；求其直抒胸臆针对时事而略有古文蹊径者，什不二三焉，此文范之所为作也"，称其书"按初学程度"编注，"（若）令高等小学学生诵之"，"到执笔时自汩汩乎来矣"！一言以蔽之，该书是提供给高年级小学生自修文言文写作的范本。

姚家三兄弟此时只有初等小学的程度，能不能顺利地背诵，并模仿其笔法写作文言文呢？下面录取《论说文范》中最浅近的三篇，请读者尝试（原文无标点）：

---

① 姚雪垠：《我的学校》（三、北城门楼）。
② 该书有许多版本，某版书名为《自修适用言文对照初学论说文范》。

（《立志论》）志者人之所必不可少者也如志在圣贤则为圣贤志在豪杰则为豪杰非日圣贤豪杰可以骤几也以吾志渐几之则我亦将来之圣贤将来之豪杰非所谓有志者事竟成耶

（《孝亲论》）闻之夫子日孝者天之经也地之义也民之行也夫所谓民行者自孩提以至终身皆人子慕父母之日也不然则其于子职必有亏也呜呼天下有亏子职者尚得觍然为人也耶

（《戒烟论》）今夫烟之为害烈矣无论鸦片烟非鸦片烟要皆含有毒质而于人有害无益也不严戒焉金钱之损也精神之耗也自问尚得为人乎夫亦有视如毒物而已矣

以小学三年级的程度，如果没有塾师的指点，恐怕点断都很费力，更别提背诵和模仿了。

多亏李峨楼先生用心，多亏李先生耐心，多亏李先生诚心，姚家三儿终于在这陌生的田园里站住了脚跟①。姚雪垠终其一生对这位先生怀有深深的敬意，他曾写道：

我们的先生，那位火药局的看守，对我们的教育十分用心，我永远对他深深的感激。

每课课文，不管是《国文》也好，《修身》也好，《论说文范》也好，他都仔细的对我们讲解清楚。他有着手指头脱皮的毛病，常在我们的面前走来走去，一面讲书，一面撕着手指上的白色死皮。他规定我们隔一天作一次文章，这对我后来的走上文学之路极关重要。那时"洋学堂"里是每星期一次作文，好的私塾里是"三六九"，就是说隔两天一次作文（然而那时候能实行"三六九"制度的已然很少），我们却"三天两头"赶，像乡间市镇的"逢集"一样。我自己是初学作文，到这年春天已经可以做三百字左右的文言文，打了一个小基础，后来进鸿文小学对作文一课始终不落人后，有时且被先生们特别夸奖。因此，那时候我虽然还没有见过真正的新书，没有见过报纸，没有见过杂志，没有读过小说和诗歌，仅只是朦胧地知道"文学"这一个名字，就已经对文学起向往之情了。

---

①　姚雪垠在《论创作的学习过程》(1941)一文中回忆道：从儿童时代学习作文起，除把古文和浅显的《论说文范》之类背诵得烂熟之外，先生们从来不曾教给我们别的方法。先生们不懂得文法，不懂得文章结构，内容形式，种种问题，他们只教你读呀读呀，读的多了便会依样画葫芦的去做假古文，这叫做"熟能生巧"，也叫做"一旦豁然贯通"。

我这一生得益最多的先生恐怕就是在北城门楼上教我开始作文这位蒙师,他的名字叫做李峨楼,一位落魄的武秀才,火药局的看守人。①

其实,还应该感谢《论说文范》的撰述者邵伯棠先生。他把艰涩的文言文降低了好几个难度,不仅能让后生小子们顺利地入门,而且能让他们从优雅的文字表达中窥见"文学"的大门。

但如果没有李峨楼先生的耐心点拨,《论说文范》的妙处也将不可见,姚雪垠六年后将无法读通《袁了凡纲鉴》,十年后将无法把自己的事业的基点放在"文学史家"的目标上;如果没有李峨楼先生此期的督导,姚雪垠半年后在鸿文小学的作文课上不可能得到老师的"特别夸奖",八年后河南大学预科的老师也不会在他的作文上批语"直追魏晋"了。甚而言之,这世上可能会少一位作家。

话还要说回来,在就读私塾和就读高小的四年期间,在课堂上或任何公开的场合,姚雪垠都貌似一个听话的乖巧的一心向学的好学生;而在课堂下或任何私下的场合,他却是一个地地道道的野小子。多年以后,他对课堂外的少年生活仍有着无限的留恋,曾津津乐道地重温道:

> 当时我并不崇拜摩西,也不崇拜耶稣,倒是崇拜那些能飞檐走壁的,打富济贫的,对朋友讲义气的绿林人物。许多年中,我天天希望着能有一张弓,一把剑,一只镖,甚至连杨香五的那根蹩脚武器我也希望。我曾经不知从什么地方弄到了一根绳鞭,我幸福的玩了很久。许多年中,我见了沟就跳,见了墙就爬,见狗就拿瓦片或石子投,为的要练武艺。许多年中,我常常把一根铜压尺带在袖筒里,遇到树木或遇到野狗,只听我叫一声"看镖!",说时迟,那时快,铜压尺就从我的袖筒里飞了出去。许多年中,我希望父母能允许我在屋梁上吊一个沙袋子,让我每天用拳头打着。然而却没有如愿;我只能采取最简便的用功方法,时常的用拳头在桌面上打着,在墙壁上打着。有时我偷偷的把一叠写过字的纸钉在墙上,用拳头打几天就减去几张。许多年中,我希望能够有一种本领,见敌人时只用指头轻轻一点,就点得他滚在地上不能起来,只好向我叩头求饶。被这种梦想所鼓舞,我看见母亲或嫂子在扣包谷,便蹲在旁边,将食指和中指并在一起,向包谷中练起武艺来。我还曾拾了许多小小的圆石子,将两个指头猛力插进去,不过感到很疼痛,以后也就作废了。许多年中,我希望能有几块铁瓦子带在腿上,带上三年二载,一旦取掉,行走

如飞。这梦想也始终没有实现；我只好有机会就在一行砖头上面跑,在菜园中的矮墙上面跑。诸如此类的梦想,诸如此类的故事,充满了我的少年生活。许多年,许多年,我就这样的把灰色的日子打发走了。[1]

第三节　鸿文小学

1921 年以后,姚父的写呈子生意逐渐有了起色,家境逐渐宽裕,可以供得起三个儿子上正规的小学了。

姚雪垠晚年在《我的前半生》一文中回忆道:

> 这年秋季开学时,我们兄弟三人都考入了教会办的鸿文高等小学读书。那时实行的是旧学制,小学分高、初两等,都是三年。我在鸿文高等小学读满三年毕业,这是一生中最完整的一段学历。那时候内地教育十分落后,在我的同班中,多数学生是十六七岁,还有的年纪在二十左右。我在同班中论年纪还算小的,比我小一岁的孩子只有一个。

这年,姚家大哥十八岁,二哥十六岁,姚冠三十二岁(都为虚岁)。

如前所述,当年邓县有两所小学,除了鸿文小学之外,还有一所县立小学。姚父选择鸿文小学是有考虑的:首先是因为这学校的口碑好,这所小学除了教育部规定的教材外,还有自编教材,还开设英语课,而且有几个外籍教员;其次,是因为这学校的学制是高小,姚家三兄弟在私(家)塾里已经读过三年,就读高等小学正合适;再次,这学校离家不远,都在砖城里面。而且,最最重要的是,三兄弟一起参加入学考试,全都考取了。

不知为什么,姚雪垠在回忆文章中很少提到这所教会学校,即使提到,也是寥寥几句。

且看他对这所小学的老师和所授课程的回忆:

> 我在这里读了三年。这所小学基本上是作文课……(笔者删节)教会学校还读《圣经》,我不喜欢读,可是老师逼得很紧。外国老师中有一个姓高的(中国名字),好像是瑞典人,一辈子没结婚,称她为高小姐。上课最模糊的是历史课,是按英国教材编的。历史课讲上帝创造人有六千多年。当时中国

---

[1]　姚雪垠:《一封谈儿童文学的信》,《战时教育》1943 年第 7 卷第 11、12 期合刊。

历史说是四千多年。帝国主义按英国史编,当时我们已经有认识了,心里不赞成,可是又不了解情况。(杨建业录音整理稿)

在功课方面,我的国文程度较好,既会作白话文,也会作文言文。显然是出于老师的鼓励,我在高小时的作文竟然不只一次得一百分。(《我的前半生》)

且看他在半自传体小说《长夜》中对小学课外生活的只言片语回忆:

在小学就读过《三国演义》。(《长夜》第九章)

在小学读书时代,他常在下课后站立在说评书的面前,聚精会神地听绿林英雄故事,连饭也不愿去吃。(《长夜》第十五章)

不会这样吧?不止这样吧?我们不能贸然把姚雪垠这三年正规的学校教育仅只限定在"作文"这一方面,而把课外生活的所得夸大为少年期间基础教育的大部。

这所学校肯定不只是开设了"作文课"、圣经课、历史课,还应该开设了"国文课""修身课"等"教育部审定"的课程。当年,政府规定所有小学校都得使用《共和国教科书新国文》和《共和国教科书新修身》等部颁教材,教会学校也概莫能外。

因此,我们必须对姚雪垠在这所学校所受的教育作若干补述,否则,就无从知晓这位作家知识积累和知识结构的由来了。

且让我们看看《共和国教科书新国文》(高等小学校)的第一册,录其目次(共三十七课)如下:

第一　国体与政体　　　　　第二　民国成立始末
第三　华盛顿(一)　　　　　第四　华盛顿(二)
第五　美国二缝工　　　　　第六　桃花源记(陶潜)
第七　爱莲说(周敦颐)　　　第八　杏园中枣树(白居易)
第九　狮　　　　　　　　　第十　鸵鸟
第十一　望远镜　　　　　　第十二　显微镜
第十三　蚊　　　　　　　　第十四　行旅
第十五　铁达尼邮船遇险记(一)　第十六　铁达尼邮船遇险记(二)
第十七　良马对(岳飞)　　　第十八　马说(韩愈)
第十九　麦　　　　　　　　第二十　稻
第二十一　勤训(李文照)　　第二十二　俭训(李文照)
第二十三　共和政体　　　　第二四　卢骚

如欲知晓该教材的实际水准,请读第一课《国体与政体》:

> 国体有二,曰君主曰民主,君位世袭者是为君主国,不置君位由人民公举总统者是为民主国。

> 政体有二,曰专制曰立宪,政权由一人或一部独揽者是为专制国,政权分为数部者是为立宪国。

> 立宪国之政权大抵分为三部,立法属于议院,司法属于法院,行政属于政府,各有权限,一切以宪法为断。

> 世界各国有君主立宪,有民主立宪,各因历史而异。惟君主专制不适于今日之世界几无复存者矣。

姚雪垠晚年曾多次回顾早年的求学经历,有时谈得比较笼统,有时谈得比较客观。下面这段话,没有多少研究者注意到,却非常重要。他谈道:

> 我是五四新文学运动以后成长起来的一代青年,尽管我处在风气闭塞的故乡,又上的是教会学校,但是时代的春风也吹到了我的身上。①

何谓"时代的春风"? 现代思潮(非止"新文学运动")之谓也! 从上引国文教材第一册的"目次"和第一课的课文中就可以清晰地看得出来。

现代思潮的影响,不仅存在于《共和国教科书新国文》,同样也存在于其他的部颁教材,如《共和国教科书新修身》(高等小学校)。该教材第一册有十七课,录其目次如下:

---

① 姚雪垠:《七十述略》,《芳草》1980 年第 7、9 期。

请读读第一课《道德》课文，便知该教材的实际水准：

> 人为万物之灵，非徒恃智力之卓绝也，又必恃道德为维系焉。世界日益进化，物质之文明愈发达，则道德之关系愈重大。故人生世界中，对于己，对于人，对于家，对于国，对于世界，对于万物，均有应尽之职务。子思曰，"道也者不可须臾离也，可离非道也。"盖世界者为道德所维系……

这样的文字，对于幼年的姚雪垠应该有极大的冲击，人子的责任不应只是为家庭"守业"，也应为"国"做点事，更应为"世界"做点事，这是人子的"天职"，不能有"须臾"疏忽的。所谓"立大志，做大事"，此之谓也！姚雪垠一生立志甚高，抱负极大，其发轫也许就在此期。

因此说，他对这所学校的老师是应该存有感激之心的，不管是那位"逼"他读《圣经》的老师，还是那位按照英国观点讲授历史的老师，或是那位不知讲授什么课程的瑞典人高小姐，尤其是那位给了他许多"鼓励"的国文课老师①，都应该在他的回忆录中占有一定的位置。然而，却并没有，他甚至没有完整地提及任何一位老师的名字，也没有描绘过任何一位老师的面影。校舍、课堂、同学，也统统隐身了！这里肯定有什么问题！

不过，他倒是描述过这所小学的风气，而且不吝笔墨地批评过：

> 我们弟兄三个都在外国教会办的小学读书。那时候，在我的故乡，高小学生多在二十岁左右。二十多岁的人一面读小学，一面混绅士，交朋友，包揽词讼。因为这原故，在我的小同学中有很多抽大烟的、嫖妓女的，还有专门勾引良家妇女的。结拜之风在那时非常流行。同学们一天到晚忙于和同学结拜，和衙门里的房吏结拜，和驻军的小头目结拜。都把结拜当作立身处世以及飞黄腾达的必要手段。我的大哥没有任何不良嗜好，是个正派青年。不知为什么，他在同学中是一个被人们看重的风头人物，常被人们拉去拜把兄弟，有时连我这样的小孩子也被拉去烧香，换金兰谱。我没有看见大哥对大嫂有

---

① 这位国文老师还为他取过表字"汉英"。

一点温存,但他对朋友却非常之好。所谓"兄弟如手足,妻子如衣服"这一句出自《三国演义》的古话,最被当时的男子所信奉。仔细想来,大嫂得不到丈夫的爱,终于被大哥抛弃在家里,和上面这句话所宣扬的封建精神也有一些关系。①

痛恨这学校的"结拜之风"也罢,痛恨弥漫在这学校的"封建精神"也罢,这些似乎都不应成为作家轻忽这所曾给他"正规教育"的学校的理由。三年的学校生活,一千多个日日夜夜呀,在作家的心目中竟然被漠然置之,甚至比不上东大寺私塾的一年和北城门楼私塾的半年,这颇为令人费解。

也许与这学校隶属于教会有关吧,20世纪30年代后的进步青年大都不愿谈与教会学校的关系。姚雪垠全家与教会关系匪浅,他的忌讳也许更多一些。此事说来话长,且待后述。

不过,我们特别注意到了引文末尾对大哥"抛弃"大嫂的略带指责的文字,这似乎是批评该校"结拜之风"和"封建精神"盛行的归结处。大哥姚冠杰,在姚家的地位非常重要。读过作家中年创作的散文名作《大嫂》就可以知道,大哥的命运悲剧就是在这所学校里酿就和彩排的,导演者就是他的那些"结拜兄弟"——驻军小头目。回顾一下大哥此期的人生轨迹,我们也许能体味到作家心中的隐痛之一二。

姚家大哥于1921年成婚,时年十七岁,妻子比他大一岁。大嫂嫁入姚家后所受的待遇,与姚母当年嫁入姚家时别无二致。上辈老人照例地作威作福,无穷无尽的驱使和无端无由的责骂,夫婿的偏听偏信和拳脚相向,满腹的怨愤无处倾诉,历史的旧剧又上演了:

> 我的母亲正如旧时代一般暴虐的婆婆一样,不愿意儿子同媳妇感情太好。她希望把儿子永远控制在自己手里;像防护财产一样,防护着儿子的心不要被媳妇偷走。母亲常常用正面的辱骂和侧面的讽刺逼得大哥不敢同大嫂住在一起,甚至挑唆得大哥和大嫂很不和睦。每次大哥骂大嫂,欺负大嫂,都是受了母亲的暗示或怂恿。大哥为了一个"孝"字,不得不拿自己同妻子作牺牲品。大嫂为了一个"孝"字,也为了"三从四德",只好屈服在命运的铁掌之下。

姚雪垠对这种"妇姑勃谿"的恶俗印象深刻,深恶痛绝,后来他在好几个短篇

---

① 　姚雪垠:《大嫂》(1946)。

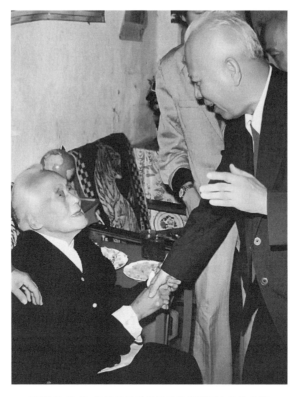

1985 年 10 月,姚雪垠回到故里看望离别四十年的大嫂

小说中重现过这般场景,《七月的夜》中黑心老太婆对待儿媳妇红薯脚,《选举志》中月亭太太对待儿媳妇房李氏,等等。

大嫂也曾抗争过,但得不到任何人的同情,不管是在这个家庭里,还是在邻居街坊,人们似乎都认为,命该如此,就该如此!

起初,大嫂曾企图反抗母亲的压迫,但试验几次之后,只好无条件地对母亲屈服。因为假若大嫂对母亲的辱骂敢有一句反抗的话,结果不仅会受大哥的打骂,也会受邻居的指责。特别是会引起我二哥的反感,因为她的反抗违反了孝道。至于大哥打她,她决不能还手,因为俗话说:"丈夫是一层天!"

"孝道",又是"孝道",口口声声不离一个"孝"字。在作家笔下,大哥和大嫂,甚至包括二哥,都成了封建道德的无辜的"牺牲品"。"孝道",对姚家兄弟的影响为何如此之大呢?如前所述,姚家三兄弟在私塾里就曾读过《论说文范》中的《孝亲论》,熟知"孝者天之经也地之义也民之行也"的圣人教诲;在学堂里也曾读过《共和国教科书新修身》,其中便有《孝道》一篇,文中称:

父母爱子，无所不至。寒为之衣，饥为之食，提携教诲，至于成人，其恩大矣。故为子女者不可以不孝。

孝道始于奉养，而尤贵能安父母之心，子女幼时识短力微，虽知爱其父母而未能奉养，则以能安亲心为贵。谨听其语言，服从其命令，有事则代操作，入学则勤读书，父母见之自不胜喜悦矣。

格言：父母之恩，水不能溺，火不能灭。

大哥欺负大嫂，是为了"安亲心"；二哥反感大嫂，也是为了"安亲心"；冠三呢，他也是学过这一课的，但由于大嫂对他实在是太好，却是不忍心为了"安亲心"而对不起大嫂。成年之后，他曾不无内疚地怀想道：

我曾经有一个贤惠的大嫂，她像是我的姐姐又像是我的母亲。许多年来我没有机会看到她，甚至连她的生死也不清楚。可是许多年来我一直在想念她，希望她依然健在，希望她有幸福生活，希望我们有一次再见的机会。假如大嫂到今天还活在人间，我相信她也会时常的想起我，挂念着我的一切，不过，我敢断定，她不知道我十几年来是一直多么地同情她，想念她。……唉，贤惠的大嫂，可怜的大嫂啊！命运已经残酷地折磨了你的精神和肉体，它什么时候才肯让你的心获得完全的轻松和安适？[①]

姚家大哥在鸿文小学读了两年半以后，终于经受不住"结拜兄弟"的反复劝诱，决心辍学从军。他此后的人生轨迹，始终牵动着全家的心，影响到父母，非但影响到大嫂，就连他的两个小弟，命运和前途都与大哥休戚相关。说来话长，且待后述。

第四节　大哥从军

1924 年初春，姚家发生了一件大事，大儿决定要辍学从军了！这年，姚冠杰二十岁，再读半年即可从鸿文小学毕业。

姚家父母竟非常支持儿子的这个决定，满心期望他能就此飞黄腾达、光宗耀祖。于是，姚冠杰便提前告别了学校，拿着拜把兄弟——当地驻军小头目出具的介绍信，与几位同样拜过把子的同学结伴去洛阳，进入吴佩孚麾下的"学兵营"。

---

① 姚雪垠：《大嫂》。

姚雪垠在回忆文章《大嫂》中曾谈到大哥从军的缘由：

> 第一次直奉战争后，是吴佩孚一生中顶红的时代。在华东（包括中原）落后的地主社会，身为直、鲁、豫三省巡阅使的吴佩孚被当做不世的英雄人物。在我们那一带思想闭塞地方，落后的破落地主青年没有好的出路，以到吴佩孚的陆军第三师当学兵为进身阶梯。民国十二年春天，我们的县里换了一位新县长，姓宣，派头很大，很爱杀人。他原是吴的部下，因为邓县以多匪出名，特意派他来清剿土匪。这位新县长还带来一队卫队，全是第三师出来的人。卫队中的许多头目和士兵都喜欢同学堂中的学生交朋友，拜把子，同时天天对人们宣传吴巡帅①和第三师是怎样的好，怎样的有前途。陆军第三师是吴佩孚的基本武力，由他自兼师长，师部驻在洛阳。当时第三师加紧扩充，学兵营是它培训下级骨干的部队。那些随宣县长来的下级军官和头目，竭力怂恿学生们进第三师学兵营当兵。大概是他们的一个任务。我的大哥，还有大哥的几位好友，都同这些第三师来的军人变做了结义兄弟。大概就是在这年夏天，大哥在父母的无限期望下停止了求学，和另外几位拜把的同学们结伴离开了家，拿着那几位军人兄弟的介绍信往洛阳去了。

当年，直系战将吴佩孚是一等一的风云人物，他的头衔很长，"孚威将军两湖巡阅使直鲁豫巡阅副使陆军第三师师长"。史家称："吴佩孚善于用兵，富于韬略，军事才能在当世中国武人中堪称首屈一指，兵锋所指，无不披靡，更为世人瞩目。在其军事生涯前期，曾一战安湘、再战败皖、三战定鄂、四战克奉，有常胜将军之名。"

1924 年，吴佩孚处于其一生中的巅峰时期。其时，他掌握着直系最多的兵力，拥兵数十万，虎踞洛阳，其势力影响着大半个中国。人们普遍看好他的前途，上海英文杂志《密勒氏评论报》的主编约翰·鲍威尔甚至认为他"比其他任何人更有可能统一中国"。当年 9 月 8 日，吴佩孚以"中国最强者"成为首次亮相美国《时代》杂志周刊封面的中国人。

姚父同意大儿去洛阳从军，当然也是"看好吴佩孚的前途"。在闭塞落后的豫西南地区，人们很难感受到五四新思潮的澎湃，也预感不到北伐战争爆发前潜流的涌动，即使是像姚父这样的读过"洋学"的旧式读书人，也还是认为儿子们的出路无非三条：一为居家守业；二为当兵吃粮；三为读书当官。他有三个儿子，留

---

① 姚雪垠原注：当时人对吴佩孚的尊称，因为他是巡阅使，又是大帅。

下一个守业就够了,另外两个,就放他们出去闯荡吧。就这样,姚家大儿子,年方二十的冠杰便肩负着父母的"无限期望"毅然从军了。

20 世纪 40 年代,姚雪垠在撰写回忆文章时,曾设想过促使大哥辍学从军的更深层的原因,他这样写道:

> 从表面看起来,大哥从军的原因完全是为着一个"英雄梦",而父母和朋友也鼓励他变做"英雄"。但实际想来,他的从军,主要是由于同大嫂感情不好,又常常惹母亲吵骂。其次是由于家境太穷,同时供不起三个学生。关于这后一种家庭原因,也可以说是为了我的读书,大哥才毅然从军。(《大嫂》)

因受"班定远投笔从戎"传说的影响而辍学从军的事迹,历朝历代不绝于书;因婚姻问题离家出走的案例,近代名人传记中也不乏记载;因体恤幼弟而自赴危境,其人格的伟大自不待分说。姚雪垠感念大哥的自我牺牲精神,念念不忘,后来还写过好几篇诗文缅怀大哥,且待后述。

1924 年 6 月,就在大哥从军后的第四个月,姚雪垠和二哥姚冠洛也从鸿文高等小学毕业了。姚父怎么安排这两个儿子的前程呢? 会让哪一个"居家守业"? 又会让哪一个"读书当官"呢?

在姚父的心目中,无论是从年龄,还是从性情,或是从颜值来看,三儿都应该是"读书当官"的首选。姚雪垠自己也这样认为,他在回忆文章中写道:

> 一则为着家庭经济困难,二则为着我们弟兄三个中我的年龄最小,父亲把大部分的希望寄托在我的身上,常常向母亲说纵然卖"墙根脚"也要供我大学毕业。(《我的学校》)

> 我们三个只有我最合乎读书年龄,在这方面一向被父母和亲族所重视。二哥小时候虽然也表露出非常聪明,但因为他的"仪表"稍差,不像我一样被大人器重。况且二哥又比我大了四岁,求学虽然不能算太晚,究竟有点稍大了。当时不仅母亲认为只有我一个孩子应该继续读书到成名为止,连哥哥们也认为应该如此。(《大嫂》)

然而,姚父竟安排二儿去樊城读书,而让三儿去洛阳当"幼年兵"①,这颇出乎族人的意料。

姚雪垠似乎也觉得这事不好解释,于是在回忆文章中,或归之于自己当年的

---

① 姚雪垠在纪实小说《长夜》中写道:"菊生小学毕业后,父亲也送他到洛阳去当幼年兵。先到洛阳当学兵的大哥已经看穿了第三师的黑幕,大哥竭力反对,托朋友将他送到信阳,进一个教会中学读书。芹生原是在湖北樊城读教会中学……"菊生即姚雪垠,芹生指他的二哥。

"英雄主义"，或怪罪于别人的"煽动"，他这样写道：

> 我小学毕业时，已野心勃勃，想当兵，军事救中国，满脑子是爱国主义和英雄主义。在这种思想的驱使下，我跟一个比我大一点的同学去了洛阳西工想当幼年兵。（杨建业录音整理稿）

> 民国十三年（1924）的夏天，我从旧制高小毕业。听到了别人的宣传，父母让我去洛阳入伍。原来吴佩孚有一营幼年兵，多是些军官子弟，据说这些孩子们的前程非常远大。（《大嫂》）

是自己决定的也好，是父母决定的也罢，姚家三儿就这样踏上了去洛阳的迢迢路程。

其实，姚父的这个安排也是不得已而为之。如果要怪罪谁的话，只怪当年吴佩孚的声望实在是太高了，只怪他抛出的诱饵太大了，只怪他招收幼年兵时还附加有年龄条件，而姚家三儿正合乎这个条件。

据《吴佩孚洛阳练兵缕析》一文介绍，1924年前后吴佩孚的声望如日中天，奔赴洛阳参军者众多，其中不少是学生，甚至一度造成开封各校的"办学危机"。而且，吴为了培养具有近代军事知识又忠于自己的中下级军官，除从现役中培养之外，还特地从河南各县招收十二到十六岁的学生，再加上第三师军官子弟，成立了"幼年兵营"。这些孩子从少年起，就要接受严格的军事训练，学习军事基本知识。吴佩孚曾经自豪地说："我要在这群孩子中，培养出一千名师长。将来统一全国，收复被外国人侵占的失地，就要靠这些孩子了。"

如前所述，这年二儿姚冠洛十八岁，三儿姚冠三（雪垠）十四岁。于是，三儿被父母选中了。

当然，姚父也不是一个轻率的人，他在送爱子去洛阳之前，还特意留了一个后手。他让三儿去洛阳后，不要着急去"幼年兵营"报到，而要先去"少年兵营"看看大哥，问问大哥的意见，如果"幼年兵营"不是传言中的那么好，就让三儿放弃从军的念头，转程去信阳教会中学读书。为此，他让三儿带上了去信阳的旅费。

果然，姚父的隐忧不幸成了现实。姚雪垠到洛阳后先去见了大哥，听到大哥的一番诉说，才知道吴帅"爱兵如子"的传言颇多虚妄：

> 我到了洛阳西工，大哥含着眼泪把幼年兵营的黑暗情形告诉我，坚决不准我入伍，托一位朋友送我到信阳读书。（《大嫂》）

> 到了西工，见到大哥，他极力反对，说兵营很黑暗，老兵对新兵当奴隶一样看待，新兵要伺候老兵，动不动就挨打；还说幼年兵住窑洞，一个窑洞塌了

压死了许多孩子,让我回家好好读书。(杨建业录音整理稿)

幸好姚雪垠没有当成幼年兵。两个月后(1924 年 9 月),第二次直奉战争爆发,吴佩孚的第三师及所属"学兵营"都被拉上了前线,榆关一役杀得尸山血海,关键时刻直系部将冯玉祥倒戈,发动"北京政变",吴军腹背受敌,大溃败北。姚的大哥伤而未死。其后数年在鲁冀一带漂泊,时而有信寄家来,多是报喜不报忧,说是当排长啦,又说是当营副啦,1927 年后音信断绝,竟不知所终。

为此,姚雪垠一生都感激大哥,怀念大哥。

1932 年,他写了一首长诗,题为《最后的一面》,企图把 1924 年夏在洛阳西工与大哥告别(永诀)的那一幕场景永远铭刻心底:

> 那是十三年七月的某日下午,
> 我流着满身的汗水从车站跑到西工看你,
> 我问你究竟是当兵呢,还是上学?
> 你向我叙述了入伍后四个月中所受的种种晦气,
> 你说当新兵是怎样的要受老兵的欺负,
> 动不动就挨着的骂和谁讲理?
> 烈日下抬土垫路是怎样的难受,
> 黑夜里,一个人在荒营地放哨是多么地孤寂……
> 你说你已经失足了,为争气不愿逃走,
> 绝不要你的弟弟也坠入这活人地狱。
> 最后决定叫希山随我到信阳考学,
> 因路费将尽又决定要我们马上南去。
> 呵! 大哥,有谁知这洛阳西郊的叮咛,
> 竟成了我们谈话的最后一次。
>
> 时间迫着我们要分手了,
> 犹记得我们都低下头不敢互相瞅视,
> 莹莹的泪珠向身后偷偷地暗堕,
> 吁吁的伤叹往肚里不停地吞!
> 斜晖脉脉,晚烟无语,
> 那愁容黯然的北邙,
> 好似已预知我们这一刹那的相会竟是永久的别离。

记着:以后勤给家里去信,给我也来信呵! 弟弟,

当我离开你已经有十几步远,

犹听见你用一种勉强忍咽的声调向我叮嘱,

那时候,我心里已经是万感交集,

竟连一个字也没有回你。

大约又走了一里多路,

回头来遥见你仍默默地在夕阳中呆立。

呵! 谁知道这竟是我们最后的一面,

悔不那时把夕阳中两个伶仃的影儿钉在一起。

1935 年,他还写了一个短篇小说,题目叫《野祭》,副标题是《幼年生活的一段》。小说格调极其恓惶,作家把大哥失去联系后,父亲的饮泪吞声,母亲的日夜悲泣,大嫂的苦苦思念,二哥的焦躁不安,自己的疑虑不解,描绘得如在读者眼前:

奶拉着我,衔着泪,提着纸,一直向荒郊走去。在奶要向荒郊走之前,家人曾劝阻过她许多次,她不听。她说今儿是“十月一”,是鬼节,无论怎么也得去给她的大儿子烧点纸。“真是!”叔在奶面前吵起来。“你真是老糊涂! 为啥你要说他不在了?”“他,我知道,我知道,你们别哄我,他怎么不是死了?”奶的泪顺着脸颊往下爬。“昨晚上,昨晚上他又给我托了一个梦! 我梦见他,他……”奶抽咽着,又要去述说她的梦,被大家赶忙拿话岔开了。爷扭过脸,叹口气,低着头儿走出院子去。

爸爸没有消息已经七年了。在这七年中,奶同妈差不多是夜夜都有梦。但妈的梦很少说出来,说出来的也尽是些吉利的。她常常哭,在夜间,往往在我睡着后。白天有时她也哭,回数却不多,也从不放出声。奶哭时她便到一旁劝,给奶说些宽心话。

“娘,你老不用怕。”妈说,“昨晚我又做了个很好的梦,怕啥的,不碍事!”

妈照常拿个好梦说给奶,一直把奶劝得不哭了,她才走进自己屋里去,躺在床上,蒙住头,悄悄的哭起来。

这小说采用的是儿童的视角:“我”是大哥的遗腹子,身份是虚构的,举止、神态、动作、心理都有作家自己的影子;“奶”是大哥的母亲,“叔”是大哥的二弟,“爷”是大哥的父亲,“妈”是大哥的妻子。

小说中对大哥失踪时间的表述是写实的(“爸爸没有消息已经七年了”),但

对其事迹的描述则是虚构的("在学里随了个什么会,是主张打富济贫的,给军队逮去枪毙了");"奶"祈神问卜的心理是写实的(只要有神在,只要老天爷睁着眼,奶想爸爸是终会平平安安回来的。一家没干过一件亏心事,坟地又没甚毛病,奶不信能死了她的当头儿),但梦境是虚幻的(奶说她也做了一个梦,梦见爸爸回来了。爸爸已经做了官,披着武装带,带着成群的护兵回来了。汽车停在大门外,爸爸同护兵从汽车上跳下来,走进院便唤了一句"娘");"妈"的绝望是写实的(妈自从过了中秋节就病倒了,三天轻,两天重,只见一天瘦一天),但她对儿子的叮嘱却是虚构的("乖乖快长大,长大给爸爸报仇去!")。

1946 年,他在长篇小说《长夜》中也给大哥留了一个位置——

今年初秋,菊生同着一位年长的同学从故乡跑到洛阳去找大哥,大哥请了两个钟头假,带他们在西工一带走走。大哥虽是一个军人,当见面时候,也忍不住眼睛红了。原先他总以为当兵比上学威风而自由,见了大哥,方知兵营才真是黑暗地狱。在军队中,老兵欺压新兵,大官欺压小官,上级把下级看成奴才,动不动就拳打脚踢,破口谩骂,根本没什么道理可讲。

"我上当啦,"大哥叹息着低声说,"现在不想干已经迟了!"大哥坚决阻止他入幼年兵营,说幼年兵营比学兵营还要黑暗,最近因为雨水泡塌了两个窑洞,差不多有一连小孩子白白死掉,可是吴大帅连一点也不知道。"你好好儿到开封或信阳读书吧,"大哥紧握着菊生的双手说,"永远不准你再胡思乱想。你要是不听我的话,你永远别再见我!"大哥的声音颤抖了,好久没有敢抬起头来。

菊生带着满肚子莫明其妙的悲伤离开了亲爱的大哥,已经走了半里远又留恋地回头望望,发现大哥像一个泥塑的人儿站立在原处没动,望见他转回头时才在夕阳中挥一挥手。落日正衔在北邙山上,用凄凉而美丽的余光照着一条条笔直的列树道,一座座褐色营房,和一面迎风招展的大军旗,一大片坟墓似的灰白帐篷。军号声和马嘶声,随着渐来渐浓的苍茫暮霭,向辽阔的原野散开……

最后一段末尾的几句,化用的是唐代诗人杜甫《后出塞五首·其二》中"落日照大旗,马鸣风萧萧"的意境,只取其凄凉之意。几十年后,他又把这意境用在了描绘农民义军领袖李自成的身上,取的却是豪迈之气。

第三章

姚雪垠的初等教育

1924—

第一节　教会学校

姚雪垠的初中学习经历非常奇特，呈现出一种奇怪的轨迹。简述如下：

1924 年夏，姚雪垠从邓县鸿文高等小学毕业后，曾赴洛阳打算加入吴佩孚的"幼年兵营"，经大哥的劝阻而未果；当年秋，赴信阳信义中学就读二年级。当年冬，胡景翼率领国民军第二军出兵豫西，吴佩孚军退守信阳，学校提前放假，学生离校返乡；姚雪垠与二哥等在返乡途中遇土匪绑票，被困百余日，幸被一小头目收为义子，得保周全。

1925 年春，义父托人将姚雪垠送回家中；当年夏，姚雪垠赴南阳报考第五中学被录取，父亲未允其入学；当年秋，父亲送其往湖北樊城鸿文书院仍就读二年级。当年冬，北伐军逼近鄂西北，父亲担心爱子被卷入革命浪潮，谎称母病唤其返乡。此后三年，失学在家。

请注意上面提到的三所学校：

邓县鸿文小学（又名新华小学）

信阳信义中学（又名义光中学）

樊城鸿文书院（又名鸿文中学）

这三所学校都是基督教信义宗各教派开办的学校。

当年邓县没有中学，姚雪垠要继续求学只有往他地。按常理，报考附近的（南阳）省立第五中学即可，似不必舍近求远。须知，邓县距离南阳不到六十公里，距离樊城却有八十公里，而距离信阳则有二百五十余公里。但姚父偏偏舍近求远，即便爱子考上了省立中学也不让去，这不能不令人产生疑惑。

如前所述，姚父是接受过新式教育的读书人，他崇尚新的教育思想，由此而迷信洋人办的学校，也不是没有这种可能性。但更大的可能性是，姚家与基督教存在着某种关系，或是信徒，或是教友，诸如此类。

中国现代许多著名的大知识分子都与教会有关，如林语堂，漳州山村一个教友家庭的儿子，先就读于鼓浪屿的养元小学，继而就读于寻源书院，继而考入上海圣约翰大学，这些学校都有教会背景；又如许地山，曾先后在汇文书院（燕京大学前身）和英国牛津大学深造，这两所学校也有教会背景；再如老舍，曾先后在英国东方大学和山东齐鲁大学任教，这两所学校同样也有教会背景。

当年基督教会很热衷办学，对中国教友家庭子女有特殊关照，能够提供从小学、中学乃至大学的系列教育。如曾任新中国教育部部长的何伟，他与姚雪垠同乡同龄，其身世和求学经历均与姚雪垠类似，可以参照①。

何伟曾就读过的教会学校如下：

河南汝南信义高小

河南信阳信义中学

湖南益阳信义大学

湖北华中大学②

这几所学校也都是基督教会信义宗各教派开办的。

当年，基督教信义宗在中南地区已经具有相当大的势力。据杨峰《掀开尘封的历史》一文介绍，从 1908 年至 1920 年，基督教信义宗各教派曾在河南鸡公山召开过五次大会，最终实现大联合，称为中华信义会，总部设在汉口，其传教地域包括河南、湖北和湖南三省及周边地区。

就此来看，姚父让爱子姚雪垠舍省立五中而远赴信阳、樊城，并不是没有经过慎重考虑，而是知晓中华信义会对教友家庭子女有所关照而特意为之。如果不被战祸打断，姚雪垠定能在信阳或樊城的教会中学顺利毕业，未始不会像何伟一样进入湖南或湖北的教会大学继续深造。

当然，这得有一个前提，须得确定姚家当年确实与教会有关系。

虽然姚雪垠回忆录中对此事避而不谈，但在其早年所写的作品中却透露出了不少的信息，如在《大嫂》中：

> 为着孩子，母亲和基督教发生了关系。传道的外国人和中国信徒，时常来我家，劝母亲皈依上帝；母亲信上帝，但也信中国原有的各种神。她开始学习认字，读《圣经》，读一些通俗的宗教课本。在认字读书这方面，她表现出惊人的聪明；但她所缺少的是毅力、精力、时间，更缺少和平的心境。她过于感伤和歇斯底里，过于神经质，连信神也是冲动。她有时向上帝祷告，但不会按时间经常祷告；想起来时，她祷告得非常虔诚，但往往会一连许多天把祷告

---

① 刘炳松《新中国教育部部长何伟》一文介绍："何伟，原名霍恒德，1910 年 4 月 20 日出生于（河南）汝南县三桥乡霍埠口村的一个地主家庭。何伟 9 岁时，入本村私塾受启蒙教育。因父亲受西方资产阶级思想文化的影响，反对读四书五经，主张进洋学堂读新学。1923 年何伟就转入基督教在汝南县城办的信义高小读书。因全家加入基督教的关系，所以何伟从小学到大学都是在教会学校就学的。"

② 益阳信义大学与武汉文华大学（文华书院）合并改名为湖北华中大学。

的事情忘记。

"为着孩子",这是一个关键词。单看这一段文字,姚母走近基督教的时间似乎是在大儿冠杰从军之后,但参照全篇,这事却更似发生在姚家家境稍微变好,三个儿子都进入鸿文小学读书之时。因此,"为了孩子",既可解读为为大儿的命运担忧,也可解读为替二儿和三儿的前途着想。

姚家当年与教会有关系的并不止姚母一人,至少还有大嫂。姚雪垠在同篇散文中还写道:

> 大嫂也对基督教发生了同样的关系。大嫂在家中并不公开做祷告,可是我相信她曾经有一个时期对宗教的信心很诚。她一定在夜间偷偷祷告,白天不祷告仅只是害羞罢了。只要母亲不害病,不生气,也常常逢礼拜天让大嫂去做礼拜。如果把家庭当地狱,礼拜堂对大嫂真是天堂,她只有在礼拜堂才会不听见母亲的呻吟、吵骂、哭闹,才会得到几个钟头的真正休息,才有机会同别的妇女们说几句心中的话。……同基督教发生关系以后,大嫂渐渐地放下《列女传》,常常请我教她读《圣经》和《赞美诗》。

由于母亲和大嫂都信奉基督教,姚家有一段时间简直成了教友之家,姚母和大嫂甚至结交了同一位教中朋友。姚雪垠在同篇散文中有描述:

> 在同一个教会信教的还有两个同大嫂年岁差不多的少妇,她们的丈夫都从军在外,没有音信。有一位姓文的少妇,她的丈夫叫文运盛,和我是小学同班,但比我大几岁……大嫂同那些信教的年轻女人们在一起有说有笑。大嫂另外有位可爱的女友,是一位胖胖的、健康的、有一双大眼睛的年轻寡妇。她的婆家姓陈,家境很穷,丈夫在外边当兵死了。大嫂和文大嫂都是旧式装束,脚也没有放开。这位寡妇的装束却像一位女学生,见生人也比较胆大、活泼。……我母亲很喜欢她,大嫂更是暗暗地对她羡慕。过了半年或一年的样子,她同我的母亲和大嫂更熟起来,母亲认她作干女儿,大嫂把她当作唯一的知己朋友。因为害怕她丈夫的兄弟卖她,常常住在城里,有时也来同大嫂睡一个床上。她因为和教会发生的关系较早,识字也较多,可以读《圣经》,也不怕在生人的面前做祈祷。

姚家与教会关系深厚,还有一个佐证:1946年姚雪垠在长篇纪实小说《长夜》第八章中曾提到他和二哥被土匪绑票后,其父母曾通过教会的关系找到"赊镇福音堂托洋人写信来说情"。

姚母和大嫂曾是基督教信徒,这是毫无疑问的;姚父是否也信(过)教,姚雪垠没有谈到；姚家三兄弟是否也信（过）教，也无实证资料。虽然姚雪垠在《大嫂》一文中再三表述"我是无神论者""我自己虽然是从小就读的教会学校，但自始对宗教就有反感"，但从小耳濡目染的基督教教义不可能不在他的脑海中留下印痕，也不可能不在他的小说创作中留下印痕，这是作家从未坦承过，研究者也从未论及过的有趣的创作现象。

1935 年，姚雪垠写过一篇表现中国基督教徒生活的短篇小说《山上》，小说背景就放在中华信义会召开过五次会议的鸡公山上，时间段放在吴佩孚退守鸡公山（1924 年冬）前后，主要人物是中国信徒保罗老爹和他的孙子马可。保罗老爹"来自南国"，十几年前跟着发现这座名山的"美国老牧师"来此当杂役，老牧师经常赞扬他"不像中国人"。他的孙子名叫马可，虽自幼在教会学校里读书，但对宗教不够虔诚，做礼拜时总是捣乱，还不肯领洗，让他伤透了脑筋。后来，马可终于挣脱了宗教枷锁，去汉口参加工人运动去了。

非常耐人寻味的是，作家在宗教叛逆者马可的形象上糅进了自己儿时的经历，马可做礼拜时的表现与作家对母亲做礼拜的态度别无二致：

> 礼拜时他（指保罗老爹）悄悄的从一旁侦探着，立刻他发现马可并不是在做礼拜，而是在一半儿应付，一半儿寻开心。祷告时，他瞪着眼，唱诗时他绷着嘴，还把一本小《圣经》压在屁股下，在赞美诗上画图画。（《山上》）

> 每次母亲祷告，只要我在她跟前，我总要笑她，扰乱她，逼得母亲不得不停止祷告，一面笑一面骂我。（《大嫂》）

上面两幅场景，都是非熟悉宗教生活者所不能描绘的。

1937 年初，姚雪垠撰写了一篇散文作品《〈夜行曲〉第一章——〈红灯日记〉序》，抒发追求革命的炽热情感。篇首引用了《圣经·出埃及记》中的一句名言："日间耶和华用云柱领导他们，夜间用火柱光照他们，使他们日夜都可以行走。"

1941 年，姚雪垠又写了一部表现中国基督教教徒挣脱宗教锁链、投身抗战的中篇小说《戎马恋》。小说卷头语赫然引用了《旧约·创世记》中的一段话："于是女人见那株树的果子好作食物，也悦人眼目，且是可喜爱的，能使人有智慧，便摘下果子来吃了。"全篇情节以"蛇""女人"和"知善恶果"等为要素进行编织，浓郁的宗教气息与炽热的革命说教不断地冲击震荡，女主角终于战胜了曾尊崇的"神"和曾迷恋的"人"，昂首走上民族解放的大道。

1942 年，他还撰写了一个中篇小说《孩子的故事》，讲述某部团长陈剑心救助两个难童（一中一日）的故事，宣扬超越阶级和国籍的大爱。卷首语赫然引用了

《圣经·约翰福音》第十章中的一段话："我实实在在告诉你们,一粒麦子不落在地里死了,仍旧是一粒;若是(落在地里)死了,就结出许多子粒来了。"

1943年,姚雪垠将《孩子的故事》扩展为长篇《母爱》,主题仍是宣扬超越阶级和国籍的大爱。小说中不仅增加了中国教徒做礼拜的场景,还浓笔描述了樊城信义会的老牧师。小说描写道:

> 高牧师是一位满头白发的美国老人,在中国传教三十年,会说流利的中国普通话。从鄂西的郧阳到鄂中的钟祥,这上千里的汉水流域里每一个××会的礼拜堂他都走遍,甚至差不多的重要礼拜堂都是他亲眼瞧看着建造起来。他亲眼看着教会是怎样的在落后的,顽固的,腐败得像一团烂泥而紊乱得像一堆牛毛的社会中发展起来,一天天枝叶繁茂,到处开花又结果。

> 可是经北伐那一阵暴风雨,教会的黄金时代过去,花也凋零,果也殒落,枝叶也干枯起来。

> 然而他并不因这巨大的打击灰心,依然像往年一样的夏季到莲山或鸡公山避暑,其他三季到各地奔走传教,忍受着各种危险和辛苦。

> 大武汉陷落以后,火线渐渐逼近了汉水东岸。在这一带传教的外国人都已撤退到安全的后方城市,只有高牧师不肯离开,眷恋着这一带的土地和这一带的人。这儿,好像是他的故乡,他知道每一个村落的名字,也记得每一个教友的面貌和家庭状况。他仍像往年一样,奔走于汉水流域的各个城市,每年有两三次经过K镇,在这儿停一停再回到襄樊或者老河口。在樊城郊外有一个坟园中埋葬着他的老妻和他的同国教友,这些死者也在冥冥中用手拖着他,使他越发不能够同汉水告别。

如若不是一个对樊城信义会的历史非常熟悉的过来人,是不可能写得出如上文字的。

姚雪垠在信义宗教会学校里接受过四年的教育,上过《圣经》课,背诵过英文《四福音》,也读过《赞美诗》,在创作时能顺手拈来,这是很自然的事情。遗憾的是,他在回忆文章中几乎没有谈及在教会学校里的学习生活,更没有涉及他曾经亲历过的宗教教育活动。

幸运的是,他在纪实性小说《长夜》(1946)中倒是断断续续地叙及当年在信阳信义中学里的读书生活,有一处提到在校时曾读过的现代小说,其中有鲁迅的《狂人日记》,这是一个非常重要的信息:

> 他想起来去年读过的一篇小说,写的是一个疯子:那疯子翻开了中国历

史,看见书上写的尽都是"吃人","吃人"。那时候他对这篇小说的寓意还完全不懂,如今仿佛悟解了一点儿。不过他不知为什么恰在这时候想起来这篇小说,随即他仿佛也懂得了全部历史,历史上只是满写着一个"杀"字。这个字是用血写的,用眼泪写的。人们天天在互相杀戮,没有休止,无数的弱者冤枉地做了牺牲!

这事是姚雪垠回忆录中未曾谈及的,如果不是虚构的话,那么,我们就可以把他接受现代小说启蒙的时间提前到 1924 年,而不是通常人们认为的 1926 年或以后。

第二节　身陷匪窟

1924 年冬,胡景翼率领的国民二军兵锋逼近河南腹地,退居鸡公山的直系军阀吴佩孚命部下在信阳掘壕固守。信阳信义中学被迫提前放假,学生离校返乡。姚雪垠与二哥等一行人在返乡途中遭遇土匪绑票,被囚百余日,幸为一小头目收为义子,得保周全。

1946 年,姚雪垠以这段传奇经历为素材,创作了一部"带有自传性质"的长篇小说《长夜》。这部"以写实主义笔法真实描写绿林人物和绿林生活的长篇小说"①,对其少年时代的这段传奇生活有过充分的传神的描绘,我们就不再赘述了。我们只是想从这本"带有自传性质"的小说中去挖掘作家少年时期的思想和性格特征,以及某些对其创作生涯有着持续影响的具有个性特质的东西。

这部小说的主人公是兄弟二人:哥哥"陶芹生"是姚雪垠的二哥姚冠洛,时年十八;弟弟"陶菊生"是作家自己,时年十四。小说情节"虽然也有虚构,但是虚构的成分很少"②。

我们认真地阅读了这部小说,给我们以最大震撼的是小说中这位年仅十四岁的小主人公的"英雄主义"。

小说这样描写兄弟两人在遇匪前不同的表现和心理:

陶芹生一直皱着眉头,胡思乱想着。他是一个神经质的青年,敏感,多

---

① 《中国大百科全书·文学卷》中的"姚雪垠"词条。
② 姚雪垠:《为重印〈长夜〉致读者的一封信》。

疑，容易陷入绝望的忧虑之中。……菊生刚满十四岁零两个月，完全是一个活泼天真的小孩子，把冒险当做游戏和英雄事业，死的威胁只能引起他一种漠然的害怕。只要别人不提醒他土匪是多么残忍，他反而很希望能遭遇一次危险，看一看土匪到底是什么样子。（第一章）

小说这样描写兄弟二人被绑票后不同的表现和心理：

> 在进到票房以后，芹生感到的是绝望的害怕和忧愁，而菊生所感到的害怕和忧愁都非常朦胧，甚至他对于这遭遇还起了一点好奇和新鲜之感。……他依然竭力保持着脸上的微笑。他的神气是那么顽皮和满不在乎，使瓢子九和全票房的土匪们都把赞赏的眼光集中在他的脸上。（第三章）

由于他的"顽皮和满不在乎"，也由于他的"勇敢和镇定"，还由于他的高于众侪的"颜值"，菊生得到了"蹚将"们的赏识，很快被一个小头目认为义子，在"福大命大，一步登天"之后，他在"杆子"里逐渐混得如鱼得水了：

> 陶菊生虽然还常常怀念父母，也常常担心二哥的前途，但他和薛正礼们一群人却发生了更深的感情，对土匪生活也因习惯而发生了若干兴趣。……假使不是他的二哥过着凄惨的肉票生活而且时时有被杀害的危险，让他永远留在土匪中他也不会感到什么痛苦。（第十五章）

又过了一段时间，菊生几乎完全化入了这个"杆子"，从生活、思想到行为都是如此：

> 菊生的心越来越野，所想的越发不切实际了。他热切地希望自己能参加打仗，甚至他希望随着干老子这群人打一次围门风。（第十五章）

从此，这支"杆子"中就多了一个小"杆子"。在完全没有受到胁迫的情况下，他自主地参与了"放火"（第十六章），参与了"破寨"（第二十章）。如果不是年龄尚小，他不知还会参与什么……

后来，这支"杆子"被军队包围了，他非但不觉得这是逃跑的好机会，反而与"杆子"们同仇敌忾，积极地忘形地参与了保寨的战斗：

> 菊生爬上梯子，点着鞭炮，将竹竿探出墙外……鞭炮响完时，菊生又露出头来，学着刘老义的调子亮牌子。他骄傲的，勇敢的，用尖嫩的童音喊着："听着啊！你爷爷家住在北山南里，南山北里，有树的营儿，狗咬的庄儿。跟着白狼……"（第十八章）

实事求是地说，菊生所表现出来的这种"英雄主义"，只是一种不分善恶的"英雄主义"。

读者不禁要问:作家的这种不分善恶的"英雄主义"来源于何处呢？姚雪垠在《长夜》中曾自我解答道:

> 他本是一个带有浪漫气质的孩子,在小学读书时代,他常在下课后站立在说评书的面前,聚精会神地听绿林英雄故事,连饭也不愿去吃,如今的绿林生活更发展了他的浪漫性格和英雄主义。(第十五章)

如前所述,他在童年时期即是一个被"隔代宠"和"全家宠"娇惯得无法无天的孩子,具有放荡不羁的想象、出人意料的联想及古灵精怪的诉求。这种与生俱来的任性、自负和自恋的性格,也许就是构成其"浪漫气质"的最基本因素,再加上"他从故乡的野蛮社会与旧小说上所获得的那一种'英雄'思想",经过此期"绿林生活"的冶炼,他的"不切实际的浪漫性格"和"不分善恶的英雄主义"便发展成形了。

关于"旧小说"对其性格的影响,我们已经知道他幼年时喜欢听"善人们"唱读的"善书"①,喜欢听老祖母讲的"红头"和"白狼"的故事②;我们还知道他童年时期曾读过《三国演义》,还曾狂热地爱听说书人讲的《施公案》《彭公案》等传奇故事,尤其是后者。他后来曾回忆道:

> 在童年,我实际上是上了两个学校:一个是教会小学,一个是说书场,而影响我最大的却是后者。我厌恶伪善而庸俗的牧师和先生,却对于说书人很感兴趣,特别是说评书的,他站在一张肮脏的小桌边,穿一件破长衫,露一排黄牙,面前放着一碗茶,一块醒木,一把扇子,整天整天的把我吸引住。我坐在他的前边,听着他的讲述,望着他的面部表情和手势,一会儿我心惊胆战,一会儿我眼圈发酸,一会儿愤怒,一会儿喜欢,一会儿又紧张得停止呼吸。这样,我心悦诚服的接受了他的教育,使我没有变成基督徒,而变成像吉哥德(今译:堂吉诃德)那样的英雄了。③

---

① 姚雪垠自注:"善人"是一种斋公,一般都有秘密和公开组织,向人们宣讲所谓劝善惩恶的迷信书,即所谓"善书"。他在《长夜》中曾写道:他想起来当他刚能够记事的时候,那些留着长发的"善人们"常常用悲哀的声音对群众唱读"善书",警告人们,说大劫眼看就要到头上,到那时,血流成河,白骨如山,父母妻子不能够团圆。

② 姚雪垠在《长夜》中写道:"他随即又想起来自己的老祖母,她常常对他讲红头和白狼的故事。"并自注云:"红头",指太平天国晚期,遵王赖文光率领的部队,从邓州境内经过,西上陕西。将士均以红布裹头。"白狼"是民国初年最大的"流寇"的头领,据说是河南宝丰人。他很有军事天才,行军飘忽,常常声东击西,以少胜众,纵横数省,几乎动摇了袁世凯的政权。直到如今,他在河南、陕西两省的民间还有传说。

③ 姚雪垠:《一封谈儿童文学的信》。

这一切，也许就是构成其早年性格中偏好"壮美"的基础吧①。

关于"故乡的野蛮社会"对其性格潜移默化的影响，也许还要多作一点叙述和说明。

姚雪垠的童年是在姚营寨度过的，九岁那年土匪的一把大火，把他全家逼进了邓县县城。随后，他便在这座荒僻落后的县城里度过了少年时代。在他的少年记忆中，这座"处处屎尿，夏天满街瓜皮和苍蝇，雨天满街泥泞，旱天满街灰土的小城市"②，卫生条件恶劣且不说，社会环境更是野蛮落后。晚年，他在给好友臧克家的信中还曾这样写道：

> 我的家乡……原是一个十分封建落后的地方。在北伐以前，知县出来还坐轿子，鸣锣开道，前有"顶马"，有伞，有一对虎头牌，有几个衙役手执水火棍。我幼年和少年时代，亲眼看见了封建社会的社会风貌，看见了封建农村的生产情况和阶级关系，也看见了官府杀人如麻，看见如何砍头、如何站笼、如何剖心、以及割势。这些情况，给我印象极深。因此，我读明、清的历史资料，就不仅是书本知识，而是常常同我的感性知识联系起来。③

邓县当年的"封建落后"，并不是作者的夸张或误记。

北伐前后，邓县官府确实是那样的旧排场。据《南阳地方志》载，"民国二年(1913)，(各)县公署机构设置多沿袭清制，仍设壮、快、皂三班及吏、户、礼、兵、刑、工六房"；1926 年，邓县方才"合并壮、快、皂三班为政务警察队"；1927 年底，政府"颁行新县制，区境各县遵章改建。县知事公署更名县政府，县知事改称县长"。

至于封建农村紧张的阶级关系，姚雪垠自走上文坛后不止一次地在作品中有过表现。1929 年他在小说处女作《两个孤坟》中，描述了地主阶级之于佃户、雇工和女佣的不可理喻的阶级压迫；1937 年他在系列小说《七月的夜》《援兵》和《生死路》中，更描绘了底层官吏（联保主任）与农民群众之间一触即发的对抗情势。

至于官府残杀人民的暴虐行径，姚雪垠早期作品中也有不少的表现。国民党政府虽于 1929 年 5 月 6 日颁布通令禁用斩刑，但在邓县这样的僻远地区，"自从旧式的世家渐渐衰下去，山大王式的民团兴起来，这儿的人口渐渐稀少了，肥沃的

---

① 姚雪垠在《女子变物的故事》(1932)中写道："身世环境养成我爱好壮美的性格。"

② 姚雪垠：《我的学校》。

③ 1974 年 12 月 9 日姚雪垠给臧克家信。

耕地有些渐渐荒芜了。虽然农人不断的起来反抗，但结果全失败，逃不了的都死了。在这儿保留着野蛮时代的酷刑和杀风"①。

1935 年姚雪垠在散文《渡船上》中写到少年时代曾多次去邓县西门外的"一座大的坟园边"观看官府杀人，"有一次杀了二十多个人"，"看过了各种人的被斩，也看过了各种的斩法"，还看过官府甚至对妇女和儿童也滥施斩刑。

姚雪垠少年时代的所见所闻，不是我们这个时代的人所能想象和理解的。他见过了太多的凶残杀戮，见过了太多的野蛮习俗，见过了太多的人性泯灭，内心已经被磨炼得无比粗粝了。因此，当堕入被土匪"绑票"的黑暗地狱中时，他才会有那么幼稚和鲁莽的"英雄主义"的表现。

认真地阅读了这部小说后，我们感到非常震惊的还有另一方面：小说中这位年仅十四岁的小主人公在遇匪前后的"小说化"的生活态度。

当陶菊生一行走到荒僻的所在，被绑票的威胁越来越近，同行者皆茫然失措时，小说描写道：

> 坐在土车上的陶菊生正观望着荒凉的隆冬原野，这景色他仿佛在什么小说上曾经读过，从他的天真的心头上生出来一些捉摸不定的诗的感想。（第一章）

当同行者觉察到危险迫在眉睫，惊慌地奔跑求生时，小说又写道：

> 他（菊生）一面跟随着大家匆匆赶路，一面幻想着他们突然被强盗拦住的情形，在心上创造着惊险故事。忽而他幻想着在强盗的射击中勇敢地逃脱；忽而他仿佛看见他和同伴们都被土匪捉住，他微笑着一言不发，对腿肚上洞穿的枪伤仅只淡淡地瞟了一眼……（第一章）

当他被土匪小头目收为义子，顺利地融入"杆子"团体后，菊生的表现就更加"小说化"了：

> 当忘掉自己的票子身份的时候，他就驰骋着天真的幻想，希望将来他自己的枪法比赵狮子还要好，在战场上的机智比李水沫还要高，他要带领很多的人马纵横天下。当这时候，他就很自然地想起来《三国演义》上的许多故事，于是他把自己幻想成诸葛孔明，神出鬼没地指挥着他的部队。（第十五章）

这种"小说化"的生活态度——也可称为"白日梦"——并不是姚雪垠撰写

① 姚雪垠：《援兵》。

《长夜》时的艺术夸张，而是对其早年性格的如实书写。具有这种性格的人，仿佛具有多维度穿越的能力，可以暂时性地脱离现实世界，可以暂时性地化解或缓解生活中所遇到的难关，可以暂时性地漠视或忽视生活中所遭遇到的危险。姚雪垠一生中所遭遇的关口可谓多矣，除这次陷匪百日的经历之外，还曾被捕或差点被捕过，每到生死攸关的时刻，"小说化"的生活态度便会自然涌现出来。譬如1930年，他因参加河南大学学生运动被反动当局逮捕，被押往警备司令部时，他的匪夷所思的心理活动：

> 警备司令部在中山路南街，那几天我正生病，路远，走不动。天开始亮了，晨曦照在鼓楼上。我边走边想，如果一两天内枪毙我了，我要喊什么口号；如果不枪毙，以后我要写一篇小说，题为《被捕前后》，小说怎么开头呢？一群犯人押解着从东往西走，忽然看见鼓楼上一片白光，早晨的阳光照耀，——从这里开头写一篇小说……①

我们有理由认为，姚雪垠当年的这种心理活动完全是真实的，是可信的。后来，他甚至把这种"小说化"的生活态度称为小说家与生俱来的"对小说的敏感性"②；50年代中期，他更把这种生活态度上升为具有哲学意味的历史发展"过程论"。

20世纪前半叶的中国农村，生产手段落后，生产水平低下，农民生活不能温饱，身体病弱，文化落后；尤为严重的是，由于国家政治秩序动荡，军阀战乱频繁，水旱灾害不断，匪患遍地，广大农村不断成为内战的战场和土匪侵扰的对象；加之20年代末的世界经济危机深度波及在世界经济体系中处于弱者地位的中国，出口农产品贬值，进口工业品充斥，小农经济面临破产的深渊，更推动了中国沦为半封建半殖民地的步伐。农村"破产"后，大批无衣无食的农民变为土匪，杀人越货几成家常便饭。

1927年开明书店出版了一本反映河南匪患的游记《中原的蛮族》，书中主人公在描述了当地土匪如毛、民不聊生的社会现实后，无奈地痛陈道："河南人只有三条路，一是当兵，二是当匪，三是入红枪会。"叶圣陶读后惊叹曰："不要感慨吧，因为这是事实。不要徒然欢喜增多异闻吧，因为这是不单是异闻的事实。从事实深深地挖掘下去，你将掘着它的根柢……"章锡琛读后也惊叹曰："这是一本在开

----

① 杨建业录音整理稿。
② 同上。

化最早的国家中开化最早的腹地的旅行记,但当我读下去的时候,却仿佛和读到《非洲旅行记》一样;其中所记的人物,风土,人情,都仿佛是远在数千年乃至数万年以前的样子。"①

姚雪垠少年时期侥幸从匪窟中脱生,可能只是难以计数的不幸之中的万幸吧。

我们知道,河南新文学的开山诗人徐玉诺(1894—1958)曾遭遇过匪祸。1913年,鲁山县城被土匪所围,徐玉诺与同学们都上城墙巡逻。其叔叔徐教海来县城送粮,回去路上遭土匪绑架杀害。后来,徐玉诺只找到叔叔的一只破鞋,据此写成短篇小说成名作《一只破鞋》。1923年,他在给叶圣陶的信中陈述了河南土匪横行的惨象:"道路传言,家乡附近的县城被烧后,在一道街中拖出死尸二十余条。票子拉走两千余条,少数得归,大半死却。"②叶圣陶读后感慨万分,将这信写进了他的小说《火灾》中。

我们知道,川籍国画大师张大千(1899—1983)也曾遭遇过土匪绑票。说来也巧,他的遇匪经历与姚雪垠有许多相同处:都是在假期返乡的途中被土匪绑票,都是兄弟二人同被绑票,都被囚禁了近百日。不同的是:张大千因书法出众,被土匪大头目强留下做"师爷";姚雪垠因聪明勇敢和高颜值,被土匪小头目强收为"义子"。张大千的脱险是为军队剿匪所解救,其四哥张文修通过永川县长等关系接回;姚雪垠的脱险也是为军队剿匪,但他是被其"义父"送回家的。

姚雪垠晚年在《为重印〈长夜〉致读者的一封信》(1995)中谈到少年时代的这段冒险经历,深有感慨地说道:

> 这部小说中描写的不是一般的农村生活,而是土匪生活,是通过写一支土匪的活动反映二十年代历史条件下的中原和北方的农村生活。如今重读时候,它唤起我关于当时那种奇特的历史生活和一群绿林人物的回忆。总之,它是半个世纪以前的现实生活,不是凭空瞎写。我就是在那样的历史环境与历史气氛中进入社会生活!

请注意引文最后一句话:"我就是在那样的历史环境与历史气氛中进入社会生活!"作家直把这次陷匪经历当作了自己的"成年礼"!

少年时期的这段经历,对姚雪垠以后的文学创作影响甚大。他早年作品中呈

---

① T. K. 口述、郑飞卿笔记:《中原的蛮族》,开明书店1927年初版。
② 引自1923年叶绍钧(即叶圣陶,下不另注)小说《火灾》,载《小说月报》第14卷第1期。

现出的具有"强悍性格"的农民反抗者形象,中年作品中呈现出的桀骜不驯的"兵油子"形象,晚年作品中呈现出的农民起义军形象,大都与他此期百日"杆子"生活中的所见所闻有关。

第三节　躁动不安的灵魂

1925 年春,李水沫的"杆子"被军队和红枪会打散。姚雪垠的"义父"逃脱后,改行去给"姓刘的大绅士"(将就任信阳"道尹")当卫士,行前委托专人将他送回邓县家中。

《长夜》描绘了菊生与母亲相见时的情景,当然是写实:

一进大门,菊生就开始一面跑一面唤娘。母亲在床上听见了他的声音,悲哀地哭起来,一面哭一面对站立在床边的大媳妇说:

"我听见菊的声音,是菊的魂灵回来了! 是娃儿的魂灵回来了! ……"

菊生的大嫂也听见菊生的叫声,慌忙地跑出堂屋。看见菊生的睫毛上挂着泪,带着哭声呼唤着跑进二门,后边跟随着几位邻人和一个陌生人,她惊骇地唉呀一声,迎上去一把抓住菊生的膀子,一面架着菊生往上房跑,一面用哭声报告母亲说:

"是真的回来啦! 是真的菊生回来啦!"

菊生冲到母亲床面前,扑到母亲的身上,大哭起来。母亲用左手紧紧地搂着他,用右手乱摸着他的脸颊、下颏、耳朵、胳膊和手,还摸脊背,一面摸一面哭着说:

"你不是鬼魂,你确确切切是我的娃儿! 你到底还没有死! 你到底回到娘的身边了! ……"

姚冠三平安到家了,但他的二哥姚冠洛还未归来。李水沫的"杆子"被打散时,"票房"死伤最惨,幸亏军队解救还算及时,二哥幸免于难。得到冠洛的消息后,姚父当即筹款前往,不数日,父子二人安然回归。姚家终于团圆了,啊,不,还差大哥。

如前所述,姚家大哥姚冠杰 1924 年春进入吴佩孚的"学兵营",当年秋随军参加第二次直奉战争,秦皇岛一役被奉军所俘(1924 年 10 月底)。不久,被遣送至天津,在马厂一带流浪,曾有信寄给尚在信义中学读书的大弟冠洛,言其苦状,引

起了两个弟弟莫大的惶恐。1932 年,姚雪垠在长诗《最后的一面》①中转述了大哥
的这封信:

> 你说:你从秦皇岛被俘以后,
>
> 被人家由海边转送天津。
>
> 夜中自天津逃到马厂,
>
> 在马厂你学会了挨门乞食。
>
> 北地的雪花比巴掌还大,
>
> 你现在还没有弄到件棉衣。
>
> 两只脚如今已冻烂到不能走路,
>
> 但不走路又有谁给你舍施?
>
> 你说:你最近要到奉军里当兵,
>
> 不当兵恐怕会饿死冻死。
>
> 你又说:恐人家不一定要你当兵,
>
> 因为你腿上的疮伤如今还没有痊愈。
>
> 这疮伤是一只狗把你咬的。
>
> 当你走近一家门口的时候,
>
> 没钱去医治,就溃烂得不像样子。
>
> 你说:写这封信是多么的艰难!
>
> 不知费了多少呼号哀号,
>
> 才换来这四分邮票,两张麻纸,一杆铅笔。
>
> 最后你叮嘱不要向家中去信,
>
> 即去信也千万不要说你在那里受苦……

虽然大哥叮嘱不让他们把这信转给父母,但是,两个弟弟怎么能这样做呢?
他们考虑再三,还是把信寄回家了。父母读信后,愁苦得肝肠寸断、眼泪流干。经
过这一番大难,姚家父母再也不敢放儿子们出门了。

整整半年,姚雪垠和二哥被困在家里。信义中学一直没有复课的消息,他们
失学了。家,充满着鸦片烟雾的家,充满着吵闹哭泣声的家,充满着平庸腐败气息
的家,怎么能够安顿下,怎么能够锁得住这两个刚从兵燹匪祸中接受过洗礼的躁

---

①　该诗 1932 年 4 月 29 日作于(内黄县)楚旺中学,原载 1933 年 8 月 30 日,9 月 6 日、13 日和 20
日开封《河南民报》副刊《茉莉》第 3 卷第 4 期、5 期、6 期和 7 期。但从长诗第一段"三年来,我常想作
点东西来哭你、吊你"来看,该诗稿最初写于 1927 年,1933 年修订后发表。下不另注。

动不安的灵魂呢!

二哥有他的朋友,姚雪垠也有自己的朋友,他们各玩各的。

姚雪垠的朋友是书,他夜以继日地与它厮混在一起。多年以后,他在《我与文艺的开始》一文中回忆道:

> 当我在十五岁的时候,我开始接触到新文学,在我荒僻的故乡读到王统照、叶绍钧和泰戈尔等人的作品,泰戈尔的作品我看不懂,勉强的读下去读懂有十之一二,后来又读了鲁迅和柴霍夫,情形也差不多。虽然这些书读起来令我头疼,但我却不知为什么以无限的童年的热情爱它们,在极其(穷)窘的情形下买到手,当做喜爱的玩意儿一样的珍藏着。同样,我对这些书也寄托了无限希望能满足我某种朦胧的欲望,希望能启示我,引导我,使我也能写出来我的故乡,像鲁迅笔下的人物,柴霍夫笔下的俄国原野,这心思在大人看来自然是有点幽默,但在一个十五岁的小孩子,这梦想是多么的天真可爱。

> ……(笔者删节)(我)开始写小说,而且登在报纸上,是在十八岁开封求学的时候。那时候我从遥远闭塞的故乡逃出来,离开了充满着药与眼泪的灰色家庭,在开封穷得几乎要饿死。我第一次写出来家乡间的丑恶故事,很快在报纸上发表出来,并拿稿费,这种兴奋与欢喜将永远不会再有了。①

根据上面的引文,我们大致可以认定:姚雪垠与现代文学的正式结缘应始于此时。他的启蒙老师是中国的作家鲁迅、王统照、叶绍钧,俄国的作家柴霍夫(契诃夫),以及印度的作家泰戈尔;姚雪垠的小说处女作《两个孤坟》的严肃主题和冷峻风格深受鲁迅和契诃夫的影响。

熬到了当年 6 月,二哥为了实现"英雄梦",毅然离家出走,不久有信来,称已在某部从军。同月,姚雪垠去南阳考学,考上了省立南阳第五中学,父母却不让他去,而让他转程去湖北樊城鸿文书院就读②。从姚家父母的角度来看,让幼子去湖北读书是有过精心考虑的:其一,如前所述,樊城鸿文书院与信阳信义中学都是中华信义会创办的教会学校,信阳的学校因战乱无法复课,转学到樊城继续就读应该是顺理成章的。其二,南阳和信阳一带吴佩孚的直系和樊钟秀的建国军还在进行拉锯战,而湖北樊城则风平浪静。出于安全考虑,当然应该去樊城。于是,当年 7 月,姚家父母托人把姚雪垠送到樊城鸿文书院,继续就读初中二年级。

---

① 姚雪垠:《我与文艺的开始》,原载 1941 年 8 月 1 日《皖报》。未收入《姚雪垠书系》。
② 姚雪垠在长诗《最后一面》中写道:"六月里二哥失踪,七月里我到襄阳。"

樊城与襄阳，地处湖北西北部，两城隔汉水相望，历来便是军事与商业重镇①。

樊城鸿文书院是襄阳的第一所新式学堂，始建于 1894 年，创始人为祖籍挪威、后定居加拿大的基督教传教士哈尔沃·朗宁（中文名字为穰福林）。从 1922 年到 1927 年，穰福林的儿子切斯特·朗宁担任该校校长。他是一位襄阳生、襄阳长的中国通。据襄阳一中校史介绍，切斯特任校长期间，鸿文书院的教师结构中西结合，基本由两部分构成：一部分是教友，如董曦皙、马游、潘慧庵、张定伯等，他们或毕业于山东齐鲁大学，或毕业于南京金陵大学、武汉的文华大学、长沙的信义大学等教会大学。另一部分则是科举时代的贡生，人们尊称为贡爷，如孟觉、张南楼、童子善、徐晓风等。学校管理层如校长、校监等，也是中外混编、互相制约，充分体现"中西合璧"精神。课程方面除国文、修身、经史、古典文学之类的文史课，又有英语、算术、格致（科学）之类的数理课，还有旧约之类的宗教课。

1941 年，姚雪垠在一篇回忆文章中曾写到在樊城鸿文书院的读书生活：

　　十六岁（河南民间常称虚岁），我在樊城美国人办的鸿文书院读书，写出来一篇模仿叶绍钧的短篇小说，题目和内容现在都忘了，我非常得意的交给国文教员马先生，他把它涂改得一塌糊涂，这打击对我可真不小，使我在以后许多年中不敢再从事写作。那时候我很想做一个文学家，而且时常将这想法告诉别人。教员不但没鼓励我，反而损伤我，使我那时候几乎要哭起来，我的性格在近几年来有了很大变化，从童年到青年我很自负，很高傲，野心很大。尤其在十几年前，在故乡，小学生年龄差不多在二十岁以上，而我同他们比起来显然岁数小，而且文章比他们好，当然人们都夸奖我，于是我自己也就很自满，觉得自己很有天才了。这位国文教员是我崇拜的，他只有一件事使我不满意，他好像不明白孩子的心理似的，他，虽然到现在我还爱他，崇拜他，然而我却不能不承认他是妨碍我写作发展的第一打击者。②

1980 年，姚雪垠在回忆录《七十述略》③中也写到在鸿文书院的读书生活，但写得不多。他提到英语课，"英文教员是一个加拿大人传教士，逼我们背诵英文《四福音》"；他特别提到国文课，回忆了关于那位"妨碍我写作发展的第一打击

---

① 　1949 年以后两城合二为一称襄樊市，2010 年 12 月更名为襄阳市。
② 　姚雪垠：《我与文艺的开始》（1941）。
③ 　姚雪垠：《七十述略》，《芳草》1980 年第 7、9 期，下不另注。

者"的"国文教员马先生"的点点滴滴：

> 中途来了位年轻的国文教员，姓马名游，字适安。他不讲课本，经常在黑板上抄些反映俄国十月革命的译诗。那时候我因一则年纪小，二则对外边形势不清楚，三则是在落后的、宗教气氛浓厚的教会学校中，对于马先生所讲的译诗不完全了解，而他也不曾讲明白，大概是有所顾忌。据我后来回想，这位马先生一定是以在鸿文书院教书掩护革命活动的人，他所介绍的诗中大概有叶赛宁的作品。我们原来的国文老师是一位老头子，据说是襄樊地方有名的拔贡，对学生总是板着脸孔。学期中间来的这位马先生是新派人物，我在心中对他发生了好感。我写了一篇小说送给他看。十五岁的孩子第一次学写小说，当然不像样。马先生大概也不是学教育的，不懂得教学方法和少年心理。他不是采用启发、诱导和鼓励的办法对待我的学习热情，而是用墨笔大加涂抹，也不讲明道理，等于是对我泼了一头冷水，一下子把我的兴致和勇气打落下去。在鸿文书院中，许多学生信基督教，希望日后仰仗教会和洋人提拔，有碗饭吃；再者，我的同班中有许多二十岁左右的大龄学生，甚至有一位二十多岁，他们写作文，多数达不到起码的"清通"。比较起来，我可以做通顺的文言文，又开始用白话文写"新小说"，这在我们班上是唯一的，在全校中也是很少有的。按道理，代表新思潮的马先生应该对我加以诱导和鼓励，才是教育孩子的好办法。[1]

姚雪垠对马先生多有怨念，孰是孰非且不论，排除掉其中某些情绪化的说法，文中所提及的若干事实，对研究其文学创作道路的人来说，仍然是非常珍贵的史料。我们至少可以知道如下的信息：

第一，国文老师马适安曾在课堂上教授苏俄革命文学，姚雪垠感受到了这股"时代的春风"[2]，但由于初尝醍醐灌顶的滋味，还不能完全理解其中的妙处。

第二，姚雪垠此期已经开始有意识地进行文学写作，起步阶段不是写诗，也不是写散文，直接就是写小说，但马先生对其习作评价不高，惹得这位十五岁的小作家生了一肚皮的闷气。

这位"姓马名游，字适安"的先生，确如姚雪垠猜测的那样，"是以在鸿文书院教书掩护革命活动的人"，是一位职业革命家。

---

[1]　姚雪垠：《七十述略》（1980）。
[2]　姚雪垠：《七十述略》（1980）。

据史料记载,马适安(1901—1958),原名马正祥,字适安,化名马游,又名马石安、马龙友、马致千。湖北省襄阳县(今樊城区)白家湾村人。1923年就读于教会办的武昌华中大学①,1925年以"教友"身份来樊城鸿文书院任教。1926年加入中国共产党,是中共鄂北党组织的创建人之一,襄阳县第一任县委书记。新中国成立后,担任北京农业大学主管行政工作的副校长,后任北京大学副校长、党委第二书记。1958年10月随以郑振铎为团长、蔡树藩为副团长的中国文化代表团出国访问时,飞机失事,不幸遇难。

马适安从事过文艺工作,20世纪40年代后期搜集整理过山西等地"翻身农民自编的诗歌",辑为《揭石板集》,被列为"晋冀鲁豫边区文艺创作小丛书之四",华北新华书店1947年5月出版发行。集中第一首民歌采自山西晋城,题为《揭开石板看》,请鉴赏:

> 集镇观,
>
> 好地方,
>
> 松柏长在石板上。
>
> 揭开石板看,
>
> 长在穷人脊背上。

如果姚雪垠能在樊城鸿文书院顺利地读完初中,能继续聆听马先生的教诲,也许他的受益将会更多一些,也许他以后的习作会更快地摆脱叶绍钧灰暗格调影响。可惜——

> 这一学期没有读完,我父亲给我写了封信,诡称我母亲病重,叫我回家。到家以后,才知道父亲听到北伐战争向北进展很快,怕我跟着共产党走,所以将我叫回。从此失学在家。我在家中十分无聊,曾用文言体写了一篇小说,取材于我在土匪中所眼见的一段故事。从想学习写白话小说到写文言小说,显然退后一步。但我对此是不甘心的,所以只写这一篇文言小说就不再写了。②

姚雪垠此期的两篇小说习作,都没有留存下来。

他的"我与新文艺的开始",只给我们留下了关于这两篇习作的回忆。简单地概括:第一篇,作于樊城鸿文书院读书期间,"用白话文写的","模仿叶绍钧"风

---

① 某些史料中误写成"华中师范大学"。

② 姚雪垠:《七十述略》。

格的短篇小说,小说情节人物未知①;第二篇,作于失学在家期间,"用文言体"写的短篇小说,取材于陷匪百日生活中的见闻,情节人物亦无所知。尽管如此,我们仍乐于认定第一篇习作是姚雪垠"文学梦"的发轫,第二篇习作是作家之于"故乡"心结的最初流露②。

此外,"只写这一篇文言小说就不再写了"云云,不可认真看。"文学梦"是一种无法抑制的"毒瘾",一旦沾染上,不管主观愿望如何,短时期内是无法戒脱的,除非有一种更美丽的梦境来冲淡或取代它,譬如"英雄梦"。姚雪垠在其后三年多(1925年冬—1929年夏)的失学期间,他可能不再写"文言小说"了,但还可以继续写"新小说",也可以写新诗,写散文。只有这样看,我们方能在品评其作于1929年夏的小说处女作《两个孤坟》时,不会陷入不知其何所来的茫然无措的窘境。所有的作家都有"层累"(生活积累和创作学步)阶段③,只是他们不太愿意明白道出罢了,姚雪垠也是如此!

1925年冬,姚雪垠被父母"骗"回邓县家中,又一次失学了。此时,他的大哥可能已经换上了奉军的军装,在冀鲁一带作战,偶尔有书信来家,总是引起父亲的哀叹和母亲的啼泣;二哥自从军后行踪飘忽不定,很少有信来家,家中甚至一度以为他"失踪"了。于是,在父母的心目中,三儿姚雪垠就成了家中的独苗,成了"守业"的唯一人选了。

姚雪垠被父母强留在家里,起初还能按捺住躁动的心情,每天读点旧书,画点国画,后来在家坐不住了,就在外面相继找了两家私塾,企图重新体味学校生活。

然而,曾经在"杆子"中浸渍过百日的野性少年,曾经品尝过"走异路,逃异地"滋味的叛逆少年,已经不再是父母的眼泪和家庭的缰绳所能束缚得住的了。他很快便又被"英雄梦"攫住了身心。

多年以后,他在一篇文章中谈及当年颇为荒诞的人生理想:

> 我十分崇拜吴佩孚,希望将来能率领着十万大军,横行中国,于是我读《孙子兵法十三篇》和其它的古兵书,后来又两次的跑去当兵。在家中读兵书的时候,我同时很崇拜诸葛武侯,同两三位"怀才不遇"的小同学终日价混

---

① 笔者怀疑这篇习作的取材与其小说处女作《两个孤坟》有关。
② 姚雪垠1933年曾根据陷匪百日的生活体验写过一篇短篇小说《露水夫妻》,其情节人物是否与当年这篇文言体小说有联系,尚待考证。请参看拙著上卷第五章第一节。
③ 借用历史学家顾颉刚的"层累"说。

在一起，高谈阔论，梦想着会有人三顾茅庐。①

1927 年初，当又一扇"社会生活"的大门向这个躁动不安的灵魂敞开时，他立时欢欣鼓舞地狂奔而入了。

以下是作家关于"两次的跑去当兵"中"第一次"的简短回忆：

> 十五六岁时樊钟秀的"建国军"招兵，我报了名，在南阳当了兵。后来樊军打败了，我就回家了。这次当兵时间虽然只有两三个月，但丰富了我的生活阅历，对我以后写《李自成》有帮助。（杨建业录音整理稿）

樊钟秀所率建国军占领南阳事发生在 1926 年下半年。《南阳地区志》载："1926 年 6 月 16 日，建国军樊钟秀部自鲁山出兵，围攻南阳，张治公部留守张慕通被俘。建国军占领南阳。7 月建国军乘势占领新野邓县镇平内乡等县。9 月，建国军为策应北伐，主力赴信阳。直系陆军第十六师师长兼豫南护军使徐寿椿所属之马文德李洪翥部，乘机围攻南阳，直至 11 月 4 日，围攻 40 日不克。"

建国军被直系学忠部打败事发生在 1927 年初。《南阳地区志》载："1927 年 1 月 5 日，于学忠率直系第九军由湖北老河口进入邓县境，与驻邓建国军发生激战。2 月 28 日，樊钟秀率部由新野援邓，与于学忠部战于邓县城东马庄，建国军溃退。3 月 25 日，于学忠部入据县城。4 月，吴佩孚电令驻赊旗镇、唐河、方城、南召一带的徐寿椿、马文德、李洪翥部进攻南阳，建国军孤立无援，主力撤枣阳随县，直军再度占据南阳。"

由此可知，樊部占据南阳的时间段为 1926 年 6 月至 1927 年 4 月之间，时长约十个月。那么，姚雪垠于何时在南阳加入樊钟秀部的呢？幸好他在访谈录中留下了一些线索：

> 于学忠带了几个师，打个旗号叫"舍川救吴"，从四川出来救吴大帅，军队到了邓县。这时樊钟秀占领邓县、唐河、南阳、南召几个县，于是就包围了樊钟秀在邓县的这个师，师长叫赵天清。邓县有两个城墙，即外城（土城）和内城（砖城），土城很大，砖城较小，两城都有护城河。这在全国县城中是不多见的。如果砖城被包围久了，士兵们没粮食吃。敌方就用大炮轰城。樊钟秀去救邓县，到了县城东面三十里的白牛镇，被于学忠的部队挡住了，发生了一场激战，在南阳经常能听见炮声，最后白牛镇被于学忠的部队攻克了。……后来南阳守不住了，我假托母亲病重回家了。（杨建业录音整理

---

① 姚雪垠：《一封谈儿童文学的信》。

稿)

如上所述,"樊钟秀去救邓县"事发生在 1927 年 2 月底至 3 月初,姚雪垠"在南阳经常能听见炮声",证实此时他已在行伍中;"南阳守不住了"事发生在同年 4 月间,他"假托母亲病重"脱离军伍应在此时;再考虑到他此次从军时长"只有两三个月",那么可以推断其从军时间大约是在 1927 年 2 月至 4 月期间。

非常巧合的是,年前他被土匪绑票的时长为一百日,这次他从军的时长也约为一百日。但非常遗憾的是,他只留下了一部反映河南 20 世纪 20 年代社会生活(匪患)的长篇小说《长夜》,而没有留下关于同时期社会生活(兵燹)的另一部纪实作品。

樊钟秀是一个"从草莽英雄到革命斗士"的传奇人物,他的前半生与《长夜》中描写过的李水沫有相似之处,后半生却是李水沫所无法比肩的。姚雪垠非常仰慕樊将军,他虽然没有给樊将军留下一幅剪影,但他把樊将军的传奇故事化入了自己的小说创作中,也算是用另一种方式让樊将军名垂千古吧。

姚雪垠晚年曾讲过两个关于樊将军的传奇故事:

(其一)樊钟秀抽大烟后,带白手套后跟马弁,走到敌方阵地,哨兵问口令,已跑不了,樊钟秀就把手枪对着哨兵的脸说:"混蛋,离前线这么近,你喊什么,叫敌人听见了怎么办!"那个哨兵以为是他长官,不敢吭声,等樊走远了,才明白过来。

(其二)白牛镇被攻克时,樊钟秀正在抽大烟,士兵来报告,说敌人来了,他说不要急;以后副官进来说,到大门口了,他才起身披上大衣,走到门口正遇上敌人,问:"樊钟秀呢?""在后边呢!"他即刻回答。人家冲进大门,他跑掉了。(杨建业录音整理稿)

1946 年他把这两个故事用于《长夜》中李水沫的形象塑造,1958 年又把这两个故事化入了《李自成》中对李自成的性格塑造。

话又要说回来,姚雪垠在樊部危难之际脱离队伍,并不是他怯敌畏战,而是其父的故技重施。年前其父曾"假托母亲病重"把他从樊城骗回,此次又"假托母亲病重"把他从樊部唤回。姚雪垠当然不甘心,少年的"英雄梦"如同"文学梦"一样,也不是短期能够戒除的。

以下是作家关于"第二次"跑出当兵的回忆:

时隔不久,我第二次当兵。那时吴佩孚的部队、冯玉祥的部队先后到过邓县。我因为对现实不满,在家没出路,十分苦闷,于是到了冯玉祥下面的孙连仲部队当了学兵。孙是军长，冯是总司令。一个星期后军队开走了，我也跑了。军队派人上家来，没找到我。这是我第二次当兵，时间很短。

《南阳地区志》载，1927 年 5 月，由巩县（今巩义市）逃南阳的吴佩孚，纠合于学忠、徐寿椿、马文德等，占据襄宛，并联合襄樊张联升，以颠覆武汉政府。冯玉祥急令右路军孙连仲出兵抵抗。6 月 4 日又加派南路军岳维峻部与孙连仲出击宛西。张联升被迫改编，于学忠所部也先后请降。吴佩孚仓皇逃窜，途经邓县魏集，被"杆首"索金娃截击，其秘书长张其煌被击毙，吴仅带卫队百余人经竹筱铺渡汉水入川。

由上可知，吴佩孚部经邓县逃往四川事发生在 1927 年 5 月，孙连仲部来邓县事发生在当年 6 月。另有史料称，1927 年 6 月冯玉祥所辖第二集团军接受南京国民政府改编为西北国民革命军，孙连仲任第十四军军长，该部于当年 7 月离开邓县移驻新乡抵御奉军。

姚雪垠是在孙连仲部驻扎在邓县期间应征"当学兵"的，短短的一个星期后，又于孙连仲部移防前离队。不管其中有什么曲折，可以断定，姚家父母仍是决定的因素，他们是决不会放任这唯一的"守业"的儿子离家太远的。

"英雄梦"破灭了，"文学梦"还有吗？

第四节　"默默地探索"[①]

少年姚雪垠的"英雄梦"在父母的阻挠下破灭了。

这似乎是天大的不幸，其实是莫大的幸运。他曾十分敬仰的樊钟秀将军和孙连仲将军，两年后都被卷入了冯蒋大战，樊将军被蒋军飞机炸死，孙将军被蒋军收编，其部属大都沦为炮灰。设若姚雪垠未被父母从行伍中唤回，其结局不会比他的大哥更好。

如前所述，当年中原大地兵燹匪祸、民不聊生，在许多河南人看来，只有三条路可走：要么去当兵，要么去为匪，要么组织红枪会自保。第一条路，姚家大儿子冠杰勇敢地踏入了，姚家父母也对其怀有无限的期待，谁知那却是一条不归路；第二条路，姚家二儿和三儿无意间都被土匪绑了进去，他们在"杆子"中厮混过百

---

① 引自姚雪垠早年诗篇《秋季的郊原》（1928）。

日，知道那也是一条死路；第三条路，姚父早在几年前就雄心勃勃地尝试过，不料却招来同族豪强的嫉恨，竟招来土匪把祖业都烧得一干二净。

三条路都走绝了，出路在哪里呢？

姚父能给爱子指示一条新的出路吗？不能。姚父虽然读过"洋书"，但他的思想观念基本上还是旧的。姚雪垠曾这样评说过其父："在当时，一个当祖父或当父亲的，如果要做一个有出息的父亲，他就得经常考虑他死的时候给儿孙们多少地，多少房产。如果他留不下来或留的很少，他就觉得他上对不起祖宗，下对不起子孙。这是做父亲和祖父的价值观念和道德观念。"[①]

姚父就是这样一个传统意义上的"有出息的父亲"。自1918年被土匪逼进县城后，他在舅舅袁嵩的指点下改行做了民间俗称的"讼师"，起初只是替乡民写状纸，后来还替官府做点案卷工作。手头上活忙不过来时，还请了两个助手（学生）。久而久之，也挣下了不小的家业。

1937年姚雪垠在短篇小说《选举志》中描绘了一位"爱钱也爱儿子"的"很好的老头子"房月亭先生，就是以他父亲为模特的——

> 上午的太阳斜射进三间面南的屋子里，蒸发着潮湿气，硝土气，腐霉的什物气，耗子的屎尿气，又热，又闷，像一个大的蒸锅。月亭先生同那两位好学生伏在案上编造着公民册子。……
>
> 月亭先生毕竟老了，频频的发喘，吐痰，打哈欠。有时觉得脊背实在沉重得支持不住，就吞下去一个烟泡提提精神，不肯站起来走走或躺躺。他们都赤着上身，肩头上搭着又脏又臭的汗手巾，不时的拿下来擦擦脸，擦擦手，擦擦胳膊，擦擦胸腹。但不要片刻，大珠汗又从才擦过的地方奔流出来。
>
> 他们对于这闷热，这劳碌，都感到苦恼，厌倦，却都没有一点懒怠的表示。两位学生为要对得起先生，拿出来最大限度的忍耐和努力。月亭先生为要中兴，为要对得起祖上和儿子，心里也没有一点怨言。

姚父任劳任怨地工作，"为要对得起祖上和儿子"；他不奢求爱子如他一样劳碌，但至少要能"守业"；姚氏这一门门衰祚薄，可不能断了香火。他不能放任爱子在樊城求学而被北伐浪潮卷走，也不能放任爱子随军队远赴他乡，都是出于这种考虑。

那么，姚母是否会鼓励爱子去寻找自己的出路呢？也不能。姚母虽然聪慧，

---

① 姚雪垠：《我的故乡、家庭与童年》，收入《姚雪垠书系》第16卷。

但气质偏于神经质，自从大儿冠杰随军参与直奉大战后，她的神经就崩溃了。1946 年姚雪垠在《大嫂》中曾痛不欲生地描写过母亲的悲剧：

> 她动不动就吵人、骂人；动不动就呻吟，就哭泣，就怨天尤人。从我十岁起到我十九岁飞身出家为止，在差不多十年中我只见母亲的脾气一天天地变坏，身体也一天天地衰弱下去。我同母亲住在上房，白天和夜晚我常被母亲的不正常的脾气所苦。当我正读书或画画的时候，我会突然听见母亲的没有理性的吵骂、号哭，弄得我头顶冒火，胸口几乎要炸裂。母亲愈是脾气坏，愈是多病。我永远不会忘掉，每当我含着愤怒和悲痛的眼泪走进母亲的幽暗的房间时，我所闻到的那种由大烟、熬药和尿盆儿混合的特别气味。这时候家中很可以雇一个两个伙计，但因为母亲的脾气像烈火一样，男女佣人都不能在俺家停留多久，甚至没有人愿来俺家。

此时的姚母，心中眼中只剩下爱子冠三了，她要天天看着他，她唯恐他也再次离家出走，她用呻吟、吵骂和号哭编织成捆绑爱儿的绳索，却不料适得其反。

出路只能靠自己寻找了！

就在这一年，邓县来了一批南方的客人，他们的热情搅动了这荒僻的古城。姚雪垠在访谈录中谈道：

> 蒋介石 1927 年开始反共，屠杀共产党。郭衍福（天水人）等一批共产党员和进步的非党员从广州来到邓县，利用青黄不接的时机办学习班，宣传蒋介石叛变，宣传革命。郭衍福和我在学习班上谈共产主义道德（实际我只知一点皮毛，也很懵懂），谈广州农民讲习所。那时候我们年轻人对现实有不满情绪，实际上是认识不清形势。（杨建业录音整理稿）

"共产党""学习班""共产主义道德""广州农民讲习所"……这段回忆所蕴含的历史信息太丰富了。姚雪垠在回忆文章中从来没有提及这段经历，也许是不太愿意回顾自己当年与革命机缘擦肩而过的"懵懂"吧，也许是不太愿意深谈当年"认识不清形势"的窘态吧①。如果这段访谈录的内容能够得到确证，我们就能把姚雪垠接受马克思主义思想影响的时间提前到 1927 年，而不是通常认为的 1929 年。可惜，我们没有查到有关共产党人郭衍福来邓县办学习班的历史资料，在此不能展开论述。

---

① 1957 年 9 月 3 日《人民日报》载文揭露姚雪垠的"一贯反动本质"，文中指出"他 1927 年混入共产党，不久便开了小差"。待考。

话还是说回来。

姚父为了让"三世单传"的爱子能安心在家"守业",开始亲自督导儿子读书,只是他的教育方式有点特别。姚雪垠晚年不无酸楚地谈道:

> 经常有人找我父亲写呈子,他不外出,在家抽大烟。如果人们不找他写呈子,他就给我讲古文。可是父亲经常睡眠不足,讲着讲着,书掉在烟灯上。可以说,父亲对我的教育是在烟榻上。(杨建业录音整理稿)

没多久,姚父讲授的东西就不能满足他的求知欲了,于是他便开始自己找书读。

首先,他在家里找。姚父早年存放在姚营寨的书都被土匪烧光了,现有的书都是后来添置的。据姚雪垠回忆,他家存书有《唐诗合解》《古文观止》《古文嚼凤》《古文析义》和《七家试帖诗》等,但他不太感兴趣。说来也有趣,姚雪垠在《长夜》中描写的薛七少家中"小巧温暖的书房",就是以自家书房为蓝本的:

> 陶菊生无聊地走到靠窗的抽屉桌边,从窗台上拿起一本书,拍去灰尘,看见暗灰的书皮上工整地写着《古文观止》四个字。他把书随便地翻了一下,又去翻别的书。窗台上堆的书有"四书"、"五经"、《唐诗合解》、《千家诗》,还有详注本《七家试帖诗》。这些书全不能供菊生排遣无聊,于是他就悄悄地从书房里走了出来。

这些书虽然不能供少年姚雪垠"排遣无聊",但还是给他的知识积累增加了一些分量。数年后,当他在"文学史家"的道路上艰难前行时,这些知识给他以很大的帮助。1932年他撰写了一篇《女子变物的故事》,其中某条注文就取自他读过的《七家试帖诗》①。

接着,他在县城里的书店里找。当年县城里没有书店,只有一家文具店,字号"一文堂",兼卖一些线装书。姚雪垠在这家店里发现了一部《袁了凡纲鉴》,便缠着父亲给钱买了下来。

这部书的编撰者袁了凡(1533—1606),初名表,后改名黄,字庆远,又字坤仪、仪甫,初号学海,后改了凡,后人常以其号"了凡"称之。此人是明朝重要学问家和思想家,通今博古,著作等身,还是迄今所知中国第一位具名的"善书"作者。其编撰的《袁了凡纲鉴》在明清之际流行一时,清末民初更被称为"简明中国通史

---

① 《女子变物的故事》中写道:"五六年前我在家中读《七家试帖诗》,曾记得上面对于这一条注得较详。"收入《姚雪垠书系》第17卷。

读本"，在知识界颇有影响。据说，近代名人曾国藩、章太炎和梁启超等都曾从该著中受益，现代名人鲁迅、胡适、沈钧儒、林语堂和周谷城皆对该著下过功夫，甚至连革命家毛泽东、刘少奇等也都曾是该著的热情读者。

姚雪垠小时候听过"善书"①，但也许不知道这类警世书与这套纲鉴的作者可能是同一人。他饥渴难耐地读起了这部书，走上了前代和同代许多知识者所踏上的同一条道路。他读得很辛苦，很勤奋，很用心，从这部书中得到了许多："书中没有断句，我自己断句，我的历史知识是从这里得来的，从上古到明朝。"②

1934 年，姚雪垠在杂文《文人与装鳌》中批评当时的复古读经风，曾谈到从这部书中获取的知识积累："十六七岁时在家里读《袁了凡纲鉴》，总也不明白赵普怎么只用半部《论语》可以治天下的道理。现在年事既长，便大彻大悟了，对孔夫子的聪明非常佩服。"

无独有偶，比姚雪垠小五岁的川籍作家马识途也读过这部书，曾谈道："我五岁就读私塾，少时就喜欢读中国历史，我当时最喜欢袁了凡著的简明中国通史读本《纲鉴易知录》③，激发了我对中国文化的热爱和对中国历史的了解。我现在的古文功底就是在那时打下的。"

后来，姚雪垠还在满县城里到处找书读。突然，机缘就来了——

邓县有一个藏书人，是清朝的，叫胡宾周。他在外作了多年知县，把挣的钱买了很多书，有些版本很好。他死后，乡下乱，他儿子就把书运到城里放在安家祠堂里，打算开个图书馆。但图书馆还没有开起，遇军阀混战，于学忠的部队到了邓县，还没开办的图书馆驻了军队。这些兵可不管什么书，乱扔乱糟蹋，真可惜。为了看书，我常跑去给他们站岗，对这些士兵说："老总，你能不能把那些书给我捡几本，我回去看，有些书对我很有益处。"当兵的好说话，到屋里拿了一些书给我。时间长了，和当兵的熟了，我得到了不少书，这是我在邓县那段日子最难忘事情。我把这些书都读了，保存得也很好，后来去了开封，这些书丢失了不少。这些书有地方志（河北东光县志编得很好），尔雅，关于六朝的赋，这个我兴趣很大。没字典，读多了，也懂了，这对我后来打

---

① 《长夜》中写道：他想起来当他刚能够记事的时候，那些留着长发的"善人们"常常用悲哀的声音对群众唱读"善书"，警告人们，说大劫眼看就到头上，到那时，血流成河，白骨如山，父母妻子不能够团圆。

② 杨建业录音整理稿。

③ 应改为《袁了凡纲鉴》，或《了凡纲鉴》。

下的古典文学基础帮助很大。(杨建业录音整理稿)

无论是父亲在大烟榻上耳提面命的知识,还是家里仅有的几本存书;无论是从"一文堂"里淘到的线装古籍,还是机缘巧合地从胡家获得的珍本,全都属于"史学"和"古典文学"类著作。

说清这一点是很重要的!姚雪垠1929年报考河南大学预科,选择的是法学院而不是文学院;在河南大学预科读书期间,他的志向是当一个"史学家"或"文学史家",而不是"文学家";被河南大学开除后被迫走上文坛,最初两年的习作也大都与"史学"或"文学史"有关。他的知识积累,他的人生志向,都与这一时期的读书生活密切相关。

然而,少年姚雪垠的"文学梦"还有没有呢?还有!只是,他把它视为抒情言志、排遣寂寞的"小道",而不是安身立命"济世安邦"的学问。概而言之,此期他的文学观尚未成形,且待后述。

就在这一时期,姚雪垠也读到了许多现代文学作品。如他在访谈录中所说:

> 不当兵,没学上,失学在家,不过还适合在家读书。这时我读了鲁迅、叶绍钧(即叶圣陶)和一些翻译小说。最受启发的是鲁迅的小说,也受到一些小说的不好影响,如王统照的小说灰暗颓废,对我起了消极作用。(杨建业录音整理稿)

如前所述,他在信阳读书时已经读过鲁迅的短篇小说集《呐喊》,对其中《狂人日记》一篇印象颇深。在樊城读书时也应读过不少近代小说,否则不会试写"模仿叶绍钧的短篇小说"。如今又读了"鲁迅、叶绍钧和一些翻译小说"[1],所得自然会更多。至于带有"灰暗颓废"气息的小说,他也曾具体谈到,指的是王统照的中篇小说《一叶》。

然而,我们要问:此期他读到的这些现代小说是从哪里找到的呢?回忆录中没有说明。既然家里没有,书店没有,胡家的藏书中也没有,那么就只有一个来源了:邓县县立初级中学的图书馆。据史料记载,邓县县立初级中学创办于1926年,创始人是当地进步绅士李德升先生(1894—1945)。李先生于1926年至1928年担任该校校长,学校的图书和教具都是他"亲自去汉口购置"的。而且,李先生"在县中任职期间与不少进步学生交往甚密,如王训谟、李松龄、姚雪垠等"[2]。这

---

[1]　姚雪垠1974年7月10日给茅盾信中写道:"前几天写给叶老一首诗,也表露了我的这种心情。我读他的第一个短篇集《隔膜》,方在少年,至今已整整半个世纪,有些印象,仍然新鲜。"

[2]　李道苏:《李德升与桑梓教育》。作者为李德升的孙女。

样,谜底也就揭晓了。

现代小说的熏陶带给少年姚雪垠的积极影响是巨大的,"最受启发"的当然不仅是鲁迅的小说,也应该包括叶圣陶、王统照等文学研究会作家"为人生"的作品,当然还有若干翻译小说。五四文学革命的浪潮以冲决一切的气魄,震动着沉滞落后的中国社会,少年人感受最甚;或者也可以反过来说,现代小说的熏陶带给少年姚雪垠的消极影响也是巨大的,"灰暗颓废"的色彩不仅存在于叶圣陶和王统照的某些作品中,也存在于鲁迅的某些小说中。现实人生是如此的"灰暗颓废",怎么能要求新文学作品有很多的"亮色"呢? 然而,无论积极或消极,新文学作品并不需要比读者担负更大的责任。俗话说,境由心生。同一小说带给不同读者的印象各殊,积极或消极与否,很大程度上与读者自身的经历、修养和心境有关。

姚雪垠是明白这个道理的,内因是根本,外因只是触媒。他在回忆录中写道:

我少年时代的家庭生活,本来是毫无生气,充满着忧郁和没落气氛,恰好读了一本五四新作家的感情不健康的小说,使我对人生很悲观,曾经将自己的名字改为"浮生",是出自李白的《春夜宴桃李园序》中一句"而浮生若梦,为欢几何"。一个十五六岁的少年,竟有这种思想! 到开封以后,我开始学写文学作品,用的笔名是"雪痕",出自苏东坡的两句诗:"人生到处知何似,应似飞鸿踏雪泥。"[1]

浮生这个别名,未曾作为笔名使用过;雪痕和姚雪痕的笔名被使用过好几年,乍看上去这笔名有点鸳鸯蝴蝶的色彩,其实只是寄托着少年人的某种无法言明的愁绪而已。

很快就到了1928年的秋天。十八岁的姚雪垠求学无路,习武不成,忧郁苦闷充塞胸臆。他再也无法忍受封建家庭的没有希望、毫无温暖的气氛,成天像困兽似的在县城外的沙河滩上徘徊。他写了一首诗,题为《秋季的郊原》[2],全录如下:

我坐在荒原上——默默地探索这秋天的郊原,

呵! 郊原呵——郁郁,切切,萧杀,惨淡

荒草中只有将死的秋虫,在那里哀吟着

---

[1] 姚雪垠:《学习追求五十年》。

[2] 雪痕:《秋季的郊原》,载 1929 年 10 月 31 日《河南民报》副刊。笔者认为这首诗作于 1928 年。

疏林外断续的牧笛,呜呜地随风传来,

伤心,幽咽,悲愤,缠绵,

是哭,是泣,还是人类的凄凉的哀唁!

啊,这秋季没有那仁慈和温和,

是凄凉,零落,秋风,征服主宰着漠漠的广原!

姚父读到了这首诗,被诗中令人窒息的绝望和愤怒吓坏了,他知道如果这样长期把爱子关在家里,会把姚家的这棵独苗闷死的。

正巧,突然接到二儿冠洛从漯河的来信,说年前已经退伍,在当地学校觅得一份职业,年底将会归家看望二老。姚父读信后大喜,二儿无恙,后继有人,家族数代"单传"的魔咒终于打破了。

正巧,三儿拿着一张报纸来家,说想上开封"考学"。姚父接过一看,原来报上登载有一则河南省水利工程学校的招生启事,该校为时任河南省建设厅厅长兼省赈务委员会主席的辛亥革命元老张钫所创办,专门培养水利人才①。姚父暗想:兴修水利,整治陂堰,这是效法两汉之际"召父杜母"泽被苍生的伟业呀,学成后必有大出息!

于是,姚父欣然同意让爱子姚雪垠到省城开封去"考学",他在那儿读过初级师范,对这城市比较放心。

---

① 姚雪垠在"录音稿"中谈道:民国十八年,北伐军已打到北方了,这时我怎么办呢? 我想到省会开封读书。看见一个招生广告,是开封水利学校招生。我征得父母同意,决定去开封报考这所学校。

第四章

走进开封

1929—

第一节　饥饿体验和梦魇体验

　　1929年暮春,十九岁的"小镇青年"姚雪垠伫立在省城开封的街头,一任呼啸的寒风拍打着单薄的衣衫,心中却充满了暖意:他终于走出了终日笼罩着鸦片烟雾和哭泣吵嚷声的家庭,来到了这个充满机遇和挑战的新世界。

　　然而,他又有点迷茫。他已经去看过开封水利学校的"校园",该校还在草创阶段,校舍、课堂、饭堂、操场、图书馆及其他设置都非常简陋;而且,这个学校所开设的课程似乎全与土木建筑有关,学成了即便当上了"匠师"(工程师),也与自己的"英雄梦"相距甚远。

　　正在犹豫的当儿,命定的机缘又向他招手了——

　　　　在大街上遇到一位同乡学生。他比我年长几岁,也是来考学的。我并不喜欢这个青年,但他的建议对我起了很大作用。他问我来开封做什么。我告他说看见开封水利学校出有招生广告,想试一试。他听了后大不赞成,认为没有出息。原来我在少年时期尽管长久失学,却在我们的闭塞落后的县城中有"聪明"的虚名,所以他劝我走一条"有出息"的道路。他劝我暑假投考河南大学预科。我说我没有初中文凭,功课也不会。他说:"你是聪明人,功课你自己准备。文凭好办,到时候由同乡学生替你造一张假的。"我接受了他的建议,在开封同他合租一间房子住下来,准备各门功课,包括几何、代数。（《七十述略》）

　　"我并不喜欢这个青年"云云,并不是当年他对这位同乡学生的真实看法,而是十余年后、五十余年后的现实政治促使他对其重新作出的评价①。当时,他几乎没有经过认真的考虑,就欣然接受了这位同乡学生的建议,毅然改变了"考学"的目标,完全没把父亲的叮嘱放在心里。"志在圣贤则为圣贤,志在豪杰则为豪杰"②,所谓"立大志,做大事"是也,童年时期所接受的教育真的具有左右人生的作用。

-----

　　① 姚雪垠在《学习追求五十年》中写道:"顺便提一笔,历史有自己的无情规律:劝我投考河大预科并帮助我弄到一张假文凭的同乡青年同时考进河大,他后来做了劣绅和国民党爪牙,解放前两三年做了县长,解放初被人民政府逮捕枪毙了。"

　　② 引自姚雪垠童年时读过的《论说文范》第一篇《立志论》。

这位热心的同乡学生，不久就为他弄来了假文凭，帮他顺利地办好了报考河南大学预科的一应手续。在备考的三个月里，他们朝夕相处，合租一间房子，一起复习，互相勉励，都考上了河南大学预科。顺便提一句，他的这位同乡同学名叫汪海涛，新中国成立前三年曾任邓县县长。

姚雪垠晚年撰写回忆录时，没有忘记感谢这位同乡同学，他写道：

> 处于七十一岁的年纪，我回顾往事，认为如果说我这一生还有所谓"文学事业"的话，有两次决定是重大关键。第一次是一九二九年春天我由故乡出来，像"迷途的羔羊"似的到了开封，在大街上徘徊时遇到一位同乡（同县）青年，他劝我准备功课到暑假投考河南大学预科，并保证会由同乡学生们替我弄一张假文凭。这一次决定对我一生的重要意义，我在这部回忆录的第一章中已经写明。（《学习追求五十年》）

在姚雪垠看来，这次决定的重要意义在于改变了家庭为他设计的人生，在于这是他第一次独立作出的人生选择。这次选择使得他的"英雄梦"和"文学梦"完美地合二为一，不久便在河南大学预科这座大舞台上得到了可以展示的机会，此后的人生便一如期待，再无遗憾。

河南大学预科的入学考试定在暑期，姚雪垠只有三个月的备考时间。起初，他以为最大的困难是"要无师自修各门应考功课，包括英文、代数、几何等等"。一个月后，却发现最大的困难并不是功课，而是"饥饿"。

他在回忆录中写道：

> 那时家中无钱给我，有一段时间因内战交通中断，更得不到家中接济。开封有担挑卖豆面丸子的，挑子放在街边，供劳动人民和穷人充饥。我基本上靠这种食物度过多日。附近两条街上的几个卖豆面丸子的小贩，谁的碗中大概多盛一个丸子，我都十分注意。我每顿只敢买一碗，根本吃不饱。有时我为节省钱，不去蹲在街边吃丸子，便出去买一个甜瓜回来，连皮吃下去充饥。（《学习追求五十年》）

那时，姚家并不是"无钱"给他，而是没有一次给他；家中接济是按月汇出的，一旦交通中断,游子的生活便成了问题①。

当年5月中旬,蒋冯中原大战突然揭开了序幕。战前两军频繁地进行调动,陇海铁路、京汉铁路及公路交通均一度被遮断②。姚父的经济支持不能及时到达。姚雪垠手头的余钱越用越少。他不敢随便花钱了,手上的几个零钱捏出了汗,恨不能一个掰作两个花。他不知钱花光了会怎么样,是沿街乞讨,还是倒毙街头……他生平第一次体验到饥饿的感觉,而且是一连数日的饥饿。一面要紧张地复习功课,一面还要忍耐无时不在的饥饿,这,几乎把这个"小镇青年"折腾到濒临死亡的境地。

姚雪垠在回忆录中多次写到这个"饥饿的春天":

> 家中没有钱,我在开封也没有亲戚,生活十分困难。我经常蹲在街边买一碗绿豆面丸子充饥。甜瓜上市时候,我买一个甜瓜,舍不得削皮,连皮吃下去作为一餐。这时候我只有十八岁半,正是身体成长发育的年纪,却因为饥饿和拼命用功,身体垮了。我经常头晕,眼冒金星。夜间睡觉和午睡,几乎是每次睡熟之后必患梦魇,十分痛苦,也给我很大恐惧。(《七十述略》)

他还忆及当年因"饥饿"而产生的"幻觉":

> 我有时候黄昏时坐在街边,幻想有人丢个钱包我捡到了,可以维持几天生活,不发愁了。有一次好像前面有个钱包,不好意思弯腰捡,再低头一看是个砖头,自己忍不住笑了。所以我以后写小说写这种心理时,很有体会。(杨建业录音整理稿)

幸亏蒋冯大战前的骚动不算太久,幸亏冯玉祥当年5月底便宣布"入泰山读书"。不久,交通便恢复了,家里的接济也到了,姚雪垠才熬过了这个"饥饿的春天"。

这段以"饥饿"和"梦魇"为主题词的人生经历,成了作家姚雪垠的最难得最

---

① 姚海天的堂兄姚晴林2019年1月来函称:1929年三叔(指姚雪垠)在河南大学预科读书,三叔依靠投稿的稿费吃饭,生活艰苦。我估计三叔性格刚毅,愿自力更生艰苦奋斗创建文学伟业,不愿写信向家中求助。祖父不知儿子在外受苦,所以未寄钱给三叔,不是因为祖父贫穷无力量帮助儿子。假若三叔及时向家中求助,我认为祖父肯定会汇款,因为1929年时祖父在邓县的律师事业已经成熟并较为兴旺发达,而且当时的邓县县长杨保东剿匪成功,地方治安较平静,农村的佃户耕种田地也恢复常态,地主佃户双方对半平分收获的粮食及其他农产品,家境已变好。

② 据史料记载,1929年5月15日刘郁芬、孙良诚、韩复榘通电反对南京政府,谓已推冯玉祥为护党救国西北军总司令。冯军向豫西集中,韩部毁武胜关隧道北退,孙部扣陇海海车,运兵西行。17日蒋介石要求冯玉祥停止调动军队,惟孙良诚部更毁陇海路桥梁,向西集中。当月底冯部石友三、韩复榘等被蒋介石收买反冯,冯宣布入泰山读书。

宝贵的生活体验。须知,在此之前他几乎没有体验过饥饿的滋味:九岁时被土匪一把大火逼进县城,家庭生活非常困难,但他和父母仍有白馍吃,只有大嫂和伙计们吃黑馍;十四岁被土匪绑票,二哥被关进"票房"挨打受怕,他却被头目认为"义子",一顿也没饿着;在樊钟秀部和孙连仲部当兵时,都是在营地里训练,没有行军、打仗、挨饿、受冻的经历。

有位哲人说过,人生在世,任何人都要受四种限制:时代、知识、思想能力、个人品德。但对于作家来说,还要加上一条:生活体验。人生百味,酸甜苦辣咸,没有丰富的生活体验,怎么能传神地描摹人生呢?

姚雪垠步入文坛后,把这种"饥饿体验"写进了小说,譬如短篇小说《福之死》(1935)中的这段描写,就与他体验过的"饥饿幻想"有直接关系:

> 饥饿在他底肚子里咆哮,狠命地揉弄着他底空胃枯肠,揉弄得心慌。他的头有点晕,腰有点酸,疲惫得非常。他本想拣个墙角边重躺下去定一定神,可是他试几次并没躺下去,他深怕躺下去不会再起来。他看见一个远族的小侄儿在荒草中采取可吃的野菜,马上心里就涌出一个奇怪的念头:"小孩子身子还没有两三只兔子底肉多!"可是凭良心说,福并没起过偷吃小孩子的心。他只希望能得一注意外之财买一个兔子网,再有一把杂粮拼着野菜吃。①

后来,他更确定"饥饿"是为人生第一大恐怖,直把"饥饿"当作驱策人物行动的原始动力来进行表现。早年的作品如《两个孤坟》(1929)、《强儿》(1929)、《咒——年头小景之一》(1935)、《小罗汉》(1936)、《七月的夜》(1936)、《援兵》(1937)、《生死路》(1937)和《M站》(1937)中的主人公,其意识海中浮沉着的都是"饥饿"的魔影。抗战时期及至新中国成立前夜的作品如《"差半车麦秸"》和《牛全德与红萝卜》、《长夜》和《万里哀鸿》等,其人物性格的构成中也能捕捉得到"饥饿"的鬼影。中年以后的作品《李自成》,简直是人生苦况的交响曲,其中"饥饿"是其主旋律,尤其在第三卷,当描写到"饥饿"的魅影逐渐吞噬着开封古城的子民时,其过程之漫长,其方式之残忍,甚至到了令读者不能卒读的地步。这是后话了。

说来也有趣,鲁迅先生的表现人生苦况的作品,也莫不把"饥饿"放在首位。《阿Q正传》就不用说了,主人公好像是刚从"饿牢"里放出来的,从肉体到精神都是;散文名篇《颓败线的颤动》也是从"饥饿"写起的,该篇历来为评论家所重视,

---

① 姚雪痕:《福之死》,《文艺大路》1935年第1卷第2期。未收入《姚雪垠书系》。

有人说其中浓缩了人生百味,有人说如下一段描写活画出了人类所有的历史记忆:

> 她在深夜中尽走,一直走到无边的荒野;四面都是荒野,头上只有高天,并无一个虫鸟飞过。她赤身露体地,石像似的站在荒野的中央,于一刹那间照见过往的一切:饥饿,苦痛,惊异,羞辱,欢欣,于是发抖;害苦,委屈,带累,于是痉挛;杀,于是平静。……又于一刹那间将一切并合:眷念与决绝,爱抚与复仇,养育与歼除,祝福与咒诅……。她于是举两手尽量向天,口唇间漏出人与兽的,非人间所有,所以无词的言语。

"饥饿,苦痛,惊异,羞辱,欢欣"这一组形容词的组合在这篇千余字的散文中竟出现了三次,"饥饿"都排在最前面。

"民以食为天",这是一个耳熟能详的成语,谁都会说,似乎平淡无奇。然而"民无食"会怎样,"天"塌了会怎样,恐怕很少有人敢于说清。除非如鲁迅般读通了历史,才能"从字缝里看出字来,满本都写着两个字是'吃人'"[1];或者如姚雪垠辈有过"饥饿"体验,才能知道饥饿会使人们产生何等可怕的冲动。

姚雪垠早期小说的主题词便是"饥饿"二字。三个月后,他写出了表现此类题材的小说处女作《两个孤坟》,随后在写给《河南民报》副刊编辑灵涛的信中痛呼:

> 作一个大众的留声机,把那深深的在压迫之下的穷民的哀号与呻吟传送出来,把社会的种种坏现象,全盘的呈露出来,这才是我们现在文艺界应尽的责任。尤其是河南的文艺界,更应服这样的义务。
>
> 您的职责是收容哭声。
>
> 现在大多数民众,正号痛于水深火热之中,生命尚不能保,何暇谈性欲?
> 大众要听的是垂死的痛心话,并不是未沾芳肌的苦闷语。[2]

他贸然发此豪语,所恃仗的就是从皮肉熬炼中体验出来的人生真谛。

同时,姚雪垠也深深地体验到了"饥饿"的派生物"梦魇"的况味。即便"饥饿的春天"已经过去了,但"梦魇"仍紧紧地缠着他好多年。他在回忆录《学习追求五十年》中曾谈到"梦魇"带给他的两种"恐惧":

> 夜间睡觉和午睡,几乎是每次睡熟之后必患梦魇,十分痛苦,也给我很大

---

① 鲁迅:《狂人日记》。
② 姚雪垠:《致灵涛信》。原载 1929 年 9 月 23 日《河南民报》。

恐惧。每次魇着必伴噩梦，这是第一种恐惧；将睡未睡时料到必有梦魇苦境，这是第二种恐惧。

难能可贵的是，20 世纪 30 年代初，姚雪垠走上文坛之后，也把这痛苦的生活经验化为文学创作的素材。他曾一连创作过好几篇以"梦魇"为题材或为框架的文学作品，如《生命的寻找》（1932）、《征途》（1932）、《忏悔》（1932）、《我要复活》（1933）、《梦归》（1934）等。

散文诗《生命的寻找》①是这类作品中写作时间最早的一篇，全录如下：

> 灯影慢慢地从我底眼中暗淡了，模糊了，消失了，我飘飘然地到了一个所在。
>
> 一条羊肠小道，一边临着深黑不可见底的山谷；土松路滑，石子时从脚下躲开，逃到谷里边去，宇宙是深灰色的，天空堆着浓重的乌云，没有太阳。山坡上没有野花，没有青松；有些张牙舞爪的怪石，对着山麓下的行人狞笑。这时我忘记我是从什么地方来，也说不清是往什么地方去，似乎模模糊糊地说自己是去寻找失掉了的生命。
>
> 转过山麓，前面横着一条小河，河水很深，没有船，有个很窄的木桥。我捏着汗，战战兢兢上走着，桥下的急浪弄得我眼花头晕，加之桥板一上一下一左一右地摇晃，险些儿把我跌下水去。走过的桥板，却跟着一片一片地落下水去，使我不敢回视。看看走近岸边，忽然发现是个桥并没有通到岸上，至少还隔着七八尺远黑渌渌的深水，跳也不敢跳；回过头去，一片茫茫无际的大水，零零碎碎的桥板在水面浮着，渐向视线外漂去。这时脚下的一片仅存的桥板，也正准备着摆脱负担，向水中逃跑。我舍命奋身向前一跳，境地忽然全变；我底周围都是芬芳的花草，太阳在空中照耀，鸟儿坐在树枝上唱着清脆的歌子。我看见生命在前面一棵繁花盛开的桃树下面坐着，怀里满抱着新采集的野花，微微地向我笑着，向我招手。我用力向她奔去，嘴里一面得意地喊着。……
>
> 忽然，我醒了。

如果不算太蹈空的话，我们认为，这篇散文诗表达的只是作者从"梦魇"中体味的"死"的恐惧与"生"的欢欣而已。

或许，这篇散文诗中描写的事物有所寄托，譬如"木桥"是否指喻阴间的"奈

---

① 原载 1933 年 3 月 2 日《河南民报》。未收入《姚雪垠书系》。

何桥","寻找失掉了的生命"的意蕴,"生命"有如美少女的含蕴,等等。然而,我们的兴趣倒不在于剖析姚雪垠此期"借梦言志"艺术手法的高妙,而在于体味他在此类作品中透露出的艺术思维成形前的若干征兆。

西方精神分析学家弗洛伊德(1856—1939)认为作家的艺术思维与"梦者"的思维有相似之处,他在《梦的解析》中认真研究过二者的异同,并确认它们与脱离理性控制有关。为此,他引证了"伟大的诗人兼哲学家弗里德里希·席勒"1788年12月1日写给朋友哥尔纳的信,以安慰"那些自认为缺乏创造力而怨天尤人的朋友们"。信中有如下两段:

> 在我看来,你们的这些抱怨是因为你们自身想象力的发展受到了自身理智的压抑。为了讲得更具体些,我给大家打一个比方。若是出现在我们周围的各种意念都要经过理性严厉的筛查,这样做不仅是没有必要的,反倒会使我们的创造力受到损伤。……(笔者删节)此外,一颗创造性的心灵,能使理性放松对"大门"的看守,以使得各种观念有机可乘,可以作为一个整体接受理性的批判。你可能是批判家或是别的什么人,这种无时无刻不在变化的放纵现象都会让你吃不消,然而对于每一个创造性的头脑来讲,这种放纵现象又都是普遍存在的。

> 需要强调的是这种存在是有区别的,它长久地存在于一些人的头脑中,例如艺术家;而在某些人那里却如昙花一现,例如梦者。在你因为自己缺乏灵感而怨天尤人时,你是否想过,自己就是真正的元凶,是你早早地安于了这种放纵现象的束缚,使得你的理性的批判变得无比的严厉。①

席勒所说的"放纵",指的是理性思维与艺术思维相对的疏离,这是一个伟大的提法,后世所谓逻辑思维与形象思维的分野,似乎与之类似。在席勒看来,艺术家们"创造性的心灵"的培育,艺术家们"想象力"的养成,就在于能自觉地"使理性放松对'大门'的看守"。能保持长久的,便能成为艺术家;不能保持长久的,便只能成为"梦者"。

笔者以前阅读鲁迅《呐喊·自序》时,对其开头的那一句——"我在年青时候也曾经做过许多梦,后来大半忘却了,但自己也并不以为可惜。"——一直不太理解,现在好像有点懂了。

我们尚无法科学评估折磨姚雪垠多年的"梦魇"之于其艺术思维的养成作

---

① 弗洛伊德:《梦的解析》第二章。

用,我们只能说这段痛苦经历并未损害其少年时期便具有的"小说化"(白日梦)的生活态度,或者说更其强化了。

第二节　《两个孤坟》及其他

1929 年暑期,姚雪垠参加了河南大学法学院预科的入学考试。预科相当于高级中学,学制三年,毕业后即可直接升入本科。

河南大学历史悠久,其前身是创办于 1912 年的河南留学欧美预备学校,1923 年得冯玉祥将军的支持改建为中州大学,1927 年扩建改名为国立开封中山大学(国立第五中山大学),有文、理、法、农、医五科,1930 年 8 月更名为河南大学,并改五科为五院。

简言之,姚雪垠当年报考和就读的是国立开封中山大学,入学第二年该校更名为河南大学。为避免行文的烦琐,以下一概称之为河南大学。

姚雪垠当年为何不报考文学院预科,而去报考法学院预科呢? 他对此有过解释:

> 当时河南大学在理科方面有理学院、医学院和农学院,在文科方面有文学院和法学院。按我的基础说,我应该考文学院,将来入中国文学系或史学系都有深造前途。然而我报考了法学院,打算将来入政治系或经济系。这是我受了中国传统思想的影响,认为读书和研究学问最好与民生有直接关系,即学习那种能够"经邦济世"的学问,能够"达则兼善天下"。(《七十述略》)

他作出这个选择,也许并不仅仅"受了传统思想的影响",而且也受到了当时社会舆情导向影响,更不能排除父命难违的因素。20 世纪 20 年代,人们对文学的社会功用认识不足,多视文学为述志抒怀、娱情遣忧的"小道",少有视其为可安身立命的学问。

当年暑期,他在等待发榜的期间写成了一篇习作《两个孤坟》[①],送到开封唯一的对开版大报《河南民报》,居然很快就发表了。这篇习作便成了他的小说处女作。

关于该小说的写作时间,姚雪垠有过两种说法——

---

① 笔者认为这篇小说构思于年前,此时只是修订。限于篇幅,不作深论。

　　1929年春天……(笔者略,下同)有一段时间因内战交通中断,更得不到家中接济……我试着写了一篇小说,投寄《河南日(民)报》副刊,幸而发表出来,到下月初通知我去领取五毛钱的稿费。这是我第一次发表小说,第一次得到稿费。那时候是使用银元,所以五毛钱对我是重要接济,可以帮助我度过几天。(《学习追求五十年》)

　　开封有一份当时全省唯一的对开版大报,叫《河南民报》。虽然只有一张,却有四分之一版面的副刊登载新文学作品。入学考试之后,我有了时间,试写了一篇短篇小说,投给《河南民报》副刊,题目叫做《两个孤坟》,居然发表了。这是我的“处女作”,对研究我的创作道路有特殊意义。(《我的前半生》)

　　第一种说法,称小说是在备考期间写的,有获取稿费来救急疗饥的动机,居然如愿以偿,仿佛天怜其才。这种说法,因具有传奇性,被后世文坛猎奇者所乐于采用。第二种说法,称小说是在等待学校发榜的时期写的,闲极无聊,小试牛刀,居然一炮而红。这种说法,虽然比较合理,但由于过程平平,没有得到多少人的采信。

　　我们倾向于第二种说法。因为:一、备考时间只有三个月,短促且宝贵,他不

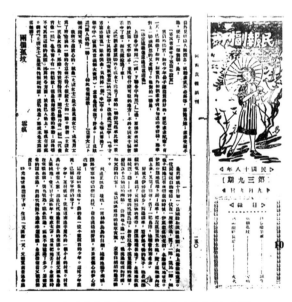

1929年秋发表的,署名雪痕的处女作《两个孤坟》

可能抽出时间来进行耗时甚多的小说写作；二、该小说末尾署有"一九二九年八月二十二日　开封"字样，发现并辑录该小说者为河南大学教授刘增杰先生，是位非常严谨的学者，不会出错；三、该小说载于当年9月9日、10日《河南民报》副刊第29、30期。按照报纸副刊用稿的惯例，收稿的时间不会早于当年8月（暑期）。

小说取材于童年记忆，表现家乡邓县西乡姚营寨寨主夫妇"姚大爷"和"姚大奶"欺男霸女的恶霸行径，替惨遭虐杀的劳动人民叫苦鸣冤。作品中寨主夫妇的残暴令人吃惊，他们动辄指使手下的地主武装（"勇"）吊打农民，打死人"全当打死个鸡子"；作品中劳动人民的麻木更令人吃惊，他们都认为"穷人侍候富人是应该的"，即便受到打骂，也认为这是该受的苦，"总是××不是，罪该如此"。

小说见报后的影响不小，至少在河大预科和他的家乡邓县，坐实了姚雪垠"才子"的美名。但天长日久，白云苍狗，它竟然被世人遗忘了。直到20世纪80年代，才被研究者从故纸堆里找到。晚年，姚雪垠曾对这篇失而复得的处女作有过自我评价，他写道：

> 前几年河南大学教授刘增杰竟然从图书馆收藏的将近半个世纪前的残缺的《河南民报》中找到了这篇小说。我重读了这篇十九岁时发表的处女作，事隔已久，出我意料，小说中除个别用字受五四时代某些小说的影响之外，通篇看来有这样几个特点：第一，走的是现实主义的创作道路；第二，同情被压迫的劳动人民，揭露和鞭挞封建地主的罪恶；第三，富于激情，有感人力量；第四，很讲究小说的结构艺术。（《我的前半生》）

以上概括的四个特点，当然是对的，但还须进行补充。

我们认为，这篇小说最大的亮色在于语言，无论是叙述语言，还是人物对话，欧化的痕迹都很淡薄，非常贴近生活，完全口语化，甚至不避方言俗语。请看小说描写雇工王材被姚寨主殴伤后奄奄待毙的情景：

> "材儿！……你疼的……轻不……轻？……唉！口发……渴？……心里还着急？……"

> "娘呀！……不得了……啦！给你撇得好可怜啊！——吁——有……凉水……没有？我心里发急。……"

> "凉水？……我的儿呀你敢喝？……"

> "不要紧的，娘！我心里发急。……儿别的都不挂心，就是给你……撇得好……可怜啊！"

> 一间用泥土和麦秸盖成的房子，门前堆着一堆粪，屋里一张破席上躺着

垂危的青年。门后的四个烂坏头上，一个破烂的小锅，锅底下只有一把冰冷的死灰。地上放着两个黑瓦碗，一把柴火。这些是他的所有了。他是在昏迷中被人从姚家抬回来的。

"儿呀！不要光说死，养两天就好了。你看你……死……了……娘怎过哩！……"

"……"王材的眼泪如雨珠般奔出，似乎心里有无限的哀鸣叫不出来，只将头翘一翘看了看可怜的母亲。

"材儿，你想说什么？……不过他们有钱有势，你好了咱不给他住①就是了，咱还有什么力量来……出……气?!"

"娘呀！儿是不能……好了！我……我死后……你怎过哩?!……"

"挨两下子打，哪能会死？……你真要有点不……好，……娘现在还能动……弹，要半年饭，……还能……不去寻……你！……"

这段文字中有充满乡土气息的人物对话，有朴素到了极点的场景描写，共同烘托出感人至深的悲剧氛围。直言之，这完全不像是初学写作者的习作。

这篇小说还有一个未曾被人道及的艺术特点:心理描写。小说情节的发展是以雇工王材的心理视角的变化而次第展开的，他的身份与姚家的伙计、女嫂、佃户阿五、婢女雪香没有什么不同，只是由于他是新近才进入姚家打工的，对寨主夫妇虐待下人的行径才能有新鲜的独特的感应。

小说描写了他对姚大爷吊打佃户王五一幕的心理感应:

他想，阿五是他的佃户，为什么打得死去活来？他又不少分给一把粮食，究竟犯着什么重大的罪呢？大爷平素又看得起他，不时常到他家里去;大爷除了进城或上近处几个富人绅士家里去，佃户的门限，是从没登过的，也只有阿五们的家里。啊，是的，也不知是不是因为阿五昨天无缘无故的把妹子打了一顿，妹子告到大爷这边，才派两名勇把阿五抓来替她出气？这是人家的家事，劝劝了了，何苦如此！又一转念，想着总是阿五不对，罪该如此。几分钟的不平，霎时融化。

小说又描写了他对姚大奶虐待婢女雪香一幕的心理感应:

王材起初的感想，"总是雪香不是，罪该如此"，所以并不放在心。及至

---

① 姚雪垠后来加的注解:住，意思是当雇工。因当雇工是住在主人家中，所以南阳一带口语说当雇工为"住"。

由女嫂①们口里得着了真确的报告后，心里这才再也忍不下去。据女嫂们说：她今天早晨，给姚大奶拿尿盆，大奶说被窝里冒了风；怎大丫头不会侍候人，打她是应该的。王材想来想去，想着她是个穷人的女儿，没有父母，也没有亲人；穷人侍候富人是应该的，可是为这样小小的事情，竟值得挨打，罚跪？她从小就卖给人家当丫头，比自己的命还要苦些，那么苦命人就够可怜，哪堪一天几遍的受人打骂！

对比以上两段心理描写，可以发现王材对佃户王五及对婢女雪香的同情度是有区别的。对于前者的被吊打，王材认为这是其妹与寨主的"家事"，因而只有"几分钟的不平"；对于后者的受虐待，王材却寄予了深切的同情，这里有同"命"相怜的因素，也有被这位十五岁的婢女"含泪的秋波"唤醒的朦胧的情愫；此后，他的心里便总是不由自主地"浮现着跪在院中地上，抽咽着的她的影子"。不久，他的朦胧的情愫被姚大奶察觉，招来了"疑嫉"，"掀天风波，萌芽于此"。

这篇小说中的心理描写还呈现出不同的表现形式，有直白的倾诉，有隐匿的暗示，有曲意的重复，也有恰当的点评。作者的心理描写才能在这篇小说中初现端倪，半年后他又撰写了一篇表现单恋的心理小说，得到了国文老师的好评，这是后话了。

《两个孤坟》一炮而红，青年姚雪垠一发而不可收。不久，他又在《河南民报》副刊上发表了短篇小说《强儿》，并且与副刊编辑有了书信来往，继而又发表了诗歌《秋季的郊原》②。附带提一句，他在回忆录中说考进河南大学预科后"不再继续写小说"，并不完全是误记，《强儿》和《秋季的郊原》的发表时间虽然在进校之后，写作时间却应该是在入学之前。

短篇小说《强儿》，写成于1929年9月6日，载于9月20日《河南民报》副刊。小说的情节非常简单，描写城市里的一个平民家庭被"穷"逼上绝路的悲惨命运。这是一个三口之家，丈夫本是个"聪明人"，却被"穷"折磨得发疯致死，妻子从此把希望全放在幼儿身上，谁料想因"穷"而无钱抓药又导致病儿夭折，于是妻子便绝了生存的"盼头"。小说的结构也非常简单，如同《两个孤坟》一样采用了插叙的手法，即在叙述主要情节的过程中，暂时中断叙述线索，插述与之有关的另一故事片段或事件，然后再继续原来的叙述。

---

① 姚雪垠后来加的注解：女嫂即女佣。
② 关于这首诗歌，笔者在前面已经谈到，应作于1928年。

实话实说,较之《两个孤坟》,这篇小说的描写似乎大跌水准。当然,或许由于素材的来源和构思的时长有差别:前者取材于童年记忆,蕴酿的时间够长;后者取材于眼前的见闻,属于即时性的速写。但叙述语言实在相差得太过离谱:前者生活化,甚至不避方言;后者严重欧化,甚至带有浓重的"五四腔"。请看小说开头的描写:

"呵,乖娃子,好好喝吧!……嗷!喝……吧!听话的乖娃子,喝吧,呵,喝吧!"

"……不。……妈!……"

"乖乖,多听话的乖乖,赶快的喝吧,喝下去就好了。"伊凄痛柔婉的哄着。

强儿终于一半灌一半喝的将药吃下去。

一颗瘦而黄的小头颅,放在伊的怀里。鼻翅微微的扇动着,表示他尚有一线的未到绝望。眼皮轻轻的合着,脑门上滚着粒粒的汗珠,好像十分疲惫似的。

"妈!"强儿在怀里挣扎了一阵,鼻子一会儿的急促抽动过去,又慢慢的平静下来。

伊看了看强儿的样子,只剩了奄奄一息,屋里的东西,都愁惨的病态死样的静寂,静寂仿佛对伊说:"完了,完了,什么盼望都完了!人生尽都是悲剧的材料,漫漫的漆黑的歧路,那正是人生之道!"

嗳哟!伊流着酸痛之泪了!

刘增杰先生对姚雪垠早期的这两篇小说有过点评,他认为:"在姚雪垠的创作中,鲁迅的影响也是明显的。《两个孤坟》的结构可能受过《药》的启发,《强儿》使我们想到了《明天》……"①

笔者基本认同刘教授的意见。此外,还要作点补充:《两个孤坟》中"总是××不是,罪该如此"之类的思想印记明显来自鲁迅的《阿Q正传》,但《强儿》中"嗳哟!伊流着酸痛之泪了"之类的"文艺腔"却与鲁迅的《明天》没有半点瓜葛。

不知是什么原因,《中国大百科全书》文学卷"姚雪垠"条目中介绍其早年作品时,对《强儿》的评价独高。其文曰:

---

① 刘增杰:《姚雪垠早期文学思想散论》,载2021年《汉语言文学研究》。该文写作时间大约在1985年,笔者注。

他的小说从早年起,就透露出一种强悍的气质,一九二九年发表的《强儿》,刻画一种坚强的性格;三十年代中期写的若干作品也多次写到一些敢作敢为的人物。把一批"强人"形象送进新文学的画廊,发掘和表现强悍的美,是姚雪垠对中国现代文学作出的一个独特贡献。

《强儿》中的"强儿",只是个未开知的幼儿,奄奄一息的病儿,通篇都没说过一句完整的话,实在当不起"强人"的称号。"百科全书"该条目撰写者在此处失察了,蹈空了。如果真要论起姚雪垠作品中的"强人"形象,可能要数 1933 年的短篇小说《露水夫妻》为最早,该小说的主角是打家劫舍的土匪;而"一批强人"形象的出现,则可能要推迟到 1936 年,系列小说《七月的夜》《援兵》和《生死路》中揭竿而起的农民群像,才真正具有活脱脱的"强人形象"和"强悍的美"。

姚雪垠早年的创作思想,可参考他于当年 9 月写给《河南民报》副刊编辑的信(《致灵涛信》),该信于 9 月 23 日在该报刊出,同日刊出的还有副刊编辑的"复雪痕信"。鉴于该信意义重大,全引如下:

灵涛:

中国的报纸,真找不出一个有价值的副刊!这是谁也承认的。任我们到阅报室里怎样的翻遍,各份副刊尽都是登着一些无聊的公子少爷们卿卿我我令人讨厌的蝶化作品。要想从那上看出现实社会一般的真相,恐怕是比晨星还要寥寥吧。那末这正是我爱读民报副刊的原因。——它还能保着高尚面目,而未流染于鸳鸯蝴蝶化。

我拿着十二分的愿望,祝福它——副刊——的前途,希望它说几句关紧的抓痒的迫切的话。我为爱它的热念与内心的良心所冲动,向它这春圃似的园地说几句忠诚劝告:

我觉得讨论文学的文字,以后可以少登,简直不登也好。我并非说它没价值,不过是看来并不急需。际此国家方难,民沉苦海之秋,贪污土劣,毒焰横飞……种种现象,不一而足,我们应当把这经济的时间与有限的园地,作一个大众的留声机,把那深深的在压迫之下的穷民的哀号与呻吟传送出来,把社会的种种坏现象,全盘的呈露出来,这才是我们现在文艺界应尽的责任。尤其是河南的文艺界,更应服这样的义务。

况且,河南民报,是供大多数的河南民众阅读的,大多数民众的要求,决不是要论高深的文学,要求论高深文学的,只不过是少数的生活较为舒适的知识分子;那末,自有论文学的书籍供他们阅读,别处的园地供他们讨论。再进一层说,连天地攻击,除了互骂互打以外,真正教我们得一个圆满的结果在那里? 恐怕免不了大多数阅者的讨厌吧。

我爱护的园圃,请您以后不要让他们把您作擂台了! 因为当此年头您底职责是收容哭声的,而不是收容阔论的。不然,您便失了大众爱护的热诚了!

您这几天又载了不少的性欲苦闷的文字;这类的文字,我是十二分的爱读,因为在这里才有真情的存在;但,你是站在河南大众方面的,大众的哭声并不是哭着性欲的苦闷;正闹着性欲问题的,还只是少数的生活较为舒适的洋学生们。现在大多数民众,正号痛于水深火热之中,生命尚不能保,何暇谈性欲? 您是河南的领导者,你的声,就是全河南民众的不平鸣。大众要听的是垂死的痛心话,并不是未沾芳肌的苦闷语;我爱护的园圃呵! 请你不要离了大众! 祝你(副刊)前途的滋长! 带祝

园丁灌安

雪痕上

直言之,姚雪垠的这封信,充分展示出其早年创作思想的来源及菁芜并存的状态。信中的这一段是最为关键的:"作一个大众的留声机,把那深深的在压迫之下的穷民的哀号与呻吟传送出来,把社会的种种坏现象,全盘的呈露出来,这才是我们现在文艺界应尽的责任。"这段话透露出他此时的文艺思想有着两个来源:其一,来自文学研究会成员郑振铎倡导的"血和泪的文学"的影响;其二,来自创造社成员郭沫若"当一个留声机器"的影响。以下分述之——

一、如前所述,前两年姚雪垠失学在家时,曾大量阅读鲁迅及文学研究会成员叶圣陶、王统照等的文学作品,他所接受的文学启蒙教育是具象的,是容易被感知和仿效的。由于家庭环境和人生经历,他对文学研究会所标榜的"为人生的文学"印象深刻,对郑振铎倡导的"血和泪的文学"[1]更有深切的共鸣。在《致灵涛信》中,他对"我们现在文艺界应尽的责任"的呼吁就直接来自郑振铎的"血和泪的文学"的倡导。

有研究者指出,"血和泪的文学"主张体现了时代对文学最迫切的要求,是郑振铎现实主义文学主张最酣畅淋漓的表达,成为现实主义文学主潮中的劲旅。……面对社会的黑暗,军阀的残暴,劳工的困苦,在时代气息的濡染下,他"为人生"的文学总目标逐渐融入了更丰富的社会内容,有更明晰的价值取向,彰显了

---

[1]　郑振铎:《血和泪的文学》,载 1921 年 6 月 30 日第 6 期《文学旬刊》。

他强烈的社会责任感。他关注的不仅是个人,更是被压迫的劳苦大众,他强烈反对娱乐派文学观,进一步提出:"我们所需要的是血的文学,泪的文学,不是'雍容尔雅''吟风啸月'的冷血的产品。"虽然一味强调"血和泪的文学"会使文学淡化美与爱等其他功能,也因此受到创造社郁达夫等人的诘难,但仍堪称"革命文学"的先声。①

姚雪垠衷心服膺"血和泪的文学",直到 1944 年,他在《现代田园诗》中仍以该理论与朋友互勉:"我觉得当你的生活还没有深深的接触到新生的农村,你不必从观念出发去歌颂新生和斗争,只要牢牢实实的去揭发黑暗,代悲苦无告的农民诉出冤抑,做到字字血泪,语语惊心,也就尽了诗人的伟大任务了。"②

二、姚雪垠曾在回忆录中谈到,来开封考学期间即关注过革命文学运动,在《致灵涛信》中,我们看到了证明。信中"作一个大众的留声机"云云明显来自"革命文学"先行者郭沫若"当一个留声机器"的倡导。

有研究者指出,郭沫若 1928 年在《英雄树》中提出"个人主义的文艺老早过去了……当一个留声机器——这是文艺青年们的最好的信条"。所谓"当一个留声机器",就是要作家扬弃自我,而踏实地记录下无产阶级的阶级意识,将阶级的声音播放出来。并认为:"从昂首天外到眼睛向下,这自然是一种进步。而将尊重个性,昂仰自由与正视民众的悲惨生活对立起来,这就大可不必了。"③

姚雪垠此期似乎完全接受了郭沫若的"留声机"说,他在信中对蝶化作品、讨论文艺理论的作品、表现性欲苦闷的作品采取了"大可不必"的一概排斥的态度,显示出激进文学青年的思想特征,带有一定的片面性。附带提一句,姚雪垠此时的理论坚持度是不够的,入学后不久他就撰写了一篇表现年轻人单恋的心理小说,抒发着他刚刚批评过的与"生活较为舒适的洋学生们"同样的"性欲苦闷"。

初步厘清了姚雪垠此期文艺思想的脉络,再来阅读《河南民报》副刊编辑灵涛的"复雪痕信",就更能理解其中的意味——

雪痕:

你的来信,所示各节,我完全诚恳的接受,不过,每日老登些鸣不平的带哭声的小说,我以为比较有些单调,倒不如按比例分配些各种关于苦闷范围中的作品,来引起读者的兴趣为好。

---

① 刘绪才:《"血和泪的文学"及其纷争》,《山西师大学报》2012 年第 5 期。
② 姚雪垠:《现代田园诗》,《当代文艺》1944 年第 1 卷第 5、6 期。
③ 吴中杰:《留声机·喇叭论——关于郭沫若的公案》,载 1997 年《上海戏剧》。

　　《河南民报》副刊，当然是代民众说话的机关，但另一方面，还是供文艺界一个公开的研究的园地，因此关于文艺理论方面的作品，也是要选择登载的。

　　你的信中所说的话，正是我近日要说的话，现在公开出来，谅你也会同意罢！

灵涛

　　"灵涛"的复信，也有两点值得关注：一、他是个很有原则性也有灵活性的副刊编辑，他知道如何保护青年作者的写作热情，也知道如何引导他们克服理论的片面性。因此，他对"雪痕"既有热情的鼓励也有含蓄的批评。二、他对"为人生"的文学理论有着更深的理解。在复信中他肯定了副刊应"代民众说话"的宗旨，但坚持认为文艺副刊应该包容"各种关于苦闷范围中的作品"，坚持认为副刊也应该容纳"文艺理论方面的作品"。显然，他的立足点比"雪痕"要高得多。

　　《河南民报》副刊的这位不卑不亢的编辑"灵涛"，很有可能是共产党人刘贯一。

　　据有关史料，1928 年年初，刘贯一任中共皖北特委宣传部副部长兼蒙城县委书记。"四九"阜阳暴动失败后，刘贯一根据组织安排潜回开封，在河南民报馆相继任编辑、总编辑、馆长等职。1930 年冬，因某地下工作人员泄露身份，刘贯一受到株连被迫离汴。

第三节　"具有决定性的日子"

　　1929 年 9 月，姚雪垠考进中原名校河南大学预科，进校后不久便结识了一些进步同学，在中共地下组织的领导下，积极地投身于学生运动。1930 年暑假期间被国民党开封警备司令部以"共党嫌疑"的罪名逮捕，四天后由同乡王庚先保释。继续回学校学习后，仍积极参与学潮，1931 年暑假期间又被学校当局以"思想错误，言行荒谬"的罪名挂牌开除。因风闻国民党还将对其不利，遂于被学校开除的当天逃离开封，去到北平。从此以后，不再上学。

　　姚雪垠晚年多次谈到河南大学预科两年的学习生活，评价非常高，甚至称之为人生的"起点"。

　　在《七十述略》（1979）中，他将河大两年学习生活称为"决定性的两年"，并解释道:"我在家乡,也想学习,但对于学习什么,走什么道路,心中是糊涂的,混沌未开,而且也没有学习条件。从这以后,我好比混沌初开,开始有了追求、理想,并开始从事有目的的努力,而且有了读书的环境和条件。总之一句话,对我这一生具有决定性的日子开始了。"

在《学习追求五十年》(1980)中,他解释了回忆录从十九岁考进河南大学预科起笔的原因,写道:"为什么从我进入河南大学预科写起?因为这是我真正学习的开始,一生道路的开始。"

在《我走过的学习道路》(1981)①中,他还曾这样谈道:"假若1929年我不曾进这个学校读书,不知道我这一辈子会走什么道路,大概可以说决不是今天的道路……进河大预科读书是我一生的第一个关键,它决定了我这一生的道路。"

实事求是地说,姚雪垠以考上河南大学预科为分界线,把早年学习生活划分为两个阶段,并无什么不妥;但把"之前"说成是"混沌未开","之后"是"混沌初开",则是不太准确的。我们无须回顾他十九岁前所走过的学习道路,只需展示他在《学习追求五十年》中对早年学习生活的另一次概括就够了。他在回忆录中这样写道:

> 我是五四新文学革命以后成长起来的一代青年,尽管我处在风气闭塞的故乡,又上的教会学校,但是时代的春风也徐徐地吹到了我的身上,北伐的浪潮更给了我强烈影响。我到了开封时候,国内史学界、社会科学界正在热烈讨论中国社会性质和社会发展史的问题,建立新史学,而文学界正在掀起普罗文学运动,同时大量介绍苏联的新作品和文艺理论,这后者被称做"新兴文艺理论"。史学界的新浪潮和文学界的新浪潮都给了我很大影响。……可以说,五四新文学革命给予我第一次启蒙作用,而一九二七年大革命失败后的革命文学运动(普罗文学运动包括在内)给予我第二次启蒙作用。如今回顾往事,我衷心感激二十年代到三十年代初的文学先驱者。

把进入河大预科之前所接受的五四"文学革命"的影响称为"第一次启蒙",把进入河大预科之后所接受的"革命文学"的影响称为"第二次启蒙",这种说法比较符合实际情况。因此,所谓"真正学习的开始",所谓"对我这一生具有决定性的日子开始了",都是针对着"第二次启蒙"而说的。只有这样看,才不会产生误解。

---

① 姚雪垠1981年5月14日下午在河南师大师生员工见面大会上的讲话。

令人不解的是,姚雪垠回忆文章中很少谈到河大预科的功课,没有提到过任何一位授业老师的名字,也没有提到过任何一位同班同学的名字。他甚至还这样说道:"我入学以后的学习道路,几乎与学校的功课是两码事。"①他仅仅浮光掠影地谈到当年在河大预科读书期间所撰写的两篇习作以及国文老师对其写作能力的评价,其他一概不谈。正如前面提到的那样,他在回忆小学和初中的学习生活时也很少谈到学校的功课,他只关注学校的先生们对其写作能力的评价,其他的则全部淡忘,这大概是其性格使然。

第一篇得意的习作是文言散文,写成于入学后不久。他在回忆录中写道:

我入学的这年冬天,放寒假前,下了一场小雪。我的座位靠着教室的南窗,窗外的树枝上和地上处处白色。恰逢作文课,可以自由命题。我就这场小雪,写了一篇抒情文言体的散文,有宽泛的韵脚,偶有对仗但比较自由。国文老师对这篇散文大为赞赏,批语中有"直追汉魏"的话②。他任本科"大一国文"的课,兼在预科授课。他在上课时对同学们说:"像 Mr.姚这样的文章,在本科中文系同学中也很少人能够写出。他的国文程度,可以做一般同学的老师教几年。"所以虽然我进预科一年级不满一学期,而我的"文名"已为预科各年级和本科同学所知。(《我的前半生》)

第二篇得意的习作是短篇小说,大约写成于开春之后。他在回忆录中写道:

入学以后,我对同班的一位国文程度较好、容貌也相当漂亮的女生发生了爱慕之情。开封是内地城市,那时候自由恋爱之风还不盛行,青年男女单独相处时心情紧张,不敢说话。所以我对这位女同学的爱慕只能停留在单恋阶段,没有向前发展。我完全用心理描写的手法写成了一篇小说,文笔细腻,充满激情。由于单恋的对象是我的一位同班女生,每日课堂上见面,为避免双方尴尬,我没有将这篇小说送《河南民报》发表,也没有在同学中公开。我当时不懂得什么叫"意识流",只认为心理描写的方法是现实主义和浪漫主义的创作方法兼可采用的。这种认识在我以后的创作实践中不断被得到证明。(《我的前半生》)

可惜这两篇习作的稿子都没有保存下来,无从知晓他的艺术才能有何进步。但我们有理由相信,十九岁的青年学子姚雪垠当年确实已经具备写作"文言散

---

① 姚雪垠:《七十述略》。
② "可以直追汉魏"云云,也见于杨建业录音整理稿。

文"的能力,也具备了一定的"心理描写"的技能,前面我们已经分析过,他在处女作《两个孤坟》中已经初步展现了心理描写的才能。

实事求是地说,他在河南大学预科中并不算是一个循规蹈矩的学生,而是一个极度"偏科"的学生①。除了国文课之外,他似乎对其他课程都缺乏兴趣。

1941 年,他在一篇文章中坦率地承认:

> 我并不懒惰,每天读呀读呀,读我所能买到和借到的新小说。从郭沫若到郁达夫,直到一些在文坛上忽然登龙又忽然销声匿迹的短命鬼,我都崇拜。学校中的功课,我不但不感兴趣,甚至十分厌恶,听见上堂的钟声就感觉得头疼。当先生讲书的时候,我往往在低着头偷看小说。是的,任何功课对我的前途事业都没关系;学校功课只会妨碍我的天才发展。我宁愿到期考的时候开夜车,找同学便中帮忙,甚至牺牲一两种不重要功课,却不能不读新文学。我曾经在向我父亲要钱时夸下海口,说我一定要做一个文学家,决不一生庸庸碌碌与草木同朽。在信上我常常强调说:"饭可不吃,衣可不穿,而书籍却不可不买!"当然,我也努力写作,而且对自己的创作十分得意,正像一切初学者得意他自己的作品一样,是充满着天真的热情和骄傲。为着坚信我自己的非常幼稚的作品完整无瑕,我曾在教室里同国文教员大起争执,弄得两个人都面红耳赤。这事情永远在我的心里边留下一个不快的记忆,许多年来一想起那位曾给我无限鼓励的国文教员就深深的感到悔恨。②

1943 年,他在另一篇文章中更是不加掩饰地谈道:

> 二十岁这一年我很幸运的到开封读书,开始写小说(自然是不成东西)在报上发表,并开始读了许多本新的小说,这些小说在艺术水准上固然是不足称道,但我从此却获得了新的人生观,获得了朦胧的革命认识和天真的革命热情,并大体上确定了我此后的生活路线。③

感谢姚老早年的这两篇文章中所透露出来的信息,使我们对其在河南大学预科的学习生活有了真切的了解;根据如上的引文,我们还可以纠正其晚年回忆录中的某些不甚全面的提法——

譬如,当年他最爱读的并不只有介绍马克思主义的哲学书籍和有关中国社会

---

① 韩爱萍在《"我一生道路开始的地方"》(载《光明日报》2003 年 2 月 4 日)中写道:"在河大这个浓烈的文化氛围里,姚雪垠刻苦勤奋,课堂上聚精会神地听讲,课余贪婪地读书。"似乎不太准确。

② 姚雪垠:《论写作的学习过程》(1941)。

③ 姚雪垠:《一封谈儿童文学的信》(1943)。

史论战的史学书籍,而且还有大量的新文学作品;

譬如,当年他所立下的志向并不只是想成为"史学家"和"文学史家",而且还曾立志要成为郭沫若、郁达夫一样的"文学家";

譬如,当年预科的国文教员对他的习作并不是只有褒奖,也曾有过质疑和批评……

写到这里,不禁有个疑问:既然姚雪垠入学后未曾放弃过文学写作,也依然为自己的写作能力而自得、自负和自恋,那么,他为什么没有把习作送出去发表呢?是因为国文老师的批评使其自尊心受挫,是因为后来的作品不能超越《两个孤坟》的水准而不愿献拙?

姚雪垠晚年对这事有过解释。他在回忆录中写道:

> 既然我在一九二九年秋天就发表了处女作短篇小说《两个孤坟》,以今天的眼光看来并不算坏,为什么以后有几年不再继续写小说,到了一九三四年才开始不断有小说和杂文在上海、天津和北平的报刊上发表呢?
>
> 研究我的前期(所谓现代文学阶段),由于不清楚我所走过的特殊道路,所以他们对这个问题说不清楚。原来我进入河南(大学)预科读书的时候,由于喜欢读课外书刊,接触了历史唯物的哲学思想,又接触了当时中国的各派史学思潮,我的眼界和思路突然打开了。我一生的一个很大的特点是经常有一些不切实际的追求,也就是狂妄想法。这一特点,从少年到暮年,不曾改变。这种积极浪漫主义和富于开拓事业精神的英雄主义是我从少年时代起就显露出的性格上的一个特点,所以我在二十岁左右那两三年内不是梦想自己日后能成为一个有较高成就的作家,而是梦想自己日后能够成为马克思主义历史学家。因此,在那两三年内,我没有努力追求创作,而是用功读书。

(《我的前半生》)

我们在前面曾一再提到姚雪垠童年时期所具有的任性、自负和自恋的个性,曾一再提到他在少年时期所具有的"英雄梦"和"文学梦",这样的个性和这样的梦想合乎逻辑地向积极方向发展下去,便是姚雪垠在上面概括的"积极浪漫主义和富于开拓事业精神的英雄主义"。具有这种"精神"的青年,大都有着强烈的"成名成家"的欲望,但能够不畏艰难、排除万难、坚持到底的人并不多见。

姚雪垠当年为何"不是梦想自己日后能成为一个有较高成就的作家,而是梦想自己日后能够成为马克思主义历史学家"呢? 历史学家是"家",作家也是"家",既然都是"成名成家"的光辉大道,他当年为何要重此轻彼呢? 这也是必须要解释的。

　　我们不禁又想到了鲁迅先生。鲁迅当年已经是著名的小说家,但他却没把这"家"当作安身立命之本,而只是当作"学者"生涯的辅助项。他在《我怎么做起小说来》(1933)中谈道:"当我留心文学的时候,情形和现在很不同:在中国,小说不算文学,做小说的也决不能称为文学家,所以并没有人想在这一条道路上出世。"20世纪30年代初,虽然京沪等地已经出现了以写小说为"家"的职业人,但在闭塞的中原腹地,社会舆论对"小说家"的看法也许仍停留在世纪初年。姚雪垠当年不做"作家"梦而做"史家"梦,大概就是受缚于这种历史和地域的局限。

　　姚雪垠在回忆文章中虽然很少谈到河大预科的功课,但用了很大的篇幅谈到他的课外生活。他曾很详细地谈到他对史学界"中国现代社会性质问题的讨论"和"中国古代社会史问题的论争"的关注,他曾很具体地谈到几本对他一生都有影响的史学家的著作①;他还曾简略地谈到他曾投身的"学生运动"(学潮),也还曾饱含激情地谈到他当年攻读过的马克思主义启蒙读物。姚雪垠此期对历史科学的莫大兴趣,对其日后撰写历史题材类作品有很大的助益,在此暂且不谈。此期投身革命运动的经历及马克思主义理论的熏陶,则对他其后的生活道路和文学生涯有着重大的直接和具体的影响。他在《学习追求五十年》中曾非常具体地谈道:

　　　　开封的两年学生生活,是我一生中的关键年代。

　　　　第一,中国共产党当时在白区执行的是"左倾"路线,学生们不断地发动学潮,还常搞"飞行集会",向工人和市民突击宣传,散发传单,作不必要的暴露,招致不必要的牺牲,但是在政治思想方面却教育和锻炼了一大批青年。我当时参加了开封地下市委领导的学潮委员会和其他活动,永远不能忘记这短短的两年时间中给我的深刻的政治思想教育。

　　　　第二,在这短短的两年中,我读了在当时白色恐怖条件下我在一个内地省城所能找到的介绍马克思主义的书籍,使我初步掌握了一些关于历史唯物主义、辩证唯物主义以及马克思主义政治经济学的常识,对我以后的学习起了启蒙和引路作用。

　　　　第三,对新文学和新史学发生了特别浓厚的兴趣。

---

　　① 姚雪垠在回忆文章中谈到他曾读过梁启超的《清代学术概论》、郭沫若的《中国古代社会研究》、顾颉刚的《古史辨》和中央研究院历史语言研究所所出版的《殷墟发掘报告》等史学著作。

当时由中国共产党领导的奔腾前进的时代潮流,宏伟的历史运动,鼓动着、教育着我们那个时代的知识青年前进,无数人为着崇高的理想而战斗,而献出生命。我是这一时代潮流中比较蹩脚的学生,但是到七十岁回顾来路,假若我还有一点点成就的话,我不能不感激那时中国共产党所领导的历史运动(包括文化和思想的革命运动)对我的启蒙、教育和熏陶。

在以上三点中,很明显,姚雪垠想强调的是第一点和第二点,第三点只是附带。他在河南大学预科学习期间,曾积极投身于共产党领导的学生运动(学潮),从中受到了"深刻的政治思想教育"。在此期间,他曾自觉地攻读马克思主义革命理论,从而掌握了一些基本的思想方法论;他认定其一生的文学追求和文学成就皆得益于此。

如果对姚雪垠其后的生活道路和文学道路有所了解,就会肯定他以上的概括并非虚言。从 20 世纪 30 年代走上文坛开始,他就是个自觉地站在左翼旗帜下的文艺战士,毕生追随着革命文艺运动的主流,未曾有一刻疏离;他衷心拥戴中国共产党的政治理想与政治路线,较早地树立了革命功利主义文学价值观,乐于为阶级的文学事业奋斗终身;他具有多方面的理论修养和知识积累,通过不断的有意识的学习和追求,终于修炼成了中国现代文学史上并不多见的"学者型"的文艺家。

遗憾的是,他在回忆文章中没有详细描述过他曾参与过的"学潮"的任何细节①,也没有创作过以"学潮"为题材的任何文学作品,我们迄今仍无法详知他在河南大学"学潮委员会"中的地位、作用和表现②,也不知道当年他在共产党外围组织"反帝大同盟"里从事"地下工作"时的领导和战友的详情③,更不知晓当年开封警方为何要以"共党嫌疑"的罪名将其逮捕,更不知晓河南大学校方为何要以"思想错误,言行荒谬"的罪名将其开除。

幸运的是,他在几篇文章中回忆过早年攻读革命理论时的艰难情景。1941

①　姚雪垠在《我走过的学习道路》中谈道:"在河南大学这个地方,我接受了地下党的领导,做了一些工作,尤其是参预开封的学潮。"

②　姚雪垠在访谈录中谈道:那时候地下党在开封执行的是王明路线,成立有左翼力量学潮委员会,开封无工厂,硬发动学潮,出去撒传单,搞飞行集会,使革命力量受到损失。我当时参加了共产党的外围组织"反帝大同盟",积极参加学潮。参看杨建业录音整理稿。

③　姚雪垠在《学习追求五十年》中只提到一位预科同学:"(1937 年逃出北平时)在车站又遇到我在河南大学预科的同学,曾一道搞地下工作,名叫郑西林,解放后搞文字改革工作,笔名林曦,当时在清华大学读书。"

年,他在《我怎样学习文学语言》中写道:

> 我曾经有一个时期埋头于翻译古典经济学和一般社会科学名著的研究。书的内容本就深奥,而译文又往往特别欧化和艰涩。我头脑涨疼的努力读着,有些地方像读的是符咒或天书,有些地方像乡下佬偶然查地图,一句话,困难极了。

1981 年,他在《我走过的学习道路》中又具体地谈到当年学习理论时所遇到的困难:

> 当时的马克思主义学说还处在普及工作阶段,有些书是从外国翻译过来的,也有中国人自己写的。这些翻译过来的书,有的翻译得并不好,字句很生硬,加上我自己的常识很少,读这些书十分吃力。可是我的求知欲强,只要当时在开封能够买到这类书,我都要买来阅读。有的一次看不很懂,再读一遍。例如陈豹隐翻译的河上肇的《经济学大纲》,我硬是啃了两遍。当然,有些书实在啃不动,如不记得什么人翻译的《哲学之贫困》,我啃了啃只好放下。这是我接触马克思主义基本理论的开始,而且得到了益处,开了心窍。

姚雪垠所说的"得到了益处,开了心窍",当是肺腑之言。离开河南大学预科后不久,他便能运用马克思主义基本原理剖析纷繁复杂的文艺现象了。

1935 年,他曾连续撰写了三篇文艺杂谈——《经验,观察,与认识》《写实主义文学与科学》和《英雄非典型》,充分展现出他所具有的马克思主义文艺理论修养。当时,已薄有文名的周毓英、陈辛仁、张香山等人在报刊上热烈讨论文艺理论诸问题,初学者姚雪垠不揣浅陋贸然参加并提出了商榷意见。在这三篇文章中,他极力强调"正确的科学的世界观"对于新写实主义作家"认识现实,把握现实"的重要性,认为"要分析一个人物的行为和意识,单凭遗传上与环境上的观察仍不够,不得不懂得'经济决定论'。只有正确的社会科学的知识,才能帮助作家去认识,去把握现实",他甚至认为"作家只要有正确的世界观",无论是表现"现时代进步的人物"或"去解剖分析那些行将崩溃的社会层,或替意识朦胧的大众叫喊出悲苦惨痛,同是我们从事创作者应走的大道"。20 世纪 40 年代,他更是"将革命现实主义创作方法同哲学上的唯物主义反映论相联系",撰写了《文艺反映论》等一批理论文章,初步建立了自己的文艺理论体系[1]。1943 年他被公推为中华文协理事并兼任研究部副部长,跻身于文艺理论家之林。

---

① 姚雪垠:《八十愧言》。

　　写到这里,还要说一点题外话。20世纪80年代初,姚雪垠在回忆录中将河南大学预科两年的学习生活视为人生的"起点",他的着眼点完全是放在"这是我接触马克思主义基本理论的开始"上面,与追溯其文学生涯的起始点基本无关。当时,正值所谓"信仰的空窗期"和各种"新思潮"的待发期,姚雪垠基于对"迷茫的一代"的忧虑,以成功人士的身份在回忆录中现身说法①,在许多场合倡言"要学一点马列主义"②,就此站在了风口浪尖上,承受了许多冲击。当然,这是后话了。

第四节　"狂妄的抱负"

　　1931年暑假期间,姚雪垠因积极参与学生运动,被学校当局以"思想错误,言行荒谬"的罪名挂牌开除③。

　　那时,他刚结婚不久,住在岳父王庚先家中。暑期的某天——

　　　　午后到学校中看看,适逢开除我的牌子刚挂出,许多同学围着看。我也挤进去看。有一位姓彭的好同学从背后捅我一下,我跟他走出人堆。他说听到消息说又要逮捕我,催促我赶快逃走。他去替我借了十几块现洋。我当天下午上火车逃往北平。学生生活从此结束了。④

　　这位提醒姚雪垠逃离虎口,并援助路费的"好同学",名叫彭乔龄,河南大学预科生,袁宝华的南召老乡,"反帝大同盟"的活跃分子。

　　开除,逮捕,失学,流亡,姚雪垠又面临着一个人生关口!

　　前面已经述及,姚雪垠从少年时代起便具有一种"小说化"的生活态度——也可称为"白日梦"——具有这种性格的人,仿佛具有多维度穿越的能力,可以暂时性地脱离现实世界,可以暂时性地化解或缓解生活中所遇到的难关,可以暂时性地漠视或忽视生活中所遭遇到的危险。这一次,他也是如此。他在回忆文章中

---

　　①　姚雪垠在《我走过的学习道路》(1981)中写道:"回顾五十年的学习道路,从作家的特殊职业讲,不能说我没有自己的可取经验。首先的一条经验正如我在前面讲过的,是要学习马克思主义。"

　　②　姚雪垠在《我的粗浅经验》(1981)中写道:"经过多少次运动,特别是经过十年浩劫以后,有许多人对马克思主义发生了误解,轻视了对马克思主义的学习。这是不应该的。不要把我们曾经看到的一些错误的历史现象和现实中存在的一些不合理的问题,跟马克思主义混为一谈。也不要把我们看见的教条主义、形而上学、简单化的空谈马克思主义跟真正的科学的马克思主义混为一谈。"

　　③　1985年姚雪垠在《勇敢地承担历史赋予的任务——在南阳师专全体师生大会上的讲话》中谈道:"第二年暑假,被学校开除。开除的理由是两句话:'查该生思想错误,言行荒谬,着即开除学籍。'"

　　④　姚雪垠:《七十述略》。

写道：

> 我从开封逃往北平的时候是二十一岁，从一位同学手中借到了十几块银元，到家向新婚的妻子悄悄一说，带着简单的行李和一大网篮书就往火车站了。我明白我不再有机会进学校了。但是我并不为此灰心，反而充满了对前途的信心。那时国内最著名的图书馆是设在北平北海旁边的北平图书馆(今北京图书馆)和上海的东方图书馆。我希望埋头于北平图书馆，努力读书，在十年八年之内能够成为一个有相当成就的马克思主义史学家或文学史家。(《七十述略》)

实际上，姚雪垠当年逃往北平时是非常仓促的，对未来不可能考虑得如上那么具体。"充满了对前途的信心"云云，"十年八年……"云云，是稍后才有的想法。

他在回忆录《学习追求五十年》中曾这样谈道：

> 北平当时不再是政治中心，被称做文化城。很多失学的、失业的青年想寻找知识，来到了文化古城。许多在政治上受迫害、被追捕的青年，从内地来到文化古城，暂时住下去读读书，再做计较。还有许多有雄心壮志的青年，想在艺术上有所成就或想在文学写作上谋出路，害怕上海费用高，兼喜欢有最好的读书环境，来到了安静的北平。……我是以上三种性质兼而有之。

逃亡、读书、谋出路，"三种性质兼而有之"，这样的说法更加切合实际。

姚雪垠在北平住定之后，没有去自由之风盛行的北京大学旁听，而是在北平图书馆里坐了一个多月，如饥似渴地汲取各种新信息，尤其是"中国社会史"论战各方的意见。

据黄现璠介绍，"中国社会史"大论战的学术背景如下：

> 20世纪30年代，国内政治局势虽处于一个内忧外患时期，但在学术上，则是各种学术新思潮纷呈，中国"社会史大论战"正处于热闹非凡之时。当时的社会史论战主要集中在30年代前半期，最初以1931年4月创刊于上海的《读书杂志》(王礼锡任主编)为中心阵地，论战的主题"不出乎三点：(一)亚细亚生产方式是什么？中国曾否出现过这样的时代？(二)中国有没有奴隶社会，中国奴隶社会与希腊罗马社会是否完全相同？(三)中国封建社会有什么特性，封建社会的发生发展及其没落是怎样？"而中心论题"主要是围

绕着中国历史上存在不存在一个奴隶社会发展阶段进行"。①

说来也巧,当年终日在北平图书馆里枯坐的还有姚雪垠的一位"乡党"——"中国社会史"论战的参与者刘兴唐(字尧庭),他是"无奴隶社会"论的坚定支持者。姚雪垠在回忆录中曾提到过此人,也许不太同意他的学术观点吧②,只是简略地谈道:"刘尧庭是我的南阳府同乡,在北平住了几年,依靠北平图书馆自修研究中国史,发表过几篇文章参加中国社会史论战,解放后在开封师范学院教书,'文化大革命'中被整死了。"

我们注意到刘兴唐的学术经历,他不就是姚雪垠当年所梦寐以求的——"我希望埋头于北平图书馆,努力读书,在十年八年之内能够成为一个有相当成就的马克思主义史学家或文学史家"——活生生的榜样吗?

姚雪垠当年是否有意效法刘兴唐,也想通过顽强的自学而成为历史学家呢?答案是肯定的。姚雪垠在回忆录中这样谈道:

> 我为什么会抱着这样的雄心壮志,要做一位自学成功的史学家呢? 首先是我对历史这门学问很有兴趣,在开封的两年中我对当时史学界的论战很关心,开阔了眼界。其次是仗恃自己有一定的阅读能力。研究中国史,没有阅读文言文的一定能力是不行的。拿起来不断句的线装书毫无办法,就缺少起码的治学条件。我同上一代知识分子比,在这方面的基础修养差得很远,但同我同时期的青年比较,我不算很差。

"同我同时期的青年比较",其中是否包含着刘兴唐,几乎是不言而喻的。姚雪垠当年就这么下定了决心,他根本就没有考虑过这条道路的艰难,也没有考虑过自己的主观条件是否够格,更没有考虑过失败以后的退路。他就这样走下去了,不带半点迟疑地走下去了。然而,"小说化"的生活态度只能缓解一时的困境,却无力应付人世间凡俗的生活烦恼。

姚雪垠在回忆录中颇感无奈地谈到北平生活的烦恼:

> 我初次来北平是落脚在沙滩的一家小公寓,名叫蓬莱公寓。我住的是一间坐西朝东的小房间,每月连伙食、茶水、电灯在内只要十块钱。正如我前边说过的,那时我还没考虑专心走创作道路,而是希望通过艰苦的自学,将来能够成为一位马克思主义的史学家或文学史家。当然这全是一个小青年的天

---

① 请参看其著《唐代社会概略》之"成书背景"。
② 姚雪垠当年是郭沫若"有奴隶社会"论的支持者。

真幻想。我常到北平图书馆看书。生活暂时靠朋友接济，日子过得很苦。往往每天早饭后步行到北平图书馆看书，中午或回公寓吃饭，或在图书馆附近随便吃点东西。……我常常等到响过第二遍闭馆铃声以后才从图书馆走出来，步行回沙滩。那时的金鳌玉蝀桥比解放后的桥面窄得多，两边都种莲。我印象最深的是深秋之夜，冷月悬空，行人稀少，枯荷败叶在秋风中瑟瑟作声。我每晚走在金鳌玉蝀桥上，总要对着月下的北海停留一阵。风吹空筒蓝布长褂（那时我没有穿过毛背心或毛线衣），颇有寒意。在图书馆中用心看书时候，别的事不多去想；回沙滩的路上，特别是月下站立在冷冷清清的金鳌玉蝀桥上，常不免想到下月住公寓的钱如何解决，冬衣如何解决，今后长此下去，如何养家糊口（当时我在开封结婚不久）等等迫切的生活问题，心中发愁。

这段艰苦的流亡生活大约只维持了两个月。当年10月底，经济与形势的双重压力逼迫他不得不冒险返回开封。

首先是经济的压力。姚雪垠被学校开除后，来自父母的经济支持几乎完全断绝，他曾把"历史学家"的愿景告诉父母，但父母都不看好他的"狂妄的抱负"。他在回忆文章中谈道：

> 到了北平以后，在一个小公寓中落了脚，开始每天跑图书馆读书，如何维持生活的问题果然出现到面前了。给家中写信说明我的计划，要求接济，被我的父亲回信狠狠地骂了一顿，汇给我很少一点钱。父亲原希望将来大学毕业，不说"成龙变凤"，至少会找到一个正当的高尚职业，没料到我入学"不走正路"，第一年被逮捕，第二年被开除，实在没有出息。家乡的人们都常夸赞我，突然落了这个不光彩的结果！至于我的雄心勃勃的计划，他根本不相信那一套。（《七十述略》）

其次是形势的压力。1931年9月18日，震惊世界的九一八事变发生了。不久，河南大学"反帝大同盟"的战友向他发出召唤，催促他马上回来"商议"应变措施。姚雪垠在一篇回忆文章中谈道：

> 九一八事变的发生，给全国人民很大震动。尤其在北平的青年学生，更为震动。当时谁也不能估计日军在占领东北之后，什么时候侵略关内，蚕食华北。日本要灭亡中国，这一点是看得清楚了。对我来说，要继续埋头图书馆显然是不行了。不仅生活没法维持，而且政治形势也使我没法安心了。

> 开封的几个好同学估计日军会继续侵略关内，中日战争将不可避免，至

少在日军的步步侵略中人民会组织游击队，进行武装斗争。根据这样估计，由一位姓彭的同学写信催促我赶快回开封商议，作为应变准备。在九一八事变后大约一个多月，我回到开封。（《七十述略》）

这位"姓彭的同学"，就是前面提到过的河南大学预科同学彭乔龄。

姚雪垠收信后便冒险返回开封，与"反帝大同盟"的战友们重新聚首，郑重地"商议"组织游击队的事宜。说来也挺有意思，当年他参加的是党的外围组织，却以为已经是正式党员，并具有随时听从党召唤的觉悟了。几年后，还有一则这样的趣闻：1937年他回到开封主编《风雨》周刊时，王阑西动员他入党，他说："我原来就是党员。"王阑西说："那不算，年代久了，要重新入党。"他说可以，于是便成了"预备党员"。①

彭乔龄的父亲是南召县的一个乡绅，掌握了一部分民团，彭乔龄本人曾在家乡当过区长，说话也有号召力。他们知道，姚雪垠的家庭在邓县也有点地位，把他叫回来，就是想让他返乡策动民团武装暴动。他们认为，如果南召和邓县都闹成功了，也许能在中原开创出一片抗日根据地来。

王国权当年也是参与"商议"者之一，他晚年回忆说："当时，军阀割据混战，中原一带是他们'拉锯'的主要场所。民团利用手中的武装可以称霸一方。那时，河南境内的土匪武装很多，如樊老二、蔡老八的土匪集团，还有张治功的半正规军等。邓县的地主武装势力更强大，有的实际具有农民起义性质。我认为在这样的环境下，不掌握一定的武装，什么事也办不成，因此曾同几个知心学友计划过组织民团，甚至计划通过上山参加土匪武装掌握枪杆子。"

然而，历史未能给这些热血青年提供一展身手的机会。不久，开封地下党组织遭到破坏，这个伟大的计划胎死腹中②。

1932年，姚雪垠为了养家糊口，不得不暂时放下"狂妄抱负"，先后在内黄的楚旺中学和信阳的信义（又称义光）女中担任国文老师。他曾回忆道：

第一次教书，是有人介绍我到豫北内黄县楚旺镇的楚旺中学，学校办得很好，压倒了县里中学。因为它靠卫河，是从新乡到天津的河流，一年四季可以行船，凡路过楚旺镇都要纳税。我教语文，春季到暑假，只教了一个学期。

---

① 杨建业录音整理稿。

② 姚雪垠曾谈道：突然"九一八事变"发生了，人心惶惶，我与河大一些同学和地下党有密切关系，他们想在河南打游击，叫我赶快回开封，组织游击队。小青年好想入非非，我回到开封没打成游击，就开始找工作。参看杨建业录音整理稿。

后来转到信阳的信义女子高中，是教会学校。我仍教语文，许多文言文我可以背下来，《岳阳楼记》等，我不看书，不看讲义，边背边讲，学生们说："姚先生真了不起!"教了半年，月薪五十大洋。我有了钱就买书，兴趣最大的是元曲。到了寒假，坚决不教了，想到北平去，因为我的事业心很强，总想做自己想做的事情。①

姚雪垠对楚旺中学印象甚佳，在回忆录《学习追求五十年》中深情怀念道："楚旺是卫河边上的一个小镇，利用卫河楚旺关的一部分厘金款子办这个中学（当时淇县②没有县立中学），经费充足，学校周围是农村风光，办学的几个人也都热心于本地教育事业，朴实肯干。"但他对信义女中的背景却几乎没有记述，也许是因为该校是教会学校吧。如前所述，姚雪垠的小学教育和初中教育都是在教会学校中完成的，但他终其一生对教会学校不赞一词。

在楚旺中学期间（1932），姚雪垠白天讲课，晚上发奋写作。仅一个学期的课余时间，他就撰写了如下十篇文章（为了便于以下的分述，笔者对这些作品进行了分类并加上了序号）：

1.《滑稽趣味中的土戏》（随笔），载《河南民国日报》副刊《民众乐园》

2.《唠子腔》（随笔），载《河南民国日报》副刊《民众乐园》

3.《小喜子赶嫁妆》（随笔），载《河南民国日报》副刊《民众乐园》

4.《老妻少夫》（随笔），载《河南民国日报》副刊《民众乐园》

5.《女子变物的故事》（随笔），载《河南民国日报》副刊《民众乐园》③

6.《东西文化之挽和》（小品文），载《河南民国日报》副刊《民众乐园》

7.《最后一面》（长诗），连载于《河南民报》副刊《茉莉》

8.《生命的寻找》（散文诗），载《河南民报》副刊《茉莉》

9.《征途——死后之什一》（散文诗），载《河南民国日报》副刊《平沙》

10.《忏悔》（散文诗），载《青春诗刊》1935 年第 4 期④

前五篇都可称为"文艺随笔"。其中《滑稽趣味中的土戏》、《唠子腔》、《小喜子赶嫁妆》和《老妻少夫》等篇，论及、涉及或旁及内黄地区民间戏曲和歌谣等的

---

① 杨建业录音整理稿。

② 应是"内黄县"。

③ 河南大学刘涛最近发现了另外两篇与之有联系的文章：一为《女子变物的故事举例》，刊天津 1932 年 3 月 22 日《大公报》；一为《女子变物故事举例》，载 1935 年 7 月 9 日《华北日报》。因题材和主题均相同，故不特别提出。

④ 文末标有"1932 年 5 月 6 日楚旺"。

取材特点、语言风格、思想意义和审美趣味①；《女子变物的故事》，则是从古籍中钩稽整理出来的关于女性的"令人酸鼻同情"的"断片零碎"②。

我们注意到，这五篇作品的取材与当时方兴未艾的"俗文学"研究大有关系。1917 年初，胡适在《文学改良刍议》中提到"白话文学革命"应从中国传统白话文学中学习经验。所谓中国传统的白话文学，既包括白话小说，也包括白话诗歌和戏曲。20—30 年代，便有若干学者如刘半农等开始从这三方面入手，他们非常重视白话小说、传统戏曲作品和民间歌谣的搜集整理工作，以重新认识中国文学史，"俗文学"研究形成风气。③

姚雪垠此期的"文艺随笔"是否与这一波"俗文学"研究的浪潮有关呢？我们尚不能断言。更扩大一点来说，姚雪垠的"文学史家"之梦，是否与"白话文学革命"的深入发展直接相关呢？我们也不能断言。须知，姚雪垠在回忆录中从来没有谈到曾受过胡适和刘半农的积极影响，但如果联想到他在 1932 年下半年对元曲（元杂剧和元散曲）的痴迷，并对照当时"俗文学"研究的热点，也许会体察到某些被作家有意疏漏的历史缺环。

姚雪垠在《女子变物的故事》中曾谈到他当年的创作心境，可以借用来概括他此期的"文艺随笔"写作。他写道："王国维先生在《红楼梦评论》里，讲到美有优美和壮美两种，而壮美多属于悲剧方面。身世环境养成我爱好壮美的性格，没事时写出这点零零碎碎的东西，来消磨我悲愁的时光。"

后四篇与前五篇"零零碎碎的东西"不一样，都是严格意义上的文艺作品。其中长诗《最后一面》，是怀念其大哥的沥血之作，蕴酿时间较长，诗末对大哥的命运寄寓了一些美好的想象。《生命的寻找》《征途——死后之什一》和《忏悔》等篇都是以梦魇为题材的散文诗，我们在前面已经谈到姚雪垠在备考河南大学预科期间因饥饿而拖垮了身体，其后数年间深受梦魇的折磨，这几篇散文诗形象地再现了他曾受过的"非人间"的痛苦。

如前所述，我们已经全文引证过作家表现梦魇题材的第一篇散文诗《生命的寻找》，认为这篇散文诗表达的只是"我"从"梦魇"中所体味的"死"的恐惧与"生"的欢欣而已，并认为文中或许采用了"借梦言志"的艺术手法，但未及作认真

---

① 　姚雪垠对豫北土戏的研究可谓开风气之先，可惜未能继续。后来，河南大学教授张长弓对河南鼓子曲进行了长期的深湛的研究，取得了丰硕的成果。

② 　姚雪垠：《女子变物故事举例》。

③ 　参看王子健《刘半农对文献学的贡献："俗"的开掘》。

的分析。

河南大学教授刘增杰先生对作家表现梦魇题材的第二篇散文诗《征途——死后之什一》评价很高,认为这篇散文诗"在精神上"和鲁迅的《过客》是"一脉相承"的①,并称赞道:

> 这篇千字左右的短文所以值得重视,在于作品中所塑造的"我"——这位不知疲倦的旅人,包含着作者极为深切的人生经验和审美体验;甚至,我们还可以大胆地预测,这位在人生征途中艰难跋涉,决不退却的旅人,也许还具有作者的自画像性质。

《征途》的写作时间比《生命的寻找》晚一个月,故事的主角仍然是"我"。这一次,"我"是走在通向黄泉第五站"恶狗村"的路上,并巧遇一位"过来人(鬼)",两人(鬼)就前途问题进行了一番对话,"过来人(鬼)"极力渲染前路的恐怖,但"我"不听劝阻一意前行。故事开头和结尾的表述完全相同,充分表达了"我"对"希望和光明"的渴求:

> (开头)在一个凄风冷雨的幽夜,我怀着新异的心情向前走去。我不觉得疲乏,也不觉得恐怖。因为我相信希望和光明在前边等候着。

> (结尾)我仍旧往前走,在凄风冷雨中,怀着新异的心情,向前走去。我不觉得疲乏,也不觉恐怖,因为我相信希望和光明在前边等候我。

毫无疑问,姚雪垠的这篇散文诗"在精神上"和鲁迅的《过客》有着某种联系。只不过,前者的"我"是拿准了"前边"是"希望和光明"而奋力前行,后者的"我"则是不管"前边"是"坟"还是"花"而只顾前行;前者的意蕴比较显豁,后者的意蕴更为深刻。

《忏悔》的写作时间比《征途》又要晚上一个月,故事的主角"我"变成了西方神话里的"亚当"。"我"(亚当)身处"幽界"之中,终日与"墓丛""骷髅""腥血"为伍,痛悔当年不该受了"长虫"的诱惑,偷吃了"分别善恶的果子",而发誓要从"泉下"逃出,"逃回我当年曾住过的埃甸园里"。这篇散文诗糅合了中西神话中关于"天堂"和"地狱"的意象,作者的意蕴深藏不露,难以索解。

不过,姚雪垠曾对此期的生活作过概括,他写道:

> 我为着生活,于一九三二年春季到豫北淇县(内黄县)教中学。暑假后到信阳教会办的义光女子中学教高中。教书不是我的本心。做一个学者的

---

① 刘增杰:《姚雪垠早期文学思想散论》。

梦想虽然受了挫折,但没放弃。所以放了寒假之后,我辞了义光女中之聘,回到开封,打算重去北平。因为到开封后没有钱,去北平的打算不能实现,只好同妻子住在岳父家中。(《七十述略》)

我们有理由认为,这段引文中"做一个学者的梦想",便是散文诗中"希望和光明"和"埃甸园"的注脚①。

其实,姚雪垠当年已经对未来看得非常清楚,由于经济条件的限制,他基本上没有再去北平图书馆读上几年书的可能性了,做"历史学家"的梦实际上已经破灭。

晚年,他多次谈到由于经济条件的制约而不能实现梦想的人生悲剧:

假若我在青年时有起码的生活保障,使我能够利用图书馆进行自学,我未尝不可以在史学或文学史的领域里做出我自己有特色的贡献。(《七十述略》)

假若我出生在一个稍微富裕的家庭,能够资助我住在北平,安心利用北平图书馆读几年书,也许我这一生的成就就不在文学创作方面了。(《我的前半生》)

因为要成为历史学家,必须上大学,是科班出身,但家里穷,没上几年学,只好走文学路子。(杨建业录音整理稿)

1932年下半年,姚雪垠在执教信阳信义女中期间,仍写作不辍。此时,他似乎放弃了"要成为历史学家"的远大志向,而转而向阻力较小的"文学史家"的目标奋力前行。他开始大量涉猎古典文学作品,先秦文学(楚辞)、魏晋文学(三曹)、元曲(元杂剧和元散曲),等等,写下许多读书笔记。翌年返回开封后,整理所作陆续发表,"学者"之态可掬。稍迟,投身"革命文学运动"的大潮,一跃成为河南文化界的风云人物之一。且待后述。

① 姚雪垠在信阳执教期间还创作了两篇表现梦魇的作品:《我要复活》(散文诗),载1933年2月9日《河南民报》;《洛滨梦》(剧本),载1933年6月《河南民报》。皆为同一意蕴。

第五章

走向北平

1933—

第一节 投身"革命文学运动"

1933 年春,姚雪垠辞去中学教职回到开封。

起初,家人对他的这个决定很不理解,为何非要辞去待遇优厚的教职,去追求那虚无缥缈的"学者"梦呢?妻子王梅彩和他为这事没少吵过,但争执归争执,并未伤害小夫妻的感情。后来,他把这段"家庭琐事"写进了剧本《无名作家之死》(1934)中:

妻 你想想,你又不会辟谷,困得这样可怜,连学也不教。一提起叫你教学,你就说"为人作嫁","断送青春",一百个不愿意!这样活受罪又不是一天半天了,直直地困了这一年半。以前教学的时候多快活,钱不讲,到哪里哪里欢迎,同事们特别恭维,学生们又盲目地崇拜,不比你现在的景况好?你说呀,你还生气哩!(顿)又不是教学时担的功课重,老是两班国文,每班人数挺少,见月净拿几十元,不向一个人求告说好话。

无名作家 别说啦!别说啦!真会啰嗦!

妻 你嫌啰嗦我还说!

无名作家 (忙两手掩耳,朗诵)"老冉冉其将至兮……"

……(笔者略)

无名作家 为成功一个伟大的作家,穷苦羞辱底滋味是应该多尝一点的。

妻 可不是么?什么太太都好当,就当作家太太真不是滋味!

其实,当年姚雪垠辞去教职,除了追逐"为成功一个伟大的作家"的梦想之外,还有另外的非常现实的职业原因。姚雪垠晚年曾谈道:

当时河南教育界派系争夺激烈,主要派系有北师大派、北大派、中大派、河大派。每一派抢几个有名的省立中学和师范。河大不是名牌大学,但它是地头蛇,利用地方上各种势力,也拼命争地盘。像我这样人,首先缺少大学毕业资格,也不属于任何派系,只能到私立中学或县立中学找一个教书饭碗。教员的聘书以一年为期,甚至有只发半年的。每到暑假,学校倘若不再续聘,就马上失业了。所以我如果走教书的道路,虽然可以糊口,但那饭碗是随时可以打破的。我的妻子和家人为着生活都希望我找一个地方教书,我坚决不考虑,想到北平,走我自己的道路。(《七十述略》)

教书，虽然胜任愉快，报酬丰厚，但这是个泥饭碗，随时可能被打破；北平，在图书馆里自修个七八年，成就"学者"的自信是有的，但可惜没有这个经济能力。无奈之下，他就只得在开封寻找生路了。

年初，姚雪垠经常去河南省图书馆看书，并在那里把年前在信阳写下的读书笔记整理成文。他终生怀念开封的这块净土：

> 河南省图书馆设在开封龙亭湖边的二曾祠内，垂柳摇曳。阅览室较大，但看书的人不多，有时少得只有两三个人，甚至剩下我一个人。檐际小雀啁啾，更增加阅览室的寂静。坐在高柜台里边管出纳书的是一个叫做薛连伸的青年工人，默默无言。像这样的看书环境，我以后再也没有遇到了。（《学习追求五十年》）

他借阅的书籍很杂，有现代的，也有古代的，其中有两本记述李自成围困开封的野史曾引起过他的兴趣。后来，有人称他此时起便有志于为这位草莽英雄立传，创作长篇历史小说《李自成》，这倒有些附会了。

20 世纪 30 年代初，河南省新文学界徐玉诺、于庚虞等第一代作家及中州大学文艺研究会、临颍飞霞文学社①等第一批文学社团逐渐隐去，第二代作家和文学社团开始在古城开封崛起。许多文艺青年以《河南民国日报》和《河南民报》为主要阵地，呼朋引类，云集景从，创办各种定期或不定期的文艺副刊，或更由副刊而转为期刊，培养和锻炼出了一大批新文学作家。《河南民国日报》副刊《民众乐园》较为有名，年前姚雪垠曾在其上发表过许多作品。《河南民报》开辟的副刊更多，其中《寒笳》《艺术》《茉莉》《黄河》《平野》等文学副刊都是文学青年自费筹办的，在当地颇有影响。

姚雪垠投身这波新文学大潮之中，他与东岳艺术师范学校的师生谢孟刚、王公仪、陈雨门等合作，先后在《河南民报》主持过《寒笳》《艺术》《平野》等文艺副刊，也曾在《茉莉》《黄河》等副刊上发表过一些作品。

1933 年上半年，姚雪垠在副刊上发表了如下学术文章或文艺性随笔（序号为笔者所加）：

1.《元剧录》，载《河南民报》副刊《艺术》

2.《马致远及其剧作》，载《河南民报》

---

① 参看刘景荣《鹜外红销一缕霞——河南新文学运动早期的临颍飞霞文学社》，《中州学刊》2006 年第 5 期。

3.《论元剧底扮演》,载《河南民报》副刊《茉莉》

4.《词以后清歌文学底解放》,载《河南民国日报》副刊《新圃》

5.《大诗人曹子建》,载《河南民报》副刊《艺术》

6.《读陶诗》,载《河南民报》副刊《黄河》

如上数篇,只是他此期中国文学史研究的部分成果。前三篇都可归属于"元杂剧"史料的整理,作者爬梳古籍,耗力不小,且对时人的研究成果——如郑振铎、任中敏——有所借鉴,可证他对当下从事"俗文学"研究的前辈同行的成果非常关注。第四篇《词以后清歌文学底解放》是一篇严格意义上的研究"元散曲"的学术论文,所谓"清歌",用作者的话来说,即是(起源于辽、金、元代的)"无锣鼓,无科白,不化妆登台,歌时仅用丝竹拍板的一种音乐的文字"。

笔者无力对这篇学术论文进行点评,只是想引证其中的若干片段,以说明作者那时对中国文学史所具有的整体概念。譬如,他对文学样式生灭规律的认识,几与当代科班讲授的无异:

> 中国一切文学底发展都是循着一个公式,这公式完全适合于黑格尔底辩证哲学。都是起源于民间(初生),走入士大夫文人之手(黄金时代),便渐渐儿地死去。当第一种正生意兴隆的时候,第二种已在民间孕育滋长,时期一到,就马上取而代之。词渐走渐离开大众,离开民间,民间不能不再娶一位来填此缺席。她虽是穷乡僻壤的小家姑娘,却为元明新起文学底母亲。(《词以后清歌文学底解放》)

又譬如,他对"散曲"之于"词"的"解放"的解说,也几与当代院校讲授的别无二致,可谓得其先声。当然,也有一些是他独有的见解,譬如,他认为"解放"的第一层意义在于其题材几乎无所不包,甚至连"淫鄙猥亵,平日几乎不堪入目之材料,散曲家尽管大胆描写,毫无顾忌";第二层意义则在语言"自然如话","土语俚词用来尽皆当行"。在他的笔下,"散曲"的特点被诠释得淋漓尽致:

> 从外形方面去观察散曲所拓展的新境地,最主要的是"自然如话"。词在北宋以前,还有点接近自然,一到慢词长调,便如律诗一样地全失却了生动和自然。但词即在北宋以前,也并不"如话";如话的韵文当自曲子始。词是美人,曲也是美人。词在五代北宋是淡妆美人,到南宋后学会了收拾打扮,擦脸抹粉,换了一身眩人眼目的衣服,大模大样地,明明应该向情郎叫哥哥,她学会唤什么"仁兄"。曲姑娘则不然。她只穿了一身肉色的轻纱,故虽是穿衣,几乎等于裸体。她不会客气,不会装模作样,她嘴里不会说什么"好说",

"不敢","仁兄"一类的应酬话,她会天真娇憨地向情郎唤着"亲亲",唤着"哥哥"。一言以蔽之:词是旧式姑娘,曲是新式姑娘;词不"开通"而曲"开通"。

这里,有必要指出,作者此期对"散曲"取材和语言特点的认识,对其日后表现家乡豫西民众生活的小说作品影响极大,从《小罗汉》《福之死》《上工》《七月的夜》,甚至到《"差半车麦秸"》和《牛全德与红萝卜》,其中不无"淫鄙猥亵"及"几乎不堪入目之材料",作者的依傍即在于此;而此期对"散曲"语言的认识,更对其日后投身于"大众语运动",并身体力行地下大力气搜集"南阳语汇"以充实和丰富自己的小说语言,先期进行了知识储备。

第五、六篇文章,《大诗人曹子建》和《读陶诗》,作家都是当作学术论文来写的,却几乎写成了文艺随笔。请欣赏《读陶诗》的起首一段:

> 太阳慢慢地没入西山,苍茫的暮霭笼罩着远近的村子,疏林茅屋,都只剩了些淡淡的轮廓。屋顶的炊烟,早已消散溶化在暮霭里边不能看见。一会,半轮皎月珊珊地步出林梢,月影下一位四十多岁的农夫,肩上扛着锄头,在一条很狭窄的小路上向家走着,路是这样的窄,灌木蔓草时时地牵惹着他底衣裤,把叶上的夕露洒在他底鞋上,他一面走,一面吟哦,一面听着从大自然中发出的一些什么声息。呵,这就是我们,自然诗派底祖宗!

用"文艺性"的笔触来撰写学术论文,几乎成了姚雪垠持之终生的风格特征,请读读他作于20世纪50年代的《读〈带经堂诗话〉有感》和作于80年代的《李自成的归宿问题》等篇,便可体味到这种风格的独特之处。

1933年年中,姚雪垠在继续其"文学史研究"的同时,突然向文学创作领域发力。短短两个月时间,撰写了如下三个话剧剧本(序号为笔者所加):

1.《寡妇及其儿子》(独幕剧),载《河南民报》副刊《寒笳》

2.《百姓》(独幕剧),载《河南民报》副刊《艺术》

3.《血衣》(五幕剧),载《茉莉》创刊号

第一个剧本属于"家庭生活"题材①,表现了一个中产阶层家庭的寡妇意图再婚却遭到她的不成器的儿子激烈反对的故事。作家似乎对这类表现"男女恋爱关系"的"家庭生活"题材颇有兴趣,年前曾创作过表现曹植狂恋宓妃的《洛滨梦》

---

① 茅盾在《中国新文学大系·小说一集·导言》中把小说按题材分为"男女恋爱关系""农村生活""城市劳动者生活""家庭生活""学校生活""一般社会生活"等六类,并指出"描写家庭生活的……实在仍是描写了男女关系"。

（独幕剧），年后又创作了表现婚姻自由的《最后的一面》（多幕剧）。可惜这类题材早被写滥，作者的描写未出新意。

第二个剧本属于"农村生活"题材，描写某乡村的各色各样的人物在土场上关于时事的一番闲聊，表现出在日本侵华的大背景下，"大江以北的农民意识"对时事的理解是何等的"朦胧"。

李叔叔　唉！太平日子恐怕是不会再有了！

假斯文　其实，"天下大事"分久必合，合久必分。古今同此一理。

李叔叔　那就是呀，要不叫人们遭遭劫岂不挤破世界？

花老爹　（向李叔叔）即让真龙天子出来，我们也见不到了。

二模糊　去年东乡哄着要出朝廷，说是一个寡妇怀胎二年没有生下来，小孩子在肚里会说话，后来惊动了许多绅士们都去看，终究也没成人落地就死了。

李大婶　可不是，张大爷还坐轿车亲自去送衣裳呢。

假斯文　那是造谣，这话在前几年还有人信，现在只可诳你们这女人和模糊人。——不过，宣统皇帝确切又坐了。

花老爹　都是这样说吧。

李叔叔　宣统要是坐了，要不了几年洋学堂还得取消。

假斯文　所以我教的那几个学生们仍是读四书做八股文，预备三二年后世界太平了好应考。

范大嫂　到那时你只管也下场去夺个顶子戴戴。

假斯文　唉，不中的！"四十五十而不闻焉"，什么希望也就不提了！

李叔叔　宣统坐朝为什么叫日本鬼子打中国人呢？

假斯文　那没有什么稀奇，《纲鉴》上唐朝也曾借回纥兵来平定过中国。

花老爹　日本鬼子还不是想在宣统面前讨点封赏才愿出力来打中国人。

范大嫂　为什么外边的人都吵着要反对日本呢？连镇上洋学堂里也是这样成天价吆喝着。

花老爹　洋学堂怕日本兵到了取消他们。

剧中提到的"宣统坐朝"事，说的是1932年3月末代皇帝溥仪在日本军队的撺掇下，从天津秘密潜逃至东北，在长春成立傀儡政权——伪满洲国。日本帝国主义蚕食中国领土的卑鄙行径，引起了中国有识之士的高度警惕，激起中国民众极大的愤慨，更有青年学生组织"宣传队"下乡进行救亡宣传……然而，剧中"百

姓"似乎无一人知晓"宣统坐朝"究竟意味着什么,甚至误以为"宣传队"是来乡下派捐拉夫的:

范二秃 (仓皇奔上)妈,李叔叔,花老爹,不好,他妈的又来了!

众人 (急站起)什么!?

范二秃 已经到南庄了,一大杆子,打着旗,有的说是什么宣传(误读若劝)队从这里经过,恐怕不是,是抓夫的……

众人 他妈的。又来了!(各走散)

范大嫂 二秃,你快把小黄牛拉到北沟里躲躲去!

宣传队 (在台后)打倒日本帝国主义!

范二秃 近了,他妈的!(跑下)

范小蛋忽地哭出,范大嫂急掩其口。

也许会有读者指出,这个剧本里有着鲁迅散文《风波》和《阿Q正传》的影子;或许还会有读者从"国民劣根性"等方面进行穿凿,判定这是一篇观念先行的作品。但时代已经过去了十来年,彼时的"皇上坐龙廷"与此时的"宣统坐朝"已经不是一码事了,而新的一代更热衷于用实际行动来推动全民族的抗日救亡浪潮。

姚雪垠当年似乎也担心读者会产生这样的误会,特地在剧本后面写了一段"附记",全文如下:

> 记得鲁迅先生写了他的《阿Q正传》,批评家们曾指责那是一篇过时的东西。我这篇戏剧中每个人的意识都比阿Q更其朦胧,更其对社会看得模糊不清,自然要免不(了)被读者骂着是过时的东西了。请不要把眼光,只看着大江以南的农村,大江以北的农民意识,除掉几处特殊地方外,又哪一处不是同阿Q一样的朦胧?只看近一二年中各处草皇帝如雨后春笋般出现,便是一个证明。

第三个剧本是五幕剧《血衣》,按照那时左翼文坛的标准来看,应属于"重大题材"①。作者试图通过描写九一八事变后沈阳某编织厂工人李兴一家三代人颠沛流离、家破人亡的悲惨遭遇,控诉日本侵略者凶残暴虐的侵略行径,歌颂东北义勇军顽强抗击侵略者的英勇事迹。作者虽然没有东北义勇军的生活体验,但知道在描写灾民生活时如何避虚就实,"剧终"前的一幕还是写得颇为感人:

---

① 1932年冯雪峰在《关于新小说的诞生》中赞扬丁玲的《水》"抛弃穷屈的虚伪的'身边琐事'","取用了重要的巨大的现实的题材"。

惠春　(在台后)春姐,春姐!(持血衣上)把这件血衣洗洗!(递衣)这是刚死的那个义勇军首领,名字很熟呢,似乎是谁给我提过这个名字,他叫个李兴。

春姐　(陡然一惊)李兴?

惠春　呵——我想起了,是你底哥哥!

春姐　(疯狂般地抓血衣两目白瞪,颤栗,颤栗)妈妈和弟弟哩?!(颤栗,倒下,惠春以怀承之)(哭出)好苦的哥哥!

惠春　春姐!!

(剧终)

该剧本载于《茉莉》创刊号,刊物主编是刘曼茜,据说是中共地下党员。可惜的是,姚雪垠在回忆录中没有涉及当年与刘曼茜等人的交往,我们无从获知该剧本的创作动机和创作经过。不过,根据作者当年的政治态度及与党组织的关系来判断,该剧本大抵属于"遵命之作"。此外,作者当年明显受到"革命文学运动"的影响,剧中不仅选取了抗日救国这样"重要的巨大的现实的题材",还具体地描写了"灾民"们如何"开始向于组织的力量和剥削者及其机关枪斗争"[①],甚至还描写了"灾民"们组织义勇军,并高呼"全世界被欺负的人联合起来"的口号走上抗日战场的激情场面。

然而,别看姚雪垠此时在开封闹得风生水起,却在国内文坛上毫无影响,仍是一个"无名作家"。他曾气恼地写下了一篇杂文《赋得神通广大》[②],为内地文学青年抱不平。文章从开封本土刊物遭受外埠冷遇说起——

《茉莉》月刊,寄到南京上海北平武汉保定等地,都不肯代销,甚至连包也不开,原封退回。为的什么?为的是开封出版。

接着,他分析道:这可能与本地的文化地位有关,一是"庙小位卑",二是没有"偶像"。当年能影响国内文坛的刊物都在上海,这是无可厚非的事实,于是他生发联想:

岂只出刊物,想成名也须如此。长住开封不敌短住上海,长住上海又不如短游欧美。做土地(爷)一辈子也没什么出息……

一年后,姚雪垠终于实现去北平写作的愿望;两年后,他的作品终于登上了上

①　该引文出自冯雪峰对丁玲小说《水》的评价文章,《关于新小说的诞生》。
②　载1933年10月22日《河南民报》副刊《平野》。

海的杂志，当然这些都是后话了。

1933年初冬，姚雪垠回到阔别四年的邓县去探望父母，还与二哥一道去踏勘了暌违十四年的已沦为荒区的故乡姚营寨。邓县西乡一带被土匪祸害得太狠了，十室九空，良田荒芜，"故乡被草埋住了"。他见到了一些"形容憔悴，饥色满面，衣不掩衫"的乡邻，悲伤的心情难以言表。第二年，他在诗歌《梦归》和散文《乡思》里记述了这次"凄怆"的故乡之行。

冬末，返回开封后，姚雪垠迅疾地与中共开封地下组织恢复了联系，并在其领导下继续从事政治斗争和文艺斗争。为此，他甚至暂时搁置下手头的"文学史研究"。

当时，担任中共开封地下市委书记的是河南大学日语教员江绍文（又名江闻道、江少文）。在江的指导下，姚雪垠与河南大学学生王国权、苗化铭、宋一翰等出面注册了一家"大陆书店"，河南大学校长张仲鲁和王毅斋、嵇文甫教授等都捐资相助。书店不仅大量出售北平、上海等地出版的进步书籍，还先后发行了两种刊物，在中原地区产生过影响。

第一种刊物叫《大陆文艺》，纯文艺期刊，创刊于1933年12月1日，姚雪痕任主编。创刊号要目如下：

　　沧桑曲（长诗）　姚雪痕

　　新文学的历史来源　于庚虞

　　战颤的灵魂　宋伊罕①

　　我蹀躞在皇堂富丽的店门前　郭伯恭②

　　风君随笔（二则）③　姚雪痕

　　露水夫妻（小说）　薛衡④

在这期刊物上，姚雪垠贡献了四篇作品：长诗一篇，随笔两篇，小说一篇。

长诗《沧桑曲》作于当年重阳节后，为"九一八"国耻日而作。作者似乎还沉浸在创作五幕剧《血衣》时的悲怆心境之中，心底的愤怒和积郁如火山爆发，诗风

---

① 即宋一翰。

② 郭伯恭（1905—1951），河南邓县人。自幼酷爱读书，以优异成绩考入开封黎明中学。著名文学家、史学家和诗人。著有《四库全书纂修考》。

③ 《风君随笔（二则）》：一、《东西文化之揉和》，二、《关于"杂感"的杂感》。又，若干研究资料中将"风君"误为"风马"，笔者根据原件复印件更正。

④ 薛衡是雪痕的谐音，为姚雪垠的又一笔名。考证见后。

慷慨悲凉。谨录最后一节,以飨读者:

> 又到这伤心时节!
>
> 又到这伤心的初冬之日!
>
> 我想起了那些组织义勇军的同胞们
>
> 在巴掌大的雪花飞舞中,在刺刀似的尖风里,
>
> 挣扎抗战,缺衣乏食
>
> 他们哟! 没有供给,缺少接济,
>
> 就在这青纱帐收起的时候,被敌人击败无遗!
>
> 虽然结果是那样的惨败……
>
> 可是他们却为弱小民族添一段悲壮历史,
>
> 自他们惨败之日起,
>
> 天倾、地转、山哭、海泣
>
> 几千万同胞们全成了奴隶!
>
> 呵! 我誓要举起一把熊熊的火炬,从这强凌弱,
>
> 无公理的地球烧起,再烧毁月球,
>
> 更烧毁火星、木星……一切的行星、卫星
>
> 整个太阳系、整个的天体!
>
> 我誓要去掀起太平洋中的洪波,使洪波淹没了亚洲、
>
> 欧洲、非洲、美洲……整个的恶浊大地!
>
> 呵! 我誓要一拳把上帝的宝座、囚犯底牢狱一齐打碎!

另一篇署名薛衡的短篇小说《露水夫妻》更值得关注,这是近年发现的一篇非常重要的佚文! 其重要性体现在三个方面:一、它是作家走出河南大学校门后的第一篇小说作品,其艺术表现力远胜处女作《两个孤坟》。二、它是作家取材于陷匪百日生活经历的第一篇小说作品,其情节、人物、语言皆可谓《长夜》的前身。说句笑话,读过这篇小说,已有的关于《长夜》的论文都得改写。三、它是中国现代文学史上第一篇正面表现土匪生活(特殊的社会生活层面)的小说作品,其艺术格调与同期表现中原匪患的小说作品完全不同。

说来有趣,姚雪垠回忆录中曾谈到在《大陆文艺》上发表过一个短篇小说,由

于未提到情节内容①，没有引起研究者的关注。20 世纪 80 年代笔者曾浏览过该刊，只找到署名雪痕的长诗和随笔，便以为先生是误记了。年前偶然读到先生早年的戏剧作品《无名作家之死》，惊异地发现剧中主角"无名作家"竟名为"薛蘅"，而剧情则采自作家的生活实景，才恍然明白此"薛蘅"即是彼"薛衡"，亦即雪痕的谐音也。顺便提一句，薛衡这个笔名，先生似乎只用过这一次。

　　该短篇小说的内容更使人惊异，竟取材于其少年时被土匪绑架百日的生活经历，虽然采用的是第三人称写法，没有自传体的成分，仍堪称长篇小说《长夜》的前身②：小说主要人物的身份、称谓、性格——杆子头李水沫，票房头瓢子九，"汤将"李二红、赵狮子、刘老义——竟与《长夜》中的同名人物别无二致；小说主要情节——攻打刘胡庄——亦与《长夜》中的描写基本相同。只是，小说的中心人物与中心事件——刘老义强娶民女事——其结局却与《长夜》截然不同：在《长夜》中，刘老义将强娶的女子送到结拜大哥家，被后者认出是其"表妹"，刘老义便忍痛割爱，表现出尚未完全泯灭的人情味；在《露水夫妻》中，结拜大哥认出"表妹"后，却设计毒杀刘老义，并沉尸灭迹，尽显出绿林世界的残酷不仁。

　　该小说起首便描写李水沫的杆子连夜行军欲打刘胡庄的情景，其细节描写较之《长夜》相关段落毫不逊色：

（《露水夫妻》第一节）

　　　　管家的李水沫，骑着匹白色风子，走在前面。百十口能打惯战的汤将，紧紧地在后跟随。瓢子九睁着一对熬夜的红眼，同弟兄们骂着，笑着，说着，走着。因为他是票房头，不得不时时地回过头去吩咐二红们使票们把叉子放开。

　　　　二红是艮匠出身，脾气很和善，好说笑，对待票子却另有颗狮子般凶狠的心。他除掉有一支八音子（手枪）外，裹腿里还插了一根短短的锋利的小刀。票们像猪一般地被赶着走，一条长绳系着各人底胳膊。

　　　　"叉子放开！"二红吩咐说。"看你们那副贼脸，少耳缺鼻的，三分像人七分像鬼！"

---

　　①　姚雪垠在《七十述略》（1980）中谈道："一九三三年我没走成，怀着天真而幼稚的理想同朋友们在开封办了个小书店，名叫大陆书店。出版个刊物叫《大陆文艺》，我在上边发表了一篇短篇小说。"

　　②　姚雪垠在《七十述略》（1980）中忆及 1925 年失学在家后，"曾用文言体写了一篇小说，取材于我在土匪中所眼见的一段故事"。该文言小说与《露水夫妻》是否有关系，待考。

一望无际的旷野，砭肌欲裂的寒风，浓云堆叠的天空，……在这样森然严肃的环境里，更增加汤将们严肃的心情。

"往后传！"管家的低声音。"叉子放开，沉住气，快到！……不要慌张；顶镗子喂好……沉着气！"

(《长夜》第十三章)

"传，义子放稀！"① 下弦月透过薄云，照着寒冷的积雪未化的荒原。这一群土匪带着肉票，在寂静的荒原上匆匆前进，冰冻的雪花在脚下沙沙作响；有时打破落的村庄经过，常不免引起来几声狗叫。但乱世的狗是胆怯的，一边叫一边向黑影逃避，从不敢扑近队伍。有时从寨墙下边过，守寨人从寨垛间探头望一望，立刻又躲了进去，从寨墙上发出来悄悄的说话声音。除二管家偶然发出来催大家走快的简单命令，带条的时不时用黑话报告过河或过桥，以及大家机械地口传着二管家和带条的所说的黑话之外，没有谁再说别的话，也没人像往日行军时那样乱打闲枪。夜景显得特别的凄凉和森严，连交冬来常有的北风也在干枯的枝上噎住。

该小说对李水沫杆子两次攻打刘胡庄过程的描写，对刘老义强抢民女逼迫成亲的表现，均与《长夜》无大差异。因篇幅所限，恕笔者不再引用。

但该小说的"毒杀"结局与《长夜》第二十三章中的"割爱"结局截然不同，且作者采用白描手法，冷面冷语，写得惊心动魄。摘录以飨读者：

(《露水夫妻》第五节之"毒杀"结局)

酒饭吃毕，大哥把烟盘子已摆在床上。老义感到肚子里一阵绞肠刮肚地怪疼，忙向茅厕里跑。刚跑到茅厕门口，陡然天和地旋转起来，老义觉得有件什么落在头上，又有件什么从头顶飞出，墙屋都在动摇，月亮变成了灰暗的。老义躺在地下了。

换帖大哥放下短头棍，用刀子照着老义底喉咙戳下，老义又无力地挣扎了几下，战栗了几下，两腿慢慢地伸直，月亮底光色从眼底变为漆黑。血溅在换帖大哥底手上，正如某次别人底血在他自己底手上。

事情快完了，大嫂从后面跑出来，帮同丈夫将老义放在驴子背上，悄悄地

---

① 姚雪垠原注："义子"指两腿，"义子放稀"是要脚步放开，走快。笔者认为，姚老或有误记，《露水夫妻》中的"叉子"也许是正解。

走出村子,顺着沟向南进发。朝南走二三里远,沟水在这里打了一转,黑潆潆的大约有一丈多深,村人名之黑龙潭。驴在黑龙潭边停住,大哥把老义从驴子背上拉下,将脚手绑在一块,脖颈上系好一块石头,咕噜一推,老义滚进了龙宫。一声"扑通"之后,水面泛起些白泡,枯草上溅落些水珠,沟水仍然依旧地流着。

(《长夜》第二十三章之"割爱"结局)

"大哥的老母亲颤巍巍走进客房来,噙着眼泪说:'刘相公,你真是活菩萨。你真是救命恩人。你让我跪下来给你磕个响头!'她老人家说着说着可就要往地上跪,我赶忙上前挽住她老人家,说:'大娘,有啥话说到明处,你老人家可别要折罪孩子!'你们猜是怎么一回事?"刘老义不等别人回答,接下去说:"乖乖儿,那个小姑娘竟然会是她老人家的娘家侄女,是大哥的亲表妹子!"

赵狮子大声叫道:"乖乖儿,这才巧啦! 你后来怎么办呢?"

"老母亲说这姑娘是从小儿许过人的;要不是有了主的,就可以跟我成亲啦。'刘相公,'她老人家又噙着眼泪说,'她一家人都死光了,只剩下一个叔叔。要不是你救她一命,她怎么能够得活? 我这几天托了好些人打听她的下落,都没有打听确实。你大哥这几天有事在城里,迎黑儿才赶了回来。要是他在家,早就该派人去找找你啦。刘相公,'她哭着说,'你已经救了她一条命,如今又把她送回来,多么巧啊! 唉,我十辈子也不会忘掉你的大恩! 只求你把她留给我,我会变骡子变马报答你!'大哥也从旁说了一大堆人情话。咱是讲朋友义气的好汉子,有一肚子难过也不敢哼一声儿。为人不能不讲交情。老母亲跟大哥叫咱怎么咱只该怎么,有啥法儿呢?"

该小说是中原作家群中表现匪患的较早、较成功的作品之一[1],也许还可称作是中国现代作家正面表现土匪生活的第一篇。该小说破天荒地对土匪生活进行不加是非判断和道德判断的客观表现,大量采用方言土语,甚至不避俚语黑话,显现出极其独特的艺术趣味。然而,由于该小说所载刊物刚发刊即被查禁,发行量不大,所见者不多,久之竟被人们所遗忘。

---

[1] 比该小说更早的表现匪患题材的小说作品还有徐玉诺的《一只破鞋》,载 1923 年《小说月报》第 14 卷第 6 号。或许还有更早的其他作家的同类题材作品,待考。

说来也有趣,笔者在原刊上发现了耐人寻味的两则读者留言(笔迹相同,似为同一读者):一则题于篇首,为"极无聊的东西";一则题于篇中土匪黑话旁①,为"语言庸俗"。也许,当年的进步读者尚无法接受这类"客观主义"的小说作品吧。或许就是由于这个原因,其后若干年,进步青年姚雪垠虽仍有多篇表现贫苦农民反抗暴政斗争的小说,但都不再采用此类"客观主义"的视角了。

20世纪30年代,统治者奉行"攘外必先安内"的策略,全力剿杀革命,缇骑横行,夜气如磐。《大陆文艺》有如划破黑暗的一道炫目的闪电,放射出刹那间的光芒,引起了特务们的注意。于是,创刊号成了终刊号。

第二种刊物叫《今日》,综合性期刊,创刊于1934年2月,编辑者和发行者皆署为"今日社编辑部"②。刊物设置了四个栏目:《时事述评》《文艺》《通讯》和《另外一栏》。录其《文艺》栏要目如下:

《决堤》(书评)	李曼
畜生(杂文)	姚雪痕
饥饿线下(诗歌)	栗青
别了一九三三年(诗歌)	罗绮
投机新论(杂文)	伊罕③

该栏目中的书评和杂文,真切而生动地表现了姚雪垠这群革命青年激进的文化姿态。李曼对芦焚(师陀)短篇小说《决堤》的批评相当犀利,称作者对"灾民"的苦难生活抱着"欣赏"的态度,"太囿于旧写实主义的法则",几乎要把他划进"第三种人作家之群"中去。伊罕的《投机新论》对"幽默"派的批评也非常有力,文章写道:"闲情逸致,据说是文人的常态,自从国难发生以来起先是摩拳擦掌,气吞云霄,继则是垂头丧气,心平气和,终于是得过且过,何妨幽默……"姚雪垠(即姚雪痕)的杂文《畜生》,其笔锋之粗粝较之李曼和伊罕有过之而无不及。该文对几种"没出息"的社会意识进行鞭挞,其中有"不自觉其生活之可怜"的猪,"心中明明白白"但"不思反动"的牛,和"倚富欺贫,助纣为虐"的狗。文末昂然宣判道:

---

① 《露水夫妻》描写刘老义强迫民女成亲后,有这么一段:"经了瓢子九底形容,宣传,弟兄们都美慕老义底艳福不浅,争着去看老义底黑脊梁沟子。——黑脊梁沟子者,拖着长辫的大姑娘之别称也。"批语就写在这行字的旁边。

② 据王国权回忆,《今日》杂志由宋一翰主编。参看河南省南阳市档案馆编《姚雪垠捐赠手稿仪式资料汇集》(1990)。

③ 伊罕,即宋一翰。

"猪、牛、狗，三者历万世而仍为畜生，不能称之为人，都是活该！"

《今日》的《时事述评》栏目更是火力全开，所载文章的战斗性，从标题中即可知其大概：《希特勒的骄态与十三日的国会》《达赖之死》《论"一致对外"》《喀什噶尔独立问题》《法西斯主义的本质》和《苏联的结婚生活》等。

创刊号出版时，正值学校放"春假"。河南大学教授王毅斋先生邀请姚雪垠、苗化铭、王国权等去杞县参观他创办的大同小学，他们与该校教员、中共地下党员梁雷、赵伊坪等愉快相聚了"三天以上"。

返回开封后，《今日》第二期还未出印刷厂，便遭到国民党查扣，主编宋一翰被捕，大陆书店随即被查封。姚雪垠、苗化铭、王国权一起逃到巩县康店，在王国权家中住了一个多月。风声平静后，王国权去日本留学，姚雪垠和苗化铭仍返回开封。

当年，开封的这群年轻的革命者或许尚未摆脱"盲动"的宿命吧，但姚雪垠在忆及这段经历时仍无怨无悔，他写道：

> 我的青年时期是在中国共产党所领导的革命文学运动和国际革命文学运动的哺育下成长起来的，我是在左翼文化战线对新月派和第三种人的战斗中成长起来的青年作家。[1]

战斗者有战斗者的自豪！

第二节　"治学"和"创作"

1934 年年初，姚雪垠接连遭遇了两个大的变故。起先，由于大陆书店被国民党查封，风闻还要逮人，他和朋友们被迫流亡巩县；不久，岳父王庚先竟被豫西土皇帝别廷芳谋杀，乡人噤若寒蝉，他竟不能回乡奔丧。

王庚先是姚雪垠的恩人、亲人和友人。他开明勇毅，曾为陷入囹圄中的素昧平生的这位邓县小老乡担当过"保人"；他慧眼识人，一眼看中这位才华横溢的青年学子，便托好友作伐召其为东床爱婿；他宽容豁达，曾多次给这位"无名作家"提供力所能及的呵护。一言以蔽之，王庚先对姚雪垠早年创作生涯有着重要影

---

[1]　姚雪垠：《学习追求五十年》。

响,可惜由于缺乏实证资料,这方面的深入研究未能进行,只有留待后人①。

以下谨录姚雪垠1981年撰"王庚先墓碑文",与读者共仰:

> 王庚先,字协三,邓县谷社寨人,生于一八六六年。家贫寒,幼过继于伯父王德纯。随德纯读书,于一九〇三年中秀才。越二年,被保送日本东京弘文师范学习。同年秋,在东京加入同盟会。一九〇七年回国,任邓县高等学堂监督。知州温绍良借办新学为名,大肆摊派,多饱私囊。庚先激于义愤,控温官贪污罪于河南巡抚。温官上下其手,反将庚先以诬告长官罪,革职下狱。谷社一带百姓闻讯,哗然聚众,携械入城,打进州衙,与守卫军丁搏斗。温官自后门逃避。一时震动远近,称为邓州碴衙门事件。温官大惧,暗将庚先解往南阳狱中。知府恐再激民变,遂将庚先释放。

> 庚先出狱后,遂去杞县、开封等处,联络同盟会员,从事反清活动。辛亥秋,武昌起义,河南同盟会员积极响应,共推张钟端为总司令,庚先为副。不幸事泄,正议事间,突遭军警包围。庚先等数人逾垣得脱,被捕者二十一人。张钟端等十一人就义,是为河南辛亥十一烈士。

> 民国建立,庚先曾先后任新野、嵩山、宜阳知县,但为时均不久。因生性耿介,不屑逢迎,故长期困居下位,生活清贫。平生提倡实业救国,亦无所成。晚年奔走筹建辛亥十一烈士祠,工未竣而身亡,惜夫!

> 一九三三年冬,庚先因愤内乡反动民团盘踞邓县,人民生活于水深火热之中,誓志驱内乡民团出邓,不幸于一九三四年二月九日,被杀害于新野境内樊潭寨。邓人感其义,悲其志,而惜其功未成,至今不忘。解放初,邓县人民政府因其为人民而死,为邓人所敬仰,追认为烈士。今值纪念辛亥革命七十周年,由邓县人民政府和政协邓县委员会,为之辟建陵园,整修坟墓,并立碑以为纪念。不惟重其为人民利益殉身,亦敬其为同盟会之先贤也。

姚雪垠撰文

一九八一年九月

且说白色恐怖持续了数月,等到抓人逮人的风头过去,姚雪垠才从巩县悄悄地返回开封。

---

① 河南大学刘涛在一篇文章中考证道:"《上工》,原载《湍声季刊》创刊号一九三五年第一期,署名姚雪痕。同期还刊载以妻子王梅彩署名的另一篇小说《福之死》。《湍声季刊》是邓县旅汴同乡会在开封办的一个刊物。作者的岳父、河南辛亥革命先驱王庚先应是刊物的重要支持者。"笔者对该刊与王庚先的关系有疑:王庚先于1934年2月9日去世,早于该刊创刊时间一年有余。

此后何去何从呢？开封不敢久居,邓县更不是善地。姚雪垠又一次面临着人生的紧要关口。

他决定再次远走北平。

临行前,他写了好几篇作品以抒胸怀。其中有一篇是剧本,题为《无名作家之死》,流露出岳父死难、家庭贫困、生活窘迫的痛苦,请看"幕终"前的一幕:

薛蘅　小孩近来旧病又犯,我们还是没钱买药,而且因为营养缺乏,小孩是一天比一天瘦了!(台上已暗)

若冰　(长吁落泪)………

薛蘅　前几天你父亲周年忌,我们连买纸钱也没有。

若冰　(泪流得更多)……

薛蘅　而且我万一死了,把你们丢得多么可怜!

若冰　(开始呜咽)

薛蘅　(自己盖上蒙脸纸)我要死了,你哭吧!(台上更暗)

若冰伏在床沿上很伤心地哭起来。一分钟后,小孩惊醒了,哭起来。

舞台暗下去,幕徐徐地落了。

他还写了一篇既像散文又像小说的作品《大团圆之后》。文章题旨、人物和情节皆脱胎于鲁迅先生的《阿Q正传》。文中别出心裁地假设"大团圆"了的阿Q并未死去,而是从未庄来到城市,混成了"大学教授"。某天,在一个"所谓文化中心的大城里","假洋鬼子"邂逅了衣冠楚楚的阿Q,惊疑无比地搭讪道:

"唔……。"假洋鬼子两只眼正上下打量着阿Q的一身漂亮西装。

"唉,此之以后,……怎么? 你近来不爱穿洋装么? 我说,你怎么长袍马褂起来了? 真也可谓之大转变!"

"唔,唔,……我么? 不用提,落伍,唉! ……"

"我,此之以后,……好在你穿不穿洋装没关系,不同我,我现在是大学教授,尤其是教的革命文学概论。……"

好像是午夜中响了一声爆竹,唬得假洋鬼子顿时局促起来,两只眼由阿Q的身上一直搜索到脸上。假洋鬼子心里有点怦怦地,想着:怪道他穿这样漂亮的西装;然亦幸而刚才没呼他"阿Q",而呼他为"Q老"。士别三日,真的,便要得刮目相看!

但阿Q却没注意到假洋鬼子的羞涩情形。

"此之以后,我对于革命非常灰心,不,简直有一个时期是厌世悲观。土谷祠既不能再住,只好向大都会里去找生活。你知道,原来我的天性是很近于文学的,后来经朋友们的鼓励与生活上的接济,也就开始研究起文学来。关于我是如何地达到我这一点点的成就,不用说,大概你总知道的,在几个杂志上都登过我的创作经验谈,总而言之,成就一个作家实在不容易,既要努力,又要有天才,还要革过命,而且至少要得恋过一次爱,不然生活不充实。这些条件我都有,所以能侧身于文坛也并非偶然。不过,我不像高尔基、辛克莱那样煊赫,我不过只虚负一点点微名罢了。……"

该文中的描写蕴含着作者自身颇为丰富的人生信息!

认真检视阿Q"大团圆"之后的人生经历,竟与作者本人不无相似:参加过"革命","恋过一次爱",故乡"不能再住",于是流亡到"大都会",由于"天性是很近于文学的",于是"开始研究起文学来",终于"能侧身于文坛",最近又与"革命文学"傍上了关系。这一番描写中,或许带有嘲讽某种"革命文学家"的意味,但笔者宁可认为其自嘲的成色更重一些!如前所述,姚雪垠每到人生的关口,"小说化"的生活态度便会冒出头来,使其暂时忘却烦恼,淡化痛苦。这次,也是如此!——阿Q都能从未庄来大都会教授"革命文学概论",我难道就不能来北平研究中国文学史吗?

于是,姚雪垠施施然第二次来到北平。仍然住在沙滩的蓬莱公寓,仍然一袭青衫,仍然三餐不继,仍然白天坐图书馆,仍然焚膏继晷地勤奋写作。

他捡拾起年前因参与"革命文学运动"而搁置的"中国文学史研究",计划按部就班地先从"中国神话研究"做起,然后《诗经》研究,然后《楚辞》研究,然后汉魏文学研究,一路做下来①。

这一年,他的"中国神话研究"取得了如下成果(序号为笔者所加):

1.《羿射十日》②

2.《天地开辟,毁灭及重建》③

---

① 1941年,姚雪垠在《我怎样学习文学语言》中回忆道:当年,"我要使自己成为一位'科学的文学史家'。关于中国文学的古典名著,从《诗经》、《楚辞》下来,我涉猎的范围相当广泛:我甚至曾花费了不少时间去研究中国的古代神话,注意了现代的民间文学"。文中关于研究对象的记述,次序有些颠倒。

② 连载于1934年3月24日,4月8日、11日《河南民报》副刊《平野》。

③ 连载于1934年8月3日、10日,9月3日、9日《河南民报》副刊《平野》。

3.《中国产日月的女神》①

我们无意评点此期姚雪垠在"中国神话研究"领域所达到的学术高度,只想指出,这段时间的潜心研究对于丰富其文学知识积累及提高其文艺理论修养都有着莫大的助益。1941 年他在大别山中运用初步掌握的马克思主义基本原理来构建独具个性的文艺理论"体系"时,其扛鼎之作《文艺反映论》中关于原始艺术的起源及其特点的论述,如"神话是原始社会的口头文艺",如"神话是原始的朴素的写实主义"等论断,就直接来自此期的研究心得。

为研究"中国神话",他有好一段时间沉迷于《山海经》《淮南子》《寰宇记》《绎史》等古籍中,明知这条道路的凶险②,却不能自拔。

也许是为了调剂和排遣吧,也许自来便有"研究"和"创作"二者兼顾的打算吧,姚雪垠还抽空创作了一些文学作品——随笔、杂文和话剧剧本。

先谈谈他的两个话剧剧本:

《最后的一面》(多幕剧),姚雪痕,载 1934 年 5 月 24 日,6 月 6 日、9 日、27 日《河南民报》副刊《平野》周刊

《无名作家之死》(独幕剧),姚雪痕,《文艺月报》1934 年第 1 卷第 1 期③

多幕剧《最后的一面》,前面已经提到,属于表现"男女恋爱关系"的"家庭生活"题材。主要人物有五个:栗湘竹和湘竹妹,祖母,父亲和母亲。姐妹两个为一派,力争婚姻自主;祖母和父母为一派,主张婚姻包办。作者虽然未翻出新意,但描写剧中姐妹生活颇为细腻,描写湘竹与其父争执的场景也颇为可观,不似凭空虚构④。如下面表现父女争执的一节,颇有些特点:

父　湘竹,老的待你也不能算(不)好,你为什么偏偏和老的打别?

湘竹　我没有和老的打别。

父　没有? 小时老的给你定的亲事,你为什么要反对?

湘竹　因为这是我的终身大事,我不得不参加意见。

父　参加意见,难道做父母的对你还有坏心么?

---

① 该文作于 1934 年,后载于 1935 年上海《申报·自由谈》。后又作《嫦娥补考》进行补充,载于 1935 年上海《申报·自由谈》。

② 姚雪垠在《我怎样学习文学语言》(1941)中谈道:"研究文学通史实在太难。"

③ 文末有标注"(民国)二十三年五月作"。

④ 笔者以为该剧本以其岳父家中的人物关系和生活场景为蓝本,"亲事"这个中心情节是移植进来的。

湘竹　做父母的对于子女当然没有坏心,不过葬送子女终身幸福的往往都出于没有坏心的父母。

父　（大怒）狗屁!简直连禽兽也不如了,（起而欲扑湘竹,母亲急以身遮护,祖母亦忙用杖止住,复坐下）哼!叫你读书,读到狗肚子里去了,还知道什么是"三从四德"!

读过这一节,不禁产生些联想:一、湘竹与其父"打别"的场面,与《春暖花开的时候》中罗兰和其父罗香斋争执的场面不无相似;二、剧中人物对话语言竟然也不避方言俚语（如"打别"）,这或许得益于先前研究土戏和元曲的心得,可能也与当时方兴未艾的"大众语运动"有一定的关系。

独幕剧《无名作家之死》,也是"家庭生活"题材,其素材采自作者自身生活经历,是其"小说化"生活态度的又一次具象表现。前面已经谈到,姚雪垠虽然在开封闹得风生水起,但在国内文坛上毫无影响,仍是个"无名作家",他曾撰文为内地文艺青年抱不平,这剧本就是为自己"写心"的。剧中主要人物只有两个:无名作家薛蘅（"雪痕"的谐音）和他的妻子若冰。剧情背景一如作者经历:年前薛蘅辞去教职回城写作,信心满满地要当一位作家。不料寄出的稿件尽如石沉大海,积蓄耗尽,接济断绝,债主登门,家庭生活万般困顿。故事由此展开。夫妻一番商议之后,妻子提出一个十分荒诞的建议:

若冰　我说你还是去找找朋友。自己吃饭不吃饭都不要紧,明天的房捐房租可不给不行。你再去找找他们,大家凑凑,几块钱的光景。

薛蘅　真不好办!你无论去找谁,他们不等你开口就明白你底来由,预告布下了防御线,口口声声困难啦,没办法啦,揭钱过活啦,挣的钱不够花啦,叫你无法张口——这是说的作事情的朋友。至于大学,里边的旧同学,说起来一个比一个窘。其实他们的宿娼赌博倒并不吝啬,他们只吝啬着把钱去周济穷朋友或者去买书读。你要是开口去问他求借,他们便答你一百个"对不起,爱莫能助"。唉!没办法呀!……

若冰　他们平素对你的期望不是很高吗?困死一个天才的朋友,于他们不也是一种损失吗?

薛蘅　他们却想不到这个。人们恻隐之心,大概是对死者容易发生。当你活着时,一切事业及艰苦,是很难令别人同情的。其实,不讲他们的宿娼打牌花钱;单只纸烟一项,恐怕那一个此（一）天就得一两元,也不说多,有四个朋友每人每天节省一毛钱纸烟,也就够维持我们生活了。以每天节

省的纸烟钱去成全一个将来有光荣希望的朋友不好么？然而谁都是自
私自利的，没人这么办。

若冰　你为什么不向他们这样讲呢？

薛蘅　讲也白搭，他们不听你这一套。他们——其实凡人都是如此——有钱
自己胡用，别想周济朋友，成全朋友。朋友受困，他们享福，毫不关心。
等朋友困死了，又是凑钱葬殓哩，开会追悼哩，什么花样都出来了。……

若冰　（笑）那么你死一下吧？

剧情发展到这里有了一个转机，一个带有恶趣味的转机。这个转机只有具有
"小说化"生活态度的作者才能想得出来。而薛蘅真的采纳了若冰的建议，立刻
实施起"（装）死"的计划——

薛蘅　（自己盖上蒙脸纸）我要死了，你哭吧！（台上更暗）
若冰伏在床沿上很伤心地哭起来。一分钟后，小孩惊醒了，哭起来。
舞台暗下去，幕徐徐地落了。

读过这个剧本，最令人感到震撼的不是剧中人对"朋友"和"同学"吝啬钱财
不肯救急的指责，而是剧中人对自身"天才"和"将来"的崇高期许，毋宁说是"狂
妄"吧。茨威格曾说过："在一个人的命运之中，最大的幸运莫过于在年富力强时
发现了自己人生的使命。"姚雪垠便是这样的一个"幸运儿"！

姚雪垠晚年时曾坦率地承认青年时代的"狂妄"，说道："我在许多年中被有
些朋友目为'狂妄'，其实只说对了一半，并没有抓到我的性格的主要特点或本
质。我确实在二十岁左右的时候，就有'好高骛远'的特点，对自己树立些狂妄的
目标。……明白说，也就是希望自己在学术上或文学创作上做出突出的贡献。"他
还说道："我认为人在青年时期，有远大的追求是好现象，关键问题是有没有百折
不挠的决心和毅力。"①既有凌云壮志，又能坚持不懈地努力，不成功者几稀矣！

这一年，从春初到秋初，他每天都在发奋地为实现"狂妄的目标"而努力着。
他继续研究"中国古代神话"，从浩如烟海的古籍中寻找"关于太阳的，关于洪水
的，关于开天辟地和造人的，以及关于中国的奥林匹斯（昆仑山）"②的零星记载；
继而研究《诗经》和《楚辞》，他曾尝试过像郭沫若一样弄"古诗今译"③，也曾点评

---

① 姚雪垠：《学习追求五十年》。
② 姚雪垠：《文艺反映论》。
③ 1933年他在《河南民报》副刊《平野》上发表了《草虫章——〈诗经〉今译之一》。

过时人郭镂冰的《屈原集》①；同时，他还尝试各类文体的写作，诗歌、随笔、散文、剧本和杂文……

然而，遗憾的是，这些作品都只能在开封的报刊上发表，竟没有一篇能登陆沪上文坛②。

他太累了，三餐不定，起居无时，病魔乘机袭来，他患上了重病——

> 由于我生活很苦，加上用功，原来就不健康的身体垮了。我患了肺结核病，经常咳嗽，下午发轻烧，痰中带血丝，最后出现了大口吐血。每次吐血很多，所以每次吐血之后，一两天感到头晕，只好躺在床上。等到头不再晕了，仍然坐在窗前用功。那时候，肺结核病几乎是不治之症。有钱人住疗养院，慢慢疗养。我不但不妄想住疗养院，连到医院看病的钱也没有。

> 当然，我去过几次协和医院，医生照例嘱咐我吃营养丰富的好东西，长期静养，不要工作。我估计自己不会活到三十岁。对死我并不害怕。一则希望在死前多写点东西，二则等稿费维持生活，我不能不经常用左手按着因长久干咳而疼痛的左胸，右手执笔写稿。医生的嘱咐对我只能当作耳旁风。

姚雪垠平生最爱屈原，"亦余心之所善兮，虽九死其犹未悔"，这也是他的座右铭。也许由于怀抱着至死不渝的大志向，也许由于身处绝境的紧迫感，姚雪垠虽知病笃，仍拼死写作，终于赢得了回报。

同年，"中秋节后，于霖雨潇潇的北平"，他写下了一篇小品文《文人与装鳖》，投寄给上海的"幽默"名刊《论语》。其时，陶亢德继林语堂为该刊主编③，他在第52期（1934年11月1日出版）刊发了这位名叫姚雪痕的无名作家的稿件，而且放在《论语》专栏的头条，目次如下：

　　文人与装鳖　姚雪痕

　　论作官本是善事　亭亭

　　我的话　语堂

　　谈瀛　一之

　　小布尔面型　芦焚

　　中国未来之外交家　风

---

① 郭镂冰编：《屈原集》，上海北新书局1934年出版。

② 最近发现了姚雪垠的一篇佚文：署名姚雪痕的剧评《由定县〈牛〉底上演谈到农民剧运》，载1935年6月18日天津《庸报》。这是一篇冲出省界的作品，但由于姚雪垠志在沪上文坛，故略而不论。

③ 《论语》1—26期由林语堂主编，27—84期由陶亢德主编。

孔子的国籍　　海戈

谈伦敦漫步　　重哑

牛天赐传（四）　　老舍

……

姚雪痕终于登陆了沪上文坛，他的名字第一次出现在大上海的名刊上，他的文章与林语堂、老舍等名家的作品同在一个栏目中，他出名了！

说到《论语》半月刊，关心中国现代文学的读者都知道，这个刊物是林语堂创办的三大幽默杂志（另两种是《人间世》和《宇宙风》）之一，其内容以散文、小品、随笔为主，文字多幽默诙谐，且常在嬉笑怒骂中道出读者的心里话，颇受读者欢迎。左翼作家对该刊有过批评，但鲁迅先生对陶亢德主编时期的《论语》似无大恶感①，年前他甚至把青年作者王志之的有点"犯禁"的作品也推荐给陶发表②。

姚雪垠的这篇《文人与装鳖》也是一篇有点"犯禁"的作品，其文起首的解题写得颇为"幽默"：

"文人"二字是无须乎注释的，但"装鳖"就有点费解了。这两个字是河南的俗语，它的含义，等于缄默，不做声。"不做声"是官话，"缄默"是文言，"装鳖"是河南的大众语。考查"装鳖"二字语源，也颇幽默有味。夫鳖之为物，大有忍耐沉默精神，一见锋头不顺，便马上把头和脖子一齐缩进肚里，任你怎么调弄，践踏，总是置之不理。

写到正文，就渐露锋芒了。举凡历史掌故、中西名人、古时现世，统统来个兜底抖落，直叫它们都露出丑来。

一个人遇见不平时偏能平心静气，一声不做，就叫作"装鳖"。举例说来："猝然临之而不惊，无故加之而不怒"，是装鳖。韩信受胯下之辱，是装鳖。张良给一个素不相识的老头子纳履，是装鳖。张公九世同居，是一家人个个装鳖。耶稣说"有人打你这边脸，你把那边脸让给他打"，是装鳖。日本人夺去东北四省，我们一味镇静，是装鳖。历史上一些隐士们愤激世事而又不愿做声，把自己藏在深山里边，过着与红尘隔离的生活，是装鳖。古往今来一切大美德，大英雄行事，多半都是装鳖。于此可见装鳖对于处世之重要了。

这篇小品文，风格可谓"粗暴"，正是鲁迅寄希望于小品文的那种类型，"是匕

---

① 鲁迅 1933 年 10 月 23 日致陶亢德信中说："我并非完全不赞成《论语》的态度，只是其中有一二位作者的作品，我看来有些无聊。"

② 参看鲁迅 1933 年 12 月 28 日致陶亢德信和致王志之信。

首,是投枪,能和读者一同杀出一条生存的血路的东西"①。

姚雪垠在《论语》上取得突破后,一发而不可收,连续撰写了多篇小品文。1935 年,他连续地在《论语》《芒种》和《申报·自由谈》上发表了如下八篇风格同样"粗暴"的小品文(随笔、杂文)②:

《教育四征》,载 1935 年 3 月 16 日《论语》第 61 期

《鸟文人》,载 1935 年 4 月 5 日《芒种》第 3 期

《老马识途》,载 1935 年 5 月 5 日《芒种》第 5 期

《日子倒走》,载 1935 年 5 月 20 日《芒种》第 6 期

《文学的别用》,载 1935 年 6 月 5 日《申报·自由谈》

《京派与魔道》,载 1935 年 7 月 1 日《芒种》第 8 期

《论潇洒》,载 1935 年 7 月 5 日《申报·自由谈》

《苍蝇主义》,载 1935 年 8 月 20 日《芒种》第 9、10 期合刊

以上文章,除第一篇《教育四征》(作于 1934 年 11 月)仍署名姚雪痕之外,其余各篇(作于 1935 年 3 至 7 月间)均改署姚雪垠③。

这些小品文的锋芒全指向"读经复古"的历史逆流:或批评"主张文学是无用的东西,主张闭目不谈现实"的"知堂老人及其手下的稗将喽啰"(《鸟文人》和《京派与魔道》);或讥讽那些倡言"抽古人版税,养自己妻子,如何不可"的林语堂等名士派(《苍蝇主义》);或谴责积极参与"复辟运动"及"读经存文运动"的江亢虎博士之流(《老马识途》和《日子倒走》)。他的这些小品文,积极地配合了当时反对"读经复古"文化逆流的文化斗争,引起了进步文化界的关注。当年 7 月,他受邀在国内文化界名流发起的以反对"读经复古"为宗旨的《我们对于文化运动的意见》上签下了自己的名字。

据史料记载,这场文化斗争的背景如下:1934 年,国民党当局开展新生活运动,提倡尊孔读经,鼓吹读经救国,颁令重修孔庙,定孔丘诞辰为"国定纪念日"。某些文化教育家也跟着掀起复古的逆流。对此,进步文化界严词声讨。1935 年 7 月,文学社、文学季刊社等十七个文化团体,王鲁彦、艾思奇等一百四十八个人联

---

① 鲁迅:《小品文的危机》(1933 年 8 月)。

② 有研究者发现,姚雪垠还曾在 1935 年 7 月 16 日《时事新报》《青光》副刊上发表过杂文《文丐》。

③ 河南大学刘涛先生最近发现了姚雪垠的一篇杂文,标题为《"文人相轻"》,刊《华北日报》1935 年 7 月 12 日第 8 版《每日文艺》副刊第 217 号,署名姚雪垠。

名签署《我们对于文化运动的意见》。该"意见"指出"复古运动发展的结果,将是一服毒药,对于民族前途,绝没有起死回生的功效",认为"怎样普及知识于大众,是今日最重要的问题",并主张"文字与文化运动有极密切的关系,文言文或古文早已走上了末路,那些僵硬了的文章组织,实在不足以表现现代的生活,依照口头语写成的'国语文',在修辞学上看来,其精密详审的程度,比较文言文进步得多,决不是浅陋苟简的东西"①。

姚雪垠受邀在《我们对于文化运动的意见》上签名,这亦是他被国内进步文化界认可的标志之一。

著名左翼批评家胡风于1935年10月作《文学上的民族战争》,文中指出:"各式各样的复古运动,都是增加或帮助保存'亚细亚的麻木'的。对于人民大众底救国运动的认识或情绪是有毒的东西。无论是用'文化合法'的美名散播出来的也好,用教育文化机关底力量散播出来的也好,甚至是用'新文学家'底号召力散播出来的也好,都应该给予打击,给以批判。"②

姚雪垠此时与左翼组织似无直接联系,他是自觉地站在左翼旗帜下的文化战士。

第三节　文坛大门訇然中开

1935年3月,姚雪垠第三次来到北平,住在沙滩附近的东老胡同。

这一年,他的人生目标又有所调整,他不再幻想着当一名"历史学家",也不再幻想着当一名"文学史家",而是转而踏实地从事着"作家"的职业追求,说得文雅一点,即"笔耕生涯"。由"学者"而"作家",他的奋斗目标转变了。这是为什么呢?

姚雪垠在《七十述略》里曾这样谈道:"(这次来北平)我为着生活,杂文、散文、短篇小说都写,而以写好小说作为我的奋斗目标。"

"为着生活",说得简单,其实很无奈。此前为"学者"梦想奋斗的两三年里,

---

① 参阅黄明喜、张文敬《读经抑或不读:一场教育界内外的争辨——以1935年教育杂志关于"读经"问题的讨论为中心》,《江西师范大学学报》2015年9月号。

② 原载1936年1月上海《改造》杂志创刊号。转引自刘涛《现代作家佚文考信录》第226页,人民出版社2012年出版。

他只在开封的地方报刊上发表过三四篇有关"中国文学史研究"的论文,大都是没有稿费的,即使有也少得可怜,不仅不足以养家,连维持后续的研究都不可能。而年前和年初在上海、北平、天津等地的文艺报刊上发表的随感类文章,稿费最低为千字一元五角(如北平《华北日报》副刊《每日文艺》),高则为千字五元(如上海《论语》《芒种》等)。《文人与装鳖》只有两千余字,就得到了十元稿费,足够在北平大半个月的开销了。

而且,此时他已经不再是被外埠报刊轻视的"无名作家"。前文已述,他的小品文《文人与装鳖》已于年前在上海的名刊《论语》第 52 期上发表;当年 3 月,他的另一篇小品文《教育四征》又载于《论语》第 61 期"现代教育专号";外埠报刊的编者当会很快记住这位文学新人的名字,稿件的采用率也会高得多。

姚雪垠在《七十述略》里曾这样谈到他当年的际遇:

> 当时新文学运动的中心在上海,只要能够在上海的文学刊物上发表两三篇稿子,编辑们熟悉你的名字,以后投稿就开始容易。倘若你发表的第一篇作品较好,引起人们注意,从那一篇以后你就算敲开了文坛的大门。

实际情况也真是这样,自从他登上了《论语》的殿堂后,文坛大门便对他訇然中开了。为了养家也好,为了理想也好,他不能不在"作家"这条路上走下去。

1935 年是国内政治局势变动极其剧烈的一年:红军在长征途中成功地举行了遵义会议,摆脱蒋军的围追堵截,胜利地到达陕北;日寇侵华魔爪伸向华北五省,国民党政府忍耐退让;爱国学生运动掀起高潮,进步文化团体群起响应,中共倡导的抗日民族统一战线策略思想深入人心。

这一年,姚雪垠的变化也很大:第一,他放弃了旧笔名姚雪痕,改用新笔名姚雪垠。旧笔名带有悲观色彩,"思想感情的变化"和父亲趋吉避凶的建议①,促使他改用了新笔名;第二,他的文学思想由朴素的写实主义转向新现实主义,强调先进的世界观对于作家认识生活的作用;第三,他的文学作品(主要指小说)的题材,渐从"家庭生活"转向"社会生活",进而转向"农民生活"。

这年,他贡献给文坛的首先是几篇文艺理论文章(序号为笔者所加):

1.《经验,观察,与认识》,载 1 月 5 日《华北日报》副刊《每日文艺》

2.《写实主义文学与科学》,载 1 月 17 日《华北日报》副刊《每日文艺》

---

① 姚雪垠在《学习追求五十年》中谈道:参加中国共产党领导的政治运动和文化斗争后,"思想感情的变化促使我将'雪痕'的笔名抛弃了"。又曾谈道:"后来我父亲看到这个名字说不吉利,改用'雪垠'吧。从此就一直用'姚雪垠'这个名字。"参看杨建业录音整理稿。

3.《英雄非典型》,载 2 月 6 日《华北日报》副刊《每日文艺》

以上文章的发表时间均在他此次抵达北平(3 月)之前,作者署名都为姚雪痕。

这些文章应该算是他的较早的理论著述。如前所述,1929 年他在发表小说处女作《两个孤坟》之后即写过一篇表达文学诉求的通讯《致灵涛信》,文中观点明显受到郑振铎的"血和泪的文学"和郭沫若的"留声机说"的影响,多为转述,仍停留在旧写实主义的畛域。而此时的理论文章,多为与时人商榷之作,有了个性色彩,且进入了新现实主义的范畴。

《经验,观察,与认识》作于 1934 年 12 月,对周毓英发表在《申报》副刊上的《论作品与生活的关系》一文提出批评。他认为周文中"文学是想象的产物"的观点"不用说,是观念论的",并提出"认识现实之道,不外经验与观察",强调具有"科学的宇宙观"对于作家"认识现实"具有莫大的意义:

> 处在我们这样矛盾冲突尖锐化极了的时代,一切现象都在动乱状态中存在、消灭,想认识现实,把握现实,非有科学的工具——正确的宇宙观不可。同是一个事象,由于作家宇宙观的有无或不同,有的仅看见表面,有的直看透了全体。没有宇宙观或宇宙观错误的人,虽然面对现实,也是直视无睹;纵令经验了许多事情,仍旧看不见事情的本来面目。故一个作者需要正确的,科学的宇宙观,几乎比需要天才还要重要了。

《写实主义文学与科学》作于 1935 年 1 月,对国新发表在《华北日报》副刊上的《论文学与科学的携手》①一文提出补充意见。他认为"十九世纪的写实主义与自然主义"的主要特征,正如泰纳所说,是"将自然科学作为艺术构成的基础"。他认为,"新写实主义"比泰纳说更前进了一大步:

> 新的写实主义者,已经不自限于自然科学的范畴,而更将基础之一半建筑在社会科学的领域之内了。要分析一个人物的行为和意识,单凭遗传上与环境上的观察仍不够,不得不懂得"经济决定论"。只有正确的社会科学的知识,才能帮助作家去认识,去把握现实。中国还没有产生过伟大的作家和较为优秀的批评家,一般从事文学活动者对于自然科学及社会科学知识之缺乏,不能不算是重要原因之一。

《英雄非典型》亦作于 1935 年 1 月,对左翼作家张香山发表在《申报》副刊上

---

① 国新文是对陈辛仁发表在《太白》上的《文学得挽紧科学的手》一文的补充。

的短论《关于典型与英雄》提出商榷意见。他认为，张文"把典型与英雄连结在一起，这实在是一个错误"；他罗列了中外文学史上的许多"英雄"或"典型"的例证，总结道：

> 据我看来，英雄固很多是戏曲小说中的典型人物，但英雄却不必是典型人物，而典型人物也不必要英雄。哈姆雷特，西哈诺，堂·吉诃德，诚如大家周知的，是英雄也是典型。可是沙宁，阿Q，罗亭，是典型却非英雄。再举个幽默的例子吧：花木兰，樊梨花，是英雄而非典型；王熙凤，林黛玉，是典型倒不是什么英雄。总之，英雄是古代的，平凡是现实的；在现实主义作品中，可以找着典型，却找不出英雄来；反之在浪漫主义作品中，英雄和典型才往往结合在一起。从易卜生，萧伯纳，高尔斯华绥的戏剧中，从托尔斯泰，高尔基，辛克莱的小说中，我们能找出来一个英雄吗？

感谢北平《华北日报》副刊《每日文艺》的编辑徐霞村先生，他独具只眼地看中并连续刊发了这位刚露头角的年轻作者的并不成熟的理论文章①，为后世的研究者留下了一帧有关姚雪垠早年"典型观"的难得的历史剪影。细读这几篇理论文章，对于我们理解作者抗战前期小说中的农村反叛者形象为何非"英雄"，对于我们理解作者抗战初期的成名作《"差半车麦秸"》中的"典型"形象为何亦非"英雄"，对于我们理解作者终其一生对"科学的宇宙观"的坚守和宣扬，对于我们理解作者晚年对"二重性格组合论"等的批评，是不是都有一定的启示作用呢？

这年，与上述理论著述同时，姚雪垠贡献给文坛的还有如下短篇小说（按发表时间排序）：

1.《咒——年头小景之一》，载北平《文化批判》第 2 卷第 2、3 期合刊（1935 年 1 月 10 日）

2.《福之死》，载上海《文艺大路》第 1 卷第 2 期（1935 年 6 月）②

3.《月出之前》，载上海《文艺大路》第 1 卷第 3 期（1935 年 7 月）

4.《野祭——幼年生活的一段》，载上海《新小说》第 2 卷第 1 期（1935 年

---

① 徐霞村曾回忆说："（副刊）更多的稿件来源是当时在北京的还没有成名的青年作家，比方说刘白羽、姚雪垠、王西彦、黑丁，还有田涛、吴奔星。这些人我不敢说他们第一篇文章都是在《华北日报》副刊上发表的，但是，我的印象是他们中的大多数最早发表的东西是在《华北日报》副刊上。"转引自吴心海《华北日报上的 26 首吴奔星诗作》，《新文学史料》2012 年第 4 期。

② 与短篇小说《福之死》同时问世的还有短篇小说《上工》，两篇起初均载邓县旅汴同乡会在开封办的《湍声季刊》1935 年创刊号。前一篇署名王梅彩（姚雪垠妻子名），后一篇署名姚雪痕。前一篇后来冲出了省界，后一篇的走向尚待考证。

7月15日）

　　5.《山上》,载北平《文学季刊》第2卷第4期(1935年12月)

　　这五篇小说都发表在北平和上海的文艺刊物上!

　　前两篇,皆署名姚雪痕,是年前在家乡所作;后三篇,皆署名姚雪垠,是此次来北平后所作①。

　　前三篇,是新近发现的姚雪垠小说佚作。由于所载刊物较为冷僻,未被现行的各种现代文学资料汇编所收存,也因此未得到过研究者的关注。感谢上海的徐晋先生,他在故纸堆中辛勤翻检,填补了作家早期小说作品的好大一块空白。

　　我们也许可以说,《咒》是目前已发现的姚雪垠早年第一篇冲出省界、登陆北平文坛的短篇小说作品②。它的创作素材仍来源于作者家乡豫西南的社会生活,所表现的题材介于"社会生活"与"农民生活"之间。往前看,它与《两个孤坟》《露水夫妻》源流相通;往后看,它与同年面世的《福之死》《上工》《月出之前》《野祭》等,与翌年面世的《七月的夜》《援兵》《生死路》等,甚至更与抗战初期创作的《"差半车麦秸"》和《牛全德与红萝卜》等一脉相承。顺便提一句,在很长的一段时间里,姚雪垠被文坛视为"农民作家",正是由于其小说取材的这个特点。

　　《咒——年头小景之一》是一部很有特点的短篇小说。概而言之,它是一部以心理独白为主要艺术手段的作品。姚雪垠在回忆录《学习追求五十年》中曾谈道,他在河南大学预科读书时就曾撰写过一篇表现"单恋"的心理小说,虽然这篇习作没有保存下来,无从评估作者其时对这种艺术手法的掌握程度,但从《咒》中可以回溯一二。

　　该小说的出场人物只有一个,即李四婶。中心情节也只有一个——诅咒对象的转移。故事非常简单:某年春荒,李四婶视同子嗣的宠物小猫(黑儿)被人偷走吃掉了。她非常痛苦,非常气愤,于是坐在树下编扎草人,要用来"咒死"那个偷猫贼。编扎的过程中,她想了很多,想到了世道,想到了人心,想到了——

　　　　她想着邻居们原都是好人,相处几辈子,大家挺相得,偷吃小黑全是为着大家饿。但,饿,为什么?

　　　　四婶好似抓住一道算术题,绞着脑汁想。……(笔者有删节,下同)

───────────

　　① 《野祭》"1935年3月作于北平",《月出之前》"1935年6月作于北平",《山上》创作时间更晚一些。

　　② 所载刊物(北平)《文化批判》虽然名气不大,但它却是当年北方文学青年的圣殿。附带提一句,与《咒》同期发表的还有王西彦的短篇小说《盲将军》,似也是佚作。

她想起了这几年的兵荒和匪荒;还有杂捐几十样,叫也叫不出名儿。邻居们都是勤快人,起五更,赶黄昏,辛辛苦苦的拼命做,结果不够给捐项。穷,饿,自然啰,这年头谁得吃一顿安生饭?安生饭,有人吃,但却不是下力人!……

可是捐是谁派的,她却不明白。本来机关名目太多了,她没有上过街,进过城,脑子里怎么能记得那么些。她只知道这年头是没有朝廷老儿了,末梢年谁都敢胡行。但她又不明白为什么邻居这样好,为什么只敢偷吃她的猫,不敢胡行。于是她越想越觉得邻居可怜,决计不咒他们了。

草人编扎完成了,她的初衷也改变了。最后,她把针狠狠地扎进草人心窝,诅咒道:"钉死你!钉死你!你叫邻居们都挨饿!"

《野祭——幼年生活的一段》,如前所述,它是以作者大哥从军失踪后全家人恓恓惶惶的经历为蓝本的。这篇小说的艺术表现手法与《咒》基本相同,也是几乎通篇采用心理独白的手法。该小说主要出场人物有三个——奶(祖母)、妈和七岁的遗腹子荭儿。故事情节也很简单:"奶"的大儿子、"妈"的丈夫、荭儿的父亲"失踪"有七年了。有人说他"是在军队里",有人说他是"在学里随了个什么会,是主张打富济贫的,给军队逮去枪毙了"。家里人苦思成疾,夜夜有梦。某夜,妈妈突然说梦见"爸爸回来了",引起荭儿的一大番心理活动:

妈妈说爸爸回来了,我不免很惊奇。我始终只见过爸爸的旧相片,看模样儿和叔差不多。据说我几个月时他就失了踪,但究竟往哪儿了,连妈也不知道。……(笔者有删节)

于是我静静的听一听。听,好幽静的午夜!窗外有风声,雨声;屋里有妈妈的哭声;顶棚上,衣柜里,抽斗里,床下和桌下,有耗子在奔跳着,唧咛着,哔剥哔剥的啃啮着。呵,什么声音都听得见,除掉爸爸的。爸爸有些什么声音,我也不清楚;不过想来大概跟叔差不多:有说声,笑声,叹气声,走路时还有脚步声。这些声音全听不见,爸爸许是另外铺条席子在地上睡着了。一阵风,抓住窗外的石榴树猛然摇几摇,把枝叶上的积雨全摇下来,哗啦,哗啦,洒在地上,碰在墙上和窗上。风过后,一切又依旧。雨,一阵紧,一阵松,潇潇的,在石榴树上,屋瓦上,鸡笼上,柴堆上,不停的下着。房檐的滴水,像奶屋里的挂钟般的,永远单调的,寂寞的,嘀哒,嘀哒,敲着檐涡。屋里,耗子依旧在跑,在跳,在唧咛,在哔剥;妈依旧在悄声的哭着。我仍然听不出爸爸的声音来,不觉大失所望。但我也恍然明白了:无怪乎妈每夜夜的哭着,原来她的夜是这么的凄凉，这么的长呵！忽然，我听出来有什么声音在床外，在地上，像是呼吸，也像是奶睡着时扯的呼噜。对，没错儿，爸爸真的回来了！还到底不出我所料：爸爸在地上铺条席子睡着了。我高兴非常，想从床上跳起来。但终于没敢跳起来，我怕红眼绿鼻子。

虽然只是幻觉，但"奶"坚信这是大儿"托梦"，于是第二天一早她便带着荎儿去郊外烧纸"还愿"，"野祭"的过程持续了"两个多钟头"，没有发生鲁迅《药》结尾所描写的奇迹。

通常，我们把《野祭》采用的这种描写方法称为"儿童视角"，现在看来，不如称为"心理独白"更为适当。与《野祭》写法相似的还有姚雪垠次年创作的《小罗汉》，也是借用一个年仅七八岁幼儿的心理活动来铺衍情节和描写人物，在此就不赘述了。

姚雪垠当年谈过其"心理独白"表现手法的来源。1937年初，他在一篇文章中写道："中国的旧戏和弹词是韵语的，却也是为大众所了解的，它们的共同特色是动作与心理描写全伴着角色的自我的解说。"[①]前文已述，他曾对元杂剧和土戏有过研究，能道出其艺术表现手法的诸般特点。所谓"角色的自我的解说"，放在元杂剧和土戏中或许另有专门的叫法，放在小说创作上就是"心理独白"。于此可知，姚雪垠理论创新的源泉之一竟是他的古典文学修养。

在中国现代文学史上，还有一位叫"路翎"的作家也非常擅长运用心理描写手法，虽然他出道比姚雪垠要晚得多。有一位青年学者对他的"心理小说"作过很有诗意的概括，可以借用来形容姚雪垠早年的"心理独白"小说：

　　　　沉痛激越的心灵狂潮描写，锐角式的情绪转折、重叠积厚的心理现象罗列、人物双重和多重性格塑造、心理与环境的同步同一是其高强度心理描写的特征所在。内心独白、心灵辩证法、东方式的意识流描写是其心理现实主义的主要技法。而复调式的谋篇布局结构将两者有机结合在一起，有利于主题的升华。[②]

姚雪垠在这一年里，小说创作取得了可喜的成绩，其揭露黑暗的力度，艺术手法的奇特，忧愤的深广，都颇为可观，但似乎没有引起北平、上海左翼文坛的关注，这是什么原因呢？答案很简单——萧军的《八月的乡村》和萧红的《生死场》分别

---

① 姚雪垠：《一种新写作方法的试验报告》，《国民周刊》1937年6月第1卷第8期。
② 胡春：《路翎小说的心理现实主义》，内蒙古师范大学中国现当代文学专业硕士学位论文，2004年。

于这年的 8 月和 12 月由上海容光书局出版,鲁迅和左翼批评家的目光皆聚焦在
这些表现东北人民苦难和挣扎(民族斗争)的作品上,姚雪垠的这些表现内地农
村悲惨现实(阶级斗争)的作品自然就很难引起关注了。毫无疑问,1935 年是属
于东北作家的。

姚雪垠蛰居在北平公寓里,不分日夜地辛勤写作,过分的劳累,严重的营养不
良,吐血的旧疾又发作了。

1935 年 8 月,他不得不冒着溽暑回到开封,准备歇歇脚便返回邓县,正巧,碰
到邓县老乡、好友梁雷。梁雷盛情邀请他去王毅斋先生新创办的大同中学养病,
他便欣然与之前往。

杞县大同中学,在抗战前夜的中原大地上是一盏革命的"红灯笼",这里曾聚
集了许多中共党员和进步知识分子,曾培育出一大批投身抗日救亡战场的热血青
年;这里也是姚雪垠的福地,他在这里找到了与朋友、文友欢聚的机会,找到了与
他们砥砺思想、讨论文学的机会。姚雪垠对这所民办中学的感情极深,曾在《雁门
关外的雷声》(1938)中盛赞其为"中原所仅有的一片干净土地",终生感念她的恩
德。在同文中,他还曾谈到这次来杞县的缘由:

> 一九三五年暑假,我在北平第二次患了沉重的咯血病,八月初回到开封,
> 打算转回故乡休养。这时候汽车公路被长期的淫雨冲坏,马车和洋车(即黄
> 包车)都走不成,在开封又没有安静的地方可住,正在没有办法,雷告我说,王
> 毅斋先生要请他回杞县作大同中学的教务主任,他已经答应了。

> "走吧,"雷说,"跟我到杞县养病去!"

> 杞县那时候还很不坏:半城积水,处处荷花。同雷住在大同中学里,看看
> 书,睡睡觉,谈谈闲话,有时忍着肋巴间的疼痛写点文章。那时芦焚也在家里
> 住着,我们的生活倒很不寂寞。不过在许多地方我们同芦焚的意见完全不
> 同,因此也不免常常抬杠。

引文中提到"我们同芦焚的意见完全不同",其中的"我们"指的是作者自己
和好友梁雷,也许还包括赵伊坪。梁和赵都是大同中学教师,都是失去了组织关系
的中共党员,也都是文学爱好者,且都有作品传世;所谓"意见完全不同"指的是
文艺观点的分歧。如前所述,年前宋一翰主编的《今日》杂志上曾刊载过李曼评
芦焚小说《决堤》的文章,批评他对"灾民"的苦难生活抱着"欣赏"的态度,"太囿
于旧写实主义的法则",几乎要把他划进"第三种人作家之群"中去。如今,他们
对芦焚的看法似乎还没有改变。

姚雪垠这是第二次来杞县了。1934 年"春假"时，他与苗化铭、王国权等曾应王毅斋先生邀请来杞县参观他创办的大同小学，与梁雷、赵伊坪等愉快相聚了"三天以上"。这次来杞县，落脚在王先生新创办的大同中学里。梁雷等将在这所民办中学里执教两年，直把这偏僻小城的弦歌之地培育成中原腹地的"小延安"，哺育出穆青等一大批献身革命的有志青年①。

这次，姚雪垠只在杞县居留了一个暑假。在这不太长的时间里，他与梁雷等好朋友讨论了"手头字运动"②，讨论了"大众语运动"，讨论了"集体创作"，还共同研习了"世界语"。语言！语言！！还是语言！！！此时此地，姚雪垠似乎承受了一番有关"语言"的洗礼，这也许就是他返乡后搜集整理"南阳语汇"的最初契机吧。

当年 9 月，学校开学后，姚雪垠即告辞离去，中途在新乡《豫北日报》苗一铭处待了些时日，于当年初冬返回邓县。这次回乡，他在邓县待了七八个月的时间，除了养病，最主要的工作便是搜集"南阳语汇"。

1941 年秋，姚雪垠在《我怎样学习文学语言》一文中谈到当年搜集"南阳语汇"的经过：

> 大概是一九三四年(吴按：1935 年)的夏天，我因为沉重的吐血病离开北平，路上辗转耽误，直到秋末才回到故乡。在故乡的七八个月中我既不能坚持写作，也不能用心读书。无聊的时候，我便读一点世界语，或把故乡的口语记录下来。日子久了，收集的语汇多起来了，便按照编词曲的方法把所收集的语汇编写在笔记本上，题名曰《南阳语汇》。这工作虽然没有做到完成，但是得到了很大益处。我从此真正认识了口语的文学美，那美是在它所具有的深刻性、趣味性，以及它的恰当、真切、朴素与生动。一位朋友曾对我说过外国农民的语言往往很富于幽默性，而我也对故乡的农民语言发现了浓厚的幽默趣味。我读过莱翁·托尔斯泰的传记，这位伟大作家对于故乡农民语言的种种赞美，我全可以借用来赞美我的父母之邦。

引文中"无聊的时候"云云，不可认真看，当年他学习世界语是非常认真的，

---

① 1982 年姚雪垠作诗怀大同中学，诗曰："风雨当年路漫漫，中原到处暗如磐。烽烟北望山河碎，兵气南来手足残。妥协难消民意盛，救亡偏有众心坚。乾坤一角弦歌地，私点明灯照夜寒。"

② 1935 年初，文化教育界人士及部分期刊曾发起推行手头字运动。"手头字"指一种在手头上大家都这么写而在书本上却并不这么印的字。

不久便基本掌握,一年后他的世界语译作便见诸《大公报》副刊①;至于收集和整理"故乡的口语",他做得就更加认真了,而且一直坚持做到了新中国成立初期。晚年他在回忆录中曾谈道:"1933年左右的大众语运动是中国共产党所领导的革命文学运动的组成部分,对改变'五四'以后的欧化文风和知识分子腔调起了重大作用。我是在这运动的启导下开始有目的地收集河南口语中的精彩语汇,并对某些语汇追究了语源,与元曲中的道白互相印证。"②

　　姚雪垠当年收集整理的《南阳语汇》,新中国成立前散失了一部分。现存的仍有不少。据上海的徐晋先生统计,"中原语汇(纸页)加上小卡片一共是1000余张图片(图片有正反面,所以卡片没有这么多,大概只有500余张)"。新中国成立之初,姚雪垠又将土改期间收集到的群众口语增添了进去,改题为《中原语汇》。现仅有"一"字部被收入《姚雪垠书系》第17卷。

　　笔者有幸看到了尚未付梓的《中原语汇》卡片,深深地为姚雪垠在收集故乡口语方面所付出的心血所震撼。

　　现存的纸页和卡片中,收录"故乡的口语"最多。大部分只是简单地记录,如"人血一般红""红眼绿鼻子,四只毛蹄子""家鸡打的堂前转,野鸡不打一翅飞""说你咳嗽你发喘"等,未加注释或说明;还有一部分则加上了简单的注释,以说明词源、地域性和适用范围,如下面这些词条:

　　白雨:南阳一带方言,指猛雨。

　　老院:地主分家后,后辈人称老宅子为老院,住在老院的是宗子系统。

　　吃面:旧俗,男家娶新娘第二天,治酒席待亲戚族人,命新娘下厨房切面条,这酒席叫做吃面。

　　砍的没的锨的圆:意思是,编的谎话毕竟没有实话听起来合情合理。在豫西农村中,砍也作乱说讲。至于话说的合情合理叫做圆。例:"你这瞎话编的真圆!"

　　砍血头的:南阳县妇女骂人的话。

　　烧包:作事和说话不沉着,并好表现自己。

　　烧锅:或称烧房,制造蒸馏酒的作坊。

　　敲:枪毙人。例:"他已经叫人家敲了。"南阳一带的话。

①　姚雪垠世界语译文:《春天里》(Olgin原作),载1937年1月10日上海《大公报》。
②　姚雪垠:《学习追求五十年》。

豫西民谚也是收存的重点,现存有三十四张纸页。如下面这些词条:

　　白露种高山,秋分种平川:豫西农谚,高山寒冷,麦子须白露下种;平川较暖,应在秋分下种。

　　谷要稀,麦要稠,黍黍中间卧头牛。

　　湿锄高粮干锄花,不湿不干锄芝麻。

　　想吃香的,就拾脏的。

更有不少的词条采自古典文学作品,尤以元曲(杂剧和散曲)为多。如下面的词条:

　　女生向外:"岂知女生向外,虽系吾所生,到底是别家的人。"《今古奇观·念亲恩孝女藏儿》

　　没搭煞:"那老儿没搭煞,黑暗里已自和那婆娘摸上了。"《拍案惊奇》卷十六

　　顶缸:独力担当困难,代替受罪。此词南阳一带很流行。《西游记》第二十五回猪八戒说:"只苦了我们不会变的,在此顶缸受罪哩。"为什么代替受罪叫做顶缸,来源不详。

　　停妻娶妻:家中已有妻子,遗弃了,再娶一个妻子。例"不忧文齐福不齐,只忧停妻再娶妻"。元王实甫《西厢记·哭宴》

　　两头白面:此语今仍流行。元康进之《李逵负荆》第二折云:"则为你两头白面搬兴废,转背言词说是非。"

　　话欛:即话把儿,把同欛,今加儿字尾。元乔梦符《金钱记》杂剧:"则怕人瞧见,做风流话欛。"

他还收集了一些"流行过于狭隘的土语",如"指山卖磨""指地揭钱""巧让客遇着个热粘皮"之类。这些词汇"虽然已被淘汰,或正在被淘汰",但他认为,"可作民俗学或社会意识学研究资料,(便)酌量保存"了下来。①

姚雪垠曾谈道:"我所学习的文学语言有三个来源:一是五四新文学运动以后的白话文,二是唐宋以来的古文,也学了一点四六体,三是从河南人的口语中学习很多活语汇。"②从这些现存的纸页和卡片上,人们看到了确证。

人们都说小说家就是语言学家,但有哪位作家能在语言上下如此大的功夫,

---

① 姚雪垠:《中原语汇·题记》。
② 姚雪垠:《学习追求五十年》。

有哪位作家真把语言当作一门学问来"治"呢？恐怕并不多吧。今人大多知道 20 世纪 40 年代末姚雪垠为搜集《李自成》的创作资料,曾用蝇头小楷记下了几千张卡片,但很少人知晓在更早的时期,他曾为锤炼、丰富小说语言下过同样的"笨"功夫。

姚雪垠晚年在《我的粗浅经验》中谈道:"记笔记,特别是抄写卡片,这是前人行之有效的工作,我们一定要学习。顾炎武的时代没有卡片,他是发现问题写到纸条上,积年累月,解决一个两个问题。写《廿二史劄记》和《陔余丛考》的赵翼,那时候也没有卡片,也是将一个一个读书心得记下来。最后产生了他的这两部作品。卡片这个东西是现代出现的,但是这方法和古人记在纸条上是一个道理。"

"创作"和"治学"兼顾相长,这也许是姚雪垠文学创作生涯有别于他人的独特之处吧。

还必须指出,姚雪垠并不是此时才发现了"口语的文学美",也不是此后才在小说作品中大量采用"故乡的农民语言",不是的！他的处女作《两个孤坟》(1929 年 8 月作)中的用语基本上就是"故乡的农民语言",此次返乡前的几篇小说作品所采用的也都是"故乡的农民语言"。只是,这之前,作家在采用民众口语时尚未经过严格的汰选,没有此后那么有理性而已。譬如《月出之前》(1935 年 5 月作),这篇表现豫西农村生活的小说中,便有好些非常"粗鄙"的对话:

（乡民讨论要不要去援助被土匪围困的邻村）

"我去吗,太阳没打西边出来！"

"我去我是杂种！"

"瞧瞧吧,就是我不去呵！"

"不去,我看也没人来把我蛋摘去！"

（"二哥,咱别骂,得罪人干吗？"）

（"当不了我的屄毛灰！"）

……（笔者有删节）

"总之,咱们都不去！"

"不去！谁去是丈人！"

"反正咱们都不是大户！"

"老子连荒春也过不去！"

"哪丈人不打算着卖女儿！"

（"好,卖给老子,大钱两串！"）

（"我贪你万代血祖宗！"）

"谁去谁不是娘养的！"

"对,对,不是娘养的！"

作者在以后的小说作品中,虽然也是大量运用方言俚语,但明显要"干净"得多了。

学者俞汝捷在观照姚雪垠坎坷的创作历程时曾颇有感慨地指出："作者在写生活、写人物方面的成就与他对文学语言的探索密不可分。"①这是知人之论。

第四节　杞县大同中学

1936 年 9 月,姚雪垠病情稍愈,便离开家乡邓县前往杞县大同中学小住。这是他第三次也是最后一次来杞县了。第一次（1934 年春）来杞县只居留了三四天,第二次（1935 年夏）居留了近一个月,这一次则足足居留了半年时间。他直住到翌年 3 月,才依依惜别了这座古城,踏上未知吉凶的北平之旅。

杞县大同中学是一个非常独特的学校。20 世纪 30 年代整个中原大地都笼罩在严重的白色恐怖之中,而这所学校里却洋溢着一股蓬勃向上的生机②。

这所学校里聚集着一批没有组织关系的共产党员,这所学校的影壁上竟公开绘有"坚决对 ×（日）抗战"（王毅斋手书）的大字标语,这所学校的各班竟公然以东北沦陷地"乌苏里""鸭绿江""哈尔滨"等为班名,这所学校竟自由地建立了"自治会""新闻社""读书会"和"文学社"等进步社团,这所学校的师生竟组织学习拉丁化新文字和世界语,而国民党杞县当局惊呼该校为"赤化之地"③。

姚雪垠对杞县大同中学有着极深的感情。这里凝注着他尊敬的老师王毅斋

---

① 俞汝捷：《"雄心不死似刑天"——姚雪垠的创作历程》。

② 1981 年 9 月 8 日姚雪垠为《悼烈士梁雷》（1938）作"跋"："1931 年以后,河南由蒋介石的嫡系所统治。国民党通过军统和中统两大特务系统统治和镇压河南人民的进步思想和进步活动。教育方面,基本上被 CC 系所把持。在公立、私立中学中都有国民党和三青团组织和活动,杞县大同中学可能是仅有的一块干净土地。这个学校曾经掩护了一批地下党员和进步人士,同时培养了大批进步学生。"

③ 杞县大同中学复校筹备组：《党在杞县大同中学的革命活动》。收入河南省革命文化史征编室《河南省革命文化史料选编(二)》。

先生的心血;这里有着他的心爱的朋友和同志梁雷、赵伊坪和王衡儒等①;这里有着他的心爱的小朋友穆青等。他来到这里,便有一种找到了组织的感觉,有一种回家的感觉。

这一年,他在闭塞的家乡待得太久了一些。他也许并不知晓年初"左联"解散的风波,也许尚不知晓其后搅动文坛的"两个口号的论争",更没有机会卷进稍后进步文化人的"站队"选择——如果他早三个月来到杞县,他也许就会接到周扬暗中挂帅的中国文艺家协会和鲁迅明里挂帅的中国文艺工作者协会的邀请信,并像芦焚等一样不得不在这两个"对立"组织的几乎雷同的"宣言"上留下名字了②。

说起来,姚雪垠踏上文坛也有几年了,但他从来"不与文学界名人接触"③,也从来不主动地与"左联"等文艺组织联系。他就像只孤狼,形单影只地在文坛上闯荡。这种并非情愿地与文坛人事隔绝的状态,与他当时身患重症,常恐时日无多,倍加珍惜光阴的心境有关。待他来到杞县大同中学后,与朋友朝夕相处,亲密无间,心境得到了改善。当年年底,他协助梁雷、赵伊坪等创办了《群鸥》文艺月刊,因此得到了对文艺热点问题表达意见的机会。

《群鸥》创刊于1936年12月9日(这是个有意味的日子)。编辑者:群鸥月刊社。代表人:沈藕舍、李静。发行人:王雨萍。经售处:北平知行书店。创刊号上有署名每非的《并非编者的话》,写得热情洋溢:

> "群鸥社"是一群小青年在几位大青年的领导下而结成的一个文艺团体,他们都是生活在比较偏僻的一个初级中学里,沉重的功课占去了他们大部分的时间,晴天的尘沙和雨天的泥土,家庭经济的破产和生活前途的苦闷;寂寞,单调,平凡,苦痛;使他们迫切地需要心灵上的润泽,然而不止是这样,民族的危机使他们受到强烈的刺激,时代的黑暗使他们觉得这颗心像要爆炸了起来;思想是火焰,在黑夜的林子里,照耀吧,这漫漫的长途呵,他们有国难生活团,有壁报,有集体讨论,集体研究,尽量的想把生活充实了起来,可是还

---

① 姚雪垠称他们是杞县大同中学的"三个灵魂",梁雷时任教务主任,赵伊坪时任训育主任,王衡儒时任校务主任。

② 前者为王任叔领衔、共一百一十人签署的《中国文艺家协会宣言》,后者为鲁迅领衔的六十三人签署的《中国文艺工作者宣言》。茅盾、赵家璧、辛人、马子华、丽尼、芦焚等人在两个"宣言"上都签了名。参看刘小清《揭秘:1936左联解散之后》。

③ 姚雪垠:《学习追求五十年》。

不够，就是这样，文艺，被他们当作精神上的最高的滋养料，他们要学习，更要表现，于是《群鸥》产生了。不是出风头，不是凑热闹，更谈不到功利；在这里，只是几十个青年人的热与力，而且是从穷乡僻壤中迸发出来的，希望她和山花那样美丽鲜红，希望她不会像流星那样泻落海底。

　　看到《群鸥》，也许会想到"海燕"；是的，他们不便以"海燕"自居，还没见到大海中的惊涛骇浪；然而这一"群"也决不是随波浮沉的；在内心中，潜伏着战斗的热力；这热力还需要培养；战斗，有一天，这艰苦的担子是会落到这一群青年的肩膀上来的。在这里，需要，迫切地需要站在一条线上的朋友们，给予多方面的帮助和鼓舞，批评和指导；"光明在前面，决不会永久地黑暗的啊！"

　　……

看到《群鸥》，当然会联想到"海燕"；看到"光明"，也不能不联想到上海的《光明》半月刊。我们这样说，并不是毫无来由的。

姚雪垠这次来杞县小住时期的作品基本上都发表在《光明》半月刊上。由于他的影响和带动，梁雷、赵伊坪等都特别关注这个刊物，《群鸥》的编辑思想和栏目设置明显地受到《光明》的影响，他们的"集体讨论"和"集体研究"，都似乎是在追踪着《光明》的脚步。

《光明》半月刊1936年6月10日创刊于上海，洪深、沈起予主编。该刊代发刊词《光明的态度》中指出："中国的当务之急，是救亡与救穷"，号召作家们用文艺形式"去做那救亡救穷反帝反封建的工作"。《光明》以左翼作家为骨干，联合广大作家群，及时反映民族民主革命的现实，"洋溢着时代感"。① 另有研究者指出，该刊不仅有着左翼文学的传承，更有着"国防文学"派的背景；主编洪深、沈起予本就是"左联"的成员，主要撰稿人周扬、茅盾、郭沫若、夏衍、徐懋庸、张若英等都是所谓的"国防文学"派。该刊以"左联"作家为骨干，联合广大进步作家，鼓吹"国防文学"口号，发挥了左翼文学的战斗堡垒作用②。

姚雪垠在《光明》半月刊上共发表了六篇作品，如下：

　　《碉堡风波——乡间国难曲之一》，载1936年11月25日《光明》第1卷第12期

---

① 参看中国社科院文学研究所编辑的《中国现代文学期刊目录汇编》中对《光明》的"简介"。
② 参看司晓磊《〈光明〉半月刊研究》，河北师范大学硕士学位论文，2010年。

《一部伟大作品的提议》，载 1937 年 2 月 10 日《光明》第 2 卷第 5 期

《援兵》，载 1937 年 3 月 10 日《光明》第 2 卷第 7 期

《M 站——乡村国难曲之二》，载 1937 年 4 月 10 日《光明》第 2 卷第 9 期

《生死路》，载 1937 年 6 月 10 日《光明》第 3 卷第 1 期

《选举志》，载 1937 年 7 月 10 日《光明》第 3 卷第 3 期

《碉堡风波》作于邓县，所表现的是家乡的社会现实。小说以 1935 年一二·九爱国学生运动引发的全国救亡热潮为背景，转而描写豫西南荒僻的一隅"土霸王统治下的乡村"，因"国难"而催生出的一个又一个"悲剧"。其中一个悲剧说的是：安康村的村民被逼着毁房拆庙去修碉堡，由于误传他们从"康王墓"里挖出了珍宝，于是接连遭到"（碉堡）委员、县长、绅士先生、土霸王和区长之流"的勒索，最后数百村民竟被前来夺宝的八百土匪绑票杀害，整个村庄被焚掠一空。由于该小说头绪相当复杂，涉及的人物繁多，作家为此颇费思索。他曾自述道：

> 《碉堡风波》的素材非常复杂，我曾经费了许多天的苦苦思索，撕毁了许多张刚开个头儿的稿子……试验着一种连我自己也不敢相信的写作方法……我之所以不能摹仿名家作品的出色的紧严结构，不能依照着通常的写作方法找出一个中心人物来把故事发展下去，乃是因为我觉得太困难，在我几乎是不可能。素材是复杂的不是普通的剪裁工作可以整理。一帮绅士，官吏，土霸王和土匪，压迫一群民众，关系是多方面的，人物是各色各样的，然而却没有主角。苦苦思索了许多天，我于是恍然大悟：勉强找个主人公作故事发展的中心，不自然，不必要，更非我的天才与修养所能到。而且在一个短短的小说中，如果太注意一二个主要人物，别的出场人物就会写得不活现，甚至完全忽略。①

简言之，他试图在写作方法上进行创新，以适应表现这种没有"主角"、没有中心情节、场景零碎的社会现实；于是，他选择了书信体的文体形式，假托转抄自某朋友用"世界语"写成的笔记；他试用了"介乎严正的（小说）创作与报告（reportage）之间的一种写作方法"（类似于抗战初期的"报告小说"，笔者注），借鉴中国古典白话小说的表现手法，"宁愿露出作者面孔"，在"形象的表现中参加着适当的说明"，以使读者更容易了解。写成之后，为"提防着土霸王同驻军对我继续

---

① 姚雪垠：《一种新写作方法的试验报告》，载《国民周刊》1937 年 6 月第 1 卷第 8 期。

着卑鄙的陷害。我跑到另外一个城市去，把稿子寄给《光明》"①。

《碉堡风波》虽不是一篇传统意义上的小说作品，却是一篇典型的表现"救亡与救穷"主题的作品。该文被《光明》的编者当成"小说"发表，发表后立即引起了左翼批评家的注意。立波在《一九三六的小说创作——丰饶的一年间》②中多次提到这篇作品及其作者，对该小说内容的深刻性和艺术形式的创新均给予了很高的评价：

> 投降？作战？现在应该是思想慎重的绅士们考虑终结的时候了。要么，死心塌地的准备做舒群所描写的受尽了屈辱和灾难的《穷高丽棒子》，要么，像《碉堡风波》里面的那位敏感的英文教员，听说某国兵快要来了，就关起门来赶紧学日文。除掉这条做奴隶和奴才的路以外，对于全中国各种阶层的人们，就只有一条路了，那就是抗战的路……（笔者删节，下同）

> 希望与喜悦充满了今年许多新作家的作品，像舒群、罗烽、姚雪垠这样的作家，一方面怀着他们的故乡的土地的香气，一方面流露着一种明朗的欢悦的气息……

> 《罂粟花开的时候》（宋之的）里的禁烟专员和姚雪垠的《碉堡风波》里的碉堡委员是同样的人物，但我们也许更恨碉堡委员，因为他还活着，还可以作无穷的恶。……

> 宋之的《一九三六年在太原》，虽然不是短篇小说而是一篇报告文学，但它却是和《碉堡风波》一样，企图独创新的风格的。《碉堡风波》是国防前线的乡村剥削者们趁火打劫的情景的反映，《一九三六年在太原》是"剿匪"前线的统治者恐怖的反映。在两篇小说的对照中，可以看出我们国家的风度。……

立波的这篇文章是代表左翼的，或许可以说是代表着左翼中的"国防文学"派的。他对上述这些青年作家的作品评价很高，并认为他们"造成了文学上的一个新的时代"。

姚雪垠读到立波的批评文字后很受鼓舞，这是左翼文坛对他的首次肯定！于是，他意犹未尽地又撰写了一篇采用同样文体形式（书信体）、同样表现手法（"报告小说"）的作品《M站》。

---

① 姚雪垠：《一种新写作方法的试验报告》，载《国民周刊》1937 年 6 月第 1 卷第 8 期。
② 该文载《光明》第 2 卷第 2 期，1936 年 12 月 25 日。

《M 站》的取材有别于《碉堡风波》，不是取自家乡见闻，而是改编自他人的作品。不久前，杞县大同中学的校刊《群鸥》上刚刊载出该校师生"集体创作的"小说《两千个》①，该小说取材于 1936 年 10 月下旬发生在百余里外"民权县车站"的悲剧事件，谴责国民党军队竟然公然用机枪驱散聚集在火车站企图去外省乞食的灾民，造成了群死群伤的严重后果。姚雪垠似乎不太满足于《两千个》将事件仅局限在"灾民""枪杀""血泪"等的局促视野，重新进行了艺术构思，加入了关于"国难"的大段议论。譬如下面两段：

> 但是，我的朋友，一九三六年的下半年为什么到处闹灾荒？为什么灾民会特别多！假若你把这原因常识的归之于帝国主义的经济侵略，和农村里的封建剥削，那你就未免太把这特殊的社会看得太单纯了。你应该注意到这日渐加深的国难，它的黑手插进乡村的角角落落里，到处起着怕人的作用，到处掐断中国人的生命线。它是一根魔鬼的琴弦，假若中国人不设法把它除掉，就永远只会替自己弹着奴隶的葬曲。

> 朋友，自从去年夏天以来，友邦的浪人在河北，在山东，在河南，大批的粮食被他们买走了，汉奸到处活动着，在郑州，在新乡，都有浪人同汉奸组织的秘密机关。粮食一车一车的从乡村里运到城市里，从城市运到火车站，又一火车一火车的运走了。北方的千千万万的善良的百姓们，没一个不恨"鬼子"，没有一个不恨汉奸。他们在五年来堆积如山的憎恨同恐怖里，又听到"鬼子"们提出的要亡中国的新要求。千千万万个善良的心不能再忍耐，同声的迸发出一个呼叫来："可逼到拼的时候啦！"

这篇"小说"同样被《光明》杂志刊载，不久，再次得到了左翼文坛的肯定②。

这两篇作品的成功似乎是一个信号，以"救亡与救穷"为宗旨的"国防文学"，不仅可行，而且大有可为。姚雪垠与朋友梁雷、赵伊坪等讨论后，又写下了一篇颇有影响的文章《一部伟大作品的提议》。这篇文章号召作家们紧密地团结在"国防文学"的旗帜下，创作表现华北数省国防前线纷繁复杂社会现实的作品，从整体上表现"我们国家（救亡救穷）的风度"：

---

① 该小说由"丁远、丁健、熔镭、穆肃、石心、岩生、待瀛、予良"联合署名，载《群鸥》第 2 期（1937 年 1 月 28 日出版）。

② 姚雪垠在《春雷集·题记》（1940 年作）中写道："《M 站》很像一篇小说，发表后曾蒙于黑丁先生当做小说写过一篇批评。"据金传胜、刘文静《姚雪垠集外诗文略说》披露，黑丁《读〈M 站〉》，载上海《国民》周刊 1937 年 5 月 7 日第 1 卷第 1 期。

在我们的国度里,有各种各样的压迫和剥削,有各种各样的桎梏和束缚。不惟有帝国主义的政治的,经济的,文化的露骨侵略,而且有帝国主义的公然的武力掠夺;有最进步的物质文明,也有最保守的,甚至有点近于原始型的野蛮生活;年年有旱灾,也年年有水灾。在我们的国度里,南至热带,北至寒带,无一处不展开了光明同黑暗的激烈斗争。到处有惨杀,有报复;有压迫,有反抗。到处有火药气,血腥气。我们更到处看见了饥寒,贫困,流离失散,挣扎和死亡! 在这国度里,呵,无数人正扮演着亘古未有的大悲剧——不,我相信这亘古未有的创作将来会以喜剧的形式煞尾的!

……(笔者删节,下同)我们已经有力量担负起时代的任务,但我们还没有真正的担负起来。我们的力量还是分散的,但我们原来就没从统一的工作中来统一我们的力量。国防文学的提出,使我们不自主的跑到一个阵地去;集体创作更使许多战士们紧紧的握了手。因为《光明》社的努力,我们看见了由不同的匠心制出的几篇小说和戏剧;因为茅盾先生的努力,我们看见了《中国的一日》。这些努力都是我们应该热烈的拥护和感激的。然而我还有更大的希望。我希望有一部《现代中国志》。

……我们应该用集体的力量从动的方面来写一部伟大的《北边》,献给全世界同情我们的人们,以建立起以全世界爱好和平的大众为后援的国防阵线。我们从九一八事变后开始写;我们的范围由军事,政治,经济,外交以至于一般大众的生活和思想转变,学生群众的救亡运动,各阶层,各团体的救亡组织,浪人和汉奸在城市和乡村是怎样活动,几个傀儡组织的全般丑态,自然我们也不能忽略了这些地方的地理和文化。这书里有侵略者同被侵略者决死的斗争,有无耻的卖国和光荣的救亡的对照。这书里的风景线有高原,草地,沙漠,山岳,河川,海洋,平坦而肥沃的农田,还有那古代的,由千百万祖先集体修建的万里长城。这书里有呐喊和呻吟。这书里充满着恐怖,与兴奋和血腥。这书是热与力的结晶体——这书,不惟要成为一部用眼泪写成的伟大信史,也要成为比钢铁还更有力的救亡武器。

这书,自然需要各部门文化工作者的同心协力,像察绥一带并且需要去实地考察。但只要我们努力,这工作完全有实现的可能。关于这书的全部计划不妨由几位专家草定,但实际责任最好由上海作家协会同北平(津)作家协会担负起来,如果他们目前有领导力量的话。

姚文提到的"上海作家协会"指的是周扬暗中挂帅的上海文艺家协会,成立于 1936 年 6 月 7 日；"北平（津）作家协会"指的是北方"左联"取消后成立的北平作家协会，成立于同年 11 月 22 日；"如果他们目前有领导力量的话"云云，透露出作者不敢完全信托的态度。

这篇文章刊载于 1937 年 2 月 10 日出版的《光明》第 2 卷第 5 期，同期有"光明社"的"社语"："《一部伟大作品的提议》很值得我们注意。这工作是我们应当完成，可以完成的，虽然这须得用集体的力量。"随后，文坛也出现了不同的声音，2 月 22 日《武汉日报》副刊《鹦鹉洲》刊载了段公爽的随笔《定货单》，对姚文的提议及《光明》的推荐进行了讥讽，在此不赘。

《光明》的"社语"及《武汉日报》副刊的讥讽，给了杞县大同中学"群鸥社"的师生表露文艺观点以极好的机会。经过激烈的"集体讨论"，他们很快便撰写了一篇长达数千字的文章：《响应〈光明〉的号召——向北平作家协会及〈北方文艺〉的编者一个具体的建议》，作者署名为"梁雷、冷雪、曹焰……"①。文章表示拥护姚雪垠提议的共同撰写一部表现"北方"人民"救亡和救穷"斗争的大书，并试图向更深处拓进：

> 五年多了，全中国处在一个空前的苦难的时代；在北方，尤其国防前线的平、津、冀、察、绥等地的人民，这苦难的滋味更是最先尝受，又是尝受得最深的；不久的将来，恐怕要更深千百倍——无论中国向那条路开步走。……（笔者删节，下同）关于这些地域里底报导的，研究的文章及其文艺的创作，我们是见到了不少，可是一部纵横交织，如二卷五期《光明》上姚雪垠先生所提议的伟大的有系统的著作，直到现在，还没有……
>
> 和不能反对国防一样，我们（中国人）绝不该反对国防文艺。所以"国防文艺"这口号一提出，就促成了文艺界的大联合，经过了两个口号的论争，理论与实践都更跃进一步。和建立坚固的国防壁垒一样，我们应建立坚固的国防文学的壁垒。这样才能奠定国防文艺运动的基础，完成时代赋予我们的伟大的任务……
>
> 北平作家协会，是在国防的旗帜下，以联合的姿态出现，又以联合相号召的有组织的团体，他们是为国防而工作的。因此，这繁重的工作，是毫无疑义的应该由它领导。我们也认为只有它适于领导，只有它能够领导。

毫无疑问，姚雪垠是参与了"集体讨论"的，但冷雪是不是他的笔名，尚待考

---

① 文载 1937 年 2 月《群鸥》第 1 卷第 3 期。

证。"群鸥社"拥护"国防文学"的坚决态度，与北平作家协会的态度是完全一致的。须知，《群鸥》杂志的集稿、印刷和发行都是在北平完成的，负责这项工作的杨伯笙不仅与北平作家协会有联系，还在该刊上发表过该协会成员（如魏伯）的稿件。

北方左联负责人孙席珍在《关于北方左联的事情》一文中曾谈到该协会在"两个口号论争"中的基本态度，他说："两个口号论争时，北平作协曾召开过两次大型座谈会，每次出席者各有百余人，两次会议都由我主持的……座谈会并无正式结论，总的说来，对于'国防文学'这一口号，大都表示赞成和支持，理由是：国防文学不但已经存在，而且应该存在，因为它是依据于当前新的政治形势，切中着当前的客观需要而产生的一个组织的口号，这口号已为广大群众所理解，所接受，所拥护，而成为普遍全国的一个文学中心潮流。"[1]

如前所述，姚雪垠此前与左翼文坛没有直接的联系，对左翼文坛"两个口号的论争"缺乏深入的了解，他拥戴"国防文学"，可能来自梁雷等好友的影响，可能来自北平作协的影响，也可能来自《光明》杂志的影响。而一旦认可了"国防文学"之后，他便焕发出令人颇为惊异的持续的理论热情，做出了一连串令人瞠目结舌的动作。

就在他发表《一部伟大作品的提议》的当儿，左翼文坛"两个口号的论争"已经基本平息，无论是"周扬派"的《中国文艺家协会宣言》，还是鲁迅派的《中国文艺工作者宣言》，或是孙席珍等人领衔的《北平作家协会宣言》，都没有再公开标榜"国防文学"或"民族革命战争的大众文学"的口号。但姚雪垠对这些文坛隐秘丝毫不了解，也不愿了解，他自顾自地挥洒着对于"国防文学"口号的热情，而且一直持续到了抗战中期：

> 如今是国防文学当道的时期。文学方面派别很多，为什么这不当道，那不当道，偏偏让这位暴发户的国防文学南面称王？理由很简单，就因为现在国难严重，要发动全国人民，一切力量，共同建设起坚固的国防，予侵略者以打击。（1937 年 11 月《应该特别强调的两口号》）

> 由于对日本帝国主义的矛盾大于国内各阶层间的矛盾，因而大众所支持的新现实主义文学就打出了一面崭新的"国防文学"的大旗。文学上的各种派别在"国防"的口号提出后都不能立脚了。她，国防文学，是民族解放斗争

---

[1]　载《新文学史料》1979 年第 4 期第 247 页。

中必然的产物,也是建立新大众文学的基础。(1937 年 12 月《论大众文学的风格》)

在论争的许多战术中,我们常见论争的一方使用着"沉默战术",只要用得适当也很能打击敌人。这战术十分毒辣,所以它有一个另外的名字叫做"默杀"。鲁迅在新文化运动中像希腊神话中的赫拉克勒斯,一切论争中他都是最后的常胜将军,对于"沉默战术"他曾经使用过许多次,并且还对这战术下过注释道:"最高的轻蔑是无言,而且连眼珠也不转过去。"胡风在关于文学上两个口号的论争中也曾经使用过这样战术,在两年后他才声明道:"因为当时我的主将(指鲁迅)下了命令,说沉默有时是最有力的回答。"但使用这战术必须有一个先决条件,就是问题的是非很显然,真理和正义绝对站在你自己这方面。胡风①当时犯了宗派主义的错误他自己不觉得,所以虽然使用了这战术也并没有制服敌人。(1940 年 8 月《谈论争》)

也许,这就是他结怨于"民族革命战争的大众文学"的提倡者胡风的最初的原因吧? 这当然是后话了。

姚雪垠很少主动参与文坛论争,但一旦参与,便常有独出心裁的表现;或是参与的时机不对,如在"两个口号论争"基本平息的时候,他仍大力宣扬"国防文学"口号,便给人以不识时务的感觉;或是超出文坛论争掌控者的预期,如抗战中期胡风发起"整肃"运动的期间,他贸然撰文批评臧克家的"现代田园诗",便产生了令人啼笑皆非的效果;或是一意以堂吉诃德挑战风车的精神傲视群侪,如他在"新时期"对郭沫若、臧克家、徐迟、刘再复等人的批评,引起了一阵又一阵的哗然。姚雪垠的这种特立独行的思想特征和行为风范,当然值得研究,但这也是后话了。

杞县大同中学是姚雪垠的福地,他在此小住的大半年里所创作的小说作品与前此发表的小说作品,竟然形成了一个脉络清楚、风格独特的系列。

《两个孤坟》1929 年

《强儿》1929 年

《露水夫妻》1933 年

《咒——年头小景之一》1935 年

《福之死》1935 年

---

① 吴按:该文收入《姚雪垠书系》第 17 卷第 74 页,把"胡风当时犯了宗派主义的错误他自己不觉得"误排成"胡适……"。

《上工》1935 年

《月出之前》1935 年

《小罗汉》1935 年

《野祭》1935 年

《山上》1935 年

《碉堡风波》1936 年

《七月的夜》1936 年

《M 站》1937 年

《查夜》1937 年 1 月

《援兵》1937 年 3 月

《生死路》1937 年 6 月

《选举志》1937 年 7 月

这些作品有一些共同的特征:小说情节基本取材于作者家乡豫西南地区的"最保守的,甚至有点近于原始型的野蛮生活";小说人物大都是挣扎在生死线上的普通农民,小说所使用的语言(尤其是人物对话语言)大都是故乡的民众口语;小说人物的"活路"除了上山落草之外,似乎无其他选择;小说的格调压抑而低迷,这也许是作家当年"政治苦闷和病人心理"的投影。① 这类小说在当时的文坛上算是奇葩异卉,我们且称之为"草莽小说"。

从这些作品中,我们可以看到大量的地方风物,作家故乡的山川胜迹纷纷跃然纸上,如"姚家寨"(《两个孤坟》),"刘胡庄"(《露水夫妻》),"西营"(《小罗汉》),"天后宫"(《野祭》),"普济桥"(《七月的夜》),"庆祥寺""康王墓"(《碉堡风波》)……

我们可以体味当地民众嬉笑怒骂诙谐风趣的社会风习,他们如同梁山好汉一般,都不称名道姓,而以绰号相称,如"瓦罐头二爷""红鼻子""砚瓦脸""画眉眼"和"段四鳖"(《小罗汉》),"红薯脚""黑心老婆子"和"油青脸"(《七月的夜》),"迷瞪眼""鸭蛋头""狮子""圣人蛋"和"半斤粉"(《生死路》)……

我们可以听到许多极其传神的方言俚语,把具有地方特色的"强悍的美"渲染得活灵活现,如"不怕(你)铁嘴帮子硬"(《查夜》),"上有青天,太阳落,我也落""扎一百锥子不流血的肉头货"(《七月的夜》),"为啥咱们就躺倒挨捶""天王

① 姚雪垠:《关于〈差半车麦秸〉及其它》(1942)。

老子地王爷,人血一般红""就他们那些毛桃青杏野谷子,当不了屁毛灰!"(《援兵》),"最恨人们心不齐,狼上狗不上""人血一般红,怕啥子?"(《生死路》)……

我们还可以看到许多具有"强悍的气质"和"坚强的性格"的"强人"形象①,如平素里不言不语,却敢在深夜提把斧头砍杀财主家恶狗的纸扎匠(《七月的夜》),如鼓动农民造反,事泄被捕,咬牙承受"野蛮时代的酷刑和杀风"的李国栋,如早年落草为寇,誓与官府作对到底的老染匠(《援兵》),如为修建国防工事而毁家纾难,结果被官绅匪逼死的"富于热血"的老保长(《碉堡风波》),或是不堪忍受"土皇帝"盘剥,利用迷信和流言暗中煽动"骚乱"的"红薯脚""鸭蛋头"和"狮子",或是"掂起来看家用的一把大朴刀"便来追杀巡查队的"花狼"(《生死路》)……

姚雪垠此期的小说作品,若论开掘生活的深度、广度和艺术手法的熟练圆通,实与抗战初期的《"差半车麦秸"》不相上下,只不过前者是群体形象的浮雕,后者是个体形象的细琢而已。左翼文坛注意到了他的两篇表现"救亡与救穷"的"报告小说"作品,却没有注意到他的表现农村骚动的更有特色的"草莽小说"作品;朋友们也称赞他的"报告小说"作品,却嫌弃他的"草莽小说"②。这是什么原因呢?

湖北大学教授周勃先生在其论文《姚雪垠的散文创作》中曾谈到作家早期小说作品的特点和局限,指出:

> 穷乡僻壤的"最保守的,甚至有点近于原始型的野蛮生活"成了作者这一时期创作的题材之源。如小说《野祭》、《碉堡风波》、《七月的夜》、《援兵》、《生死路》、《小罗汉》等……(笔者有删节)
>
> 姚雪垠踏入文坛,就执着地追求着革命文学,他感知到故乡的"活不下去了"的现实,更是极力要在自己的篇章中反映出来。"牢牢实实地去揭发黑暗的现实,代悲苦无告的农民诉出冤抑,达到字字血泪,语语惊心"③。我以为姚雪垠在《渡船上》以及上述小说中的取材特点,首先要从这一点去理解。然而,少年时代对故乡的生活感知,毕竟囿于一隅,未能和全国的政治形势联

----

① 《中国大百科全书》文学卷"姚雪垠"条目中称《强儿》里即出现了"强人"形象。此说有误,笔者按。

② 姚雪垠在《故乡杂感》(1938)里写道:"从前我曾用故乡题材写过几个短篇,在非同乡的读者看来,凡我所写的事件都很残酷,仿佛是几世纪以前的题材似的。其实我所写的在我自己看来还不够真实,实际情形要比我所写的更为残酷,因此后来我自己也不愿再写了。"

③ 姚雪垠:《现代田园诗》。

系起来,看到的"农民英雄们全没有'新生',看不见一点光明"。《渡船上》①以及上述小说,故较多悲凉感和压抑感,较少亮色和亮光。其次,作者较多地注意了"字字血泪,语语惊心"的表层效果,虽有一定的揭露性和煽动性,但却缺乏深厚的艺术感染力,人物显得平庸,性格也很模糊。②

湖北省社会科学院俞汝捷先生在其论文《"雄心不死似刑天"——姚雪垠的创作历程》中专门谈到作家早年的小说创作,并评价道:

> 1935到1937年,姚雪垠在北平、天津、上海、河南的报刊上发表了不少短篇小说、杂文和散文。就小说而论,技巧还不够成熟,却有两个特点十分鲜明:其一是正视社会矛盾,反映了二三十年代农村悲惨的现实;其二是透发出中原地带特有的强悍气息。

> 他的小说则不但毫无隐讳地反映出农村的黑暗和农民的苦难,而且提出了变革现实的要求。……(笔者删节)与上述特征相联系的,是这些作品大都带有凄厉的色调,散发出犷悍的气息,虽然幼稚,但不孱弱,尽管粗糙,却很坚实。而这种色调和气息除了带有二三十年代中国现实的印记之外,还与地域、与作者的生存环境密切相关。可以说河南那贫瘠的土地和淳朴而强悍的民风,既潜移默化地陶冶了作者的性格,也影响到他作品的风貌。

1936年12月12日,震惊世界的西安事变爆发。张学良和杨虎城将军为了达到劝谏蒋介石改变"攘外必先安内"的既定国策,停止内战,一致抗日的目的,在西安发动"兵谏"。12月25日,在中共中央和周恩来主导下,西安事变以蒋介石接受"停止内战,联共抗日"的提议而和平解决。西安事变的和平解决为抗日民族统一战线的建立准备了必要的前提,成为由国内战争走向抗日民族战争的转折点。

寄寓在大同中学里的姚雪垠和蛰居在这里的共产党员梁雷、赵伊坪等都真切地感受到了新时代来临的气息,姚雪垠不禁从心底里欢呼"春暖花开的时候"到了,而梁雷、赵伊坪等则惊喜地接收到了组织的召唤,将束装远行。除夕之夜,"群鸥文艺社"举办了一个小型的茶话会,一为辞岁,一为送行。姚雪垠"以来宾的资格,临时从座上被请起来作了'岁末致辞'",他慷慨激昂地演说道:

---

① 严格地说,《渡船上》只能算是散文作品,早于该篇的同类题材作品还有《渡》(署名姚雪痕),载北平《华北日报》1934年12月22日第8版《每日文艺》副刊第22期。《渡》是河南大学刘涛先生发现的,在此鸣谢。

② 周勃:《姚雪垠的散文创作》,原载《湖北作家论丛》(1988)。

全世界伟大的解放战争的序幕已开，"人的历史"正填写着惊心动魄的第二章。光明终究要到来，我们在一分钟，一分钟的期待着日出……

倘若说一九三六年是黎明，一九三七年就应该是日出；一九三六年是冬天，一九三七年就是春天了。有冬的酝酿，才有春的生长；一九三六年没有完成的，我们要在一九三七年完成它，让解放的战线更展开，向黑暗包围去，给它们个无法抵御的总攻。

新春是一切伟大未来的开始，我们要坚决而勇敢的负起来这时代所给予我们的使命。我们是孩子，我们的本身是春天，所以我们要欢呼着迎新年——一九三七年是我们的！①

接着，还有好几位来宾和师生作了长短不同的演说。在那些演说里，特别紧抓着全场注意力的，是赵伊坪的"话除夕"。这是个凄惋美丽给人以无限遐想的寓言故事，说的是一个老人与他的两个儿子失散了，老人日夜盼望着能和他们团聚，于是：

每年除夕，老头子把一盏红灯笼挂在门前最高的一株白杨树上，希望他的儿子能望着这盏灯走回……（笔者删节，下同）

呵，漆黑的夜里，宇宙间什么也看不见，只有这一盏红灯笼在高高的白杨树上飘荡着，飘荡着……灯之上是几点寒星在昏暗的远方眨着眼睛。

漆黑的夜里，寒风吹着，白杨树的枯叶沙沙的叹息着，这位白发萧萧的老头子驼着脊背，衔着眼泪，踏着落叶，在树下站一会儿彷徨一会儿，一直期待到午夜，然后发出一声唱叹，留下红灯，疲倦的走回家去等待着下一个除夕。……

姚雪垠非常喜欢这个故事里洋溢着的诗意，非常喜欢这故事里"红灯"的象征意义。当天晚上他便把这个"心爱的名字"题写在新日记本的扉页上，并撰写了一篇同样凄惋美丽给人以无限遐想的散文《〈夜行曲〉第一章——〈红灯日记〉序》，文中写道：

午夜里天是黑的，地是黑的，黑暗中照耀着一盏红灯笼，它是多么的美丽而可爱！我仿佛自己就是那位失去了音信的旅人，不管道路是怎样的崎岖，身体是怎样的疲劳，一个除夕一个除夕的过去了，我依然顽固的向着红灯的方向摸索。有时我仿佛看见了那盏红灯，它在遥远的前方飘荡着，飘荡着，于是我兴奋得忘掉疲倦，欢喜欲狂，不由的加速了脚步。有时红光一闪，缩小下

---

① 姚雪垠：《一九三七年是我们的》。

去,像一星磷火在林间飞游,虽然我仍得背着行囊急急的向前走,欢喜却从心头消失了。

我到底是位渺小的人物,在午夜里悠长的旅途中,往往免不掉随着那盏红灯的隐显而苦乐。可是也正因为这原故,我才更愿意用自己的笔描出自己的模糊而零乱的足迹,供来日去追怀,反省和检视。

我虽然偶尔有苦闷,却不曾悲观过。旅人只有坚强的意志和一双顽固的脚,不管白昼,不管黑夜,不管雨,背着行囊不停的向前走。红灯确乎不是梦,它像上帝的火柱,引导着被压迫的以色列人往迦南去。它在未有我之前就存在着,现在和将来也一样存在着:它不惟照耀着我的旅途,也照耀着千千万万善良人的心。

……

1932 年姚雪垠曾在散文诗《征途》中描写过一位不知疲倦、无惧死亡,向着

1936 年 11 月,姚雪垠(中)与好友梁雷(左)、赵伊坪(右)及他们执教的杞县大同中学学生在开封分别时合影留念。1938、1939 年梁雷和赵伊坪先后壮烈牺牲于山西偏关和山东聊城抗日前线。不久,学生邵世忠(后排中)也牺牲于抗日战场

"希望和光明"疾走的"新鬼"。那时,他心目中的"希望和光明"还是模糊的,只是"英雄梦"和"学者梦"的投影,蒙昧时期的心造的幻影而已。此时,则完全不同了。他所追寻的"红灯",是人类最崇高理想的所在,"红灯"象征着人民的觉醒,象征着民族的解放,象征着国家的强盛。抗战初期,他又把赵伊坪讲述的"话除夕"改编成散文诗《红灯笼故事》,不仅打动了不可胜数的爱国青年,且被译成外文远播海外,为中国抗战文学赢得了国际声誉。

赵伊坪辞别了,走上山东抗日前线;梁雷也要辞别了,走上山西抗日前线;姚雪垠也辞别了,他要奔向国防重镇北平,要去见证一个伟大时代的到来!

本节参考书目:

《民族魂——纪念抗日英雄梁雷殉国七十五周年》,中国文联出版社 2013 年出版

《世纪的追思——缅怀赵伊坪烈士》,人民出版社 2000 年出版

第六章

走向大武汉

1937—

第一节　主编《风雨》周刊

1937年6月，姚雪垠偕妻子王梅彩来到北平，住沙滩中老胡同。抗战以前，他曾四次来北平，这是最后的一次。

住定之后，他开始构思长篇小说《五月的鲜花》。这部长篇小说欲表现何时何地的社会生活，未见诸其回忆录。但他在五年后发表的一篇文章中透露过如下信息：

> 将抗战前夜的政治苦闷与病人心理交织起来，我还写了长篇小说《五月的鲜花》。由于抗战爆发，使这部小说没有来得及完成和出版，于故都被围后（我于七七事变前一个月又到了北平），将原稿寄回故乡，免得随着我自己遗失。[①]

遗憾的是，由于多年战乱，该小说"原稿"无存。

所幸的是，笔者的小友、广西大学教授彭林祥竟意外地在1937年7月16日《申报》的第二版上发现了《五月的鲜花》的出版预告[②]，透露了该长篇小说的背景、人物和主要情节。全文录如下：

> 姚雪垠：五月的鲜花
>
> 这是一部未经发表的长篇，由几个不同的从事救亡工作的男女作骨干。写自一二·九运动到双十二事变的一段故事。叙述一部分救亡青年，自北平怀着光明的理想泡（跑）回中原，然而有意想不到的压迫使他们日就（渐）凋零和枯萎。他们都是进步青年，但政局给了他们错误的认识。双十二事变后，他们又随着整个政局的转变而得到修正，思想坚定下来，踏上新的阶段。这是非常值得期待的一部小说。

由此可知，该小说取材了作家在杞县大同中学的生活，其主要人物身上有着作家自己以及梁雷、赵伊坪等年轻教师的影子。

当年，他已是全国知名的短篇小说作家。1936年年底，左翼评论家周立波曾在《光明》半月刊上发表评论盛赞其短篇小说作品。当下，他开始着力向长篇小

[①] 姚雪垠：《关于〈差半车麦秸〉及其它》（1942）。

[②] "北雁出版社"的出版预告。

说突进,可惜这一计划被战事打断。

一个多月后,七七事变突然发生。卢沟桥上的枪声,标志着全面抗战爆发。姚雪垠称之为:"兴奋的日子开始了。"他让妻子独自返回河南,自己留下来参加"北平保卫战"。

7月28日,中国守军一举收复丰台和通县(今通州区),他激动得夜不成寐,于7月29日凌晨5点记下这样的感言:

> 昨儿,不管城外的炮声怎样密,天空的敌机怎样多,市民们,学生们,整天拥挤在大街上,大家的情绪又紧张,又镇静,又欢喜,每个人,每个人都相信胜利是我们的! 兵士们在各街口堆沙包,掘战沟,架起来机关枪,这情景给我们的不是悲惨的预感,而是几年来我们所渴盼的:给打击者以打击!①

然而,他没有想到,就在他写下这段文字时,宋哲元将军已经悄然放弃了北平,日寇的坦克正轰隆隆地逼近这座千年名城。

北平沦陷后,姚雪垠和许多爱国学生被困在了城内。几天后,传来消息,他的名字被列在日本人通缉的抗日文化人的黑名单上。8月8日,日寇举行入城式,前门车站有所松懈。蓄起了胡须的姚雪垠,化装成商人,从容地登上了去天津的列车,两天后搭乘私营直东轮船公司的一艘客轮出大沽口,绕渤海,从山东龙口登陆,8月19日抵达开封。

姚雪垠返回开封后,先去母校河南大学探望嵇文甫教授,嵇先生在河南教育界有很高的声望。嵇先生问姚雪垠未来有何打算,姚雪垠告诉他打算往延安去,嵇先生勉励有加。过了几天,他在大街上邂逅刚从日本留学归来的王阑西②。他们是老朋友,30年代初一起搞过学生运动。王阑西劝他暂时不要去延安,并告诉他中共河南省委已经恢复,目前最紧迫的工作就是建立河南文化界抗日民族统一战线,还说自己对开封文化界上层人士不熟悉,希望姚雪垠能在这方面多做些工作。

如前所述,姚雪垠当年以为自己已是组织中人,有奉命而行的觉悟。1933年中共开封地下组织曾召唤他返城参加文化斗争,他二话不说便搁置下手头的"文学史研究",全身心地投入大陆书店和《大陆文艺》的工作。这次亦是如此,既是组织召唤,当然无有不应。于是,他答允了王阑西,而把渴求参加实际战斗的愿望

---

① 姚雪垠:《兴奋的日子开始了》,《风雨》周刊1937年9月第3期。
② 王阑西,河南省兰封县(今兰考县)人,1912年出生。1937年抗战爆发后,曾任中共河南省委文委书记及鄂豫边区区委宣传部长。新中国成立后曾任广东省副省长和文化部副部长等职。

1937年7月全面抗战爆发后，北平沦陷，姚雪垠上了日
文报纸抗日分子的黑名单，他留上胡须，化装逃离北平，辗
转回到开封

寄托在"小说化"的幻梦之中：

　　我往往幻想着自己将要参加种种生活，是多么的美丽，多么的英雄，多么的浪漫谛克！比如我时常幻想着我有着健康的身体，带着枪支，背着背包，参加了游击队……当这时，我的眼前就忽然明朗起来，看见了一幅图：荒山、古道、一行人马、一片夕阳，同时我的耳边就响着松声、泉声、隐约的枪声。（《雁门关外的雷声》，1938）

　　由于全民族抗日热情的不可遏止，且迫于日寇日益露骨的鲸吞野心，国民党政府被迫与中国共产党建立抗日民族统一战线，党禁稍见松弛，民众救亡运动得到了一定程度的允许，河南的政治局势也发生了很大的变化。

8月下旬,姚雪垠和王阑西在开封青年会主持召开河南文化界抗日救亡座谈会,教育界、新闻界等各界名流到会者有二十余人。嵇文甫教授提议创办《风雨》周刊,普及抗日宣传,开展有组织的救亡活动①。各界代表一致同意,推举河南各界名流胡石青、肖一山、嵇文甫、范文澜、冯新宇、方天逸、于赓虞、林孟平等组成《风雨》周刊的编辑委员会,并指派嵇文甫、姚雪垠、王阑西担任主编②。起初,三主编尚有分工:嵇文甫负责组织文化界、教育界人士的稿件,姚雪垠负责文艺界的稿件,王阑西则负责中共方面的稿件;后来,嵇教授由于社会活动太多,无暇过问编辑部事务,实际工作全落在姚、王二人肩上。姚雪垠曾回忆道:"那时编辑工作只有我和阑西两人。阑西在外边的活动多,我以坐在社中为主。两个人编一份周刊,按期出版。每到看清样的时候,我同阑西都到排字房中,工作到深夜。那时我的肺结核病尚未痊愈,还常常咳嗽,有时痰中仍带血丝。"③

风雨编辑部设在开封同乐街41号,邻近著名的铁塔,据说宅基地原来是乱葬场,向来路旷人稀。在一座空旷的大宅子里,只住着三个人,驻社主编姚雪垠、女校对员和打杂的小青年④。白天非常热闹,晚上则显得异常凄清。

9月11日,《风雨》周刊问世了⑤。姚雪垠在"编者的话"(代"发刊词")中意气风发地写道:

> 伟大的解放战争已经发动⑥,兴奋的日子开始了。谁都知道,全国上下一致奋起走上救亡战线是我们胜利的保证之一。在前线,我们需要飞机和大炮;在后方,我们同样的需要文化武器。疯狂的日本军人毅然的来屠杀我们,破坏和平,摧残文化的时候,我们就毅然的起来抗战,为我们,为东亚,为全世界,担当起维护和平,保障文化,反帝反侵略的重任。为着上述天赋的使命,我们的《风雨》就匆匆的诞生了。

① 姚雪垠在口述整理稿中说道:"当时是国共统一战线的形势,开封的大学教授、名流是赞同抗战的,都作为发起人。有钱的比如嵇文甫、范文澜,还有国民党一个教授叫郑新知等,每人出20元,作开办费。"

② 《风雨》创刊号主编排序即为嵇、姚、王。

③ 姚雪垠:《学习追求五十年》。

④ 姚雪垠在《学习追求五十年》中回忆道:"我和一个管校对的女同志石仲坚、一个十六岁的通讯员,在社中居住,生活简单得不能再简单。"作家吴强当年负责刊物的发行工作,也曾在此住过,不久便搬走了。

⑤ 《风雨》创刊号未标明出版时间,仅标为"每星期六出版"。查1937年9月11日为星期六。有研究者称该刊创刊号为9月12日出版,误。

⑥ 原文为"伟大。解放战争已经发动……",疑"伟大"后标点符号错,改为现在的句式。

从决定出刊到出版,这之间仅仅有一个星期的光景。幸赖朋友们在百忙中供给我们所需要的稿子,使我们觉得无论在质上或量上都不算对不起读者。但因为出版过于匆促的关系,各方面需要改进的地方实在很多,我们诚恳的希望海内外认识和不认识的朋友们多多的给我们指教,同时也给我们鼓励。

他认定全面抗战将给祖国带来蓬勃的生机,就像社会主义的苏联从第一次世界大战的灰烬中振翅腾飞一样。1937 年年初,他曾在译作《春天里》用灼人的诗句编织出一幅祖国未来的春景:

伟大的战争就要来了。在火焰中我们将创造新的世界,在火焰中将烧掉生活上的锈,霉和斑污,人类的守护神将从自己的翅膀上抛掉铅样的重负,新的灵魂将是自由而纯洁的。①

三年后,他将自己的第一部长篇小说定题为《春暖花开的时候》,也是基于这种政治判断。当然,这也是后话了。

创刊之初,《风雨》是个具有抗日民族统一战线性质的综合性期刊,以文艺笔调写成的各类作品约占二分之一强,贴近政治,贴近生活,异彩纷呈,生动活泼,深受读者的喜爱。创刊号印数两千,"想不到一天过去两千册完全售净,以致外埠多未寄出"②。

姚雪垠深受鼓舞,他原本就有将刊物办成"北线后方的抗敌文化（中心）"③的想法,以弥补年前倡议《北边》而未能实现的遗憾。于是他逐期增加"文艺方面"的字数,"并尽可能的登载一些文化界的救亡情报,和前方的速写或通信"④。该刊第 6 期（10 月 17 日出版）隆重推出了"鲁迅先生逝世周年纪念特辑",其阵容、声势在中国北方首屈一指,不下于胡风在武汉主编《七月》半月刊时推出的纪念特辑。

很快,《风雨》周刊不仅风行河南,在江苏、陕西、湖北、山西、安徽都有代销处,据说延安也能读到这份刊物,最高发行量达到一万多份,被各界人士誉为"大江以北最前进的救亡刊物"⑤。

---

①　姚雪垠译自《LA MONDO》第四年三四月号合刊,犹太人 Olgin 原作。原载 1937 年 1 月 10 日《大公报》副刊《文艺》281 号。

②　《风雨》第 2 期"编后记"。

③　《风雨》第 5 期"编者的话"。

④　《风雨》第 3 期"编者的话"。

⑤　笔者录自 1937 年《大时代旬刊》广告。

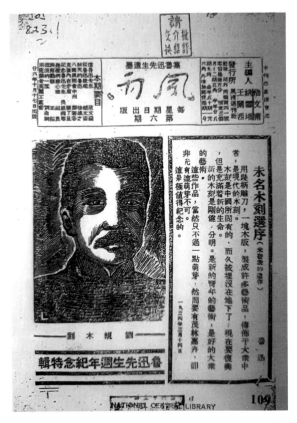

1938年9月,嵇文甫、姚雪垠、王阑西等人创办并主编的抗日救亡刊物《风雨》周刊。姚雪垠参与主编了其中的十四期

姚雪垠"又"被吸收入党了,候补期一年,介绍人是王阑西①。恢复组织关系后,姚雪垠更是忘我地投入救亡热潮之中,他是河南省文化界抗敌协会的中坚成员,或许在党组织内也有职务②。他经常与王阑西一起参加当地救亡团体的活动并指导他们的工作,"河南大学抗敌训练班":即"河南省战时教育工作团(战教

---

① 姚雪垠曾回忆道:这时王阑西对我说:"你入党吧。"我说:"我原来就是党员。"王说:"那不算,年代久了,要重新入党。"我说可以。就这样成了"预备党员"(我糊里糊涂,过去一直认为是正式党员)。参看杨建业录音整理稿。

② 1938年初,姚雪垠曾拿着河南省委的介绍信去武汉找长江局领导安排工作,这不是一般党员能有的待遇。

团）"的前身,和"黎明话剧团"①等进步团体中都留下过他们的身影。这些激动人心的生活场景,成了他日后创作长篇小说《春暖花开的时候》的极为宝贵的原始素材。

刊物的影响越来越大,姚雪垠在编辑部中的地位也日渐提高。他不仅是唯一的驻(住)社主编,也是主要的撰稿人。每天除了忙于编务,忙于撰稿,忙于约稿,还要接待络绎不绝的来访者,更要回复那如雪片般飞来的读者来信。顺便提一句,他主持的《风雨信箱》成了刊物与读者互动的主要平台,许多"在悲惨生活中挣扎的朋友"的"真实的呼声"通过这个平台被传播出来,他因而也拥有"粉丝"无数。由于来信太过热情,他无奈地在刊物上登了个小启事,称:

> 蒙读者爱护,给本刊编者写了许多信。这些信差不多都是寄给某个编者私人,带着过分奖饰的话,使收信人不但不敢发表,并且不肯让别人见到,这苦衷只有收信人自己知道。希望读者以后来信,多提一点实际问题,字数要简短,内容要实在,以便在本刊发表。②

他还给很多外埠作家寄去样刊和约稿信,原《光明》杂志主编沈起予收信后马上寄来了特写《前线归来记》,《七月》半月刊主编胡风收信后无暇写稿,却也在日记"十月十三日止所收到之寄赠期刊"里记上了一笔;他刊发了流亡青年作家碧野、田涛、刘白羽、于黑丁等的稿件,他们从西北抗日前线归来,身上除几张写满了字的稿纸别无长物,他们找到风雨编辑部,姚雪垠总是先支付稿酬,以解他们的燃眉之急,然后再择期发表;他还倾心帮助了许多流亡到开封的进步青年,并设法将他们介绍到各个进步团体。穆青等大同中学的学生也得到过"姚老师"的指导。1937年底,姚雪垠以编辑部的名义为穆青等开出通行证,介绍他们去山西临汾参加八路军学兵队,投入了革命熔炉。

河南大学教授刘增杰有专文论及《风雨》周刊,他指出:

> (《风雨》周刊)虽然是一个综合性的刊物,但刊登的文艺作品、抗日救亡文艺理论研究方面的论文却相当多。当时,由于《风雨》周刊高举抗日救亡的旗帜,在救亡宣传工作中做出了显著的成绩;又加上该刊内容充实,形式活

---

① 林亮、李正冠:《光明话剧团在一九三八年》,原载《鄂豫边区抗日根据地历史资料》第四辑《文化教育工作专辑》,1984年印行。该文写道:"在河南省委直接领导下,由范文澜、嵇文甫教授和王阑西、姚雪垠等同志发起,成立了河南大学抗敌训练班,请来八路军马致远(刘子厚)宣讲抗日游击战术。……党内专为(光明)剧团问题开会,由王阑西主持,王静敏、姚雪垠、林亮等十几个同志参加。"

② 载《风雨》第5期《风雨信箱》栏目之前。

泼，从而使它很快成为在全国具有较大影响的刊物，吸引了相当大的一批作者和读者。许多著名作家、戏剧家、音乐家都先后应约撰稿，及时地反映了抗战初期我国许多地区救亡运动的某些侧面。①

近年来，还有研究者将《风雨》周刊放置在更广阔的背景下进行考察。郝魁锋在《抗战初期〈风雨〉周刊研究》②一文中指出：

> 抗日战争爆发初期，随着平津及上海等地的陷落，作家们星流云散。当时主要的文化机构损失惨重，整个文坛显得异常寥落。能及时发出抗战声音的除了茅盾、巴金主编的《呐喊》（《烽火》）外，其他文学刊物寥寥无几。但在沉寂的中原大地却有《风雨》周刊异军突起，同上海的《烽火》、《七月》等抗战期刊遥相呼应，为抗战文学史留下了浓墨重彩的一笔，成为抗战初期文坛上除《烽火》之外最重要的抗战刊物之一。

诚如刘增杰、郝魁锋诸位先生所言，《风雨》周刊当年具有全国性的影响，其作品丰富了抗战文学的宝库，堪与上海出版的《呐喊》周刊和《七月》周刊比肩③。然而，长期以来，《风雨》周刊却并未受到现代文学研究者的注重，除了河南本地的研究者之外，外埠学者很少有人提及这个刊物。这种现象可能与该刊后来的变化有关，且看下文。

同年12月初，姚雪垠突然对繁忙紧张的编辑工作产生了厌烦情绪，他似乎体味到了一丝不知来源的不祥的预感。编完《风雨》第14期稿件后，他收到了好友梁雷12月12日寄自偏关的来信。梁雷兴致勃勃地向朋友介绍了前线的战况，并表达了期待得到后方消息的心情。姚雪垠立刻给好友回了一封信，信中竟称："我非常讨厌编辑生活，很想一步跑到西北去，吸一点新鲜空气。"④

几天后，这个不祥的预感竟然应验了。1937年底，《风雨》周刊突然改版，姚雪垠的主编职务竟被上级党组织给撤销了。

细心的读者不难发现该刊刊期的变化：《风雨》周刊第13期的出版时间仍属

---

① 刘增杰：《抗战风雨中的〈风雨〉周刊》，载《中州学刊》1982年第2期。
② 郝魁锋：《抗战初期〈风雨〉周刊研究》，载《平顶山学院学报》2010年第1期。
③ 《呐喊》周刊创刊于8月25日，《七月》周刊创刊于9月11日，《风雨》周刊与《七月》同日创刊。
④ 姚雪垠：《雁门关外的雷声》。

正常（12月5日出版），第14期由于敌机空袭等原因延期于12月21日出版①，而第15期的出版时间又整整延后一个月（于1938年1月21日出版）；前十四期都标为"每星期六出版"，第15期却改为了"五日刊"。接着又会发现主编排名的变化，前十四期主编为三人，排名依次为嵇文甫、姚雪垠、王阑西，第15期主编改为五人，排名顺序改为姚雪垠、嵇文甫、范文澜、方天逸、王阑西②。还会发现刊物风格的变化，前十四期文艺类稿件至少占三分之一强的篇幅，第15期及以后文艺类稿件近乎消失了。此外，第14期登载了姚雪垠的文艺论文《论大众文学的风格（中）》，第15期却未见该论文的下篇，文学青年热捧的这位主编的大作竟然被腰斩了！

细心的读者续后更会发现，这个刊物的性质完全改变了！不仅文艺家的作品消失了，当地资深民主人士的文章也消失了，刊物开始大量刊载中共的文件和文章：第15期（1938年1月21日）刊载了《中国共产党对时局宣言》；第18期（2月6日）刊载了《中共河南省委保卫河南宣言》；第21期（3月6日）刊载了洛甫《战时民运工作的八个基本原则》。呵！他们明白了，《风雨》已由抗日民族统一战线刊物变成了中共河南省委的机关刊物。然而，他们并不知道，姚雪垠此时虽然荣列《风雨》周刊五主编之首，实际上已失去了主编的权力③。

据姚雪垠回忆，1937年年底，河南地下党组织曾突然为《风雨》主编事举行一次特别的会议，经过激烈的争论，作出了最后的决议：支持王阑西将《风雨》改为省委公开机关刊物的提议；撤销姚雪垠的主编职务，另行安排工作。从第15期（1938年1月21日）起，《风雨》便正式成为中共河南地下省委的机关刊物④。

四十年后，王阑西撰文《关于抗战时期〈风雨〉周刊的回忆》，提及当年他提议刊物改版的原因。文中写道：

> 在台儿庄战役后，刘峙部退往江西，商震部调驻湘西，在徐州对抗日军的

---

① 《风雨》第14期"社语"称："因为那几天每天发几次警报，以及这几天常为本刊撰稿诸先生纷纷离汴，致编辑排印，均不能照常进行。这一期迟了几天出版，在本刊虽系破天荒的例外，我们也觉得很对不起读者。"

② 第21期（3月6日）后，主编名隐去，改署"风雨社"。

③ 姚雪垠1983年6月22日致刘增杰信："《风雨》某期有一篇文章，全是摘录八路军将领的抗日言论。《风雨》本是一个在国统区鼓吹抗日民族统一战线的刊物，忽然发表这样文章，反映当时某些同志们的极左思想和态度，这内幕对我以后受排斥，走曲折道路有密切关系。"

④ 陈传海在《抗战初期的河南抗日救亡运动》一文中称："9月下旬，中共河南省委在开封重建后，加强了该刊的领导，实际上成了中共河南省委的机关刊物。"载《郑州大学学报》1995年第5期。此说有误。

广西部队和其他所谓"杂牌军"也大规模的突围撤退，日军随向豫东大举进犯。国民党顽固派为了退守后方，维持他们的统治，在开封的宪警企图进一步压迫《风雨》周刊。这时《风雨》周刊社的人，有的为写文章已去了武汉，有的因大学迁移去了鸡公山，不久又去了伏牛山。中共河南省委坚持既定方针，把党所领导的抗日统一战线的《风雨》周刊公开化为党刊，在《风雨》上发表了《中共河南省委保卫河南宣言》。一向具有高度革命热情和马列主义水平的范文澜、方天逸担任《风雨》周刊的主编工作，把周刊改为五日刊。

由于事隔多年，王阑西的回忆多有失记：台儿庄大捷发生在 1938 年 4 月初，而《中共河南省委保卫河南宣言》却载于《风雨》第 18 期，时在 1938 年 2 月 6 日；《风雨》由"周刊改为五日刊"事始自 1938 年 1 月 21 日出版的第 15 期，与"徐州突围"毫无关系；刊物改版后新增加的两位主编，其实都只是挂名。范文澜先生当时并不在开封，1937 年底他率领"河南省战时教育工作团"，在尉氏、鄢陵、许昌、舞阳、固始等地作抗日救亡宣传，根本无暇过问《风雨》周刊的编务；至于方天逸，历史在场者都肯定地说，他从来没在编辑部中管过事。嵇道之（嵇文甫先生的儿子）在《回顾抗战初期嵇文甫与范文澜先生在河南的抗日活动》一文中写到《风雨》改版事时，非常肯定地指出：自河南大学南迁（1937 年 12 月）后，"《风雨》这个刊物便由王阑西一人主编，成为彻底的共产党刊物了"。

姚雪垠被撤销《风雨》主编职务，这是他一生中最为"痛心的经历"之一。晚年，他在《春暖花开的时候》修订本中描述了当年所遭受到的不公正遭遇①，写道：

> 他和同志所办的救亡刊物，本来是一个抗日统一战线性质的刊物，可是后来在一部分同志的主张下，刊物愈办愈左，几乎成了地下共产党宣传刊物，而且它的面貌愈来愈显著，有一时用大量篇幅辑录共产党中央领导人和八路军将领的抗日言论。在这样的编辑方针下，撰稿人的圈子大大缩小，原来统一战线性质的编辑委员们不再同刊物发生关系了，刊物的发行范围也很快缩小，各县的书店不敢代售。陶春冰是有自己见解的人，不轻易随波逐流，因此一些同志认为他思想右倾，又不十分听话，非把他排挤出刊物的主编岗位不可。一天上午，有几位上级领导出席，开会研究刊物的编辑工作，突然宣布组织决定：陶春冰不再参加《同舟》旬刊的主编工作，派往某地去做某种工作。

---

① 姚雪垠在《春暖花开的时候》修订本中写道："关于离开《同舟》旬刊社这一段具体经过，他回故乡来以后没有同任何人谈过。每次想起来，他都暗暗地心中难过，好似心灵上的创伤至今仍在流血。"

陶说他在城市中做文化工作比较适宜,请组织重新考虑。……（笔者有删节）

接着又谈到派他去某地工作问题,陶春冰又提出他的具体困难,请组织重新考虑。一位参加《同舟》旬刊编委会的同志赞同他的请求,并且说：

"春冰同志的理论和文化修养较好,在读者中较有威望,在社会上较有影响,这都是事实。我们党也需要文化工作,需要培养一批作家、理论家和学者。我希望组织能考虑春冰同志的意见,让他留在城市继续做文化工作,发挥他的长处。"

一位有决定权力的上级同志马上说道："党只能考虑他应该无条件地服从组织决定,不能考虑他的较好的文化和理论修养,也不能考虑他在社会上较有影响。在苏联,布哈林很有学问,影响很大,该枪毙还是枪毙!"

陶春冰突然明白,在《同舟》旬刊社中有人决心将他排挤出去,经常对某几位上级领导说一些歪曲中伤他的话,使上级对他的成见很深,已经没有他陈述意见的余地,尤其拿布哈林同他相比,不伦不类,毫无道理,而且说出枪毙布哈林的事例,意在压服,不许继续申诉。陶春冰一时无话可说,不禁失声痛哭。……（笔者有删节）

在这次会上,陶春冰提出来三个小的要求都被组织答应了。第一个要求是允许到徐州前线看看,做点采访。第二个要求是让他到武汉看看,多了解一些抗战的整个局势。第三个要求是允许他前往武汉时顺便转回家乡看看母亲,因为他母亲患病已经很久了。陶春冰的三个要求都得到同意,于是他以《同舟》旬刊主编和全民抗战通讯社特约记者的名义到了徐州,又南去访问了于学忠将军驻守的淮北前线。回到开封以后,陶春冰没有多停,带着地下省委写给长江局某位负责同志的介绍信,他就回家乡看母亲来了。

以上叙述和描写都不见于《春暖花开的时候》的早年版本①,而是 20 世纪 80 年代中期姚雪垠在修订原作时增补的。他曾当面告诉笔者,所写全是实情,没有进行艺术虚构："《同舟》旬刊"指的就是《风雨》周刊;"陶春冰"即作家自己;"几位上级领导"各有所指,但恕不指明;"某地"指的是竹沟;"长江局某位负责同志"指的是长江局组织部部长博古。

---

① 《春暖花开的时候》共有三个版本：1940 年的《读书月报》连载本,1944 年的单行本,及 1999 年收入《姚雪垠书系》的修订本。

如何评价《风雨》改版事件的历史功过,如何评价组织对姚雪垠的安排,这些都不是本评传所能承担的任务①。我们只能说,姚雪垠的性格不适合搞政治,正如他自己后来评价的那样——"我脾气坏,自由主义严重,常常有自己的想法,历次运动肯定会挨整"②——他几乎是命定地要走上文学创作这条艰辛的道路。

姚雪垠被解除主编职务后,《风雨》杂志的面貌发生了很大的变化,前十四期与后十三期编辑风格的差异非常明显:

《风雨》前十四期(1937年9月11日至12月21日),即由姚雪垠担任主编期间,文艺类稿件占有相当大的比重,报告、特写、速写、散文、诗歌、木刻、剧本等各种文体的作品都有。撰稿者多为省内外著名文化人或旅汴的青年流亡作家,如郭沫若、沈起予、嵇文甫、范文澜、于赓虞、李辉英、穆木天、徐述之、陈雨门、陈荒煤、碧野、田涛、黑丁、吴蔷(吴强)、李蕤、嵇振民、魏伯、刘岘等。

《风雨》后十三期(1938年1月21日至1938年5月8日),即由中共河南省委文委书记王阑西担任主编期间,文艺类稿件几乎销声匿迹,政治性文件充斥版面。有人作过统计,称:"(该刊)多次登载党中央领导及中共河南省委领导的文章,如刘少奇(化名陶尚行)的《抗日游击战争中各种基本政策问题》,张闻天(即洛甫)的《巩固国共合作争取抗战胜利》《战时民运工作的八个基本原则》,朱理治(化名李迅)的《回乡工作的基本任务》《坚守黄河保卫河南》《论保卫河南的武装民众工作》《铲除日寇进攻中原的先锋队——托匪汉奸》和《普遍组织全河南的农会》,刘子久(化名刘滋九)的《加紧训练干部保卫河南》《保卫陇海铁路》《献给欢迎朱学范先生的开封工友》《救济郑州豫丰纱厂的失业工友》和《读了'抗战中之人民生活'以后》等。"③

一个延续时间仅有八个月的地方性刊物,主编风格前后竟然有如此大的变化,其文艺内容占比由三分之一强而迅速缩小直至没有,这大概就是《风雨》周刊不为中国现代文学研究者所注重的主要原因吧。

姚雪垠被撤销《风雨》主编职务的消息很快不胫而走,朋友们闻讯都非常吃惊,他的好友梁雷和赵伊坪更为关切。抗战初期,梁雷赴山西任偏关县县长,领导

---

① 姚雪垠1983年8月23日致刘增杰信:"关于你打算将来写评传事,我是重视的。有一些资料方面的空白,须要补充。例如《风雨》内部是有斗争的,我为照顾朋友关系,在《学习追求五十年》中一字未写。评传中要不要写?"

② 杨建业录音整理稿。

③ 林万成:《知识分子的家国情怀:抗战时期的嵇文甫》。

抗日武装与日寇作战，赵伊坪任鲁西北特委、鲁西区党委委员、秘书长兼统战部部长，在山东领导抗战，彼此始终保持着联系。听到姚雪垠"出事"的消息后，他们十分担心，多次来信询问详情。赵伊坪的妻妹在回忆文章中谈道："有一个时期姚雪垠的政治处境不好，他（指赵伊坪）时常惦记着雪垠，试探着投信打听消息。记得寒假期间有一天我到他家去，正与姐姐一起谈话，他突然跑过来告诉我们：'雪垠回信了！雪垠回信了！'他得知雪垠很平安，那高兴的劲是很少见到的。"①

然而，朋友们却不知晓：此时，姚雪垠正拿着风雨编辑部和全民抗战通讯社的"派司"，冒着风雪，在徐州前线采访呢。

第二节　抗战文艺理论建设

姚雪垠主编《风雨》周刊期间，没有时间和精力创作小说作品，他的身影也从外埠各刊物上消失了。但文坛没有忘记这位新晋作家，《光明·战时号外》第3号（1937年9月18日出版）刊载"文坛消息二则"，传达了大家的关怀：

一、常在本刊撰稿之姚雪垠先生近由北平避难至开封主编——《风雨》周刊，并来信云北平某日报近以《光明》为中心撰《支那抗日文化阵线展望》一文联续登载。②

二、冯乃超先生近在武汉约集多人编——《抗战》旬刊，定九一八出版。

他虽然没有创作小说，却在抗战文艺理论建设上大有建树。从9月下旬到12月下旬，短短三个月时间里，他连续发表了总题为"关于救亡文艺的一束信"的几篇书信体文艺理论文章，如下：

《立场和观点·主题论之一》，载9月19日《风雨》第2期

《兴奋的日子开始了·主题论之二》，载9月26日《风雨》第3期

《怎样写汉奸·主题论之三》，载10月3日《风雨》第4期

《是否还要反帝反封建·主题论之四》，载10月31日《风雨》第8期

《应该特别强调的两口号·主题论之五》，载11月14日《风雨》第10期

---

① 吕秀芝：《忆我的老师赵伊坪》，收入《世纪的追思》，人民出版社2000年出版。

② "某日报"指日本人办的报纸。姚雪垠在《学习追求五十年》中回忆道：在七七事变后仍有日本人办的两家日文报纸在北平继续出版，中国政府不敢干涉。那两家报纸上有关于住在北平的抗日文艺界人士的报导，我的名字也列在里边。

　　　　《论大众文学的风格·关于救亡文艺的第六封信》（上），载 11 月 21 日
《风雨》第 11 期

　　　　《论大众文学的风格·关于救亡文艺的第七封信》（中），载 12 月 21 日
《风雨》第 14 期

　　姚雪垠不是文艺理论的门外汉。前文已述，早在 30 年代初他就尝试着运用
辩证唯物主义基本原理来分析文学现象，1935 年他在《华北日报》上发表过《经
验，观察，与认识》《写实主义文学与科学》和《英雄非典型》等文艺理论文章，论述
"科学的宇宙观"对于作家"认识现实"的指导作用，剖析新写实主义较之旧写实
主义作家的优长之处，探讨新写实主义典型观的"非英雄化"，等等。一手抓创
作，一手抓理论，这是姚雪垠有别于其他作家的显著特点之一，这个特点伴随了他
的一生。

　　在主编《风雨》周刊时期，他又尝试着运用辩证唯物论的基本原理探讨"救亡
文艺"（抗战文艺）的理论问题。前五篇文章，副标题都为《主题论》，着重探讨救
亡文学的"主题"和"题材"，即"写什么"的问题；后两篇文章，着重探讨救亡文学
的"风格"（已论及文体和文风等，还未涉及"语言"问题即被腰斩），即"怎么写"
的问题；而且，第六篇起首处还特别强调了"救亡文学"的读者对象，即"为什么
人"的问题。附带提一句，中国新文学的第二代人并不是从毛泽东《在延安文艺
座谈会上的讲话》问世后才开始探讨"文艺为什么人服务和如何去服务"等问题
的；早在 30 年代初，许多具备了一定辩证唯物主义理论基础的文艺理论工作者就
在不懈地探讨革命文艺"写什么""怎么写"和"为什么人"等问题，周扬、冯雪峰、
胡风等人皆如是，而毛泽东是集大成者。

　　说来也挺有意思，姚雪垠的这组文章"开宗明义"的第一篇是从作家的"立场
和观点"展开论述的，与上述那些文坛大人物的立论方式几乎相同。

　　他首先剖析了中国社会各阶层对待"抗日"的态度，指出："人的思想和行动，
总是在有意或无意中被他的生活呀，环境呀，所受的教育呀，各种现实的社会关系
所支配。"他认为，"洋行大老板"及"破落的小地主"的子女，"佃户"及"清贫的教
书匠"的子女，他们在抗战救亡运动中的态度和表现是各不相同的。这就需要先
进阶层发挥"时代的领导的力量"，"前进的应该在行动上领导落伍的，多数的应
该在团体中同化少数的"。

　　写到这里，笔者不禁联想到了作家长篇小说《春暖花开的时候》中著名的"女
性三型"的阶级定性：黄梅是佃户的女儿，林梦云是教书匠的女儿，罗兰是地主的

女儿,前者积极而热情如太阳,中者含蓄而坚忍如月亮,后者骄矜而动摇如星星,她们在救亡组织中的表现因家庭出身的不同而不同,经过艰难的"同化"过程,最后都融入了团体之中。一般地说,阶级分析法是人们运用马克思主义的阶级理论、观点,观察和分析阶级社会中各种社会现象的基本方法,毛泽东等政治家都有过非常杰出的运用;左翼文学家也常将这方法用于群体人物性格的界定和塑造,如丁玲的《水》和叶紫的《秋收》,这些作品一问世,便得到左翼批评家的交口称赞①。姚雪垠的《春暖花开的时候》问世后,文坛反响却稍有不同,有人责之不该描写阶级壁垒,有人责之"图解"现实。不管怎么说,我们在这里找到了作家早年塑造人物形象的哲学基础之一:阶级分析法。

在同文中,他还回答了在全民抗战的新形势下能否继续创作反映国内阶级压迫的作品的问题。他写道:

> 来信中你告诉我王秀贞非常痛恨地主的剥削和压迫,问我这时代是不是还需要她写反抗地主的作品。弟弟,这问题很简单,我可以分做两点来回答:第一,我们的解放战争是长期的,全民的,想象不到的艰苦的,要保证最后的胜利,必须缓和国内的诸般矛盾,改善农工大众的生活是没有疑问的;第二,在抗战的过程中,对内一切矛盾都应该用合法的方式去解决,减少或妥协,如果有两个人在家里发生了口角或斗殴,对外就失去了两个抗战的力量。所以,小弟弟,请你告诉她,嘱咐她在描写农民苦况时小心选择题材和主题,万不可再点起对内斗争的烈火。

读过上面这段引文,我们至少可以得到几点启示:第一,姚雪垠这代经受过革命文学运动熏陶的文学青年,不像新文学第一代作家(如鲁迅等)那样有时还会慨叹一下"文艺与政治的歧途",他们非常坚定地认同政治与文艺的主从关系,非常自觉地服膺以文艺服务于政治的原则。七七事变后,先进政党认为中国政治的首要问题已经从"反帝反封建"转向"抗日救亡",民族矛盾压倒了阶级矛盾,于是他们便毫不犹豫地随之转向了。第二,姚雪垠年前还非常热衷于创作表现豫西南"最保守的,甚至有点近于原始型的野蛮生活"及"各种各样的压迫和剥削""各种各样的桎梏和束缚"的小说作品(如《碉堡风波》《M站》等),热衷于塑造挣扎在生死线上的贫苦农民群像(如《七月的夜》《援兵》《生死路》等)。全面抗战爆发

---

① 1932年,冯雪峰指出《水》具有三大优点,即重大题材,正确的阶级分析,描写集体群像以及表现集体发展。

后,他突然舍弃了这些非常熟悉的"描写农民苦况"的题材,转而塑造从蒙昧走向觉悟的农民战士形象(如《"差半车麦秸"》《牛全德与红萝卜》等),其内驱力也就在于"立场与观点"的转变。

从某种意义上看,我们必须承认,姚雪垠是个非常"政治化"的作家,是个非常自觉的革命文艺战士。

姚雪垠不屑于隐瞒自己的"政治—文艺"观,同期他在一篇文章中坦然地承认:"一个前进的作家必须时时刻刻的注意着自己的作品对时代会发生什么影响,假若他不能深刻的了解政治,就可以断定他决写不出为时代所需要,为大众所拥护的作品。"①也许可以说,姚雪垠文艺观的最核心部分——对文艺从属于政治的认知和坚守——就是在这个时期奠定的。

诚然,当年的左翼文艺青年大都持守着与姚雪垠相同的文艺观,譬如人们以为的特立独行的胡风也是如此。30 年代初,苏汶、胡秋原等批评左翼"因为太热忱于目前的某种政治目的这原故,而把文学的更永久的任务完全忽略了",并提出:"只要作者是表现了社会的真实,没有粉饰的真实,那便即使毫无煽动的意义也都决不会是对于新兴阶级的发展有害的,它必然地呈现了旧社会的矛盾的状态,而且必然地暗示了解决这矛盾的出路在于旧社会的毁灭。"这话似乎并没有说错,而胡风却断然反驳道:"政治的正确就是艺术的正确,不能代表政治的正确的作品,是不会有完全的艺术的真实的。新兴文艺的优越性,是被艺术的要求所规定,同时是被政治的要求所规定,关于艺术和政治的二元论的看法是不能存在的。"②若干年后,胡风扬弃了这种文艺观,转而推崇他曾唾弃过的"写真实"论③,这是后话了。

在四篇副标题亦为《主题论》的文章(《兴奋的日子开始了》《怎样写汉奸》《是否还要反帝反封建》《应该特别强调的两口号》)中,他探讨的重点是:"作家站在救亡立场应抓取的重要的题材和主题"。

在《兴奋的日子开始了》一文中,他指出,"救亡文艺要描写全民抗战的热情……这主题既积极,又鲜明,既容易叫作者把握,又容易叫读者感动"。他认为,"大战开始后,一切捍卫祖国的英勇牺牲,都是这一血史的宝贵材料";而且,"在

---

①　姚雪垠:《论大众文学的风格(上)》。
②　胡风:《粉饰,歪曲,铁一般的事实》(1932)。
③　苏汶等膜拜的"写真实"论与胡风后来推崇的"写真实"论可能在源流上有区别,但实质上是一样的。

如今,每个中国人的生活跟抗日都有着密切的关系",提倡"到大众的抗敌生活中
去找寻宝贵的现实材料"。

在《怎样写汉奸》一文中,他指出,"汉奸"也是救亡文艺应该表现的一个重要
题材,但不能止于揭露、痛恨和咒骂,而应深入挖掘"汉奸"之所以成为"汉奸"的
生活环境和思想根源。他认为:"因为中国社会组织不健全,不能够人人都有工
作,有饭吃,同时又一方面有封建意识的腐化作用,一方面有资本主义文明的袭击
和诱惑,所以有汉奸意识的人就非常之多……(笔者有删节)现在既决心要把敌
人赶出中国去,我们做文化战士的就得肃清各种各样的汉奸意识,汉奸理论。简
单说起来,当前我们文化战士的对内任务是反封建,反分裂,反妥协,并要在抗日
的大旗下把民众组织起来,在抗日的大旗下使每个同胞都有工作做。"他甚至主张
描写"觉悟的汉奸":

> 从前我曾经想写一位穷得无法生活的人被敌人收买去做破坏铁路的工
> 作,这个人自然是没享过交通便利的幸福,也不知道那位收买他的人是我们
> 大家的仇敌。他秘密的干了好久,吃的穿的都没有什么问题。有一天听一位
> 学生在村里演讲,说鬼子们收买了许多汉奸秘密的破坏交通。这位穷朋友听
> 了之后,才知道他自己所做的就是汉奸工作,非常痛悔,马上就带着许多人去
> 逮捕那位收买他的大汉奸。从此,从此——

我们在姚雪垠的名作《"差半车麦秸"》中看到了这最初构思的一点影子,"差
半车麦秸"拿着一把小"太阳旗"走进了战地,因而被游击队当作"汉奸"抓了过
来。故事本来是可以照着最初构思那样发展下去,让这个做过"汉奸工作"的农
民"痛悔",然后……。但作家改变了构思,他没有让"差半车麦秸"这个朴拙的农
民蒙冤受屈,反而让他说出了"鬼孙才是汉奸呐"的豪言,误会于是冰释,他加入
了游击队,最后在"破坏铁路的工作"中英勇负伤。是全民抗战的进程开阔了作
家的眼界,提高了他对民众抗战救亡热情的认识。作家的思想随着时代在前进,
小说主题的精炼得之于时代的赐予。

在《是否还要反帝反封建》一文中,他还指出:"反帝和反封建虽然是我们这
殖民地国家天赋的两种任务,但为适应当前的客观环境,在执行策略上就不能不
稍加变通了。"他认为,不能再笼统地提"反帝"的口号,因为"有许多帝国主义起
来给我们同情和援助";也不能再笼统地提"反封建"的口号,因为"新派人物应该
起来救中国,旧派人物也应该起来救中国",而且"大时代好比一座化铁炉,不管
那些碎铜烂铁锈得多么不堪,只要丢进这座化铁炉,慢慢的都会发热,变红,和新

铁熔化在一起。所以铁虽然生了锈,经过一番熔化和锻炼也可以做成杀敌武器呵"。引文中关于"旧派人物"的论述,也许正可以用来概括《牛全德与红萝卜》的主题,那是作家将在三年后(1940)创作的一部享有盛誉的中篇小说。

在《应该特别强调的两口号》一文中,他还指出:"(最近文坛上)奇怪得很,不管有修养的也罢,没修养的也罢,我们的作家们把视线都集中在'抗战'呀,'咆哮'呀,'雄壮的行进'呀,'壮烈的牺牲'呀,——这些方面去,把建设民主政治和改善大众生活这两种紧要任务竟忽略得一干二净了。而这两点都是我们抗战胜利的必备条件。三个月来的抗战经过,更证明了单单靠军队和官吏决打不了胜仗:要胜,就得把民众赶快的发动起来,组织起来,使民众跟政府,跟军队,变做了圣父,圣子,圣灵,三位一体。"这些提法与当年先进政党的主张——"兵民是胜利之本"①——完全一致。

在另外两篇同题为《论大众文学的风格》(上篇和中篇)的文章中,姚雪垠首先探讨了救亡文艺"写给谁呀",即"为什么人"的问题。他认为:

> 救亡是一切不愿做亡国奴的人们的责任,所以救亡文艺的读者对象也是无所不包的。……但主要的对象还是国内的工农大众以及由工农出身的抗日士兵,因为他们在同胞中占最多数,他们在民族革命战争中扮演着最主要的角色,而他们也正迫切的需要着进步的文化教养。所以救亡文艺从它的社会基础上说,是大众的;从形式上说,是通俗的;从时代的使命上说,是启蒙的。而在现阶段,启蒙和救亡是决不能分开的。

读过上面的引文,又得到了几点新的启示:第一,他认为,救亡文学的风格决定于救亡文学的读者对象,因为读者对象是"工农兵",所以救亡文艺的风格就应该是"大众的、通俗的、启蒙的";第二,他认为,救亡文艺应该承担起"启蒙和救亡"的双重时代使命,关心民生、提高民权,发动民众、组织民众,方为克尽革命作家的天职。

大家都知道,新民主主义革命时期我党的"二为"(文艺为无产阶级政治服务和文艺为工农兵服务)文艺方针是毛泽东于1942年5月间在文艺工作者和中央各部门负责人参加的文艺座谈会上提出来的;而"启蒙与救亡的双重变奏"的命题则是美学家李泽厚等在20世纪80年代提出来的。那么,姚雪垠在抗战初期对救亡文艺"为什么人服务和如何去服务"问题的表述,对"启蒙和救亡"双重时代

---

① 毛泽东:《论持久战》(1938)。

使命的诠释,应该放在哪个层面上进行评介呢? 至少,我们可以说,姚雪垠是个不负时代的有识之士吧。

接着,作家在《论大众文学的风格》中以很大的篇幅回溯了中国文学史,努力地辨析"奴隶经济时代""封建官僚主义社会"及"新兴资产阶层在历史上已经获得了领导地位"的时代,上层统治阶级与下层劳动人民在审美趣味和审美方式等方面的不同喜好。他认为:"历史上,古往今来,统治者和被统治者的世界观总是相反的,因之在艺术上所走的路线也完全不同:前者重形式,后者重内容;前者爱含蓄,后者爱坦率;前者重礼教,后者重生活;前者纤细,后者朴实而粗壮。"这个结论似乎不无机械论之嫌,所幸他在同文中作了某种匡正,指出不同社会阶层人士的文艺喜好也有着融通的渠道,而"大众文学"的萌芽即产生于封建时代的某种文艺样式之中;他甚至不无惊喜地宣告:"这非正统的文学(词曲和小说)和封建的大众文学在风格上是比较接近的,它们都是新兴的文体,还保持着大众文学的坦白。"从这个发现延伸开来,他对五四新文化运动作出了如下的评价:

> 辛亥革命以后,新兴资产阶层在历史上已经获得了领导地位;经过了五四运动,它们自己的文化建立起来了。但在艺术上始终是跟在欧美资本主义的屁股后裁跟头,裁来裁去,裁出了许多花样,却裁不出健康朴实的东西。因为中国的资产者只是欧美资本主义的臣妾罢了。
>
> ……(笔者删节)
>
> 从礼教与迷信的束缚下成长起来的是民族资产阶层的新文学。民族资产阶层的文学在"五四"以前还不能脱离封建地主文学的母怀,直到《新青年》以后才能走上自己的路。新文学初期的姿态是反礼教,反迷信,反文言,而对于民间文学表示着特别注意。那时的作家们差不多都喜爱搜集民间故事和歌谣,并从乐府古辞(古代的歌谣文学)和歌谣中学得了新诗的技巧。
>
> ……(笔者删节)
>
> 北伐以后资产阶级就背叛了民众,投降了帝国主义和封建势力,葬送了革命的前途。在这期间,我们看见了文学上三种尖锐的对立:一种是资产阶级艺术的彻底欧化,一种是封建文学的回光返照(如学衡派),一种是拥护劳苦大众利益的新现实主义文学的急速发展。这时候革命的任务已经由资产阶级的肩头移到劳苦大众的肩头,新现实主义英勇的扛着反帝反封建的大旗,迈步前冲。

姚雪垠对五四运动"领导"阶层的看法颇具个性色彩,对五四新文学之于民间文学和古典文学关系的看法也与众不同,对新现实主义文学阶级属性的阐述更有独特之处。如果回顾一下他的人生道路和学习道路,我们就会发现,他的上述看法并非人云亦云,而是来自个人的读书和治学经验。上述观点,或许不同于文坛主流,或许有所偏差,但都是实际生活的赐予。须知,现今关于五四运动的官方定性都来自毛泽东的文章《五四运动》和《青年运动的方向》,但那是1939年的作品。

河南大学教授刘增杰先生对姚雪垠此期的抗战文艺理论建设有过系统评价,他认为:"在当时的条件下,姚雪垠这些较为系统的理论探讨是具有积极意义的。但他在有关写汉奸问题和'五四'文学方面的某些提法上,也略有偏颇之处,这里不再多说。"①他的评价寓有深意。

第三节　时代的风雨

也许,姚雪垠被撤销《风雨》主编的职务并不是件坏事。如果他继续留在那个岗位上,也许能成为一位被读者爱戴的好编辑,但就没有了前往徐州战地采访的机会,也没有了奔向战时文化中心(武汉)的理由,《战地书简》《白龙港》和《"差半车麦秸"》将无从诞生,抗战文坛上也会少了几件能够彪炳世界反法西斯文坛的优秀作品。

《风雨》改版之后,姚雪垠仍然暂住在同乐街41号的那个空旷的大宅子里,一是没有其他地方可住,二是组织上还让他处理一些文艺稿件。他编发了林亮寄来的一封来信,改题为《从光明剧团的一封信里看下县民众、绅士和保甲长们对抗日的态度》,发表在刊物第15期(1938年1月21日出版);他编发了叶笠的来稿《从黑暗走到光明》,发表在刊物的第16期(1938年1月26日出版);他还从外埠来稿中挑选出石民的战地通讯《一位拿太阳旗的农民》,发表在刊物的第17期(1938年2月1日出版)。顺便提一句,姚雪垠对石民的通讯印象特别深刻,其中的几个意象,如"拿太阳旗的农民""南军"和"北军""被套和红萝卜"等,后来被他移植进了短篇小说《"差半车麦秸"》和中篇小说《牛全德与红萝卜》中,且待后述。

---

① 刘增杰:《抗战风雨中的〈风雨〉周刊》,《中州学刊》1982年第2期。

在徐州前线，采访于学忠将军后合影：姚雪垠（右2）、于学忠（中）

1938年2月初，组织上同意了姚雪垠去徐州前线采访的要求。他当即启程，以《风雨》周刊主编和全民通讯社特约记者的名义赶赴战地。在徐州，他拜访了几位即将奔赴台儿庄前线的李宗仁麾下的将领，还与山东流亡过来的曾在高密游击队里做过"政治工作"的几位知识青年长谈了几个晚上，两个月后他在武汉把他们宝贵的"失败的经验"写进了报告文学《战地书简》中；在宿县，他去过于学忠将军的军部，这位将军可是他少年时代"英雄梦"中的大人物啊；在陇海铁路上，他采访了"一群由蚌埠逃出的男女难民"，返回开封后，他即把这群难民的悲惨遭遇写进了速写《蚌埠沦陷后》中。

2月底，姚雪垠返回开封，向组织汇报了战地采访见闻，并等待组织正式宣布对他的工作安排。

在此期间，他仍为《风雨》看稿，编发了斧的速写《陇海铁路工人开始活跃起来了》和戈矛的《农民怎样踏上了抗日之路》，发表在刊物的第21期（1938年3月6日出版）。在焦灼的等待中，他还为《河南民国日报》写了一篇时论文章，题为《为防卫黄河供献一点愚见》①，结尾一段发出近乎撕心裂肺的呼吁："时急矣，势迫矣，中原同胞，从速起来，协助军队，协助政府，保卫黄河，保卫豫东，保卫我们家

---

① 载1938年3月2日开封《河南民国日报》。

乡吧!"

3月中旬,上级组织的正式决定终于下来了。姚雪垠回忆道:

> 党决定派我去竹沟参加军政干校的工作,我说明我希望去武汉参加文化工作,理由是我搞文化工作较为合适,也避免我的妻儿老小遭宛西反动军阀别廷芳等的残害,并说明我仍咳嗽吐痰,痰中带血。(关于我患肺结核的事,我未曾说过,阚西同志等到此时才有所知道。)①

上级组织听了姚雪垠的申诉后,同意他到武汉去找长江局组织部商谈工作安排问题。

3月下旬,姚雪垠拿着河南地下省委的介绍信,风尘仆仆地赶到武汉,找到长江局组织部,见到了部长博古,结果未如所愿:

> 我一到武汉,就到长江局。那时,虽已不吐血了,但是痰中还常带血。我提出要求做文化工作的要求,博古说不行,这是你们省委的决定,做个党员只能服从党组织的决定,没有个人意见。这时吴奚如同志招待我,他同情我,但说不上话。(杨建业录音整理稿)

姚雪垠提出想来武汉"做文化工作",是有其原因的:当年的大武汉不仅是国统区的抗战中心,也是抗战文艺运动的中心。南京失陷后,国民政府党政军主要机关均迁来此地,北平、天津、上海、南京等大城市的许多文化机关及一大批全国知名的进步作家和艺术家也聚集在此地。而且就在此时(3月27日),中华全国文艺界抗敌协会在武汉宣告成立,抗战文艺运动拉开了辉煌的序幕。姚雪垠非常渴望能一展身手,成为抗战文艺"洪波"上的弄潮儿。

博古不答允姚雪垠的请求,也是有其原因的:当时,中共中央关于"独立自主地放手组织人民抗日武装斗争的方针"已经确定,中共在各地的工作都已铺开,北方的八路军和南方的新四军都迫切需要大批干部。那时,北方的抗战中心之一在山西临汾,南方的抗战中心之一在河南竹沟。年初,长江局动员了萧红、聂绀弩、艾青、田间、端木蕻良等进步文化人赴临汾民族革命大学任教,培养抗日的有生力量;同时从各地抽调干部赴竹沟参加新四军党政干校等培训机构的筹建,不久该地即成为河南抗战的领导中心及中原抗战的重要战略支撑点之一。

说来也是巧合。当年,姚雪垠和胡风这两个一北一南最著名的抗战刊物的主编者,都曾在博古这里受过夹磨。1938年年初,博古曾代表长江局要求胡风也去

---

① 杨建业录音整理稿。

临汾执教，胡风以不愿放弃《七月》而拒绝，多亏了老朋友吴奚如（时任周恩来秘书）从中斡旋，周恩来发话后，他得以留在武汉继续编刊物。然而，姚雪垠就没有胡风那么幸运了，他先是被剥夺了《风雨》主编的职务，继而被拒绝了从事文化工作的请求。他所以无力抗争的原因很简单：第一，胡风是非党成员，可以"抗命"；而他是党员，不能不服从组织。第二，胡风的名气比较大，能够引起中共上层人物的直接关注；而他的名气还不够大，也没有吴奚如这种级别的朋友帮忙说话。

姚雪垠两次与博古面谈，得到的答复都一样：必须服从组织。第二次面谈结束时，博古让他在去竹沟之前，冒名河南学生代表（化名姚雪冰），参加在武汉举行的中华全国学联第十二次全国代表大会。该会3月25日开幕，3月27日闭幕。据报载：

> 1938年3月25日至27日，第十二次全国代表大会全国学生救国联合会在汉口商务大礼堂召开全国学联代表大会，商讨全国学生救亡运动方针，这次会议被列为中华全国学联第十二次全国代表大会。出席会议的有73个单位123名代表，蒋南翔、黄华、姚雪冰、李柏、侯朝芝、方东百、陈兹照、邹文宣及杨昭明等9人为大会秘书。国共双方的代表陈诚、冯玉祥、邵力子、陈公博、黄琪翔、康泽、周恩来、董必武、徐特立、王明等到会发表演讲。大会向全国学生提出支持抗战到底、深入农村开展救亡运动的号召。大会最后选举郑代巩为学联主席，李庚、方谏百、张鉴英为常委。这次大会为抗日战争时期的学生运动指明了方向。

姚雪垠生前曾与笔者谈及，该会的"向蒋委员长及海陆空全体将士致敬"的"通电"是他起草的。

大会结束后，姚雪垠没有马上离开武汉，而是暂住在武昌的一个小公寓"两湖学社"，不分日夜地赶写稿子。他这样做，一来是为赚取去竹沟赴职的路费，"那时候做革命工作，路费和生活费得自己想办法"。二来也许还有点"技痒"的意味，当时两湖学社里聚集着一大群青年作家（他们的名字都是可以上抗战文学史的，如碧野、田涛、黑丁、曾克、李辉英、张周、吴强、王淑明等），他们天天都在写文章，因为他们大都来自北方战场，感受得太多，郁积的情感不能不发泄。姚雪垠在这里找到了同道，创作灵感也如泉涌般地迸发。

4月底到5月初，姚雪垠在武汉一连创作了如下五篇文学作品：

《战地书简》（报告文学），汉口上海杂志公司1938年6月初版

《白龙港》（短篇小说），载《自由中国》第1卷第2号

1938 年，出版的书信体战地报告《战地书简》

　　《"差半车麦秸"》(短篇小说)，载《文艺阵地》第 1 卷第 3 期

　　《论现阶段的文学主题》(论文)，载《抗战文艺》第 1 卷第 2 期

　　《通俗文艺短论》(论文)，载《抗战文艺》第 1 卷第 5 期

　　这些作品，只有短篇小说《"差半车麦秸"》得到了后世研究者的注重，其余几篇，都湮没在历史的尘埃里。然而，如果不对作家同期作品作一整体的审视，也许我们不会清晰地知晓《"差半车麦秸"》何以产生，以及它在作家创作历程中的历史定位。

　　先让我们看一看书信体报告文学《战地书简》——

　　这是一部相当有分量的作品，取材于作家在徐州前线时的采访记录，是其对战时生活的最初的间接反映①。作家在该书信体作品中假托为刚从战地返回后方的"吴盾"，给远方的朋友"凌"写了十一封信，追述一群爱国学生在一支战地游击队中"做政治工作"的始末，以探求救亡工作"失败的经验"。第一封信写于4月1日，最后一封信写于4月25日，这大概也就是作家撰稿的实际时间。

该作品被上海杂志公司收入"战地报告丛刊之四"，同辑作品还有碧野的《北方的原野》、田涛的《黄河北岸》、张庆泰的《在西战场》、李辉英的《军民之间》、张周的《中华儿女》、曾克的《在汤阴前线》、师田手的《背叛中国的罪人》、黑丁的《沁河岸上》和石光的《鲁北烟尘》。

该出版社为《战地书简》所写的广告词言简意赅，精准地反映了作家的创作意图：

> 作者以书简式的体裁，报告出来活动在山东的一支游击队的情形。游击队成长了，游击队作战了，但游击队又失败了。为什么这一支游击队会失败？这是有它的主因存在着的，是因为它本身潜伏着许多弱点的原故。这本书，正可以给从事游击战的斗士们作个很好的借镜。

茅盾先生曾密切关注过"战地报告丛刊"，并对其中的许多部作品写过书评。他对《战地书简》的评价非常高，书评中首先全面地介绍了作品的内容，然后热情且不无遗憾地写道：

> 从各方面看来，这本小书里有的是典型的事，（封建性极浓的队伍与努力的然而工作方式上颇多错误的政治工作人员之间的矛盾），以及典型的人物，（抗日意志坚决然而政治意识模糊的司令，腐败的中下级军官，以及朴质勇敢的农民出身的士兵），可是篇幅太小了，都没有充分发展，使得这本书实际上像是一部更长的巨著的大纲。作者是一个很有才能的作家，这本书显然是因为没有充分的时间来写，所以结果形成了"大纲"模样。把这好好的扩充起来，一定是一部杰作，我们对于作者抱着无穷的希望。②

我们说《战地书简》是一部相当有分量的作品，不仅是参考了茅盾先生的意见，更是因为该作品记录的战时生活片段，有许多被作家用于同期及以后的小说创作中。

---

① 姚雪垠在《学习追求五十年》中自述称："在徐州，我同从山东来的几位打游击的青年长谈了两个晚上，其中有铁路工人。到武汉后，我根据他们的谈话资料，用书信体写了一本小册子，题做《战地书简》，交给叶以群同志，预支了一笔稿费。"

② 载《文艺阵地》第2卷第2期（1938年11月1日出版）。

譬如第四信"教育"中写到的战地民众游击队的基本构成情况：

> 我们的游击队的组织成分你是晓得的。在你还没有读我这封信的时候先想一想：假若你跳进这支乱七八糟的队伍里，你将怎样进行教育工作呢？我们感到工作进行最难的是对付官长。我曾经说过的，他们有的是土匪，有的是绅士，有的是退伍的旧军官，现在在游击队里耀武扬威的挺神气，谁配教育他们呢？虽然同学有三十多名是大学生，其余大部分都是高中毕业或肄业的，在认识上，工作上，伸出一个指头也比他们懂的多。可是他们是官长呀。

作家同期及以后的表现游击队生活的小说作品，如《"差半车麦秸"》和《牛全德与红萝卜》，那些游击队的基本结构都与《战地书简》中所述相似或相同：人员构成复杂，没有党派的领导，爱国学生承担着政治工作，改造旧人员的工作繁重而艰巨。

在第五信"民运篇"中描写了爱国学生下乡作宣传时的情景：

> 有一次，我们有五六位同学往一个村子去宣传，农人们都在村里挖萝卜，我们便走进萝卜地里一边帮助农民拾萝卜，一边讲着日本鬼子的残暴故事。年轻的男人们有的忍不住在女同学们的身上打量着；有的看看男同学，再看看女同学，从嘴角流露出一种会心的笑；有的看见男同学挨近年轻的女人和姑娘时，眼睛闪烁着一种反感的憎恨的光芒。那些农家姑娘和年轻媳妇们，胆怯的向我们偷看着。有时她们故意把脸孔埋下去，然后把眼睛从底下翻上来，像做贼似的向我们射一眼，不然就趁着身子移动的时候向我们大胆的看一看。总之，在农民眼睛里，我们这一群男女混杂的宣传员，既有趣，又可疑，是一群不懂得乡下规矩的洋学生。很显然的，我们和他们之间隔离得太远了，简直不是一个社会中的人！

在作家的中篇小说《牛全德与红萝卜》和长篇小说《春暖花开的时候》中，也能看到同样的描写，在此不赘。

也许还应该特别指出，《战地书简》中记录的一些战地生活片段，也是作家短篇小说成名作《"差半车麦秸"》的素材来源。

譬如第五信"民运篇"中对普通民众抗战意识的描写：

> 当济南和青岛失陷之后，乡下的老百姓对于时局的认识还非常模糊。有一次我同一个十五六岁的大孩子谈起来，问他知道不知道打仗的事情，他说："听说在打哩。"
>
> 他用袖头擦了擦鼻涕："可不知道在啥地方。"

"你知道我们在同谁打仗？"

"同外国。"

"同哪一国？"

那孩子红着脸羞惭的笑了笑，说道："说不上来。"

如前所述，姚雪垠年初编发过一篇战地通讯《一位拿太阳旗的农民》，那个质朴的农民也不知道"我们在同谁打仗"，他称呼国军为"南军"，称呼日军为"北军"。姚雪垠把这个"大孩子"和那位"拿太阳旗"的农民一并糅进了"差半车麦秸"的形象之中，成就了一个崭新的艺术形象。

又譬如第七信"诸城之战"中，作家对农民游击战士的具体描写：

有三个农民没有退下火线来，被敌人三面包围着。在绝望的境地中，他们不慌不忙的战斗着，阻止着敌人的前进。他们的战斗目的几乎变成了一种任性负气，明知道不能阻止敌人，却坚持着不肯退走。但在一阵猛烈的攻击中，一位同伴的腿部受伤了，枪支从他的手里摔了出来。受伤的农民躺在地上，忍着疼痛说道："别管我，你们走吧！"

"等一等，"一位姓孙的农民说，"看那个穿黄制服的……"

话还没说完，砰的一枪，那个穿黄制服的在大路上倒下去了。但机关枪却疯狂的替那位死者寻找着仇人。

噗噗噗噗噗……

另一个农民的腰部受伤了，在地上挣扎着，呻吟着。第一个受伤的农民痛苦的抓起来地上的枪支，一边向机关枪咆哮的地方端起来枪头，一边催促道：

"孙四哥，别管我们，你们走吧！"

姓孙的农民并没有回答，两支枪几乎是同时向着机关枪咆哮的地方射出去，机关枪突然暂时停止了，但那位腿部受伤的战士也痛苦的把枪又抛出手去，不由的像叹息似的骂了一声。孙四哥连发了四五枪，随即迅速的把横在地上的两支大枪挂在左边胳膊上，两手拖起来两个受伤的同伴，背上两边肩膀上，说道：

"走！咱们生在一起，死在一起！"

这些农民游击战士的抗日意识也许不是那么清晰，但他们绝不缺乏战斗激情。我们从那位负伤不下火线的农民身上，能看到"差半车麦秸"和"红萝卜"的身影；我们从那位勇敢救护战友的孙四哥的身上，能看到"牛全德"的身影！

从某个角度而言，如果没有徐州采访的间接生活体验，就不会有书信体报告文学《战地书简》，也就不会有《"差半车麦秸"》和《牛全德与红萝卜》这些抗战初期的优秀作品了。

还得谈谈短篇小说《白龙港》——

这篇小说的素材来源则有所不同，作家凭借着"报纸材料"，运用心理描写的技能，塑造了或再现了奋不顾身为国捐躯的空军英雄沈崇诲的形象。沈烈士是真实存在的人物，在南京紫金山北麓的抗日空军烈士墓园里，其碑文仍清晰可见：

> 沈崇诲（1911—1937），中尉飞行员，烈士。湖北武昌人。中央航校三期毕业，任空军二大队九分队队长。1937年8月19日于上海白龙港洋面驾机撞沉日舰，英勇殉国，时年二十七岁，追赠上尉。

姚雪垠为何要用文字为这位年前殉国的空军英雄树立不朽的丰碑呢？这与当时全国人民密切关注的"武汉大空战"有关。据史料记载，发生在1938年间的武汉大空战，是中国抗日战争史上乃至世界战争史上最著名的空中战役之一，其中最有名的三次空战分别发生在2月18日、4月29日和5月31日。在第一次空战中，中国空军击落日军飞机十架，击伤两架。大队长李桂丹等五人阵亡，损失飞机五架，伤五架。在第二次空战中，中国空军击落日机二十一架，被日机击落十二架，牺牲飞行员五人，其中陈怀民击落一架日机后，在被敌包围，飞机多处受伤的情况下，仍向敌机猛冲过去，与敌同归于尽。

姚雪垠身在武汉时，正值第二次空战发生，武汉军民翘首仰望长空，欢呼声直冲云天。文艺家们纷纷撰文作诗，歌颂血洒长空的空军英雄。翻开《文艺阵地》第4期（1938年6月1日出版）就有两篇歌颂空军英雄的诗文，一篇是著名作家萧乾撰写的小说《刘粹刚》，一篇是著名诗人艾青撰写的诗歌《这是我们的——给空军战士们》。刘粹刚（1913—1937年10月25日）也是年前殉国的空军英雄，他曾击落敌机十一架，与高志航、乐以琴、李桂丹齐名，被誉为中国空军的"四大金刚"。萧乾也是采用心理描写的手法来塑造这位空军英雄的，为了表示敬意，他在小说"附记"中特地声明："本文关于殉职经过，系根据刘烈士的夫人许希麟女士的口述，其余想像部分自应由作者负责。"姚雪垠笔下对沈崇诲烈士殉国经过的描述，其中的心理分析部分也应作如是观。

姚雪垠晚年在回忆录中曾谈到上述两篇作品，他说："这些作品（指《战地书简》和《白龙港》，笔者注）都不值一提。当时写这些作品只有两个很简单的目的：第一是鼓吹抗战和爱国主义精神，第二是靠稿费生活。"显然，作家过谦了。这些作品并非"不值一提"，它们都在作家的创作历程上留下了深深的印痕，它们是作家成名作《"差半车麦秸"》横空出世前的铺垫和先声。当然，这些作品也有某些无须讳言的弱点，研究者已有评价，且看下述。

俞汝捷先生在《"雄心不死似刑天"——姚雪垠的创作历程》中谈到过姚雪垠这一时期的作品。他写道：

> 同样反映抗战时期的生活，他的作品并不处在同一艺术水准上。抗战初期，怀着救亡的激情，他曾写过一些迅速反映斗争现实的作品。如小说《白龙港》，写一名飞行队副队长，在飞机出了故障、自己手又受伤的情况下，坚持飞到敌舰上空，以机触舰，同归于尽。这是取材于真实事件而写成的非常及时的作品，但是由于作者对飞行员的生活特别是内心生活缺乏体验，所以在事件的描述中未能刻画出生动的性格。又如《战地书简》是反映游击队斗争生活的书信体报告文学，揭示的矛盾很有现实意义，却因素材系他人所提供，作者很难加以丰满，"结果形成了'大纲'模样"[①]。若干年后，姚雪垠在《论深刻》一文中对"前线主义"作了不乏见地的分析，认为热衷于描绘前线生活的作家，其主观动机是良好的。"他们的失败并非由于文艺作品不该描写民族危机、爱国热情，以及前线的作战生活，而是失败于作家们仅只有好的倾向，没有或缺少真实的、深入的、丰富的现实生活。"

虽然缺乏直接的生活体验，但出于服务政治的热情，仍踊跃创作"迅速反映斗争现实的作品"，这在姚雪垠早期创作生涯中并不是第一次。如前所述，1933年他参加开封地下市委领导的文化斗争时，就创作过表现东北抗日义勇军的多幕剧剧本《血衣》，那可是完全陌生的斗争生活呀！姚雪垠是在"革命文学"运动中成长起来的作家，在他看来，革命的需要、时代的召唤，是高于文学"主体性"的。

细读姚雪垠同期创作的两篇文艺论文，《论现阶段的文学主题》和《通俗文艺短论》，他的独具个性的抗战文艺观便更加清晰地展现在我们眼前。

关于作家作品与政治的关系问题。他在《论现阶段的文学主题》一文中提出，文艺作家应该紧密配合"抗战形势"，创作"为时代所必需"的作品：

> 我认为现阶段的文学应该特别强调主题的组织性和教育性。比如，我们现在写一个部队怎样的勇敢，其效果不如写这个部队是怎样打胜了敌人，并

---

① 《茅盾评述姚雪垠的〈战地书简〉》，收入《中国当代文学研究资料丛书：姚雪垠研究专集》，黄河文艺出版社1985年8月出版，第440页。

怎样的受了挫折。写一群乡村工作者如何的努力，如何的坚决，其效果也不如写他们工作中遇着些什么困难，并如何把困难克服，或甚至犯了错误。写意识落后的人物怎样转变向抗日方面，怎样在工作中把自己锻炼成一个很好的战士，这一类的主题在如今也是非常需要的。写一支游击队的组织过程，战斗经验，也许比一本《游击战术讲话》更能发生力量。……（笔者删节）总之，不管写什么题材，我认为都应该特别强调主题的组织性和教育性。但这必须作者能把握住对社会、对政治和对当前斗争形势的正确理解。高尔基的《母亲》之所以成为伟大著作，被列宁称做"很适当其时的一本书"，正因为《母亲》教育着神圣的忠实于革命的精神。

很明显，姚雪垠同期的三篇作品《白龙港》《战地书简》和《"差半车麦秸"》分别体现着以上三类"非常需要的主题"。附带提一句：几年以后，胡风派批评姚雪垠走的是"市侩主义"的路线，认为他的作品都是"看市场需要"而作，就是从这一角度来立论的。

如前所述，姚雪垠在主编《风雨》时期即对抗战文艺理论有过初步的研究，他的文艺观的最核心部分——对文艺从属于政治的认知和坚守，也就是在那个时期奠定的。此时，他的文艺观不仅没有改变，而且深化了，纠正了某些机械论的偏向，他更加明确地指出："固然，我们不应机械的使文学为每个政治现象服役，但我们也不能使文学与政治脱节。"

关于文艺大众化及旧形式利用等问题，他在《通俗文艺短论》一文中提出，文艺大众化不能走"对于旧形式和旧语汇过分的因袭利用"的道路：

> 抗日的民族解放战争是伟大的革命战争，抗日的文化人是革命的文化战士，通俗化运动也就是革命的文化运动。所以民族革命时期的新通俗文学是旧通俗文学更高级的发展，是为着发展革命的大众文化，而不是封建残余的死灰复燃。一方面利用旧形式，一方面我们同时准备着扬弃旧形式。我们要从动的方面去认识文体的革命性，不能因为利用旧形式遂致无意中发生了或多或少的反动作用。因此，我们必须尽可能的用大众口头上活生生的语言写作，并由此而发展崭新的表现技巧，更发展崭新的通俗文体。

如前所述，年前他在《论大众文化的风格》上篇和中篇中，从中国文学史的角度探讨过不同阶级审美趣味的异同及文体演变诸问题，下篇或将论及文学语言问题，却因风雨编辑部的意外变故而被腰斩。这篇文章，或许可视为下篇的精简本。

也许，姚雪垠此期创作短篇小说《"差半车麦秸"》的初衷，有着想就"尽可能的用大众口头上活生生的语言写作"作一示范的意图吧。

第四节 《"差半车麦秸"》

《"差半车麦秸"》的写作非常顺利。姚雪垠曾自述称："在我所写的短篇小说中，只有《碉堡风波》和《差半车麦秸》我进行得最快，最不吃力，差不多是'一气呵成'。"①

为什么写得这么顺利呢？这是有原因的。

这篇小说构思已久，其主题经过近一年抗战现实的锤炼，已经非常明晰。

如前所述，姚雪垠在同期创作的文艺论文《论现阶段的文学主题》中对《战地书简》《白龙港》和《"差半车麦秸"》的主题有过概括。该文写道：

> 写一个部队怎样的勇敢，其效果也不如写这个部队是怎样打胜了敌人，并怎样的受了挫折。写一群乡村工作者如何的努力，如何的坚决，其效果也不如写他们工作中遇着些什么困难，并如何把困难克服，或甚至犯了错误。写意识落后的人物怎样转变向抗日方面，怎样在工作中把自己锻炼成一个很好的战士。

很明显，《"差半车麦秸"》的主题就是："写意识落后的人物怎样转变向抗日方面，怎样在工作中把自己锻炼成一个很好的战士。"顺便提一句，《"差半车麦秸"》大获成功后，这个主题被简化为"从落后到新生"，成为许多作家喜爱的创作主题，也因此被胡风派讥为"教条"，这是后话了。

该小说的主题不是凭空产生的，而是来自抗战现实的赐予②。

七七事变之后，姚雪垠从北平回到河南主编《风雨》杂志。在此期间，他听到了许多关于北战场失利的议论。有人把战场失利的原因归咎于普通民众意识落后——"保定失守以后，从前线跑回来的人，骂北方民众没受过宣传，没经过组织，几乎是十人九汉奸"③——姚雪垠也为这种现实而痛心，但认为这不是老百姓的

---

① 姚雪垠：《关于〈差半车麦秸〉及其它》。

② 姚雪垠在《关于〈差半车麦秸〉及其它》中写道："这一年中，我被现实磨炼了，看见过从前料想不到的现象，清楚的认清了抗战是一个艰苦的悠长道路。因为对现实有了比较深刻的认识，就产生了《差半车麦秸》的小说主题，并且创造出一个纯朴的农民典型。"

③ 姚雪垠：《故乡杂感》。

错,而是国民党片面抗战路线的错。他气愤地批评道:

> 他们自己不组织和宣传民众救亡,也不让别人去进行组织和宣传,只知道贪赃枉法,苛捐勒派,有意无意的替敌人作了清道夫。曾经在河北作战的军队都感到老百姓不帮忙的痛苦,觉得百姓该杀。其实该杀的是"民之父母"和地方领袖们。我们要救救百姓!①

"救救百姓",这是一个全新的提法。从某种意义上看,《"差半车麦秸"》的主题也可以说就是这四个字!

抗战初期,如何认识蕴藏在民众之中的抗战潜力,要不要"放手发动群众,壮大人民力量",这是区别片面抗战和全面抗战路线的重要分界线。姚雪垠是组织中人,受过相关政策、策略思想的熏陶,他对民众的态度是非常明确的。1937 年 9 月,他曾想创作一篇表现"觉悟的汉奸"的小说,描写"一位穷得无法生活的人被敌人收买去做破坏铁路的工作",这人后来听了学生的宣传后,"非常痛悔",于是马上反戈一击。

1937 年 10 月,他还在一篇文章中写道:

> 三个月来的抗战经过,更证明了单单靠军队和官吏决打不了胜仗:要胜,就得把民众赶快的发动起来,组织起来,使民众跟政府,跟军队,变做了圣父,圣子,圣灵,三位一体。②

或许还可以补充几句:得益于独特的生活地域和生活经历,姚雪垠从少年时期起就对故乡民众的强悍性格有着较深的体会,此时他更对蕴藏在他们身上的战斗潜力深信不疑,进而认为故乡民众如果被发动起来,组织起来,将是一支令日本侵略者感到畏惧的力量。他甚至这样写道:

> 我的安分守己的同乡们如今还是被地方公务人员和绅士老爷们践踏得喘不过气来。他们像青草似的生满原野,平素软绵绵的任人践踏,经不得风吹,一吹就动。将来如果中原会战,这些小百姓就有决定作用了……(笔者删节)万一日后中原不守,敌人进攻信阳不下,迂回部队必出南阳大道,那时他就会碰上一头钉子,因为我的同乡们好比中国的哥萨克,素来以能打仗著称中原。(《故乡杂感》)

《"差半车麦秸"》的全部情节都建立在对"我的同乡们"基本素质的深刻体察

---

① 姚雪垠:《故乡杂感》。
② 姚雪垠:《应该特别强调的两口号》。

和充分信赖之上。作家通过剥茧抽丝的艺术手段，从一个貌似拙笨、愚昧、肮脏的普通农民身上发掘出了未为人知的极其可珍视的品质：先天的民族意识和天赋的战斗本能。具备着这种典型性格的农民形象，在作家早年的作品中已经初现端倪，"红薯脚"和"纸扎匠"（《七月的夜》）、"李国栋"和"老染匠"（《援兵》）、"鸭蛋头"和"狮子"（《生死路》）等都是。也许可以说，作家只是把他们中的一个放置在抗战的时代环境之中，让他们率性表现而已。

如果更进一步挖掘该小说主题的积极意义，便不能不提到政党领袖毛泽东同年在《论持久战》中提出的著名论断：

> 战争的伟力之最深厚的根源，存在于民众之中。日本敢于欺负我们，主要的原因在于中国民众的无政府状态。克服了这一缺点，就把日本侵略者置于我们数万万站起来了的人民之前，使它象一匹野牛冲入火阵，我们一声唤也要把它吓一大跳，这匹野牛就非烧死不可。[1]

姚雪垠是组织中人，是在革命文学运动浪潮中成长起来的作家，他的文学活动与民众是血脉相连的，他的文学追求与时代的最强音是有着共鸣的关系的，他从来没有忘记过革命文学的教育和组织功能。

当然，《"差半车麦秸"》写作顺利的原因还有许多，如果继续探究下去，可能还要提到：该小说表现的虽是一支活动在山东的民众抗日游击队，但在这故事外壳之下活跃着的人物是作家熟悉的豫西南民众，主角"差半车麦秸"富于表现力的语言也是豫西南民众口语。说到最后一点，不能不再次指出，作家于1934年曾有意识地进行过"南阳语汇"的搜集和整理工作，一分辛苦一分收获，家乡民众口语的魅力在这篇小说里绽放了光彩。

如果将战地通讯《一位拿太阳旗的农民》与短篇小说《"差半车麦秸"》的开头进行对比，也许能非常清晰地见出后者采用民众口语所独有的魅力：

以下摘自《一位拿太阳旗的农民》——

> 我同几个伙计正在院中吃晚饭，由第一连送来了一个汉奸嫌疑犯，拿着一把镰刀，和一面太阳旗。他头上戴着破的帽头，身上穿着带油泥的青布棉袄，蓝粗布棉裤，上边还有不少的窟窿和补丁，白布袜子复着一层黑灰土。青布鞋也沾上班点的黄泥。四十多岁的年纪，短短的胡须，脸上有薄薄的一层黑泥。我一面吃饭，就一面开始了对他盘问：

---

[1] 《毛泽东著作选读（上）》第266页。

"你姓什么?"

"我姓刘。"

"你叫什么?"

"我叫刘天兴。"

"你家是哪里?"

"我是彰德府车站平民村的,为躲炮子,带着我做饭的(妻)和四个小孩子,逃到老爷庙。"

"你因为什么叫军队把你抓来?"

"到了夜晚,小孩子冻得乱哭乱叫,又没的吃。我想到家去拿床被套,还想带点红萝卜吃。走北道怕碰上北军,我绕南道走的。到了××村,碰见几个穿着老百姓的衣裳,背着大枪的来盘问我。见我带着镰刀,说我想割电线。见我拿着白纸上贴着红纸的小旗,说我是汉奸。老爷!镰头是到地里去挖萝卜用的。那小旗是张黑子给我的,他说拿着这个北军不盘问好走。老爷!我不知犯怎大的法呀!"

以下摘自小说《"差半车麦秸"》——

一个寒冷的黄昏,忽然全队的弟兄们兴奋得发狂一般的呐喊着跳到天井里,把一个新捕到的汉奸同队长密密的围了起来。汉奸两只手背绑着,脸黄得没一丝血色,两条腿战抖得几乎站立不住。他的脖颈后插一把旧镰刀,腰里插一根小烟袋,头上戴一顶古铜色的破毡帽。队长手里拿着一面从汉奸身上搜出来的太阳旗,他的表情严肃得象一尊铁人。同志们疯狂的叫着:

"他妈的打扮得多象庄稼人!"

"枪毙他!枪毙汉奸呀!"

不知谁猛的照汉奸屁股上踢了一脚,汉奸打了个前栽,象患瘫痪症似的顺势跪倒在队长面前。这意外的结果使同志们很觉失望,开始平静下来。有人低声的讥讽说:

"原来是一泡鸭子屎!"

队长还是象一尊铁人似的立着不动,浓黑的眉毛下有一双冷峻可怕的眼光在汉奸身上掘发着一切秘密。

"老爷,俺是好人呐!"汉奸战抖着替自己辩护,"我叫王哑,哑吧,人人都知道的。"

"是小名字吗?"队长问,左颊上的几根黑毛动了几动。

　　"是小名字,老爷。小名字是爷起的,爷不是念书人。爷说起个坏名字压压灾星吧。……"

　　"你的大名字叫什么?……站起来说!"

　　"没有,老爷。""哑吧"茫然的站立起来,打了个噎气。"爷说庄稼人一辈子不进学屋门儿,不登客房台儿,用不着大名儿。"

　　"有绰号没有?"

　　"差,差,老爷,'差半车麦秸'。"

　　"嗯?"队长的黑毛又动了几动。"差什么?"

　　"'差半车麦秸',老爷。"

　　"谁差你半车麦秸?"

　　"人们都这样叫我。""哑吧"的脸红了起来。"这是吹糖人的王二麻子给我起的外号。他一口咬死说我不够数儿……"

　　这篇小说中的典型人物"差半车麦秸",是一个拼凑起来的角色,如鲁迅先生小说中的人物,"嘴在浙江,脸在北京,衣服在山西"[①]。"差半车麦秸"的身上有着作家年初组编的稿件《一位拿太阳旗的农民》中那位河南彰德府农民的影子;他的身上也有着作家同期创作的报告文学《战地书简》中那位山东诸城农民战士的影子;他的身上还能找到作家早年小说《月落之前》中"红枪会"会众及《援兵》中啸聚山林的杆子们的影子。

　　别的且不谈,单说"差半车麦秸"的颇为人诟病的生活习惯,其中有不少便是作家已经或者将要在另外的作品中描写的。如果将作家对人物生活习惯的描写进行对比考察,也许能给我们一些启示:

　　比如撮牙花的习惯动作——

　　　　李二和尚打个饱嗝,嘴里冒出股酒气和蒜气,女的忙把脸向旁一扭,吐了口唾沫出来。酱色脸的男人用右手无名指的指甲在左边大牙上一刮。刮下一片葱叶,看了看,又填进嘴里,拿舌尖一卷,卷下肚里去。(《月出之前》,1935)

　　　　他吃得又快又多,碗里边舐得干干净净的。吃毕饭,他又擤了一把鼻涕抹在鞋尖上,打了一个饱嗝,用右手食指指甲往牙上一刮,刮下来一片葱叶,

---

　　① 鲁迅:《南腔北调集·我怎么做起小说来》。人物的模特儿也一样,没有专用过一个人,往往嘴在浙江,脸在北京,衣服在山西,是一个拼凑起来的角色。

又一弹,葱叶同牙花子从一个同志的头上飞了过去。(《"差半车麦秸"》,
1938)

比如擤鼻涕的习惯动作——

"你坏天良的,你丧门神呀,为你孕孩子,弄得我家败人亡！家败……你
也不死呀！"一把鼻涕和着泪,吧,给甩在红薯脚的席角上。(《七月的夜》,
1936)

一解开绳子,"差半车麦秸"就擤了一把鼻涕,一弯腰抹在鞋尖上。这时
我才发现他穿着一双半新的黑布鞋,鞋尖和鞋后跟涂抹着厚厚的鼻涕,干的
地方微微的发亮。(《"差半车麦秸"》,1938)

他边吃着,边听着遥远的炮声出神。两道热鼻涕拖到他的嘴唇上,当他
的嘴唇离开饭碗的时候,就从碗沿上牵起两道鼻涕的粘线。把筷子放在碗
上,他用右手的大拇指和食指捏着流汗的小小的红鼻尖,呼噜一声,捏出来一
团鼻涕。鼻涕挂在指头上,像秋千似的悬空的游来游去,王小富用力一甩,鼻
涕吧嗒一声落在大路上。(《捕奸故事》,1938)

附带说一句,"文革"期间曾有人认为姚雪垠在小说中描写农民的小孩"拖鼻
涕"是有意诬蔑和丑化贫下中农,还贴出大字报进行过声讨呢。

话又要说回来,姚雪垠早年小说作品所表现的一些生活场景,如《福之死》和
《小罗汉》中的斩首、《七月的夜》和《离散》中的分尸、《生死路》中的剐刑,都是某
些科班出身的作家所不乐于表现的;他早年所描写的一些生活细节,譬如上面引
述过的不良的生活习惯,也是其他有"洁癖"的作家所不愿触及的。但姚雪垠为
什么却毫不忌讳,且乐此不疲地进行表现呢？如前所述,这与其早年研究元曲和
地方戏曲所获得的启示有着密切的关联。

30年代初,他曾在《词以后清歌文学底解放》中盛赞"散曲"之于"词"的"解
放"。他认为散曲的"解放"首先在于其题材几乎无所不包,甚至连"淫鄙猥亵,平
日几乎不堪入目之材料,散曲家尽管大胆描写,毫无顾忌"。古人既能如此,今人
何必顾忌呢？散曲既已如此,小说更有何顾忌呢？他大概就是这样想的,也是这
么做的！

总而言之,"差半车麦秸"是作家精心塑造的"从落后到新生"的典型形象,这
个人物出场时表现得浑浑噩噩,意识非常落后,行为猥琐可笑,但他很会察言观
色,随遇而安,算得上是个"人精";他参加游击队后非常服从管教,但由于总也克
服不了小农意识,在集体生活中无时无处不出差错,然而就是这样一个人,却能义

无反顾地走上抗日战场,并在紧张激烈的战斗中恪尽了战士的天职。他是一个质朴到了极致的(从表面上看),猥琐、肮脏和怯弱的普通农民,也是一个普通到了极致的(从骨子里看),沉稳、干练和机警的农民游击战士。一言以蔽之,这是一个中国新文学史上从未出现过的农民典型。

"差半车麦秸"形象的塑造成功,与姚雪垠早年确立的"非英雄"的典型观也有着密切的关系。如前所述,1935 年他曾在《英雄非典型》一文中提出:

> 所谓英雄,是带有几分超人的特质的,是和平凡相对立的东西,因为他超人与不平凡,所以必然的又带有几分神秘气味。在浪漫主义时代,为要尽量的发挥个性和热情,才取材务不平凡,不弃神秘,于是乎英雄之流便成了作家们所憧憬的人物。但自现实主义勃兴以来,凡多少带有非人间性的事物,都摒而弃之。
>
> ……(笔者删节)
>
> 总之,英雄是古代的,平凡是现实的;在现实主义作品中,可以找着典型,却找不出英雄来;反之在浪漫主义作品中,英雄和典型才往往结合在一起。从易卜生,萧伯纳,高尔斯华绥的戏剧中,从托尔斯泰,高尔基,辛克莱的小说中,我们能找出来一个英雄吗?

明了此点,我们就可以理解,姚雪垠塑造的这个典型人物为何看起来这么凡俗,从开头到结尾都没有丝毫"英雄"气,却令读者印象深刻,念念不忘,原因无他,拜作家当年所理解的(新)现实主义创作方法所赐。

还必须指出,"差半车麦秸"所独具的"非英雄"个性的丰富性是通过一连串精心选择的"典型事件"逐步地揭开的。姚雪垠在同期创作的《论现阶段的文学主题》中对当时"一部分文艺工作者和实践脱离"的创作倾向提出过批评,认为他们"不能在尖锐的斗争行动中教育自己,不能在尖锐的斗争行动中把握着一般的需要。他们把自己关在屋子里面,凭着想象,凭着热情,凭着技巧与天才,所写出来的东西只能是浮面的、空洞的,甚至是歪曲的"。他还指出:

> 因之,这一部分的文学作家也往往看见一点而忽略了全体,往往有典型人物而没有典型事件。更因此,在第一期抗战中他们把文学当作了单纯煽动情绪的工具。在一班作家心目中时时刻刻的想着他自己的《铁流》和《夏伯阳》,轻轻的放过了后方的"平凡事件"。他们写战地生活往往看见游击队而看不见民众;纵然写了民众,这些可怜的民众往往被作家剥去了他们的战斗性和乡土气味。

　　姚雪垠所说的"典型事件"，指的是"典型人物"所赖以活动的"典型环境"，它们是一般意义上的生活细节和特殊意义上的特定环境的综合，也是作品主人公"战斗性和乡土气味"所赖以存在的寄体。在《"差半车麦秸"》中，主人公擤鼻涕、撮牙花、尝土块、偷牛绳和说梦话，大体上可归于前者（生活细节）；而主人公的"打太阳旗"、吹油灯、摸敌哨，大体上可归于后者（特定环境）。关于前者，作家早年曾在一系列小说中有过相似的描写；关于后者，除了阅读和采访所得的间接生活经验之外，作家少年时代两次从军和被土匪绑票的经历也提供了不可多得的直接生活体验。附带说一句，《"差半车麦秸"》在《文艺阵地》发表后，许多读者都为小说中所描写的游击队生活震撼，以为作家"曾在军队里长期工作"，茅盾先生也这样认为①。这是一个很有趣的误会。

　　由于篇幅所限，以上问题都无法展开，请读者参看笔者相关论文：《抗日民众的战斗雄姿——重读〈"差半车麦秸"〉》②。

　　然而，这一篇在作家自己看来"特别强调主题的组织性和教育性"的短篇小说，这一篇最能体现自己"对社会、对政治和对当前斗争形势的正确理解"的短篇小说，这一篇在语言大众化上有着特别追求的短篇小说，其发表过程却不是那么顺利。

　　多年以后，姚雪垠在回忆文章中谈到该小说写成后的传奇遭遇：

　　　　小说完稿以后，我因事出去一趟，回来时看见同公寓住的青年作家于黑丁和他的爱人正俯在我的桌上咪咪地笑。黑丁坦率地对我说："老姚，我不赞成你用这种语言，还是你原来写小说的语言好！"我笑而不言，将稿子接过来放进抽屉。

　　　　那时东北作家舒群和罗烽在武汉办了个文学刊物《战斗》（应是《战地》，笔者注），问我要稿子。我将稿子送给他们。过了几天，我因为准备离开武汉，去看罗烽夫妇。罗烽说："舒群不打算发表这篇稿子，我给你，你带回去吧。"我去以群那里，知道茅盾在香港住，主编《文艺阵地》，就将稿子寄给茅盾，碰碰运气。寄出稿子以后，我就离开武汉了。不料，茅盾很快将《"差半车麦秸"》发表，并加按语。拙作立刻轰动全国，获得一片好评。并有译本传播于国外。如果不寄给茅盾先生，也许在我临离开武汉时将稿子丢掉了，也

<hr>

①　参看《文艺阵地》第 7 期（1938 年 7 月 16 日出版）之"编后记"。
②　笔者与周勃先生合作，原载《湖北大学学报》1985 年第 4 期。

许随便找一个不重要的刊物发表，不会引起读者注意。几十年来，我不仅将茅盾看做我第一个知音，也看做是我的"恩师"。①

姚雪垠在这里提到的于黑丁、舒群和以群都是著名的抗战作家——

于黑丁（1914—2001），山东即墨人，原名于敏亦，笔名黑丁。他和姚雪垠都属于新文学第二代作家，成名时间也差不多。年前黑丁写过一篇评论姚雪垠《M站》的文章②，对作者的文体试验称赞有加③。《M站》所使用的语言是北方口语，于黑丁没有阅读障碍；而《"差半车麦秸"》虽号称描写的是山东游击队，小说中却运用了大量豫西南地区的方言俚语，于黑丁就有点看不习惯了。附带提一句，新中国成立后于黑丁和姚雪垠同在中南作协，两人的文艺观发生过激烈的冲突。

舒群（1913—1989），黑龙江哈尔滨人，东北作家群著名作家。他与姚雪垠几乎同时走上文坛。抗战爆发后赴山西前线，曾在八路军司令部给朱德总司令担任秘书，也曾担任战地记者赴前线采访。1938 年初，任弼时派他去武汉创办文艺刊物《战地》，给战时首都军民带去八路军的声音。舒群不打算发表《"差半车麦秸"》，但并没有提出具体的意见。或许也是由于小说的语言问题，或许是该小说表现的游击队的性质问题。如前所述，姚雪垠笔下的游击队（不只是《"差半车麦秸"》）都是没有政党领导的民众抗日游击队。舒群对共产党领导的游击队比较熟悉，对这篇小说所表现的游击队有点拿不准吧。

叶以群（1911—1966），原名叶元灿、叶华蒂，笔名以群，安徽歙县人。文艺理论家。20 世纪 30 年代初曾在"左联"中担任过多种职务，主编过《北斗》《青年文艺》等进步刊物。1938 年初，担任中华全国文艺界抗敌协会机关刊物《抗战文艺》编委；同期接受茅盾先生委托，为《文艺阵地》组稿；其后根据周恩来的安排，协助茅盾先生在文艺界开展组织和领导工作，有"茅盾的参谋长"之誉。20 世纪 40 年代，姚雪垠曾因文坛是非而不得不多次求助以群，后面将陆续写到。

姚雪垠把茅盾先生视为"恩师"，视为"第一个知音"，并不仅仅是由于其慧眼独具给了《"差半车麦秸"》问世的机会，而且是由于其对这篇作品毫无保留的崇

---

① 姚雪垠：《学习追求五十年》。

② 姚雪垠在《春雷集·题记》（1942）中写道："《M站》很像一篇小说，发表后曾蒙于黑丁先生当做小说写过一篇批评。"

③ 据金传胜、刘文静《姚雪垠集外诗文略说》介绍，黑丁在《读〈M站〉》（载上海《国民》周刊 1937 年 5 月 7 日第 1 卷第 1 期）中认为：《M站》使用了"新的手法"，"是一篇好的作品"，"作者用着书信式的手法，来表现这一个大的事件，我感觉到这是最聪明而合适不过的，这不但能加强了作品的活泼性，并且更为表达畅快，易于激发"。

高的艺术评价。

　　茅盾先生是新文化运动的先驱者，中国革命文艺的奠基人，也是热心扶植文艺青年的园丁。1938年初，茅盾来武汉与各方面人士商谈《文艺阵地》的出版事宜，并委托以群、楼适夷等人代为组稿。当年4月16日《文艺阵地》（半月刊）创刊号在香港出版。在第2期出版（1938年5月1日）前，茅盾先生收到了姚雪垠寄来的小说稿件，非常欣赏，但来不及发排，便在该期"编后记"中作了"预告"：

　　　　下期内容可以预告的，一为姚雪垠先生的小说《"差半车麦秸"》，二为老舍先生的鼓词《王小赶驴》，三为碧野先生的报告《滹沱河之战》，四为许杰先生的速写《抗战聚餐纪盛》，五为王亚平先生的报告《我们在农村》，六为骆宾基先生的速写《在庙宇中》——后三篇都是关于东战场的后方的。

　　由此可知，姚雪垠在回忆文章中谈到通过以群而获知茅盾先生在香港主编《文艺阵地》事是可信的，也可以确定其稿件寄往香港的时间当在4月下旬。

　　感谢以群先生的引荐，《"差半车麦秸"》这篇小说才有"一识韩荆州"的机会；感谢茅盾先生的慧眼识珠，《"差半车麦秸"》这篇小说才有了"轰动文坛"的机会。

　　茅盾先生与姚雪垠素未谋面，但他对《"差半车麦秸"》的推崇几乎是倾心倾力而为——

　　在刊发《"差半车麦秸"》的《文艺阵地》第3期（1938年5月16日出版）上，茅盾先生在"编后记"中迫不及待地写道：

　　　　姚雪垠先生的《差半车麦秸》，碧野先生的《滹沱河之战》，在编者看来，是目前抗战文艺的优秀作品。

　　在《文艺阵地》第7期（1938年7月16日出版）上，茅盾先生以较大篇幅刊发了作家张天翼称赞《"差半车麦秸"》的来信：

　　　　文阵第3期已收到。《"差半车麦秸"》写得真好，可说是三期来第一篇创作，也可以说是抗战以来的最优秀的一篇文艺作品。在文抗会的文艺座谈会上我提议每人把这篇读一读，预备下次开会时讨论。看到这样的文章，真是愉快。作者想必是在军队里的。此篇一发表，在前方的朋友当会给鼓起写作的兴味，产生些新的，深刻的，有力的作品，我们前方的英雄，从各种生活而加入抗战部队的各种典型人物，只有这样的作品才能真的表现出来。这与访问记那种报道不同。我认为我们现在正需要的是这样的创作。

　　张天翼是小说《华威先生》的作者，该小说载于《文艺阵地》创刊号，问世后在国内外文坛上引起了强烈的反响，被誉为中国抗战小说的第一篇。由这样一位小

姚雪垠在国内文坛名声大振之作《"差半车麦秸"》，首发在《文艺阵地》上

说名家来评点《"差半车麦秸"》，其影响力可想而知。

在《文艺阵地》第9期（1938年8月16日出版）上，茅盾先生发表了《八月的感想》，对抗战文艺一年的收获进行了回顾。文中热情洋溢地写道：

> 我们要写代表新时代的曙光的典型人物，我们也要写正在那时作最后挣扎的旧时代的渣滓……最近半年来的抗战文艺就是向着这一条大路走。新的典型已经（虽然不多）在作家笔下出现。"华威先生"（张天翼：《华威先生》，本刊一期）就是旧时代的渣滓而尚不甘渣滓而自安的脚色，"差半车麦秸"（姚雪垠：《差半车麦秸》的主人公的诨名，本刊三期）正是"肩负着这个时代的阿脱拉斯型的人民的雄姿"①，在《北方的原野》（碧野）里，我们听见了斗争中的青年战士们的充满着胜利的自信的笑声……

1939年初，茅盾先生远走新疆传播抗战文艺的种子，路经兰州时，应邀作《抗战与文艺》的演讲②，又谈到《"差半车麦秸"》，他讲道：

> 过去一年多的抗战文艺，对于抗战的鼓吹和宣传，已尽了相当的责任；可

---

① 笔者按：该句出自鹿地亘《关于艺术与宣传的问题》，载《抗战文艺》第6期。原文为："新的人民领导者的典型开始产生了，和过去完全不同的军人性格产生了，肩负着这时代的阿脱拉斯型的人民的雄姿逐渐出现。"

② 茅盾：《抗战与文艺》（赵西笔记），《现代评坛》1939年4卷第11期。转引自苏光文编选《国统区抗战文学研究丛书文学理论史料选》，四川教育出版社1988年出版。

是教育民众、组织民众的工作，还做得不够。如果文艺只偏于鼓吹和宣传，那仅仅是个喇叭。固然喇叭也很需要，不过我们应该使喇叭变成手枪，变成炸弹，也就是说抗战文艺不仅限于鼓吹宣传优点方面，同时还要指出缺点，使文艺成为教育民众，组织民众的一种武器。……（笔者有删节，下同）这里引一个具体例子来说明：在《文艺阵地》里有姚雪垠先生一篇小说叫《差半车麦秸》……

这个故事里表现的，第一是文化落后的农村，动员民众工作作的不够，无知的老百姓，为了生活容易被敌人利用。第二，虽然描写缺点，但不使人悲观，那便是农村老百姓都有先天的民族意识，在敌人未来以前，或者不懂得谁是敌人；但敌人真来了的时候，他们便要起来抵抗，如"差半车麦秸"就是落后农村里一种落后的典型人物性格的发展。这篇小说，一方面是描写缺点，一方面通过缺点看出优点。这篇作品里，没有标语口号，没有讲理论，纯粹是故事的描写，可是我们从故事里自然可以看出深刻的道理和好多问题。这种写法，在文艺上叫做"形象化"。

就这一例子看来，前线需要写，后方也需要写的。只要把握住现实，能从优点看到缺点，从缺点看到优点，并以优点来克服缺点，那末写后方的事情，也都能和抗战联系起来。像这样的作品，才是真实的文艺，才能尽了它教育民众、组织民众的作用。

形象化的另一方面，是构成文艺作品的一个重要条件："典型环境中的典型人物"。也就是说，一篇作品所描写的环境与人物都要典型化，如"差半车麦秸"便是典型环境中的典型人物。

据笔者所知，茅盾先生虽然非常热衷于拔擢青年作家，但如此频繁地表彰同一位青年作家的同一篇作品，而且评价如此之高，在其批评生涯中也是并不多见的。就此而言，姚雪垠把茅盾先生视为"恩师"，视为"第一个知音"，是完全应该的。

从《"差半车麦秸"》问世之时起到而今，文坛上各种批评就没有停止过，除了极少数否定的意见之外，大多数的批评意见是肯定的。时至今日，研究者大多认为，抗战初期最有代表性的小说作品有两篇：一是张天翼先生的《华威先生》，二是姚雪垠的《"差半车麦秸"》。文学史家巴人先生的观点很有代表性，他在其专著《文学初步》中特别推崇后者，他写道：

抗战以来，有被人认为成功的两篇作品，那便是《差半车麦秸》和《华威先生》。前者是写游击战中一个农民的成长，后者是写抗战的后方一个专出风头的"救亡专家"。这两篇作品，确实都尽了艺术的概括的能事。把这两篇作品对照起来看，非常巧妙地可以看出中国抗战的两条路线，两个办法。而《差半车麦秸》，应该说是更本质的农民性格的把握；华威先生却是中国旧民族性之一部分——官僚阶级的劣根性在扬弃过程中浮出来的残渣。①

姚雪垠对《"差半车麦秸"》的自我评价与巴人先生非常接近。1940 年，他在《论典型的创造》一文中认为《华威先生》塑造的是"落后的典型"，而《"差半车麦秸"》塑造的是"新生的典型"。他写道：

> 暴露黑暗，颂扬光明，创造落后的典型与创造新生的典型，同样的重要，同样的对历史贡献积极的作用。不过在这个时候，文艺作品中显示的新生的典型，比较显示落后的典型，对读者是有较为直接的教育意义罢了。

除了主题的积极意义之外，他认为该小说的成功还在于语言。他坦承道：

> 《差半车麦秸》发表之后，之所以引起广泛的兴趣和重视，恐怕大半是由于我对中原乡土语言运用的成功，使大家感到新鲜。主人公典型性格的塑造，得力于乡土语言。（《学习追求五十年》）

他的自我评价是符合作品实际的。

---

① 转引自《张天翼研究资料》第 329 页。

第七章

走进第五战区

1938

第一节　竹沟啊,竹沟

1938年5月8日,姚雪垠在汉口大智门火车站登车,匆忙离开武汉,奔赴河南竹沟。

坐在北去的火车上,他的心里很是忐忑不安:此次武汉之行,原本是来找长江局领导商谈"工作问题"的,两次面见博古请求安排做文化工作都未获批准,仍要他去竹沟报到,没有一点商量的余地;为了筹措路费不得不在武汉多待了一个多月,此去竹沟,不知会不会被指责为无故拖延;这次在武汉创作了四五篇作品,写起来倒是很顺手,但是投稿却不算顺利,不知道文坛反响会是如何……

车厢里坐着许多难民。对面座位上是一家难民母子,他们来自被日军占领的安徽滁县。母亲在逃难途中经历了丧子之痛,右手严重伤残,但仍对生活抱着乐观的态度。她的五个子女,最小的只有三岁,最大的不过十三四岁,饱受颠沛流离的苦楚。他被他们的故事深深地吸引住,一次又一次地被感动着,心灵上的阴霾被一扫而空,顿时觉得眼前的"原野上跳动着春雨后的特别明媚的阳光"。

一个月后,他把这家难民母子的遭遇写进了散文《母子篇》中;几年后,他又把这位可尊敬的母亲和她最钟爱的幼子写进了短篇小说《孩子的故事》和长篇小说《母爱》之中。后来,他把这类作品归于"人类爱"的主题之下,可惜并没有得到批评界的注重。当然,这是后话了。

在《母子篇》中,笔者留意到,姚雪垠在描述这些难民的不幸遭遇时,经常有意无意地联想到自己至亲至爱的家庭成员——

看到那位"苍白而清秀"的母亲注视着子女的目光时,"这眼色使我想起来妻子,妻子也有这同样明媚而温柔的眼色";看到那位母亲怀中三岁的幼子的"一双黑渌渌的大眼睛"时,"他使我不由的想起来我自己的小孩子,他们也有这同样的眼睛和同样的神气";听着身边难民婆孙的悲啼声时,"我不由的想象着一旦同妻在战斗中牺牲掉,那位老婆婆正是我的岳母,哭着的孩子是我的爱女海燕,一种凄楚的感觉使我几乎要哽咽起来"……

作家在描写到这位母亲讲述的惊险万状的逃难故事时,他的反应更是强烈:

> 这故事使我的肌肉禁不住发生了一阵强烈的痉挛,我的手指头索索的打着微颤,我没有往下询问,望着那只残废的手背沉默起来,在愤激与同情的无

言中,我想起来妻子在两日前又添了一个小孩子①,又忽然想到妻的娇小的手背和眼泪,我的心被不幸的联想弄得刺疼了。一种什么东西壅塞着我的喉头,觉得非常难受,于是我愤愤的把它吐出来:"他妈的!……"

也许,作家的联想并不是无意的:"家室之累",此时确已成为影响他选择未来生活道路的重要因素。

5月9日,姚雪垠赶到了竹沟。

竹沟对外称新四军第四支队第八团队留守处,实际上是中共在中原的重要抗日基地,因而又有"小延安"之称。彭雪枫、朱理治、陈少敏等在这里开办党训班、教导队,为中原各地培养了大批军政骨干,新四军的不少部队便是从这里走出去的。

姚雪垠等了三天,才见到竹沟的负责同志。原来,竹沟的党组织已得到开封党组织的通知,知道他的"情况"。因此,负责同志在接谈时比较冷淡,仅告知将安排他担任油印刊物《拂晓报》的主编。此外,还问了他一些古怪的问题,暴露出组织上对他已经不十分信任。姚雪垠晚年在接受记者杨建业采访时回忆了当时的情景:

> 五月八日我离开了武汉,根据长江局的指示我来到了竹沟新四军第四支队。彭雪枫同我见面,他批评我,说你知道陈独秀情况吗?我说知道一些,他在《大公报》写文章骂农民小资产阶级,但他个人品质并不坏,国民党给他金钱他不要。彭雪枫说,既然叛变革命,就没有一个品质好的。后来事实证明,陈独秀直到死,也没有拿国民党一个钱,因为他代表的是中国知识分子的气节。从这一点也可见当时左倾思潮的严重性。后来我说,我可以留下工作,但我要回去看看妻子孩子。领导同意了。我就离开了竹沟。(杨建业录音整理稿)

20世纪80年代中期,姚雪垠在修订长篇小说《春暖花开的时候》时,把竹沟时期发生的"彭雪枫谈陈独秀事"进行了改写,时间提前了半年,地点改在开封风雨编辑部。其文如下:

> 一天上午,有几位上级领导出席,开会研究刊物的编辑工作,突然宣布组织决定:陶春冰不再参加《同舟》旬刊的主编工作,派往某地去做某种工作。

---

① 姚雪垠长女海燕生于1932年4月,二子海星生于1938年1月。文中"两日前"为"两月前"之误。

陶说他在城市中做文化工作比较适宜,请组织重新考虑。

有一位上级同志突然问道:"你对陈独秀是怎么个看法?"

陶春冰见领导同志提问,就答道:"我认为在一九二七年大革命中,陈独秀一味对国民党右派妥协,害怕领导武装斗争,使共产党遭受惨重损失。党中央在八七会议上将陈独秀开除出党,我非常拥护。近来他在汉口《大公报》上发表文章,攻击斯大林领导的苏共中央,我读了非常生气。不过我听说,他出狱后坚决不接受国民党的津贴,靠朋友接济生活。他原是研究文字学的,打算在晚年研究学问。从这点说,他的个人品质并不坏,同叶青一流人不能相比。"

这位同志态度严厉地批评说:"你这是右倾观点! 一个人在政治上犯了错误,不可能有好的个人品质! 他的政治立场同他的个人品质是不能分开的!"

"彭雪枫谈陈独秀事",或"某领导同志谈陈独秀事",是否确曾发生过,笔者不敢断言。但此事在姚雪垠的小说作品中竟留下了如此深刻的印痕,空穴来风,似非无因也。

5月下旬,姚雪垠赶回家乡邓县。

20世纪30年代初期,邓县"在河南是有名的土匪最多的县份"。30年代后期,全面抗战的大环境下,统治邓县的还是那个抗战之前被人称为"丁大牙"的大恶霸丁叔恒,邓县的政治环境并未有任何好转。

抗战之前,姚雪垠每次回乡都要领受一番"丁大牙"的淫威。他曾回忆道:

> 邓县是以别廷芳为首的宛西封建反动势力范围,邓县的恶霸首领即民团司令是丁叔恒,北京大学毕业,反共的死硬派,压在人民头上的土皇帝。我在他的心目中是左倾分子,危险人物。由于我在家乡稍有"文名",后来又常常在外边报刊上发表作品,他当然不会将我公然杀害。我每次回邓县,他对我表面上都保持客客气气。我照例到他的司令部拜望他一次,等于向他挂号我回来了,而他也要在大群护兵的前后保护下回看我一次。然而这不表示他不想杀我或不希望我早点离家。(《七十述略》)

这次返乡,"丁大牙"对他的态度一如既往;民众仍然挣扎在"各种各样的压迫"之下,看不到民主政治的曙光。

姚雪垠刚在家住下没几天,便听到"最好的朋友,最好的战士"梁雷在山西壮烈殉国的消息,心中不由大恸,虽然他早就有此预感,但还是反复确认。确信之后，便赶紧"偕着妻跑到乡下去拜访烈士的老母和孤儿寡妻，用一些含糊的话头来安慰她们，欺骗她们，从她们手里要出来烈士的两封家书"①。他决意要把烈士的遗志彰显于天下，一连写下了好几篇散文，追思朋友，缅怀英烈，抨击黑暗，呼吁正义。

他在《烈士》中写道：

山西省全省县份多少都沦陷了，而死难的只有四个县长，河北、绥远、察哈尔，则连一个也没有；因此我对于我的朋友越发尊敬。好的战士在前方同敌人厮杀着，在我的故乡，所谓比较安全的后方，县长们依然的吸吮着民脂民膏，依然的荒淫与无耻，依然的……②

他在《悼烈士梁雷》中写道：

自"九一八"以来，我们已经沦陷了十几个省份，能够尽忠守土以至牺牲生命的县长，我们只知道在山西仅有四位，在山东仅有一位，在十几省中至多也不会超过十位。千百县长尽是贪生怕死之辈，千百县长只知道剥削百姓、升官发财，千百县长昏头昏脑地替敌人做了清道夫，这使我越觉得这几位死者的重大意义，越觉得他们的鲜血流得光荣。如今，在抗战周年后我看见这半未沦亡的土地上仍是一种相反的对照，就是：一方面有人在艰苦地工作与英勇地牺牲，一方面有人依然走着那个千百县长们所走的道路。呜呼！我的亡友，我不禁愤然而悲哀！

他在《故乡杂感》中写道：

在故乡，作救亡工作是不被县长和当权的绅士老爷们允许的。像我这样的人，一个单纯的抗战文化工作者，也不免被目为不祥之物，使许多老朋友替我担心，许多老朋友不敢同我接近。在文明地方，一个县长并没有什么可怕；在这儿，那权力之大就出你想象之外。一回到故乡来，我的心坎上就压着一个沉重的黑色问号：什么时候这儿才有法律呢？

姚雪垠在家乡住了近一个月，愁肠百结，难以排解：年迈的父母和娇妻、弱女、幼子本来就过着朝不虑夕的生活，如果"土皇帝"丁叔恒知道他去了竹沟，家人的安全就更没有保障了。

他的心离竹沟远了一步。

———————————

① 姚雪垠：《烈士》，1938 年。
② 姚雪垠：《烈士》，1938 年。

6月初，姚雪垠离开家乡来到郑州，想再次与上级商谈工作安排问题。此时，开封危急，地下省委机关已经迁到竹沟。他在郑州的联络点见到风雨编辑部的几位工作人员。他们告诉姚，山西曾给他来过一封信，信中叙说了梁雷的死难情形，还说这封信好像是受梁雷生前的嘱托写的。如此重要的信件竟然没有转寄给他，姚非常气愤，于是他写信给王阑西询问详情。王的回信非常简单，仅写道："雨田的牺牲情形，一位河南同乡由陕北神木来的信上仅云偏关沦陷时雨田被俘，并云为敌所杀，请通知其家属。那封信我没带出。来信人的名字我也忘了"①。如此重要的信竟然被丢弃，姚雪垠简直出离愤怒了，他在一篇散文中这样写道：

> 这封信既是受了一位烈士临危的嘱托，报告这位烈士的死况，它不仅是一种宝贵的纪念品，也是一种宝贵的史料，除非故意要掩灭一位抗日英雄的光荣事迹，决不会让它失落。纵然这种失落是出于无意和粗心也一样的不可原谅。因为我相信他们对于爱人的情书决不肯失落。救亡工作者对于一位烈士是如此漠然，叫人叹气！②

文中严厉批评的这位"救亡工作者"，就是王阑西。

姚雪垠在郑州与上级取得了联系，但组织上对他的请求不置可否，只是让他先与袁宝华（时为中共南阳县委负责人）去舞阳主持召开河南青年救亡协会成立大会。于是他便与袁宝华一道启程，途中撰写了《河南青年救亡协会成立宣言》③，文中倾泻出中原青年强烈的救国呼声：

> 我们家乡已被敌人的铁蹄践踏，到处充满了愤怒的狂吼与凄惨的哀号。不愿做奴隶的中原儿女们，时机紧迫了，让我们携起手来，集中力量，齐一步伐，以铁与血回答敌人的疯狂进攻，保卫我们的父母妻子，保卫我们的家乡，保卫我们的祖国，保卫人类的正义与和平。

6月11日，大会隆重召开，姚雪垠被推举为协会的豫南负责人，负责筹建青救会豫南执行部。

大会结束后，姚雪垠与袁宝华徒步返回南阳，一路走了四天，暂住在南阳平津同学会。他本想马上返回邓县筹建青救会豫南执行部，但却不能成行。因为，"传说邓县民团放出风：只要我回去就暗杀我"④。

---

① 姚雪垠：《悼烈士梁雷》。
② 姚雪垠：《烈士》，1938年。
③ 该文交中国青年救亡协会代表赵梅生带往武汉，载1938年6月20日《新华日报》。
④ 杨建业录音整理稿。

在困居南阳的两个月中，姚雪垠只撰写了两篇散文——《捕奸故事》和《离散》。其中《离散》一篇作于当年 8 月，涉及作家当年的生活状况和创作心态，颇值得关注。该文讲了三个故事，第一个故事说的是一位在"开封县政府里做事情"的中年人，其妻和两岁的幼子都失陷在开封；第二个故事说的是一位年轻的救亡同志，在敌机轰炸南阳时，幼子未足月便早产夭折；第三个故事说的是一位"老父挂念失踪儿子"，在卧龙岗"求签"后，又疑虑重重地请人"解签"。姚雪垠数月前刚得一幼子，正是爱意满满的时候，念及这一幕幕"父与子"的悲剧，不禁感慨极深，他写道：

> 有一些朋友年岁还轻，没有当过爸爸，不知道孩子的可爱，更不知道死去一个孩子是多么的令人悲哀！在一个多情的，尤其是快交中年或已交中年的好父亲，死去一个孩子会像剜去一只眼睛或割去身上一块肉，嘴里纵然有时不肯说出，心里却永远怀着无比的悲痛。看见草上的露珠，他会想到妻子的眼泪；看见嫩藕，他不由的想起来孩子的胳膊和小腿。不管是怎样理智，怎样刚强，怎样精神寄托于革命，人到中年他的心就爬上一个秋，看见秋叶的凋零越发感到春芽的可爱与宝贝。我们这位同志已经交了中年，你试想一想他的心情吧。（《离散》）

他的心离竹沟又远了一步。

姚雪垠滞留南阳期间，曾多次去当地的新知书店，这是党组织的秘密联络点。书店里各种书籍都有，还发售全国各地的新文艺杂志。直到这时，他才读到《文艺阵地》《抗战文艺》和《自由中国》，才知道他在武汉创作的几篇文艺作品都发表了。而且，《"差半车麦秸"》和《战地书简》得到了茅盾的热情鼓励，郭沫若、魏东明等十几位评论家还发表了热情洋溢的评论。这个不期而至的成功，在他选择未来人生道路的天平上，投下了一颗决定性的砝码！抗战文坛的大门已经为他敞开，他自信能在这个领域为党作出更大的贡献！

他已经决定不去竹沟了。

转眼便到了 8 月，他突然在南阳联络点邂逅了从开封过来的王阑西。王阑西说，他是来此地联系《风雨》继续出刊事宜的，但未能得到当地政府的允准；又说，组织上已重新安排他去竹沟负责文化工作，马上就要启程了。姚雪垠听得这番话，心中更是不安：他和王的隔膜已经很深，如果去竹沟主编《拂晓报》，还是在王的领导之下，关系势必"十分难处"。怎么办呢？姚雪垠考虑再三，难以启齿；王似乎有所觉察，也缄口不语。

他终于没有去竹沟。

当年，他并不十分明白拒绝去竹沟的政治后果。多年以后，他回顾这段经历，坦言道："当时还不知道这一去不返，从此脱离了党。"

姚雪垠"出党"了！他当年的心路历程是怎样的？经历过何种激烈的思想斗争？在他当年的文学作品中找不出一丝一毫的痕迹。20世纪80年代初，他曾自拟了一篇《自述年表》（未刊），其中一段写道：

> 多年来我总以为是我自己脱离了党组织；直到最近一二年，我才明白是王阑西于当年夏天到了竹沟之后，因我迟迟不回竹沟，组织上决定取消我的候补党员资格。我离开党组织之后，曾为我自己的错误哭过多次，如同失去自己的母亲一样。但是我因负气，又作出错误决定：决定暂时留在党外，为党的文化和文学事业作出我自己的贡献。如今回头检查，我对组织的态度犯了自由主义的严重错误。另一方面，《风雨》周刊在办过若干期之后，在王阑西和个别地下省委同志的主持下，确实带有极左的思想倾向；而关于我的工作问题，在处理上过于简单化，并夹杂一定程度的私人感情，也是事实。

是耶，非耶？似乎不必由笔者作出评价。附带提一句，20世纪80年代初，姚雪垠郑重地向组织上提出重新入党的申请，而最早提出希望他重新入党建议的老同志竟然是王阑西①，其中的意味不言自明。

姚雪垠与党组织的不得不说的故事，在当年并不是孤立的个案，而是具有一定的普遍性。抗战初期，在中共积极组织动员大批文化人进入根据地的背景下，有一些愿意追随革命的文学家也曾因"家室之累"和事业追求而不得不作出与姚雪垠同样的选择。譬如《七月》杂志的主编胡风，1938年中共长江局领导曾先后三次动员他放弃刊物去山西革命大学、延安鲁艺和新四军中担任职务，均被他托词拒绝；当年8月，长江局又一次催促他作出决定，他十分无奈地在家信中写道：

> 我自己有几条路。一、到延安去；二、新四军（在安徽）有一个宣传部部长无人担任，要我去。这两方面，每月可以寄家用津贴，但非得离开你，而且丢掉《七月》不可；三、到重庆弄《七月》，但那里空气既无聊，目前也找不到生财之路。在现在，也许放下《七月》，对我更好罢。然而，我想向西边走，很想

---

① 姚雪垠曾回忆道："最早提出希望我重新入党的是王阑西，他是我1938年入党的介绍人，也与我离开党有关系。他事先给陈丕显写了一封信，谈我当年入党和脱党的情况。陈丕显将信在省委领导内部传阅。"参看杨建业录音整理稿。

向西边走呀！①

胡风最终还是奔向了"西边"。

然而，不管怎么说，姚雪垠1938年8月因"负气"而作出的人生抉择，彻底地改变了他后半生的人生轨迹，其后数十年，他不断地为此付出沉重的代价。这些都是后话了。

第二节 《春到前线》

1938年8月，姚雪垠离开南阳，返回邓县。

这次，他难得地在家乡一连住了几个月。虽然他按照惯例去过"土皇帝"丁叔恒的司令部"挂号"，也未直接参与当地爱国青年所组织的救亡活动②，但仍被地方当局视为眼中钉和肉中刺，非欲驱逐而后快。于是，"暗杀"的威胁不时传出，搅得姚家一夕数惊，不得安生。

姚雪垠晚年在接受记者采访时谈及当年事，说道：

> 这年(1938年)冬天的一个晚上，邓县活埋了九个人(反对当权者的绅士)，另外派人要暗杀我。我家对面住着一个暗娼，姓冠，外号叫"冠团长"。一天晚上，一个民团的暗杀者在她那儿抽大烟说，他们让我杀对门的姚先生，可他常年在外不回来，也没做过什么，我真不忍心下手。他走后，"冠团长"就来我家，告诉我岳母，我就立刻走了，住到南关一个叫米军的同学家。过了一晚，第二天早上吃过早饭，我说回家看看，正在此时，五战区的钱俊瑞托人带信来，邀我去五战区参加文化工作。③

其实，姚雪垠心里非常清楚："暗杀"的风声是地方当局故意放出来的，是胁迫他离开的一个手段；他不是不想离开，只是——开封沦陷，武汉沦陷，南阳告急，而且一家老小都在这里——他不知道能去什么地方。

---

① 胡风1938年8月15日自武汉寄梅志信。

② 姚雪垠谈道："我在南阳住了一两个月不能开展活动。传说邓县民团放出风：只要我回去就暗杀我，但是我还是回去了。回去后，当地青年搞地下党，搞人民支队，跟我商量。他们说虽然取缔了人民支队，但还在地下活动，你在家乡青年中很有声望，利用你的声望，来支持。"参看杨建业录音整理稿。

③ 杨建业录音整理稿。

数年之后，他在长篇小说《春暖花开的时候》中描述了当年不见容于地方当局的原因，而且对自身心境进行了自省，他写道：

> 他被地方当局看成了有政治背景的重要人物，但实际上他只是一个信仰真理的自由人，是一棵没有在泥土上扎根的浮萍，一个有方向而没有轨道的流星。半年来他在各地飘来飘去，到处受青年敬爱，到处又不能深入到青年群中，有时像刻苦的文化战士，有时又像革命的观光者。

如上这段文字仅见于《春暖花开的时候》1944 年重庆现代版，为前此的 1940 年《读书月报》连载版及后此的 1987 修订版所无。我们有理由认为，这段文字可视为姚雪垠的自我剖白。

当年，地方当局将姚雪垠视为"有政治背景的重要人物"是有根据的：他不是河南省文化界抗敌协会的头面人物吗？他不是《风雨》周刊的主编吗？他不是河南青年救亡协会豫南执行部的负责人吗？当然，他们不会知道，这位被他们视为眼中钉的人物，会突然地从那些责任中脱离了出来，变成了一位并无政治依傍的"自由人"……

姚雪垠蛰居于邓县的这"半年"，心情始终处于极度的纷扰之中，地方当局的威逼，家庭生活的责任，脱离组织的惶惑，崇高的文学事业的呼唤……但他始终无法静下心来写作，这真是一个最为尴尬的时期。

因此，"五战区的钱俊瑞托人带信来，邀我（可能信中还请其代邀嵇文甫等人，笔者注）去五战区参加文化工作"，无异于天外飞来的喜讯。他知道钱俊瑞是著名的左翼文化人，但以前并无交往，他的函邀当然不会是代表个人，很有可能是代表组织的。于是，他欣然接受了邀请，当即赶去镇平拜见河南大学教授嵇文甫，并相约一同赶赴鄂西北战地。

姚雪垠没有猜错，钱俊瑞担任主任委员的第五战区文化工作委员会是中共长江局领导与战区司令长官李宗仁商定创建的具有统一战线性质的救亡组织，钱俊瑞的函邀的确是代表着组织，姚雪垠毕竟是在中共长江局组织部备过案的重要的文化干部，年初还曾来武汉面见博古请求专门从事文化工作呢！

关于第五战区文工会创建的始末，《李宗仁在鄂西北二三事》一文介绍得比较详细：

> 一九三八年八月第五战区司令长官部驻在宋埠时，李宗仁与中共长江局董必武及军委会政治部郭沫若等协商，请求代他聘邀一批文化人，到五战区进行抗日文化宣传和动员群众工作。后来即于一九三八年九月在岐亭正式

成立了第五战区文化工作委员会。李宗仁亲自到会祝贺,并请钱俊瑞任少将顾问兼主任,胡绳、陈北鸥以长官部上校秘书任副主任,刘江陵、关梦觉、郑楚云、夏石农、孙凌、张佐华等以长官部中校秘书任委员。正当文化委员会工作刚刚起步时,日寇包围了武汉,逼近宋埠,形势危急。李宗仁在交通工具异常缺乏的情况下,亲自调派了一辆载重汽车,将文化工作委员会人员撤退到花园西三十里的陈家店,于十月份又撤退到樊城。

上文所述第五战区文工会委员事或有失记处,诗人臧克家在回忆录中作过一些匡正。他写道:

> 李宗仁是指挥枪杆子的,这时也认识到笔杆子的力量,尽量容纳利用文化人为抗日、也为他自己服务。就在文化工作团成立三个月后,10月,又成立了以钱俊瑞同志为主任委员的第五战区文化工作委员会,委员有:胡绳、夏石农、孟宪章、郑楚云、陈北鸥和我。文委会下,有两个文工团,我们的文化工作团也归文委会领导。当时的《鄂北日报》,后来改为《阵中日报》,在我们掌握之中,另外还办了一个干部训练班,由曹荻秋同志负责。整个第五战区的文化工作,全在共产党和进步分子的领导和影响之下,甚为活跃。

关梦觉先生晚年在回忆文章中这样写道:

> 以司令长官李宗仁为首的桂系,既受蒋介石的管辖,又与蒋介石有矛盾,是一个相对独立的政治、军事集团。在武汉即将沦陷,国民党军政机关纷纷向四川逃跑的一片混乱声中,李宗仁先生能邀请一部分进步的文化界人士到第五战区工作,不管动机如何,这说明他是比较开明的。[①]

不管怎么说,钱俊瑞函邀文化名人(包括姚雪垠和嵇文甫等)参加第五战区文化工作,是有组织的行为。这足以证实,组织并没有忘记那位年初专程从开封来武汉面见博古申诉工作问题的《风雨》杂志主编;也足以证实,文化界也没有忘记这位刚以《"差半车麦秸"》轰动文坛的青年作家。

由于对邓县"土皇帝"仍有所顾忌,姚雪垠和嵇文甫赶赴第五战区时有意绕过邓县,从镇平过侯集、王集而至新野;新野以南土匪很多,他们在地方抗日武装戴焕章部的帮助下,有惊无险地穿过鄂豫交界,经朱集、双沟而至樊城。

樊城和襄阳是鄂西北的两座历史名城,隔汉水相望,合称"襄樊"。由于此地扼守南北东西交通要冲,战略地位极其重要,自古以来便是兵家必争之地,抗战初

---

① 关梦觉《经济学界一老兵的自叙》,见《中国当代社会科学家》第3辑。

期更成为支撑中原战场的中流砥柱。

姚雪垠早年曾在樊城鸿文书院(鸿文中学)读过半年书,对这座城市颇为熟悉。在他的漫长的创作生涯中,此地的重要性仅次于九省通衢武汉。抗战期间他在这座城市及附近地区待过近三年时间,几部最为重要的抗战文学作品:《红灯笼故事》《春暖花开的时候》《牛全德与红萝卜》和《戎马恋》都构思或创作于此地。可以毫不夸张地说,这里是他的抗战文学作品的摇篮。滔滔汉水,巍巍古城,给予了这位青年作家无尽的文思。

1938年11月,姚雪垠来到樊城文工会报到,不久便被派往均县留守处工作,同行的还有臧克家、田涛、孙陵等三人①,又不久被指派到均县抗日文化工作讲习班任教。说来也有趣,姚雪垠在回忆录中没有谈及他由樊城而至均县的经过,但对指派他到留守处开设的抗日文化工作讲习班任教一事却铭记不忘。1980年他在一篇回忆文章中谈道:

> 党组织以文工会留守处的名义在均县办了个抗日文化工作讲习班,我担任唯物辩证法课程。除在讲习班讲授外,还在国立六中和由何基沣将军担任教育长的七七军训团作关于唯物辩证法的报告。

这篇回忆文章题为《我的道路》,写成于1980年1月26日凌晨,早于其长篇回忆录《学习追求五十年》,也许是为写作后者而准备的提纲或备忘录吧。②

请注意这段文字中的"党组织"三字,在《学习追求五十年》中这三个字被删掉了,另外增添了一些内容:

> 我于一九三八年冬参加文工会工作,被派往均县留守处。均县留守处经文工会批准,决定在均县城内办一所抗日文化工作讲习班。我担任讲的课程是唯物辩证法。经过一段筹备,讲习班就在文化站中开学了。这事在均县引起很大震动,除讲习班学员外,还有许多人前去旁听。当时三十三集团军(原西北军,集团军总司令为张自忠)在均县设有一个培养下级军事干部的学校,名称是七七军训团,比较进步。何基沣将军兼任教育长。另外,国立第六中学也在均县,这是集合从山东流亡出来的许多中学建立的,原称山东流亡中学。我们除在讲习班讲课之外,也去七七军训团和国立六中作大报告。我大概去七七军训团两次或三次作大报告,讲唯物辩证

---

① 臧克家在《笔部队在随枣前线》一文中谈到此事。
② 该文未收入《姚雪垠书系》,笔者注。

法,去国立六中一次。(《学习追求五十年》)

虽然"党组织"三字不见了踪影,但我们仍能从字里行间体味到姚雪垠当年对于重新获得党组织重用的喜悦之情。一年以后,他在长篇小说《春暖花开的时候》中借用一位与自己经历身份相似的角色"罗明"的嘴,说出了如下一番深情的话语:

> 一个有志献身革命的青年不应该袒护自己的弱点,更不应该把自己孤立起来。救国是一种艰苦的革命事业,只有当你和志同道合的组织在一起的时候,你才发现你自己有力量,你才不至于在中途迷失了方向。我为着这事情也苦恼过一个时期,苦恼的结果使我向前跳了一步,自由主义的色彩依然浓厚,有时又不免掉新的苦恼。一个朋友批评很对:像我们这样的人要变成革命战士,好比出过嫁的女子去当尼姑,实在太不容易了。

如上这段文字仅见于《春暖花开的时候》1940年《读书月报》连载版,为后此的1944年重庆现代版及1987修订版所无。

重新站在"组织"旗帜下的姚雪垠,在均县抗日文化工作讲习班里焕发出了灼人的青春活力——

他似乎天生便擅长"传道、授业、解惑"之道,他的才华和风度很快便征服了

1938年12月,均县抗日文化工作讲习班人员合影(左起第五位坐者为姚雪垠)

全体学员。说来也不奇怪，30 年代初他在信阳女子中学代课时从不看讲稿，所有古文都能随口背诵，一应典故皆信手拈来，曾被学生们啧啧称奇呢。

他似乎天生便适宜于做"青年导师"，他非常喜欢那种被青年环绕、仰望、崇拜的感觉。无论是"去七七军训团和国立六中作大报告"，还是在晚会上即兴讲故事，他都能以艺术手段和人格魅力牢牢地攫住听众的注意力。

他的用象征手法写成的著名小说《红灯笼故事》便是在这样的环境和氛围中产生的。1942 年，他在一篇文章中描述了当年的情景：

> 一九三八年这年的冬天到次年正月，我在武当山下一个闭塞的小县城里做文化工作，每天到我们办的"文化工作讲习班"中讲课，同学们平素都爱听我讲书，也爱听我讲故事或笑话。有一次晚上，大家逼着我讲一个故事，我就把改造的《红灯笼故事》讲出来，这一次没有成功，因为在我正讲到一半时，一位不理解文学的朋友破坏了会场的空气。过了不久，我回到樊城，又一次向青年们讲这个故事。这一次讲得很成功，有些女孩子在紧张的时候竟不由的流下眼泪。以后又讲过许多次，但两三年来却闭口不弹此调了。①

前文已述，《红灯笼故事》的雏形来自他的朋友、杞县大同中学教师、中共党员赵伊坪在抗战前夜所讲的一个故事，"红灯笼"含意隽永，可以说是民族复兴的宏伟目标，也可以说是理想社会的壮丽前景，也可以说是人类命运的终极追求……姚雪垠此时对这故事进行了"改造"，更增添了这则故事的历史感和象征性。鉴于该故事情节较为曲折，恕不赘述。敬请读者诸君欣赏作家对"红灯笼"的礼赞吧：

> 瞧！那盏红灯笼，比血还红，比珊瑚还红，比银朱还红，比五月的石榴花子还要红，比带雨的夕阳还要红，在无边昏黑的天空里飘荡着，飘荡着，飘荡着……

附带提一句，抗战时期姚雪垠有两篇小说作品被介绍到国外，一篇是《"差半车麦秸"》，一篇便是《红灯笼故事》。

在均县留守处工作期间，姚雪垠还积极投身于中华全国文艺界抗敌协会的基层机构组建工作。1938 年年底，他与陈北鸥、臧克家、田涛、孙陵等人先后筹建中华文协襄阳分会和均县支会，他在前一个团体中担任理事，在后一个团体中担任习作指导股股长。

---

① 姚雪垠：《关于〈差半车麦秸〉及其它》，1942 年 7 月初作于大别山。

可惜好景不长。1939 年初春,第五战区文化工作委员会被迫解散,均县留守处宣告结束,讲习班也停办了,教职员奉命撤往樊城。临别的那一幕令人难以忘怀,姚雪垠到晚年还清晰地记得:

> 抗日文化工作讲习班开办的时候已经进入一九三九年了。国民党开始发动抗战期间第一次反共高潮,提出来所谓"溶共"、"限共"的反动政策。我们的讲习班没有开办多久,蒋介石就下令撤销第五战区文化工作委员会。在过春节前几天,均县留守处办完了结束工作,全体同志乘了几只大船去襄樊。我们是在一个天色很黑的晚上上船,讲习班的学员、均县城内的进步青年团体、七七军训团的学员、国立六中的部分学生……打着很多火把,呼着口号,为我们送行。送行的队伍站在均县东门外的襄江岸上,挥动火把,有时呼着口号,有时向我们说着热情的话。火光照耀着临江的一段古城,也照耀着热情的人群、高高的江岸、沉沉的夜空。

> 七七军训团和讲习班的学员们几次向下望着坐在船上的我,大声嘱咐我务必将讲义继续写完,寄给他们。这样壮观的送行场面,实际上是对国民党反动派的抗议示威。对着这样的送行场面,热泪充满了我的眼眶。①

八个月后,姚雪垠以均县讲习班为蓝本的长篇小说《春暖花开的时候》开笔,他把这难忘的送别的场面也写进了小说中,为这座"波光水色中的古城"②留下了一帧难得的历史剪影。

姚雪垠随着留守处的人员一起撤到了樊城。

第五战区文工会虽然奉命撤销了,但大批进步文化人仍以各种名义留了下来,各种救亡团体和组织仍能活动,战区轰轰烈烈的救亡热潮并未完全消歇。他和臧克家等进步作家也被战区当局挽留了下来,操持此事的是时任战区政治部主任的韦永成,他们先后被其委以政治部设计委员及长官司令部秘书的身份,③有着某种程度的自由。顺便提一句,1941 年皖南事变后姚雪垠被战区司令部免职,他孤身一人跑到大别山去投奔时任安徽省民政厅厅长的韦永成,他们的交情便是在这时候建立的。

在樊城的一座小楼里,姚雪垠"享受"了近两个月的"清客"生活。但,这并不

---

① 姚雪垠:《学习追求五十年》。
② 引自臧克家当年吟咏均县的诗歌《波光水色中的古城》。
③ 参看 1939 年《文艺阵地》之《文阵广播》,《文艺阵地》影印本第 1032 页。并请参看杨建业录音整理稿。

是他所希望的生活。对于幼年时代便有着"英雄梦"的他来说,他所渴望的战区生活应该是这样子的：

> 古道,荒山,红叶,秋风,一行人马,一片夕阳;她(他)骑在马上,挂着手枪,背着图囊,图囊里一张地图,一卷新诗。这时候她(他)的耳边响着松声,泉声,隐约的枪声,而她(他)却镇静的,悠闲的,吟哦着未完的诗句……①

然而,眼前的生活却是这样子的：

> 一九三九年初春,我住在樊城,挂一个秘书名义,终天没有一点儿工作。和我同住在一起的朋友们都是有相当成就的文化工作者,其中有作家、诗人,优秀的哲学家和社会科学研究者。几乎是每天晚上,两位研究哲学的朋友坐在我的房间里,我们买一碗咸牛肉,一包花生米,一瓶白干,围着炉子,闲扯起来,直至深夜。因为是"闲扯",所以照例没有范围:有时正谈着革命理论,话题一转便转到儿女柔情;但过了一会儿,也许又转到古代艺术,天上星球,或"时间与空间"的哲学问题。大概谈闲天能够天天继续,成为癖好,须具备三个条件:第一须有时间,第二须有风趣,第三须常识丰富。我虽然常识不够丰富,但因为我对谈天的兴趣特别浓厚,好说笑话,又加之房间宽大,且有沙发可坐,所以这两个朋友便也不讨厌同我胡扯。我的"春暖花开的时候"中的三个女性,以及她们的典型性格,细微的心理分析,都是依赖这两位朋友的帮助才研究出来的。②

上文中提到的"研究哲学的朋友",一位是胡绳,时任《鄂北日报》主笔,另一位是郑楚云或夏石农,他们都是著名的社会科学家。

在近两个月的断断续续的"闲扯"中,砥砺切磋,不断碰撞出思想的火花,姚雪垠因此获益良多。他更加清晰地认识到:抗战是一个悠长的历史过程,救亡与启蒙是并行不悖的,不可偏废;只有枪声炮声而没有人的心声的"前线主义"是不可取的,文艺作家应该关注现实生活中的"活人";"恋爱加革命"的文学模式虽然一度为人所诟病,但"恋爱"与"革命"并无矛盾,不可轻率地否定;妇女解放程度是衡量一个社会普遍解放程度和文明发展程度的历史尺度③,大批的中国女性走上救亡前线,这是民族进步的显著标志。

也就是在这近两个月的"闲扯"中,他向朋友们讲述了长篇小说《春暖花开的

---

① 《春暖花开的时候》,1940 年连载版。
② 姚雪垠:《关于戎马恋》(1942 年作),《新文学》1944 年第 1 卷第 2 期。
③ 这个观点是空想社会主义大师傅立叶提出来的,革命导师恩格斯曾经引用过。

时候》的基本构思，并在他们的鼓励下，把《红灯笼故事》先行整理寄出发表，并加副标题为《一部长篇小说中的断片》①。

虽然这种"闲扯"对他的创作总体上是有益的，但对于更渴望实际的战地生活的姚雪垠来说，这样的日子仍过于奢侈，过于浪漫了。说来也挺有意思，两个月后，当他奉命赶赴随枣前线某部采访时，听着军歌，浴着春风，他竟然产生了一种今是昨非的感觉，他在《春到前线》中这样写道：

> 多天来为着一些没有意思的烦恼，我的心变得是那么沉重，沉重得使我几乎不能驱动。自从出发以后，我的心就一天一天的变得轻松，每想着过去两个月来生活的浪漫而感到羞愧，一步一步的走近前线，一切忧郁都化做了兴奋，如今被这战地的歌声所鼓舞，我简直想发出来一声痛哭或者一声高歌，因为我的生活充满着青春，充满着活力，洋溢着一个战士的慷慨热情……②

姚雪垠是一位有大志向的人，从 20 年代末期起便崭露出创作才华，可惜由于家庭经济条件的限制，也由于中原如磐的黑暗现实，他没有获得更多的受教育机会，也没有更多的接触生活的机会。抗战初期，他虽然比较幸运地以《"差半车麦秸"》引起了文坛的关注，但距离他所期望的目标还很遥远。他听从组织的召唤来到第五战区，当然是为了共同推动救亡运动的大潮，但私心里也存着深入战地体验生活的动机，他意图以此来寻找突破创作现状的契机。

实话实说，他在创作上遇到瓶颈了！自从 1938 年 4 月写出《"差半车麦秸"》后，一年多了，他就没有再创作小说。他不是没有激情，不是没有素材，不是没有时间，但总是写不出能超过《"差半车麦秸"》的作品。

1939 年，他的创作生涯上遭遇到了第一个高坎！

他尝深夜绕室疾走，默诵着屈原名句，战战惶惶，汗出如浆。其实，这一年他还不到三十岁，正值青春芳华。

姚雪垠在多篇回忆文章中谈到当年的苦闷：

> 由于我在青年时候立下了狂妄的志愿，明白说，也就是希望自己在学术上或文学创作上做出突出的贡献，所以我快到三十岁时，我的心情非常痛苦，有时在半夜忽然醒来，身上冒汗，有时在屋中或在路上忍不住小声地吟诵屈原的两句诗："老冉冉其将至兮，恐修名之不立！"（《学习追求五十年》）

---

① 《红灯笼故事——一部长篇小说中的断片》，载 1939 年 4 月 25 日《抗战文艺》第 4 卷第 2 期。故事的讲述人为白野，歌者为柳晓云。

② 姚雪垠：《春到前线》，1939 年 4 月作于厉山。

　　　　我从青年时代起就是一个有很高追求，事业心非常强的人，快到三十岁时，我经常想到中国和外国的许多古今人物，包括诗人、作家、学者，在二十多岁时，就已经做出很好成绩，不禁胸背冒汗，默默吟诵屈原的诗句："老冉冉其将至兮，恐修名之不立。"（《我的前半生》）

有大志向者必有大苦恼，有大苦恼者必有大突破。

姚雪垠创作生涯中的第一个春天终于要来了，春在前线！

1939 年 4 月至 1940 年 5 月，是第五战区作战最积极最主动的时期。这期间，中华文协襄阳分会与战区政治部密切配合，号召进步文艺工作者组成"笔部队"深入战地，创作表现战区生活的文艺作品，以振奋全国军民的抗战热情。姚雪垠、臧克家、田涛、碧野等四位青年作家①是"笔部队"中最活跃的成员，他们的作品揭开了鄂西北抗战前线生活的一角，引起了大后方读者的艳羡和崇尚。中华文协牵头人老舍曾作过一首"人名诗"，其中有"克家对雪垠，碧野对田涛"，其赞赏之意溢于言表。

　　姚雪垠曾参加过三次"笔征"②。

　　1939 年 4 月，中国各战区发动"四月攻势"，积极袭扰牵制日军。姚雪垠与臧克家、孙陵各率一支小分队赴随枣前线采访。这是他第一次走上战地，兴奋之情难以自抑："在前线，四月是美丽的。不管是人、马、草木和飞鸟，一切都活泼，有生气，连大地也年青青的了"③；在前线，他看到了救亡团体踊跃劳军的动人景象，"在四月的鄂北前线上，活跃的出击刚告结束的时候，一些慰劳队，宣传队，演剧队，纷纷的来到前线来。同志们怀着兴奋和好奇的心，向前线战士们讨着胜利的纪念物"；在前线，他看到了抗战将士的进步，"士兵们每天忙着开小组会，检讨会，联欢会，演说会。在一年多的战争中，不识字的人有很多已经识字了；不敢在人前说话的人，也敢在会场中侃侃而谈了；不懂得国家大事的人也能谈一点政治了。中国在炮火中跃进着。在四月的鄂北前线上，我清楚的听到这跃进的声音了"；在前线，他也看到了太阳下的某些阴影："区长和联保主任们，对抗战一点也不关心，好像他们唯一的工作是把一部分善良的老百姓逼得全上吊。还有，正当前线万分紧急的时候，守土的将士们流着鲜血的时候，离开火线不过几十里远的

————————

①　田涛时任《阵中日报》副刊《台儿庄》编辑，碧野于 1940 年初从第一战区来第五战区。
②　参看拙作《五战区"笔部队"的三次"笔征"》，载《湖北文史资料》1995 年第 1 辑。
③　姚雪垠：《四月交响曲》，写于 1939 年 7 月。

村落里,公路旁的饭馆里,茶棚里,到处挤满着赌博的闲汉们……"①

5月初,日军为了消除鄂北豫南方面中国军队对武汉的威胁,向湖北随枣地区发动进攻,第一次随枣战役拉开了序幕。姚雪垠一行刚到钟毅将军的第一七三师师部,战斗便打响了。据臧克家回忆,"(我们)跑了八天两夜,敌人一直追我们到邓县附近三十里","但这一次没有白跑,姚雪垠写了《春到前线》、《四月交响曲》,采集了《春暖花开的时候》的材料……我也用生命换来了《随枣行》和一心囊的诗料"。②

1939年8月,他又与臧克家、郑桂文等组成一支七人的"笔部队","为了挑破一个神秘的梦,不惮长征三千里"③,深入大别山抗日根据地采访。当年6月,中华全国文协曾组织作家战地访问团赴战地采访,影响颇大;第五战区政治部与襄樊文协分会便有意效法之,组织了这支"笔部队"深入皖西,以推动第五战区所辖的鄂豫皖边区抗日根据地的文艺工作。他们冒着酷暑,由襄樊而南阳,跨过平汉路,到漯河,经周口、界首抵阜阳,又渡沂水,北向涡阳、蒙城,一直走到大别山腹地——立煌。沿途,他们看到了敌后社会生活的现实,他们看到了驻界首集的某部走私资敌,发国难财的丑恶事实,他们凭吊了蒙城血战中的殉国将士;他们拜访了驻大别山的新四军办事处,他们与大别山中的文艺青年倾心交谈,惊喜地发现"他们一边创造着工作,一边创造着自己","新的文化干部在斗争中像遍地春草一样的生长着"④。尤其不能不提的是,就是在这次"长征"中,他们看到了当年红军留下的许多历史遗迹⑤,这为他在《春暖花开的时候》首章中浓墨重彩地描绘出历史新阶段的时代氛围,找到了一个很好的切入点。

1939年12月到1940年1月,国民党军队在正面战场对日军发动了一次规模

---

① 姚雪垠:《四月交响曲》。

② 臧克家:《笔部队在随枣前线》。

③ 臧克家:《淮上吟》。

④ 姚雪垠:《大别山中的文化(战)线》(作于1939年10月),原载1939年11月29日重庆《大公报》。

⑤ 臧克家在回忆录里写道:当我们走在傍着山崖的小径上,忽然从茅草房中走出一位年老衰颓的老太婆,望望我们这两位远道而来的客人,迟疑又迟疑地用悲伤的表情,抖战的声音发问:"你们从哪儿来的? 我的儿子出门好多年了,你们可知道他的消息? 他是跟着……"下面的意思欲吐还吞地没有说出口,但我们已经明白了,安慰地说:"现在红军、白军一起打日本鬼子了,你的儿子有一天会回来的。"听了这话,她似懂不懂,仰天叹了一口气,把眼光投向了迷茫的远方大别山,原是红军的一个根据地,蒋介石派卫立煌实行血腥的屠杀,把金家寨改成了立煌,成为安徽战时的省府。在悬崖陡壁上还残留着红军的革命标语,我还弄到了苏维埃时代的两枚铜币。风风雨雨多少年,忆往事,看眼前,我们心里真是感慨万端!

较大的冬季攻势,第五战区在此次冬季攻势中出动兵力达三十余个师,在湖北整个正面战场展开攻势,取得了不小的战果,在全国战区中首屈一指。为配合这次战役,推动宣传攻势,战区政治部又组织了两支"笔部队"深入前线,姚雪垠与安娥等为一组由京钟路转汉宜路,臧克家等为第二组去信阳、确山一带。此次战地采访耗时两个月,就连新年他也是"在马背上,在风雪细雨的战场上"度过的。但他不以为苦,"每至一团即分营召集官兵开生活座谈会以进行搜集材料工作,所以一师一师工作起来,真费时间也。此次来鄂中,所获材料,既特别丰富,亦深刻切实,生动有趣,只是没有工夫整理耳……"①在这次采访中,他结识了许多国军将领,也接触到了一些士兵,他深刻地体会到:"在战场上,只要是肯拿枪杆拼命的人物,不管他地位高低,年纪大小,都是豪爽的或心地朴素的。他们除掉打仗没有多的心肝眼,不愿意猜疑人,也不愿意自己被猜疑,所以你同他们在一块儿生活总是痛快的。"就是在这次前线采访中,姚雪垠产生了要描写一位"豪爽"的北方汉子的创作欲望,两个月后中篇小说《牛全德与红萝卜》开笔。

姚雪垠参加的这几次"笔征",对于他其后一段时期的文学创作具有非常重大的意义:他观察和体验到了许多"不到战场你简直想也想不到"的生活现实,积累了大量的创作素材;他扩大和丰富了生活空间,创作视界得到了很大的拓展;他陶冶和磨炼了感情情操,请稍微留意一下这一时期他的许多作品的题名——《春到前线》《四月交响曲》《战地春讯》《春暖花开的时候》《新芽》《五月的鲜花》——在血与火的战地生活中他发现并发掘出了时代的"春"意。

感谢生活的赐予,给了我们的作家深入战地体验"英雄梦"的机会,经历了血与火的考验,作家更加青春焕发。正如《春暖花开的时候》中那个男主角罗明所说:"这时代是属于年轻人的,只有参加战争的年轻人,在这时代才特别感到快活和骄傲。"于是,我们得以在上述战地作品中看到了一位戎装的姚雪垠形象:

　　　　雨珠沿着我的帽檐一个挨一个的滴落着,有时雨珠挂在帽檐上还不曾落下来,我就用指头轻轻一弹,让它从我的马头上边飞过去。(《春到前线》)

　　　　××,你愿意来战地么?假若你愿意,我就驰马去接你,三五千里风霜雨雪算得什么呢?(《战地春讯》)

说来也挺有意思,姚雪垠在鄂西北战区待了三年,积累了不少创作素材,但他

---

①　1940 年 1 月 21 日姚雪垠给白克信,载同年 2 月 11 日《阵中日报》副刊《台儿庄》。转引自田海燕、杨菲主编《老河口的〈台儿庄〉——抗战文学钩沉》③,华夏文艺出版社 2022 年出版。

1939年秋,姚雪垠在老河口,开始创作长篇小说《春暖花开的时候》

却很少将其写成即时性的报告文学或通讯作品发表。为什么呢？他曾坦承道：

> 在火线上我搜集了不少的好东西,虽然十分心痛舍不得,但考虑了好几天,还是决定挑出几样来作为新年的小礼物。这些小礼物我真怕被朋友们拾了去,变一变装潢再拿到市场上。在我们的朋友中,不是有很多像饿魔一样的住在后方的都市里,时常作这样取巧的买卖么？

抄袭,剽窃,这样的事情在当时大后方的文坛上并不鲜见,恕不举例。

附带说一句,人们在谈论姚雪垠的长篇小说《李自成》时,大都以为他的生活体验来自早年从军及被杆子绑票的人生经历,其实这只说对了一小半；姚雪垠对义军扎营起寨、行军布阵的描写,对其约束部众、笼络民心的各种约法、纪律的描写,对那些"有意思,有趣味,有英勇豪侠之气"①的西北汉子的表现,更多的是来自于这个时期作家对旧式军队战地生活的体验；毫不夸张地说,在《李自成》的灿若群星的人物群像中,有着他喜爱的国军抗战将领张自忠、冯治安、池峰城、何基沣、钟毅、黄樵松等的身影。此为后话,在此不赘。

尽管姚雪垠非常"舍不得"把战地生活体验付诸文字,但他还是透露出了好些。择其要者,列举于下：

《春到前线》(散文),1939年4月作

《随县前方的农民运动》(通讯),1939年5月作

---

① 姚雪垠：《战地春讯》。

《四月交响曲》(散文),1939 年 7 月作

《血的蒙城》(通讯),1939 年 9 月作

《界首集》(通讯),1939 年 9 月作

《大别山中的文化线》(通讯),1939 年 10 月作

《战地春讯》(散文),1940 年 1 月作

《鄂北战场上的神秘武装》(通讯),1940 年 1 月作

《归来感》(随笔),1940 年 2 月作

《文人眼中看军纪》(随笔),1940 年 2 月作

这个时期,姚雪垠主要的精力放在小说创作之上。他曾发誓,新作一定要超越《"差半车麦秸"》的水准,"盖不能突破水准,决不轻易问世也"①。

长篇小说《春暖花开的时候》,1939 年 3 月开始构思,同年夏起笔,次年年底写完第一卷,共十二章。从 1940 年 3 月至 1941 年 2 月在重庆《读书月报》上连载。该刊主编胡绳对朋友的创作倾向及作品的思想艺术成就予以充分肯定,称:"这一长篇刻划出了在战地工作的青年的各种典型,写出他们如何在实践中以不同的道路而成长发展,这是抗战青年生活与思想的完整反映。"小说连载结束时正值皖南事变发生,《读书月报》被迫停刊,未见有更多的评论文章问世。1943 年至1944 年,作家对该小说进行了大规模的扩写和改写,且待后述。

中篇小说《牛全德与红萝卜》,1940 年 3 月初起笔,年底写成,分为上下两部,共三十六章。于 1941 年 11 月以残本②的形式在《抗战文艺》上发表。该刊主编高度赞扬,称之为"抗战以来难得看到的成功作品"③。1942 年 10 月出单行本后,更引起评论界的广泛注意。批评家认为:"这部作品的优点,是人物性格活的雕塑,语言的活的运用"④,"牛全德的路,是中国千万无恒业无恒产无家室的农民的路"⑤,认为作者表现了"在敌人直接蹂躏下涌现出来的农民游击队"的真实情况,"正是象对于兄弟同胞那样来写他的人物——老牛和红萝卜的"⑥。

---

① 引自姚雪垠致孙陵信。《故人儿次冲过来》(作家书信),载 1940 年《自由中国》新 1 卷第 1期。全信如下——陵兄:从河口到南阳,费时半月,秋雨连朝,令人苦闷异常,今日天晴,明白或可由此动身了。沿准(原文如此,不知何意)因时时耽搁,继续写长篇,颇感满意,盖不能突破水准,决不轻易问世也。你还是接眷属来战区吧。祝好!(一九三九年)八,一三。于南阳。

② 该小说在重庆排版期间遭受日寇空袭,部分稿件被焚毁。

③ 1941 年 11 月《抗战文艺》第 7 卷第 4—5 合期"编后记"。

④ 克伦斯:《牛全德与红萝卜》(书评),载 1943 年《文学评论》创刊号。

⑤ 阮华:《评〈牛全德与红萝卜〉》,载 1943 年 3 月《中原文化》第 1 卷第 6 期。

⑥ 友谷(胡绳):《牛全德与红萝卜(书评)》,载 1943 年 2 月 8 日《新华日报》。

1940 年底，姚雪垠突然患了一场重病（天花）。由于医生的误诊，生命一度垂危。稍愈，即回故乡邓县养病。其间，皖南事变突然发生，第五战区政治形势随之逆转。不久，他收到李宗仁签发的免职令。病愈后，在友好人士的帮助下，他化名姚冬白，潜往安徽立煌，利用桂系关系在大别山中暂且栖身。其时，臧克家、碧野、田涛等作家也相约离开老河口①。第五战区的抗日救亡运动同国统区大后方一样，顿时陷入低潮。

第三节　《春暖花开的时候》"连载本"

《春暖花开的时候》是姚雪垠的长篇小说处女作，也是其抗战时期的长篇小说代表作，甚至可以说是其漫长的创作生涯中的——除了《长夜》和《李自成》之外——最为重要的文学作品。

这不仅因为该小说在刊物连载时（1940）即得到了读者们的喜爱和追捧，也不仅因为当年（1944）该小说单行本上万的印数在大后方实属"破天荒"，而且也因为该小说在抗战后期（1945 年及以后）曾遭到某些左派文人最为激烈的批判，致使该小说的作者蒙受了三十余年的委屈。

20 世纪 80 年代中期，拨乱反正之后，姚雪垠对这部小说有过非常认真的自我评价，他认为，"这部作品有优点也有缺点，但优点大于缺点"②。

优点有三，如下：

一、写出了抗战初期国民党统治区抗日青年的生活，小说中的生活气息很浓厚。它不是从抽象的概念出发宣传抗日，也不是着眼于"机关枪哒哒哒……"，而是始终着眼于写生活。

二、写出了一群有鲜明性格、有血有肉的人物。

三、它的语言特色或文笔风格。

缺点有四，如下：

一、对整部小说的结构布局不像我写《李自成》那样作了通盘的深思熟虑，匠心经营，而是沿着几个人物性格边写边想，当然不可能做到结构严密，

---

① 据田涛《笔征日记》，1940 年 11 月 23 日他与臧克家、碧野离开老河口前往××军。
② 姚雪垠对《春暖花开的时候》的自我评价来自其回忆录《学习追求五十年》。

布局完整。

　　二、在强调写生活的要求下，开始的部分浪费了篇幅，不能迅速展开重大的社会斗争。

　　三、将三个少女作为小说的中心人物，在一定程度上妨碍了故事迅速向重大社会斗争展开。

　　四、当时我还不懂得如何将小城市的救亡运动同大形势紧密地结合起来写，分出一部分笔墨写武汉或开封，一部分笔墨写农民，再有一部分笔墨写国民党军队的溃退。

作家的自我评价是否恰当，这不是我们所能讨论的问题。

不过，在试图对这部曾在抗战时期产生过重大影响的长篇小说《春暖花开的时候》进行评述之前，我们先得厘清这部小说的版本状况，否则，无论是赞同作家的自我评价，或是不赞同作家的自我评价，都很容易偏离文本实际，作出错误的判断。

《春暖花开的时候》有三个版本：

第一个版本：1940 年 3 月至 1941 年 2 月连载于重庆《读书月报》的文本，共十二章，约十五万字。我们称之为"连载本"。

第二个版本：1943 年至 1944 年由现代出版社出版的单行本，分为一卷三分

姚雪垠著《春暖花开的时候》

册,共二十六章,约三十五万字。我们称之为"重庆版"。

第三个版本:1986年至1987年经作家两次修订后的版本,共二十七章,约四十四万字,后被收入《姚雪垠书系》。我们称之为"北京版"。

这三个版本的"体量"大为悬殊,内容也有着不小的差异。综观《春暖花开的时候》的三个版本,甚至可以这样说,除了主角"女性三型"的性格特征、作品语言风格及作家审美情趣保持着一定的连贯性之外,其余的小说要素,如时间、地点、人物、情节结构、矛盾冲突等,都有着重大的区别。

举其大者,以情节结构为例:"连载本"是以小城里的抗日文化工作讲习班从成立到解散的全过程为主线展开的,不枝不蔓,无依无傍,是为单线结构;"重庆版"则将这条单线扩展为以中共地下县委(郭心清)为幕后领导,平津同学会(陶春冰)为前台指挥,文化工作讲习班、妇女救国会、儿童补习班、演艺队等救亡组织互为依托,而以潢川青年军团、开封战时教育工作团、驻军某师政治部为后援的地区性救亡运动,是为平面结构;"北京版"则在"重庆版"的基础上增加了对吴寄萍身世经历的细腻描写,映照出延安、山西等北地救亡形势,而且增加了对陶春冰苦闷根源的激情追溯,更把抗战初期河南地下党的内部斗争也揭开了一角,历史与现实、内部与外部诸矛盾纵横交织,变成了立体结构。

举其小者,以人物关系为例:"连载本"中罗兰暗恋的对象是教员张克非,罗明的暗恋对象是林梦云,黄梅是"泛爱主义者"[①];"重庆版"中罗兰暗恋的对象变成了教员杨琦,张克非出局;林梦云暗恋的对象变成了诗人陶春冰,罗明出局;黄梅突然有了一个追求者沈岚,但她没有给他以希望;在"北京版"中,诗人陶春冰突然成了讲习班女们心目中的"男神",林梦云对他无限钟情,罗兰的表姐吴寄萍和他有过情史……

由于各种原因,现在的读者几乎无人读过《春暖花开的时候》的"连载本",中国现代文学史的编撰者们注目的是"重庆版",而一般读者大都读的是"北京版"。如果大家有意要聚在一起讨论《春暖花开的时候》创作的得失,最好先确定是哪个版本,免得自说自话。

笔者在下面要探讨的是作家1939—1940年间创作的《春暖花开的时候》"连

---

① 黄梅在讨论"救亡青年的恋爱问题"时谈道:"我的意见是只要不妨碍工作,尽可以随便恋爱,因为恋爱也是人生的需要。我们需要吃东西的时候可以随时吃东西,为什么需要恋爱的时候不可以随时恋爱? 恋爱,有许多人把它看成很神秘的东西,真是见鬼! 罗先生,我认为,你看对不对,在不妨碍救国工作的原则下,想爱就爱,不愿爱就散伙拉倒;一个爱一百个也可以,只要对工作没妨碍!"

载本"，偶尔也会旁及1943—1944年间创作的"重庆版"所作的某些改动，但基本不涉及20世纪80年代修订出版的"北京版"。

《春暖花开的时候》"连载本"是以均县抗日文化工作讲习班为蓝本而创作的长篇小说。1939年初，作家在与胡绳等在樊城"闲聊"时产生了创作灵感，"三女性"的性格蕴酿成熟，当年夏即起笔①。秋后，胡绳被调往重庆主编《读书月报》，临行前嘱其早日写出交刊物发表，作家于是全心投入。当年秋战事紧张，作家随战区司令部撤至老河口，甚至冒着日军的空袭在野外继续赶稿，就这样随写随寄，从1940年3月至1941年2月，在《读书月报》连载了十一期。

胡绳对《春暖花开的时候》非常欣赏，从连载的第二期开始，他便亲自为上期所载的内容编写"前情提要"，以后各期皆亲力亲为，并随时在刊物上反馈读者和作家的意见②。笔者将"前情提要"尽录如下，为历史存真。

第2卷第2期刊载的"前情提要"（第1章和第2章"内容提要"）：

黄梅——佃户的女儿，七年前大别山下暴风雨时期的红色小镇中的学生，静静地和母亲住在舅舅家里过着乡村生活的时候，遇见了城里地主罗香斋家的两兄妹，她发现他们和他们的父亲不一样，哥哥罗明告诉她现在民族利益超过阶级利益了，并且邀她参加救国工作，她感到茫然又快活。她答应了，搬进城了，罗兰——罗明的妹妹，领她到罗明正在上着课的训练班里。在旧的回忆和新的生活中，她的心绪是多么地扰乱呵。但是同学中有一个温柔的小姑娘引起了她的注意，她的微笑使她温暖而平静，她还不认识她，只听见人家叫她小林。

第2卷第3期刊载的"前情提要"（第3章和第4章）：

黄梅——在大别山下的十九岁的佃户的女儿，被地主罗家兄妹邀进城里参加一个训练班；哥哥罗明是这训练班的主持人之一，妹妹罗兰也在黄梅进城这天决定参加。黄梅在同学中认识了一个温柔而细致的小姑娘——林梦云，虽然后者和朴实而单纯的黄梅的性格不大一致，但她们经过初次的简单

①　姚雪垠在《关于〈差半车麦秸〉及其它》（1942年7月初作于大别山）中写道："这年（1939）夏天，我开始写《春暖花开的时候》……"

②　胡绳在"编校后记"中写道："连载长篇小说《春暖花开的时候》至本期已渐入佳境，正如作者来信所说，从第五章以后将一步步更紧张起来。简短的前情提要是编者所撰，亦不可能在发表前交作者寓目，不过足以供未能读到前文的读者之一助，当然不能代替前文……"《读书月报》第2卷第3期。

谈话立刻互相都觉得是好朋友了。在第二天,训练班下乡宣传时,黄梅和林梦云却被分开在两组中,临时赶来的罗兰加入了罗明,黄梅的一组。这是一个在美丽中包含着轻淡的幻想与哀愁的女孩子,但今天为了以后将能更多接近生活指导员张克非,在向着乡下走去的路上,她的羞愤的眼睛里闪耀着幸福的光辉。

第2卷第4期刊载的"前情提要"(第4章和第5章):

大别山下某城市里的一个活跃而热烈的训练班,集合着一群青年共同地工作学习。这里面有新从乡下来的佃户女儿——黄梅,也有地主家的女儿——罗兰。一天晚上,罗兰和她的哥哥罗明——这个训练班的负责人之一,被家里叫回去了。黄梅和另一个同学——林梦云,谈着林的恋爱和更严重的问题,这事情竟让林上床后久久不能成眠。

第2卷第5期刊载"前情提要"(第5章续和第6章):

在大别山下某城市中的一个训练班里,一群来自各种不同身分的青年共同地为救国而工作学习着,但是谣言集中到了他们的身上,使训练班难以存在。当地有力的绅士——地主罗香斋也向他的儿女——罗明(训练班的负责人之一)和罗兰(被同学们称为"罗兰小姐"的)宣布了决裂。作为训练班的代表——罗明,黄梅(一个佃户的女儿)和旁的几个同学去见了县长,却只得到了些空无所有的"同情"……

第2卷第6期刊载的"前情提要"(第7章):

大别山下某城市里,一群努力为救国工作而集体学习的热情青年所组织的班终于在各种谣言与攻击下解散了。当地的老绅士罗香斋也愤怒地逐出了他的参加这训练班的儿女,但还用柔情来挽回他们的"堕落",叫他们的姑母来校中找他们;这时哥哥罗明正在向同学们报告解散的情形,同学们之间却因为妹妹罗兰不见了而非常的惊异。

第2卷第7期刊载的"前情提要"(第7章续和第8章):

大别山下一群努力救国工作,集体学习的热情青年们组织的训练班终于在各种谣言和攻击下解散了。在他们将分散到各处工作的前一日,训练班的负责者之一——大学生罗明领导着同学们作郊外的远足。在离散的感伤中，他们仍为广阔的胜利的前途而尽情的欢快，只有罗明的妹妹罗兰，因为不能满足她跑到远方的要求而发着牢骚。

第2卷第8期刊载的"前情提要"(第8章续)：

在大别山下的一个青年们的训练班在各种谣言与攻击下被解散了。在他们将分散到各处去工作的前一日，集体地到郊外作一次离散前的欢聚。暮春的蓬勃的原野使这些热情的青年愈感到战斗的快活和骄傲，但在有几个人的心里又同时引起了另一样的情绪——不能满意于被分配到的工作的"小姐"罗兰和她的哥哥——为一切工作都安排好了而兴奋的大学生罗明(这训练班的负责人之一)就是其中最显著的。

第2卷第9期刊载的"前情提要"(第9章)：

这是在大别山下某城市里的一个青年所组织的训练班不能再存在了，绅士罗香斋，也对于他的参加训练班做着教师和学生的"不肖"的子女宣布了决裂。将分散到各处工作去的前一日，这群青年在作了一次畅快的野游后，还准备着参加本城各救亡团体为他们举行的欢送晚会。

第2卷第10期刊载的"前情提要"(第10章)：

在几个青年的救亡团体所共同举行的晚会上，——这晚会是为了欢送一个不得不自动解散的讲习班而举行的，讲习班的同学们将在第二天分散到各处去工作了——白原先生担任了讲故事的一个节目。在讲习班中的一个女同学林梦云以一曲《囚徒歌》使会场的空气非常严肃了的时候，白原先生用缓慢的低声开始他的故事。

《读书月报》第11期出版时，皖南事变已经发生，刊物即将被迫停刊。主编胡绳仍坚持刊出了《春暖花开的时候》第一卷的最后一章(第12章)，但未为前期所载第11章写出"前情提要"。由于《春暖花开的时候》的结束显然过于匆忙，为了避免被热情的读者们"怪罪"，胡绳撰写了一篇《附记》，放在小说终章之后，文中透露出作家的近况，解释了《春暖花开的时候》不能继续连载的原因，并预告了小说后两卷情节的发展及其人物的命运。录如下：

《春暖花开的时候》发表到这一期，把第一卷结束了。正在这时，著者姚雪垠先生在前方生病，只好停止写作，据他在去年十二月十九日的来信说："卧病多日，几濒临于死，现回故乡休养，仍难起床。预计健康恢复当在一、二月后，有时为责任心所驱迫，坐起来写文，惟写不了许多即须卧下，不然即发烧矣。"则据此估计，要到今年的春暖花开的时候，才可以再提起笔续写。所以在本刊上的连载也只能就到此为止了。将来第二卷和第三卷都要以单行本和读者们陆续相见的。第一卷的单行本一时也还不能出版，因为作者在这一卷的连载的期间，听取了许多朋友的批评，而自己也有了些新的意见，所以将大大地修改一下，甚至于要添加一些情节和人物。

　　但是，对于读者们——特别对于那些一接到新出版的读书月报，首先就阅读《春暖花开的时候》的热心的读者们——现在停止在第一卷的终了处一定是很不愉快的事，编者于此将受到责难恐怕也是免不了的。为了稍稍弥补自己的罪过，我们在这里把姚雪垠先生在十月十八日的来信摘录一点下来，在这信里有着对于他的第二三卷里面的某些情节的提要，虽然这样的预先"泄露军机"或许不是作者所同意的。

从胡绳《附记》中可以看出，《春暖花开的时候》第一卷的终章（第12章）完成于1940年12月19日前，即姚雪垠"卧病多日，几濒临于死，现回故乡休养"之时。难怪小说的终章结束得这么仓促，以前的各章都有万余字，而第12章只有几千字。虽说简短，但也留下了抗日文化工作讲习班从均县撤往樊城时的那珍贵的历史画面：

　　正是黎明前使人感觉分外昏黑的时候，小城市死沉沉的睡眠着，只有一两只报晓的公鸡在寂静的农家院中啼叫。为着避免同学们家中会有人来阻止出发的麻烦，他们已经早早的开始动身了。罗明带领着全体战时教育工作队的同志们走在前边，后边跟随着送行的人们和手推的行李车子。送行的人们不断的增加着，有很多人是从家中或团体中起早起来，在街上加入了出发的行列。……（笔者删节）

　　不管战时教育工作队的同志们怎样劝阻，那些送行的人们一直把他们送到河边。他们站在堤岸上，在一种非常兴奋与热烈的情绪里，同送行的同志们合唱了三四支轻快而雄壮的歌子，然后纷纷的握了手，嘈杂的呼唤着，挥着手，（下）河走了。送行的人们留在高高的堤岸上，目送着那渐渐远去的一簇人影，把十几支火炬高举空中，在昏暗里晃动着熊熊的火光。他们同河那边的同志们继续着一替一个的唱着歌子，当歌声停止后便跟着热情的呼着口号,遥遥地投赠着关于工作和生活的叮咛和祝语。最后,在张克非同志的指挥下,他们把快要烧完的火炬抛向空中,让它们落在河水里,快活的歌唱着,队形零乱的赶回城去。

这一段描写有很多的纪实成分,是可以与《姚雪垠回忆录》互相印证的。可惜在《春暖花开的时候》后来的两个版本中,这一幕被无情地抹去了,改成了如下模样:

> 本地的青年一直把战教团送到离城三里的小土丘上。在这儿路分两岔:一条向西去信阳是公路,一条向西北去驻马店是小路。送行的和被送的停滞在小土丘上,已经热情的互相握过手,又不肯分开,一起的唱着救亡歌,一支歌唱完紧接上一支,再接上一支,一支一支接了下去,天光在歌声中大亮了。云彩在歌声中变紫变红了。巨大的红日在歌声中,在晓雾中,在百鸟的欢呼中,从东边的山头上升起来了。

《春暖花开的时候》能得到刊物和读者的喜爱并不是偶然的。

纵观抗战初期文坛,还未有与《春暖花开的时候》题材类似的表现“国民党统治区抗日青年的生活”的长篇小说作品,也还未出现与《春暖花开的时候》类似的“写出了一群有鲜明性格、有血有肉的人物”的长篇小说作品,也还未出现与《春暖花开的时候》类似的“语言特色或文笔风格”的长篇小说作品。唯一能与《春暖花开的时候》相提并论的可能只有路翎的长篇小说《财主底儿女们》,且不论二者艺术成就的高下,仅看创作时间,前者写成于 1940 年,时在抗战初期,后者写成于 1944 年,那已是抗战后期了。

“连载本”的成功,首先还是在其“主题”准确地把握住了时代的脉搏,表现了历史的主旋律。据姚雪垠自述,《春暖花开的时候》的“主题”成形得很早:

> 在动笔写之前,我将小说定名为《春暖花开的时候》。我认为自从一九二七年大革命失败之后,这是第二次革命高潮。一二·九运动是一声春雷,抗战开始后就进入春暖花开的时候。虽然会有急风骤雨,但春天的来到毕竟不可阻挡。国民党右派势力对抗日青年的压迫和打击,会使抗日青年发生分化,但是主流继续前进,很多青年会锻炼得更成熟、更坚强,勇敢地投身民族革命的洪流。这就是《春暖花开的时候》所要表现的主题思想。①

说到该小说的“定名”及“主题”,笔者不禁联想到姚雪垠 1936 年底在杞县大

---

① 姚雪垠:《学习追求五十年》。

同中学翻译的一篇世界语散文作品,该文题为《春天里》。它描写了一群被"铁栅与钢锁"禁锢着的革命者,在伟大革命战争即将来临的前夜,谋划着在敌人的刺刀下举行示威活动:

> 亚考布演讲着,这属于解放的伟大日子在他的振铃似的声调里闪耀着光辉——
>
> "伟大的战争就要来了。在火焰中我们将创造新的世界,在火焰中将烧掉生活上的锈,霉和斑污。人类的守护神将从自己的翅膀上抛掉铅样的重负,新的灵魂将是自由而纯洁的……"
>
> 静静的夜躺在我们的头上。这些关于战争和解放的言词,如同闪光的线儿在黑暗中摇曳着。

这篇译作闪耀着革命者的理想之光,洋溢着渴望献身的革命精神,具有摄魂夺魄的艺术魅力。散文中"关于战争和解放的言词",以及对"新的灵魂"的期许,传神地表达了译者对即将到来的民族解放战争之"救亡"与"启蒙"双重历史使命的清晰认识。如果说,这篇译作对姚雪垠长篇小说处女作的"定名"和"主题"有过影响,也许不会说错。

姚雪垠对"战争和解放"的理解,在同期创作的散文《一九三七年是我们的》中也有着非常鲜明的表达:

> 倘若说一九三六年是黎明,一九三七年就应该是日出;一九三六年是冬天,一九三七年就是春天了。有冬的酝酿,才有春的生长;一九三六年没有完成的,我们要在一九三七年完成它,让解放的战线更展开,向黑暗包围去,给它们个无法抵御的总攻。

基于上述,我们可以肯定地说,姚雪垠长篇小说处女作《春暖花开的时候》,其"定名"及"主题"完全来自生活的赐予,所谓"春暖花开的时候"是其对中国革命进入"新阶段"的诗意的礼赞。

话还要说回来,当年姚雪垠虽对民族解放战争的前景非常乐观,但也已经看到了太阳下的若干阴影。他对于统一战线中党派的明争暗斗,对于当局及地方保守派的消极和懈怠,对于国统区救亡运动所面临的困难,都是有认识的。1940年年底,他在写完"连载本"的终章后致胡绳的信中表述得非常清楚:

> 这一部小说:第一卷开始于春暖花开的时候,第二卷主要的是肃杀的秋天和严寒的冬天,第三卷仍结束在春暖花开的时候。

厘清了姚雪垠对民族解放战争"三阶段"的基本认识,我们大致可以对"连载本"中所表现的抗战初期救亡团体生活何以充满了乐观、轻松气氛的缘由多了一点理解，也对作家着笔于救亡青年男女恋情时的充满"春情"和"春意"的描写不会感到太过突兀了。

毋庸讳言，《春暖花开的时候》除开"政治"主题之外，还有着另外一个"恋爱"的副主题。这是后来许多批评者反复纠结却未曾道破的，尽管作家在《春暖花开的时候》文本中有过多次明示——

在"连载本"的第8章中，讲习班在解散之前组织了一次郊游活动，在青山绿水鸟鸣花香蜂飞蝶舞①的自然环境中，男女青年的恋情也得到了一次纵情释放的机会。下面一段颇为有趣，描写教员张克非当面点破罗明对林梦云的暗恋之情：

> 当他（罗明）正在想着小林（林梦云）的时候，张克非出其不意的走上了平台。张后边跟着两个伙夫，挑着野餐的食物。"呵，你来了！"罗明仓皇失措的叫了一声，脸孔微微的红了起来。
>
> 张克非用毛巾揩着脸上的汗珠子，说道："我跑到教育局把事情办妥当，又回到学校里带着他们一道来。"说着，他向伙夫看了一眼。
>
> "教育局已经答应了请你做校长？"
>
> "已经决定了，"张克非答道。忽然他像发现了什么秘密似的，看着罗明的眼睛笑着说道："伙计，春暖花开的时候了！"

在"重庆版"中，作家有着淡化这第二层主题的意图。在小说的第15章，同样是描写郊游，同样是在青山绿水鸟鸣花香蜂飞蝶舞的自然环境中，暗恋中的男女青年同样得到了表达的机会。作家描写了林梦云与陶春冰的情感交流，而让出局者罗明充当了调侃的角色。有如下一段描写：

> （林梦云）同罗兰挽着手，隐进树木深处，只听见她用春莺一般的悦耳声音在唱着陶春冰最爱听的"春暖花开曲"。但歌声很低，远不如从她们走去的幽径上发出的百灵鸟的歌声嘹亮，终于和淙淙的水声混在一起。
>
> "陶公，春天来了！"
>
> 等两个女孩子走了以后，罗明转回头来望着陶春冰的眼睛说，含有深意的哑然而笑。陶春冰态度很不自然，慌忙用手掌擦着脑门上的汗珠子，装做不懂的笑了笑，回答说："别糊涂，春天已经要过去了。"

《春暖花开的时候》存在着第二层主题——表现救亡青年的恋爱生活——这

---

① 这些都不是夸张，而是实景，请参看"连载本"有关章节。

应该是没有任何疑问的。抗战后期某些左派文人批评该小说格调不高,甚至诋毁为"色情"文学,大多也是由此发难的。

笔者认为,即使《春暖花开的时候》的"连载本"和"重庆版"都特别凸现出了第二层主题,在抗战初期的环境下也并不是没有积极意义的。可以回想一下"五四""五卅""一二·九"和"七七"这些历史阶段中新文艺作家的小说作品,何曾有过描写女知识青年成群结队地冲破封建家庭的束缚,自由追求理想生活和纯洁爱情的作品;何曾有过描写女知识青年和同龄男青年聚集在同一个团体中,自觉地接受革命理论启蒙的作品;何曾有过表现男女知识青年组建的救亡团体踊跃地走入民间,通过演剧、漫画、歌咏等形式唤醒民众的作品……

没有! 就笔者所知,在《春暖花开的时候》面世之前,还没有任何一位作家的任何一部作品能用如此大的笔力来描写抗战时期的知识女性。

应该说,1937年全面抗战爆发后河南各地女知识青年冲出家庭奔向革命的历史性壮举,给了作家姚雪垠放笔讴歌救亡运动大潮中女知识青年群体的生活基础。他在回忆录中曾谈道:

> 我们在创办《风雨》的时候,古城开封的青年们完全沸腾起来了。男女学生投身于抗日救亡运动,有很多人奔往延安,或者奔往山西抗日前方。特别是女学生,一批一批地,抛别家庭,离开学校,奔往陕北,一部分奔往山西决死队。河南女学生受封建束缚特甚,平日通信往往受学校检查,婚姻往往受父兄干涉,甚且被家庭包办,因此她们的投身抗日救亡,既是出于拯救民族危亡的热情,也包含着反抗国民党政治压迫、思想压迫,以及要冲破家庭和学校的封建樊笼的决心。在小城市中,封建家庭和学校管理对女生们的封建压迫特别沉重。在一九三七年的秋天,很多小县城的女生是先到开封,再转往陕北或山西。

应该说,1939年初姚雪垠与胡绳等在樊城文工会小楼里近两个月的"闲扯",给了他恣情表现救亡团体中女知识青年群体的艺术勇气,也给了他适度地表现团体中青年男女恋情的胆略。1942年他在一篇"创作谈"中谈到当年胡绳等朋友给予他的帮助,写道①:

> 我们曾谈论过抗战以来的小说主题,我们一致对浅薄的前线主义表示厌

① 姚雪垠:《关于〈戎马恋〉》,载《新文学》1944年第1卷第2期。同题的另文被收入《姚雪垠书系》,该文将收入《姚雪垠全集》。

恶,同时也觉得不应该将恋爱故事完全抛开。在北伐以后"恋爱与革命"曾经流行一时的文学主题,后来遭了批判,弄得作家们几乎都不敢再去尝试。抗战以来,大家都注意着机关枪,手榴弹,敌人的烧杀奸淫,游击队的英勇生活,至于恋爱题材,仍然很少人写,好像谁写了恋爱小说,谁就不够"正确",违背了抗战的现实要求似的。然而在现实中,我们却随时随地看见抗战青年们的另一面生活,他们为爱而有时痛苦,有时欢乐,有时帮助了学习,有时妨害了工作。纵然有少数青年没有闹过恋爱,但心里边却并不像一块冰冷的石头。恋爱是青年生活中的重要问题,而且是非常普遍的事情。青年们需要过政治生活,同时也需要过恋爱生活,两种生活息息相关,互相影响。不是恋爱不应该同革命联系在一起,而是看作家怎样去把握这二者的互相联系,和怎样的把这种联系表现出来。

有人群的地方就会有情感交流,有青年男女在的地方就会有情愫暗生,不管是在牢狱,还是在行伍,不管是在高山,也不管是在大海,都是如此。"恋爱与革命",不是能不能表现的问题,而是会不会表现的问题。姚雪垠当年已经勘破了这个道理,决意在这个领域进行突破。他在胡绳等朋友的帮助下,对战区文化工作站的几位女性朋友的性格作了"更进一步的研究",进行了"细微的心理分析"。不久,"三女性"便逐渐脱离了"原型"状态,升华为艺术形象了,姚雪垠也因此被朋友们称为"少女心灵的探险者"①。

姚雪垠对"三女性"的"研究",采用的是什么方法呢？或曰依仗的是什么理论呢？简单地说,一是阶级分析法,二是心理分析法。

前文已经介绍过,姚雪垠在 1935 年的一篇论文中已经谈到新现实主义作家应该具备近代自然科学知识和社会科学知识,"阶级分析法"和"心理分析法"也就在其中：

> 我们只要不是观念论的浪漫主义者,只要我们想正确的用艺术去表达出现实来,我们对于自然科学的诸部门,尤其是生理学,心理学,遗传学,都非有相当的了解不可。倘若打算从事于理论的研究,则自然科学的应用更见其重要性。而精神分析尤为研究一个作家的最必要的工具。
>
> ……（笔者删节）
>
> 新的写实主义者,已经不自限于自然科学的范畴,而更将基础之一半建

---

① 姚雪垠:《关于〈戎马恋〉》(1944)。

筑在社会科学的领域之内了。要分析一个人物的行为和意识，单凭遗传上与环境上的观察仍不够，不得不懂得"经济决定论"。只有正确的社会科学的知识，才能帮助作家去认识，去把握现实。①

"精神分析法"是现代心理学的基础，"经济决定论"是阶级分析法的基础。

姚雪垠早年博学多闻，对各类学科都有兴趣，都曾深尝或浅尝，并常自嘲为此分心，耽误了文学创作；殊不知，正是这种广泛的知识积累，奠定了其日后成为大作家的雄厚根基。

1937 年七七事变后，姚雪垠在一篇论文②中综合运用这两个方法剖析过不同阶级出身的青年对待救亡运动的态度，他写道：

> 人的思想和行动，总是在有意或无意中被他的生活呀，环境呀，所受的教育呀，各种现实的社会关系所支配。现实生活圈完（定）了各人的立场，每个人都站在他自己的立场上观察着，批评着各种事象……（笔者有删节，下同）

> 在你们的会员里，像玛丽小姐的爸爸在上海当洋行大老板，陈英的家庭是所谓破落的小地主，王秀贞是一位佃户的女儿，李雪清的哥哥是一位清贫的教书匠，还有，那一位胖胖的金诗人我记得他头脑很陈旧，而冬池玉却曾经是一位前进的革命战士。你们的生活是完全不同的，过去对抗日的看法也极其不一致。我记得玛丽同陈英从前都曾露出过反对对日抗战的表示，在玛丽，我想她是怕炮弹轰毁她爸爸的生意，使她失去了跳舞厅，电影院，咖啡馆，汽车和洋楼；在陈英，我想她是怕暴风雨时代会毁灭了她的没落的家庭……

在作家看来，除了"前进的革命战士"有着超脱于阶级出身的特权之外，"洋行大老板"的女儿、"破落的小地主家庭"的女儿与"清贫的教书匠"的妹妹以及佃户的女儿，她们的救亡积极性都是与家庭出身密切相关的。说来也有趣，《春暖花开的时候》"连载本"中的"三女性"的家庭出身几乎正好能与上面几家的女儿对上号：黄梅是佃户的女儿，林梦云是教书匠的女儿，罗兰是地主的女儿，因此黄梅坚定，林梦云从容，罗兰动摇；而"连载本"中的两位教员张克非和罗明，前者"是从牢狱，流亡，艰难困苦中生长起来的"，是为"前进的革命战士"，后者"当抗战开始的时候，还不过是爱好社会科学和同情革命的大学生"，因此前者"冷静而坚决"，后者则容易"动摇灰心"。然而，阶级出身并不直接决定人物的个性，"经济

---

① 姚雪垠：《写实主义文学与科学》（1935）。
② 姚雪垠：《立场与观点——主题论之一》，载 1937 年《风雨》第 2 期。未收入《姚雪垠书系》。

决定论"并不是解析人物个性的万能钥匙。如果简单地将"三女性"不同的个性（"太阳、月亮、星星"）也与家庭出身直接挂钩，可能会使作品产生某种偏向。1944 年茅盾先生在《读书杂记》中批评了作家对人物个性的这种简单化的处理，这是后话了。

当然，在"连载本"中，姚雪垠对"三女性"性格的刻画并不主要在"政治"方面，他更加着力的是对她们的"私生活"的描摹。1940 年 5 月，在创作《春暖花开的时候》的紧要关头，他还忙里偷闲地发表了一篇题为《论典型人物的创造》的论文，写道："人必然有活动，有生活，作家所要把握的是有生活的活人。人离开了活动，离开了生活，便只剩下一个抽象的概念了。"由于《春暖花开的时候》"连载本"中"三女性"的活动和生活主要是在"女生宿舍"等私密场所，她们的私谈也离不开女生的情趣范围，因此作品的描写也带有很多的闺阁气息。后来，这类描写多为批评家所诟病，这是将"写生活"奉为圭臬的姚雪垠始料不及的。

于是，在作家的带领下，读者们便兴致勃勃地走进了"红色女郎"①黄梅的生活，亲眼见证了她如何在历史与现实、阶级利益与民族利益、国仇与家恨的纠葛中作出选择，昂昂然地踏入了新时代；于是读者们便施施然地进入了讲习班中的神秘的"女生宿舍"，看到了林梦云整洁雅致的床褥，翻看了她最爱读的书籍，读到了她珍藏着的日记，触摸到她心中隐秘的一角；读者们也悄悄地来到了罗兰的身边，看到了她如何梳妆打扮，如何顾影自怜，如何痴恋成殇，如何因爱生恨；在作家的指引下，读者们还有幸参加了"三女性"的学习和讨论，旁听到她们的春夜私聊，旁观她们在幽静山谷里的嬉笑打闹，时时刻刻为她们的前途和命运而牵肠挂肚。

如果从小说艺术上简略地进行分析，不难看出，《春暖花开的时候》是姚雪垠小说创作历程上的一个重要的里程碑——

姚雪垠的笔触从来没有过如此的细腻。

请看小说的开头，"红色女郎"黄梅出场时的描写：

> 在大别山下有一个小小的村庄，只有四五户佃农人家，几座古朴而低小的旧茅舍，被柘茨和香花茨密密围绕起来，房屋后面，隔着一片苍翠的竹子林，和一带开着粉红花子的桐油树，露出来一座不很陡峻的灰绿山峦。从两个山峦间流下来一道泉水，穿过了桐油树和竹子林，绕过香花茨构成的围墙

---

① "红色女郎"这个称呼仅见于"连载本"。

下，在村子前面汇成一个小池塘，又潺潺的低唱着奔进无边的绿野里。池塘岸上有几株葛藤，柔嫩的长条在水面上曳去。四五株梨树夹杂在垂杨中间，在和煦的微风里，散发着淡淡的清香。一头闲散的黄牛藏在垂杨的绿荫里，用舌头不停地舔着它的尚未满月的小牛犊，它的脖子下悬挂的小铜铃发出来慢腾腾的，凄清而幽远的叮咚声。小牛犊完全被这母性的和温柔和神秘的铃声所陶醉，低垂着脑袋，望着地上的芳草，和落花出神。

　　一位带着孩子气的农家姑娘，穿着一件天蓝色的短上衣，和一条紫红色的长裤子；卷起袖口，露出来一双健壮的微黑的双腕，坐在梨花下面的青石上捶洗衣裳。

这样的富于生活情趣的描写，这样的轻灵、欢快、晓畅的叙述语言在姚雪垠早年的小说中是根本找不到的，在他的成名作《"差半车麦秸"》中也是找不到的，甚至在稍晚的《牛全德与红萝卜》中同样也是找不到的，简直使人疑心这不是出自同一位作者之手。一位作家，两种语言，姚雪垠找到了突破"农民作家"尊号的途径，找到了开启另一个广阔的艺术世界的大门。

姚雪垠的人物描写也从未这样的具有灵性。

作品是围绕着"三女性"来组织情节的。农家少女黄梅进入讲习班的第一天，当她看到教室里坐着的都是些富家子女，心中不禁感到非常的失望。这时，林梦云"蒙娜丽莎"般的微笑拯救了她①：

　　黄梅脸上的余热还没有退净，但心口已不再碎碎的狂跳。她大胆地抬起眼睛，观察她面前一排一排的陌生人物。同学中没有一位是土头土脑的乡下孩子，女同学们都有白嫩的脸皮和娇小的白手，有的手指上还戴着黄金的戒指；只有她的皮肤是微黑的，手还显得稍大，指头上什么也不曾戴过。她开始感觉到这里并不是住着贫困人们的山村，并不是佃户姑娘的世界，并不是她所理想的革命学校。顷刻之间，她的热情就冷去了一半。

　　多亏一个陌生的少女的面孔把她从失望的情绪中拯救了出来。那少女的脸孔丰满得像一轮满月似的，每一边腮巴上有一个美丽的酒涡。一双无限含蕴的大眼睛静静地望着讲台上。她的洁白的小牙齿轻咬着一半鲜红的下嘴唇，酒涡浅浅的陷了下去。这少女分明是在微笑；黄梅从来没有见过一个人的微笑竟会有这样可爱。这微笑是温柔的、幽静的、羞怯的，甚至是若有若

①　姚雪垠在"北京版"中透露，林梦云的形象有从"蒙娜丽莎"画像中得到的灵感。

无的,含着少女们藏在心灵深处的一切神秘。这神秘的微笑像一丝春风温暖了黄梅的心头。她刚才对于新环境所起的憎恶和失望,都被这微笑溶化得无影无踪了。

在某些不谙精神分析法的左派文人看来,黄梅此刻的心理变化似乎是无因无由的,同性能欣赏同性的善意和美好吗? 于是,这段描写在抗战后期引起了他们的质疑和嘲笑。

姚雪垠的心理刻画也从未如此地有深度。

富家女儿罗兰美丽、多情、要强、敏感、矜持,她暗恋教员张克非几乎到了痴迷的程度,作家这样描写道:

> 张克非已经变成了她生活上不能缺少的一部份,如果有几个钟头不看见他的影子,她就像快要发狂一样的感到无聊起来。但在张的面前,她不是故意回避,便是冷得像一座冰山,连一般少女们应有的天真活泼也深深的收敛起来了。她不愿对他有任何表示,然而却渴望着她的爱情会被他体会出来;不,她并不愿意张克非体会出她的爱情,最好还是让张克非对她的心思一无所知,自动的来向她追求吧。她觉得才不至于损失了她的神圣和尊严。

不仅如此,作家对罗兰的心理由畸形到变态的描摹,也非常有层次和深度。当罗兰敏感地觉察到讲习班中有一个由张克非领导的“小团体”,黄梅、林梦云和小翁、小王等都在其中,而她却被排除在外时,她的精神堡垒便在一瞬间崩溃了,行为也颇为失态:

> 罗兰从桌上拿起来一把小剪子,一边剪着指甲,一边愤然而嫉妒的想着。金鱼在玻璃缸中不安的激溅着水声。
>
> “他(指张克非)为什么不让我参加,不让我知道?”她在肚子里问着她自己道:“难道我连小翁之流也不如吗?”
>
> 仿佛有一个声音在她的耳边说道:“连他也对你……”
>
> “这是天大的轻蔑和侮辱!”罗兰不由的骂出口来。同时,她猛然的出了一身汗,头上冒着火星子,耳朵里轰轰的响成一片。
>
> 她非常愤恨,她恨黄梅,林梦云,张克非……她恨一切人,因为大家不了解她,甚至是轻视她,一面同她要好,一面却暗暗的同她疏远了。
>
> 于是她失去了理性的把小剪子捅入玻璃缸中,狂暴的乱刺起来……

罗兰的这种精神症状在弗洛伊德精神分析学上是有说道的,当是与她的“力比多”(libido)不能得到正常的表达——痴恋成殇及所求不遂——大有关系。后来,姚雪垠在《戎马恋》的创作中,又把这种精神症状移植在了主角金千里的身上,让他在狂怒中作出更加匪夷所思的行为,作家也因此被批评者指斥为"残忍"。当然,这也是后话了。

胡绳曾称赞作者是"少女心灵的探险者",请细细品鉴上面引证的黄梅初见林梦云神秘微笑后的心理反应,罗兰对张克非的欲迎还拒的心理矛盾,罗兰察觉到被"组织"疏离后的突然失态,可见其赞誉并不是虚言。

姚雪垠的浪漫主义气质也从未有过如此淋漓尽致的表现。

在"连载本"中,作家对"三女性"不同的性格特征有过几次诗意（或称"散文化"）的界定:

（张克非曾评说道）黄梅像山上的瀑布;林梦云像山脚下或稻田边的一道溪水;水是活泼的,唱着安静而欢快的曲子;罗兰好比是清秋时节的潭水,幽静而含蓄,然而只要是一片落叶,一丝微风,就能够激动起来一些波纹。

（同学们曾议论道）黄梅是太阳,林梦云是月亮,罗兰是——天边的一颗星星,在午夜间寂寞间而又闪着光芒的寒星。

（还有人对三位少女有这样的评说）一个是散文,一个是韵文,一个是一首永远也不肯写出的情诗。

在"重庆版"中,作家对"三女性"各异的性格用了更多的篇幅和笔墨来进行精细刻画;同时,作家还指出同一女性也可能具有两种或三种性格特征,其性格的界定由其性格的主导方面决定。那时,作家对"三女性"性格的研究和分析,已经颇具"性格组合论"的味道了。

姚雪垠在《春暖花开的时候》的人物塑造上采用了一种新的方法。

1940年3月,在撰写《春暖花开的时候》期间,他撰写了一篇题为《论典型的创造》的论文,文中提出:"作家单只观察了对象,描摹了对象,并没有完成了他的创作过程,他必须让自己同对象发生更深刻的关系,让自己同对象密切的联系起来,让自己的情感和思想溶入到所描写的对象之中。一个雕塑匠人的作品并非不能把握住对象的一些特点,然而却不能称之为艺术品,那惟一的原因就是他没有把自己的生命注入到作品中去。"如何让作家与对象密切地联系起来呢? 他具体地谈道:"写《春暖花开的时候》中的三个女孩子,每个人物都或多或少的带有我自己的影子。"[1]

---

[1]　姚雪垠:《创作漫谈》（1942年4月）。

　　作家把自己的经历、思想、性格、喜好、修养和情趣赋予或分给作品中的人物，这种创作方法在近代西方文艺家中并不鲜见，姚雪垠特别推崇的美国作家惠特曼甚至这样说过："在你的作品里，绝不会有一个是你本身上没有的形象"①。他在早年小说作品（如《野祭》和《小罗汉》）中有过类似的尝试，在创作《春暖花开的时候》时更是有意地进行了系统的实验。

　　在"连载本"中，作家对黄梅特别偏爱，他把自己早年因参加学运被学校开除的经历及西安事变后短暂的迷惘分给了她，不仅让她一出场便承担起"民族矛盾大于阶级矛盾"形象大使的角色，还让她进入讲习班后不久便成为团体中的骨干；作家对罗兰用笔最多，他把自己的任性、自负和自恋的个性，浪漫的气质和耽于幻想的习性给了这位女性，并给她特意设计了一个与自身旧式家庭相似的亲情的牢笼，企图通过她的痛苦挣扎表现出"无数的人物在抗战中改变了他自己，由落后的变成了前进的，不革命的变成了革命的"的历史过程②；作家对林梦云用情最深，他把当年对一位女性的倾慕与怜惜全部转嫁到她的身上，不惜用最大的篇幅和最优美的语言来讴歌她的美好，其用力之大甚至不止一次地使小说的主情节远离了作品的第一层主题。顺便提一句，姚雪垠对林梦云的过于"词费"的描写，让许多读者和批评家都误以为这是本"恋爱小说"③，给了抗战后期某些左派文人妄加攻击的口实，这也是后话了。

　　诗人臧克家在回忆录中曾由衷地感叹过姚雪垠对林梦云的用情之深，文中披露了老友感情生活中未为人知的秘密：

　　　　（1939 年我们冒着酷暑从樊城步行去大别山，）我们徒步走，跃动的心使步子放得轻快得像飞。一面走着一面写着，一条铅笔，一个小日记本，一个膝盖。我的《走向火线》就是这么写成功的。雪垠的《春到前线》也是在风霜野店的小灯前写下来的。他有才情又有一张会讲故事的嘴，一停下来，他便给我们大讲他的女性"三典型"（《春暖花开的时候》的胚胎），或者用不善歌唱

────────────

①　请参看姚雪垠的《创作漫谈》。

②　姚雪垠：《论典型的创造》（1940 年 3 月）。

③　姚雪垠在《春暖花开的时候·前言》（北京版）中谈道：《春暖花开的时候》的创作意图、主题思想，在作品中表现得很明白，用不着我来说明。但因为在胡风主编的《希望》和其它刊物上诬蔑《春暖花开的时候》是"色情文学"、"黄色文学"、"市侩文学"等等，曾经使我蒙垢多年，最近仍有一定影响，使有些不再说它是"色情文学"的人，继续误认为它是一部恋爱小说。《中国大百科全书》有关词条在记了我的早期中、长篇小说《春暖花开的时候》、《戎马恋》、《新苗》、《重逢》等之后，结论中有这样字句："但有的作品在青年男女爱情生活方面用了过多的笔墨，冲淡乃至削弱了表现时代的主题。"其实，《春暖花开的时候》中没有正面写一个恋爱故事……

的歌喉唱《一根棒儿》——这是最能打动他心弦的一根棒儿，因为"三典型"之一的一个"月亮"曾经以这个歌子叫开了他的心门。

果然，我们在"连载本"的第9章中找到了有关《一根棒儿》的情节。为给历史存真，录如下：

> 这幽静的山谷，空气里充满着阳光的温暖和花的芳香，是太容易引起女孩子们的回忆和梦想了……（省略号是原有的——笔者注）过了一会儿，林梦云忽然咬一下嘴唇，用右手轻轻的拍着膝头，低声的唱了起来：
>
> "一根呀棒儿呀两尺长，
>
> 姐在溪边洗衣裳。
>
> 红叶子落在溪水里，
>
> 不知漂流到何方……
>
> 叶呵，叶呵，你别忙，
>
> 奴家有话托你寄情郎；
>
> 你若是见了情郎的面，
>
> 就叫他收拾行李早还乡。"

几年以后，也许是为了避嫌，也许是为了自清，这段描写在"重庆版"中没有了踪影，林梦云唱的这首民谣《一根棒儿》被另一支杜撰的《春暖花开曲》取代了，虽然作品的诗情画意更加浓郁，但乡土气息和历史感却不见了。

姚雪垠在《春暖花开的时候》中采用的这种塑造人物形象的新方法，我们称之为"影子法"或"分身术"。尽管作家在"连载本"中运用得还算成功，但有一个危险在潜伏着，那便是作家可能会爱上自己的影子或可能会爱上自己的创造物。在希腊神话中前一种现象被称为"那喀索斯（又称纳西瑟斯）情结"①，后一种现象被称为"皮格马利翁效应"②，这两种心理现象的恶性叠加及发展，便可能会导向

---

① 希腊神话中有位名叫那喀索斯（又称纳西瑟斯）的美少年，他是河神刻菲索斯与仙女莱里奥普的儿子。虽然有许多少女爱慕他，他均不为所动，曾自负而冷淡地拒绝女神爱可（Echo）的爱情，使之因伤心憔悴而死，仅留美妙的回声。月神阿提米丝决定惩罚那喀索斯。有天他在水中倒影中看到自己，就被自己的影子深深迷住而无法自拔，不愿离去，最后还跃入水中而亡，以与自己的影像结合。据说那喀索斯死后，化身为水中的一株水仙花，所以，水仙花就称为"那喀索斯"。

② 希腊神话中有个皮格马利翁，是塞浦路斯的国王。他喜欢雕刻，艺术造诣非常高。皮格马利翁夜以继日地工作，将自己的全部热情、精力都放在雕刻上。终于，他雕刻出一座象牙少女。当少女美丽的脸庞、身躯，呈现在皮格马利翁面前，他疯狂地爱上了她，像对待妻子一样爱抚她、装扮她，并乞求爱神让她成为自己的妻子。爱神被皮格马利翁的行为所感动，把象牙少女变成真人。皮格马利翁和象牙少女结婚，幸福地生活在一起。

弗洛伊德所称的"自恋型人格障碍"。这种危机,不久便在中篇小说《戎马恋》的创作中有所表现,其后不久又在《春暖花开的时候》的"重庆版"中展现了出来,终于导致了作家极不愿意看到的结果。当然,这是后话了。

如果按照小说"莎士比亚"化的美学要求来对《春暖花开的时候》"连载本"的艺术成就进行评估,我们大致可以说,这部长篇小说基本上是成功的:

第一,作品中的"三女性"不仅具有高度的典型性,而且性格都十分丰满;每个性格——如"太阳、月亮、星星"——都具有主导性的内容,也就是具有性格的核心;作家还特别注意到运用对比的方法,把人物互相区分得更加鲜明。

第二,作品中的"三女性"性格塑造,不少都表现了她们的发展历程——如对"红色女郎"和"罗兰小姐"的描写——不仅有她们自己的运动的规律,也有她们自己的变化过程,而这些又都是通过生动、丰富的生活细节来完成的。这就使得人物性格塑造,不仅表现了做什么的过程,更表现了怎样做的实践的真实性。

第三,作家在描绘"三女性"性格时,比较注重描写人物的精神世界——如对罗兰痴恋成魔由爱生恨过程的表现——他笔下的人物不论是在想什么,说什么,做什么,其终归所要显示的是承受了现实矛盾的冲击之后的不同的精神世界,统一于人物的性格逻辑。

当然,"连载本"也有重大的不足:

在"莎士比亚"化的小说作品中,人物应该被放到充分发展的现实关系中,让人物从历史背景走到具体生活舞台的前景上来,彼此牵连,互相影响,同时每个人物又按自己的性格意向,承受外在的影响,表现出非常鲜明的典型性格。经典现实主义的批评家们非常看重这个特点,强调作品要表现五光十色的平民社会,使前台的表演与历史运动的背景能紧密结合起来,他们通常把这种小说人物与时代的密切关系称为"福斯塔夫式的背景"。

但《春暖花开的时候》"连载本"却缺少这种"福斯塔夫式的背景"。作家以均县抗日文化工作讲习班为创作蓝本,却无意让同时存在于这座古城里的七七军训团、山东流亡中学、战区留守处、文化工作站及演剧队等诸多救亡团体进入创作视野;作家以讲习班中的三位女学员为中心设置情节,却让这救亡团体中更为重要的领导者和教员成为附庸和陪衬,更让决定该团体命运的落后保守势力成了模糊的背景;遂造成作品"前台的表演"与"历史运动的背景"严重脱节,因而未能充分表现出抗战初期"五光十色"的社会世相。

三年后,这个严重的缺陷在《春暖花开的时候》"重庆版"中得到了一些弥补。

第四节　《牛全德与红萝卜》

《牛全德与红萝卜》是姚雪垠在第五战区创作的第二部长（中）篇小说。抗战时期，它是作家唯一的一部被国共两党文化人同声叫好的作品，它在文坛上的影响力曾不逊于《春暖花开的时候》。

《牛全德与红萝卜》与《春暖花开的时候》都创作于第五战区鄂西北重镇老河口。《春暖花开的时候》起笔于 1939 年 8 月，写成于 1940 年 12 月;《牛全德与红萝卜》起笔于 1940 年 2 月，写成于 1941 年 1 月底。① 也就是说，这两部小说的创作时间有很大一部分是重合的。不过，《牛全德与红萝卜》的主题、题材、人物、语言与《春暖花开的时候》完全不同，它走的是《"差半车麦秸"》那条成功的路子，并试图向前拓进一步。换言之，姚雪垠能在同一时间用两种不同的笔法创作两部风格迥异的小说，显现出了蓬勃的艺术创造力。

1947 年，姚雪垠在一篇文章中谈到该小说的蕴酿过程，写道：

一九四〇年的冬天，我从老河口去鄂北前方，在路上一个人非常无聊。常常，无精打采的骑在马上，望着单调的冬的原野，默想着各种问题。我是北方人，爱北方的豪放性格。这性格虽然粗野，但却率真，虽然任性，但却硬爽;虽然有时候对人很不客气，但却能见义舍身，济人之急，决不会落井下石或锦上添花。因为有这种偏爱，我在无聊的旅途上，寂寞的马背上，总想着写一部描写这种典型的小说出来。在我的故乡，和我所熟悉的游击队中，像这样的人物是很多的，在我的心中就有着活的影子。将这种性格和另一个小心谨慎、自私心重的性格相对照，就格外的显明和凸出。经过了几天思考，两种人物都在我的心中构成了雏形。这是我在这次旅行中怀孕的孪生子，后来我将大的起名叫牛全德，二的叫红萝卜。二月初我回到老河口，不久就开始写这部小说。这时，我正写《春暖花开的时候》，所以写《牛全德与红萝卜》就成了附带工作，进行得非常迟缓。②

引文中"一九四〇年的冬天"，说的是 1939 年 12 月至 1940 年 1 月这个时期，

---

① 《牛全德与红萝卜》第一版文后标注：1940 年 2 月间起笔，1941 年 1 月 30 日夜脱稿。
② 姚雪垠：《〈牛全德与红萝卜〉的写作过程及其他》(1947)。

即第五战区发动"冬季攻势"的期间。前文已述,就在这年的冬天,为配合全国战事,第五战区军队对日军发动了一次规模较大的冬季攻势,取得了不小的战果。姚雪垠奉命带领一支"笔部队"赴前线采访,耗时近两个月。就是在这次前线采访中,姚雪垠产生了要描写一位"豪爽"的北方汉子的创作欲望。

《牛全德与红萝卜》的典型形成过程与《春暖花开的时候》非常相似:即先有了人物原型,经过分析研究,使之典型化,然后围绕着典型人物来组织情节,"情节跟着人物走"。顺便说一句,《牛全德与红萝卜》与《"差半车麦秸"》的情节构思过程是完全不同的,《"差半车麦秸"》是先有了情节(故事),再把熟悉的人物塞进故事里,让"人物跟着情节走",而《牛全德与红萝卜》则相反。

"牛全德"性格的原型,确实早先就存在于作家的生活体验和创作记忆中。抗战前期姚雪垠曾创作过一组反映家乡农民反抗和挣扎的短篇小说,如《七月的夜》《援兵》和《生死路》等;塑造出了不少的"强人形象",如鼓动农民造反被捕,咬牙承受"野蛮时代的酷刑"的李国栋(《援兵》),如落草为寇,誓与官府作对到底的老染匠(《援兵》),或是"掂起来看家用的一把大朴刀"便敢来追杀巡查队的"花狼"(《生死路》),如为修建国防工事毁家纾难,结果被官绅匪逼死的"富于热血"的老保长(《碉堡风波》),等等。

"牛全德"性格的原型,也来自于作家在第五战区前线的即时的生活体验。1940年2月,姚雪垠从前线返回老河口驻地后,创作了一篇散文《战地春讯》,文中写到他采访原西北军将领冯治安及其部属的所见所闻,描写了一大群"有英勇豪侠之气的人物":其中有"戎马半生,曾经作过省主席,作过集团总司令,到现在还戴着满头的高粱花子"的冯军长;有"在×××的战斗中,全连的官长伤亡净尽后",向全连残余的战士命令道:"上! 上! 谁不冲上去我毙谁! 现在我就是连长,我就是排长,我就是司务长!"的某部班长;有"饿的时候就想去攻击(敌人)",指望缴获战利品充饥,"一点也不在乎"打仗,"好像全是闹着玩儿的"的士兵……

在战区前线,作家无时不沉浸在感动的潮水中,他由衷地感叹道:

> 在战场上,只要是肯拿枪杆拼命的人物,不管他地位高低,年纪大小,都是豪爽的或心地朴素的。他们除掉打仗没有多的心肝眼,不愿意猜疑人,也不愿意自己被猜疑,所以你同他们在一块儿生活总是痛快的。

毫无疑问,姚雪垠创作《牛全德与红萝卜》的灵感,对"北方的豪放性格"的膜拜和顶礼,不仅得之于故乡生活的潜移默化,不仅得之于耳闻目睹的各地游击队的见闻,更得之于他此时战地生活的亲身体验。有趣的是,作品中甚至还写到牛全德早年曾在西北军中当过"正目"（班长），这大概是作家有意无意地在透露人物原型的出处吧。

不过，在试图对这部曾被众多读者所深爱的名著《牛全德与红萝卜》进行评述之前，我们还是先得厘清这部小说的版本状况；否则，无论是对小说人物的臧否，或是对小说情节、语言等的褒贬，都很容易偏离文本实际，作出错误的判断。

《牛全德与红萝卜》有三个版本——

第一个版本：1941年11月载于《抗战文艺》第7卷第4、5期的"残缺本"。作家曾自述道："这部中篇小说是从一九四○年二月动笔，断断续续，到四一年一月底写成。四一年春天寄到在重庆出版的《抗战文艺》发表，稿子在印刷厂遭到日本飞机轰炸，从废墟中找到时缺少了中间若干页，只好以残稿发表。后来在出版单行本时才将残缺的部分补上。"[①]该"残缺本"面世时，该刊主编曾给予高度评价，称之为"抗战以来难得看到的成功作品"[②]。据作家回忆，该"残缺本"曾被列入"重庆某书店所出的小说选本"出版，"仍然保持着残缺面貌"。

第二个版本：1942年10月由重庆文座出版社出版的单行本，这是"将残缺的部分补上"后的完整文本，我们称之为"文座版"。完本出版后，更引起读者和评论界的广泛注意。国共两党文化人都曾发表热情的评论文章，对该著的主题、人物、语言不无褒奖。1945年及以后，"胡风派"批评家突然对该小说施以打压，诬之为"公式化"和"色情"的作品，仍掩盖不住它的光芒，且待后述。

第三个版本：从1944年底至1947年初，姚雪垠根据茅盾先生等1944年提出的意见和建议，断断续续地对"文座版"进行了大规模的修订。该修订版由上海怀正文化社于1947年5月出版，我们称这个版本为"怀正版"。[③]该版正文后附有一篇题为《关于这部小说的写作过程及其他》[④]的跋文，该跋文被北平《雪风》杂志主编青苗索去，改题为《论胡风的宗派主义》发表。该跋文面世后，引起"胡风派"大哗，该小说的修订版反而未引起人们注目，这也是后话了。

鉴于《牛全德与红萝卜》的第二个版本曾是文坛注目的焦点，我们的评述也主要针对这个版本，偶尔也会涉及"怀正版"。

---

① 姚雪垠：《学习追求五十年》。

② 1941年11月《抗战文艺》第7卷第4—5合期"编后记"。

③ 据胡绳《评姚雪垠的几本小说》，《牛全德与红萝卜》还有一个1944年的修订版。笔者未见，疑其笔误。另，查其文中引用小说的若干文字，均与"怀正版"相同。

④ 该文后改题为：《〈牛全德与红萝卜〉的写作过程及其他》，收进《姚雪垠书系》第12卷。

《牛全德与红萝卜》的主题,按照作家1947年的追述,应该是:"表现旧时代的江湖义气向新时代的革命责任感的渐渐移转,伟大的同志爱终于淹没了个人的恩仇。"①简言之,该小说的主题与《"差半车麦秸"》一样,都是致力于表现"从落后到新生"的典型,"从典型的人物反映出这时代的历史影子"。

该作品的主题并不是偶然产生的。早在抗战爆发之前,姚雪垠就认定未来的解放战争必将给落后的祖国带来蓬勃的生机,他激情地呼唤道:"伟大的战争就要来了。在火焰中我们将创造新的世界,在火焰中将烧掉生活上的锈,霉和斑污,人类的守护神将从自己的翅膀上抛掉铅样的重负,新的灵魂将是自由而纯洁的。"②1937年8月,他在《是否还要反帝反封建》一文中明确地提出:"国家是大家的国家,爱国是大家的事情,新派人物应该起来救中国,旧派人物也应该起来救中国,千万不要抱着关门主义,把别人一脚踢开。踢开一部分人不但会减少一部分抗战力量,并且被踢开的还会起反动的作用呢。大时代好比一座化铁炉,不管那些碎铜烂铁锈得多么不堪,只要丢进这座化铁炉,慢慢的都会发热,变红,和新铁熔化在一起。所以铁虽然生了锈,经过一番熔化和锻炼也可以做成杀敌武器呵。"

该作品的主题更来自生活的赐予。1938年初,他在淮北战地采访过曾在民众游击队里做过政治工作的救亡青年,对如何克服那些旧式武装的封建意识有过初步的研究;同年8月他奉命出任河南省青救会豫南执行部部长期间,曾与邓县戴焕章治下的民众武装有过接触;1939年,他曾访问活跃在随县、应山一带的民众抗日武装黄学会,对其组织结构及社会功能作过深入的调研……通过亲身参加救亡运动的体验,他深切地认识到伟大的民族解放战争不仅是"新派人物"展现才干的大舞台,也是"旧派人物"脱胎换骨的大熔炉。

《牛全德与红萝卜》的主要人物只有两个:牛全德与红萝卜,都是"旧派人物"。作家对这两个人物的性格塑造,也如《春暖花开的时候》一样,采用了阶级分析法和心理分析法。

牛全德和红萝卜是一个村子里的人,他俩的家境不同,从小就合不来。牛全德是"流氓无产者"出身,"童年时代是住在土地庙里,没有父母,没有家产,依赖一个赌博汉叔叔过活","十六岁就混军队,热肚皮磨着冷枪子儿,磨了十几年"。他有许多坏习气,也有"豪爽"和"要强"的脾性。用副班长陈洪的话来说:"牛全

---

① 姚雪垠:《〈牛全德与红萝卜〉的写作过程及其他》(1947)。
② 引自姚雪垠译作《春天里》(1937)。

德是一个有价值的人物,爱朋友,讲义气,有钱大家花,有好东西大家吃,一句话说完,牛全德慷慨侠义,从不自私自利";红萝卜则出身于一个"相当富裕"的农民家庭,他的家境要比"差半车麦秸"好上很多。因此,他更加的恋家恋土,甚至连"差半车麦秸"的"不打走鬼子,庄稼做不成"的觉悟也没有。用牛全德的话来说:"那家伙屁股下坐着十多亩一脚踩出油的河头地,等稍微平稳一点儿,鞋底一磕回家啰,你用绳子也拴不住。"

作家对这两个人物的性格塑造,也如《春暖花开的时候》一样,采用了"让情节跟着人物走"的方法。他把这两个人物放在同一个"乌合之众的武装组织,内部乱得跟懒婆娘的头发一样"的游击队里,让他们无休止地互相猜疑,无休止地发生矛盾,无休止地产生冲突,让他们随着这支将被政治力量改造的民众武装一起经受痛苦、曲折而漫长的自我改造。顺便提一句,《牛全德与红萝卜》中所描写的这支游击队与《战地书简》中所表现过的那支山东游击队,就其"乱"的程度和"改造"的艰难而言,是完全一致的。

《战地书简》中对那支山东游击队的构成有过描述,如下:

> 我们的游击队,说句良心话,简直是一团糟。在官长方面有豪绅、地主、公务员、学生、土匪、乡镇长、退伍军官。在士兵方面有工人、农民、土棍、土匪、学生、商人、退伍士兵和手工业者。而这里边,百分之九十以上是自耕农和富农,和乡间的小地主。所有的枪支也差不多都是各人自己带来的。一部分人希望进入游击队能获得升官发财的机会,一部分,尤其那班公务人员和地主们,把跟着游击队看做逃难的最上策;至于那班安分守己的庄稼人和小地主,其目的在求避免抽壮丁,同时也可以把自己的枪支保护住。

《牛全德与红萝卜》中的这支游击队就是上面这支游击队的翻版和形象化:游击队支队长原是"一个热心救国的小学校长"(公务员),班长牛全德原是"退伍军官",副班长陈洪是"退伍士兵",战士红萝卜原是"富农",战士王有才原是"自耕农"。他们参加游击队的动机也各不相同,恰与上面提到的类似。

茅盾先生读过《战地书简》,他很惋惜作家未能把书中展现出来的那些"典型的事"和"典型的人物"都写透,希望作家以后"把这好好的扩充起来,(那)一定是一部杰作"。[①] 姚雪垠创作《牛全德与红萝卜》的最初冲动中,未始没有实现茅盾先生期许的意图。

---

① 载《文艺阵地》第2卷第2期(11月1日出版)。

姚雪垠为《牛全德与红萝卜》设计的全部情节，都是为表现这位第一号主角"从落后到新生"的痛苦、曲折而漫长的自我改造过程而服务的；而红萝卜这个第二号主角，是作为烘托或映衬第一号主角性格的丰富性而活动着的；在一系列的矛盾冲突中，牛全德始终居于主导地位，而红萝卜始终居于被动的地位——

作家决意让牛全德承受游击队的新规则的约束，改变偷鸡摸狗的坏习气，而让红萝卜一而再地充当着告发者的角色；作家决意促使牛全德抛弃宿娼的旧习性，让他打算娶"坏女人"为妻，而让红萝卜的亲戚赵班长充当起"割靴勒子"（第三者）的角色；作家决意逼迫牛全德做一个遵守军规的模范，让他深夜溜出驻地最后放纵一下，而让放步哨的红萝卜发现了他；作家决意把牛全德放在"江湖义气"的铁砧上锤炼，让他邂逅换帖兄弟、皇协军的探子老七，他虽然拒绝了后者的引诱，却让红萝卜无意中给撞见；作家决意把牛全德放在血与火的战场上承受最后的考验，战斗打响后突然让他置身于两位"私敌"（红萝卜和赵班长）和两位"公敌"（老七和另一位皇协军）之间，他突然改变了"打黑枪"干掉"私敌"的初衷，掉转枪口干掉了两位"公敌"，终于以生命为代价完成了"旧时代的江湖义气向新时代的革命责任感的渐渐移转"。

应该说，牛全德还不是一位已经"完成"的英雄，作家姚雪垠并没有把他偏爱的这位具有"豪爽"性格的西北汉子拔得太高。在小说的最后，他让牛全德的换帖弟兄老五张国材在报纸上作了一首短短的挽歌，并从其中摘录了四句刻在牛全德的墓碑背面[①]：

> 从黑暗中睁开了睡眼
>
> 看见了光明
>
> 怀着无限的欢喜和希望
>
> 又从光明前闭起了你的眼睛

作家虽然偏爱他的"老牛"，但笔下还是颇有分寸的，牛全德其实只是一位刚看见"光明"而尚未"完成"的英雄。

毋庸讳言，《牛全德与红萝卜》"文座版"也有着明显的不足之处：

首先，小说中这支游击队的组织属性与政治属性都非常模糊。如同《战地书简》和《差半车麦秸》中的游击队一样，它的上面似乎没有一个主管单位，它的内部似乎没有政党的领导，它的政治工作完全由爱国学生组成的"宣传队"来承

---

① "挽歌"录自第一版，与修正版略有不同。

担,牛全德等旧派人物"从落后到新生"的转变似乎缺乏强大的外部驱动力。在"怀正版"中,作家对这支游击队的性质和结构进行了补充描写,且待后述。

其次,小说中对两个主角的阶级出身(家境)特别用力,似乎让人觉得,不同的家庭出身完全决定了各自的性情,决定了他们集体生活的热情,也决定了他们的抗战积极性。而且,作家为他们所设计的"个人的恩仇",只是些琐屑误会的堆积,并无关阶级的利害,也未到非"打黑枪"不能解决的程度。在"怀正版"中,作家为了弥补这一缺陷,增补了一些细节,但也未能改变这一基本格局。

再次,小说中牛全德和红萝卜两个典型的塑造是通过"对比"描写来实现的,作家给予他们以泾渭分明的表现:前者喜欢在赌场、酒馆里盘桓,后者就乐意在村前、地头流连;前者吸纸烟,后者就抽烟袋;前者整天发春,后者就成天恋家;前者一得意就唱旧军歌"燕人张翼德,当阳桥上等,喀哩喀喳响连声,桥塌两三孔",后者一高兴就哼小曲"人逢善事精神爽,闷来愁怅瞌睡多";前者听到枪声就兴奋,后者听说打仗就发晕。作家的这种刻意的表现,在小说中留下了许多斧凿痕迹,曾引起许多批评家的责难。

最后,姚雪垠在这部小说中进行了一些"过犹不及"的语言试验。1947年他在一篇创作谈中承认,"我写这部作品的时候有一个很大的企图,即是尽可能的将它作为一部素朴的散文诗来写"。其实,何止这部小说,在创作《春暖花开的时候》时,他也有着同样的意图,只是在这部作品中表现得更加"过"而已。在《牛全德与红萝卜》中,作家不止一次露面,借助情景交融的手法,撩拨着他笔下的人物。

譬如,小说中对牛全德"春心"的撩拨:

　　蝴蝶成对地忽上忽下地飞舞着,蜜蜂在他的耳边嗡嗡着,而且风,像一个活泼的大姑娘,用温暖的嘴唇凑近他的耳朵根快活地絮语着。(第13章)

又譬如,小说中对红萝卜"春意"的调侃:

　　油菜花在面前黄得耀眼。风,温柔得像姑娘的手指头,轻轻的摸着红萝卜的脸皮和耳朵。红萝卜的心里却沉甸甸的,感不到一点春意。(第10章)

顺带提一句,几年后"胡风派"的批评家曾愤怒地指责姚雪垠的这部作品为"客观主义"的典范;殊不知,这部作品的命门恰恰在于作家的主观意识过强。

当然,姚雪垠在这部作品中的语言试验也取得了一些可观的艺术效果。读者很容易看出,这部作品中除了人物对话语言仍如《"差半车麦秸"》一样大量采用生动传神的民众口语之外,叙述语言有了显著的变化。作家曾自述称,这部作品中大量地运用了"排句,叠句,重沓章法",力求将"素朴和美丽"统一起来,达到一种"清水出芙蓉"的美学效果。有必要提一句,作家在同期创作的《春暖花开的时候》中并没有进行这种试验。

作家所企盼的艺术效果能否在《牛全德与红萝卜》中实现呢？举两个例子：

第一个例子,在牛全德的世界中,"坏女人"占据了非常大的比重,他曾一度把对生活的眷恋与热情全放在她的身上。作家在描写他们的关系出现波折时,把牛全德的心理变化投射到外界的景物上,以"排句,叠句,重沓章法"进行表现,语言风格便显得有些轻佻了——

> 牛全德满心的盼望着同那个很久不见的人儿会面,一边走一边低声地哼着小曲子。有一股神秘的劲儿来在他身上,他变得非常的年轻了,快活了。在牛全德的眼睛里燃烧着狂热的欲望和爱情,所以夕阳特别的美丽了,原野特别的可爱了,徐徐的晚风特别的温柔了,杜鹃的叫声也特别的,特别的引起人的春心了。
>
> ……（"坏女人"突然对他疏远起来,他扭头便往回走。）一边走,一边猜想着这个女人在玩什么把戏。夕阳在他眼里变成死人的脸色了,原野变得单调乏味了。街里边没有杜鹃的声音,也没有温柔的晚风了。做小生意的同顾客在争吵着什么,乌鸦在树上怪声怪气的叫着,两条狗在街心把屁股连在一起,另一条在旁边叫着咬着,许多无聊的年轻人在周围看,不住的发出狂笑来。

第二个例子,在红萝卜的心目中家庭和土地永远占据着第一等的位置,但在游击队里,牛全德不时流露出来的敌意却成了他心中最大的忧患。作家在表现红萝卜的心理活动时,也采用了"排句,叠句,重沓章法",语言风格变得有些跳脱了——

> 忽然,女人的影子在他的眼前一闪。女人还是老样子：头上顶一片蓝粗布,不断地用布角揩着一对红沙眼。
>
> 红萝卜不愿想女人,用一种苍凉而沙哑的调子唱道：人逢善事精神爽,闷来愁怅瞌睡多。
>
> 但忽然,孩子们的影子也在他的眼前一闪。孩子们还是老样子：长得像小公牛一样壮健,只是头上都有秃子,而且眼睛有毛病,小孩子的脸皮同爸爸的一般红,鼻涕拖到嘴唇上。
>
> 红萝卜不愿想孩子,但也没有兴趣唱下去,他把念头转到了牛全德："妈的,在小时候,他有一次偷包谷……"

他从地上跳起来，照着乡下人的习惯拍了拍屁股上的灰尘，叹了一口气。于是他又忧郁的想着，想着生活。

如前所述，姚雪垠是个在文学事业上有大追求的小说家，他不满足于《"差半车麦秸"》的"学生腔"加"方言俚语"的语言成就，也不满足于《春暖花开的时候》的经过提炼的"北方知识分子的口语"，他向往的是文学巅峰上的瑰丽风光。于是，他不断地试验着各种语言形式和表现手法，以追求更加具有艺术表现力的语言及其形式。我们认为，《牛全德与红萝卜》的语言试验的成败并不重要，重要的是作家能始终葆有这种不知满足的艺术探索精神。

综上所述，从某个角度来看，《牛全德与红萝卜》可以认为是《"差半车麦秸"》创作道路的继续和发展；但换个角度来看，《牛全德与红萝卜》却是《"差半车麦秸"》创作风格的最后一次展现，即绝响。姚雪垠晚年在《学习追求五十年》中自述道：

> 现在大概可以看得清楚：从《差半车麦秸》到《牛全德与红萝卜》是一条创作道路，我虽然不再走下去，但是在我的几十年学习过程中具有相当重要意义。

从《"差半车麦秸"》到《牛全德与红萝卜》的这条艺术创作道路，是以豫西南农村生活为场景，以民间文化和民众习俗为底蕴，以具有乡土气息的典型人物为中心，以带有地方色彩的民众口语为精魂，经作家巧手编织的色彩稍显斑斓古旧的艺术画卷。

作家虽然没有再沿着这条道路走下去，但此期艺术探索的所得已经融化进了艺术创作的血液中，稍迟我们还将在《长夜》中听到那些熟悉的豫西南方言，再稍迟我们还会在《李自成》中看到那些熟悉的强悍的身影。

第八章

走进大别山

1941——

第一节 《山城之恋》

1941年4月,病体初愈的姚雪垠拿着《阵中日报》社长尹冰彦开出的"派司",化名姚冬白,以该报特派记者的身份,再次踏进大别山。

大别山区,山峦重叠,地势险要,是抗战时期重要的敌后根据地。群山怀抱中的立煌县(原金家寨),时为鄂豫皖边区战地党政分会及安徽省省政府所在地,是江淮地区的政治、军事和文化中心。

1939年9月,当地的官方刊物《中原月刊》创刊号在"发刊词"中谈到该地救亡文化工作的重要性和独特性:

> 时间改变了我们所处的位置。大别山里,从前是我们抗战的前线,现在是敌人的后方,同时也是我们重要的抗日游击根据地。在现在,要和敌人作艰苦的斗争,争取敌我相持局面的到来;在将来,我们要从这里出击敌人,开始反攻,驱逐日寇出中国。因此,我们得感到我们现在所处的地位是重要的,我们所负的任务是重大的。

> 文化工作,是抗战中重要工作的一部分,它是和军事同样重要的。尤其是在敌人的后方,我们还有无数的民众尚未参加到抗战的战线上来,这是需要文化工作去达成的;我们还有无数的抗战将士和敌寇作艰苦的支持,这是需要文化工作去鼓励他们,维持他们的情绪的;我们还有无数的同胞在敌人的怀柔政策下踌躇着,这是需要文化工作去争取的粉碎的。所以文化工作不特要和军事配合并进,有时还应走到军事的前面,以达成文化工作在抗战中所应负的任务。

> 武汉弃守后,敌人把我们和后方隔开了,因此大后方的文化工作和敌后方的文化工作就失了联络,但是:我们并不因此而气馁,因此而中断了我们的工作;相反的,我们更不断的把我们的工作加紧起来,不过无疑的,是比从前更加艰苦了。

抗战初期,该地的救亡运动是由第五战区安徽省动员委员会战时文化事业委员会所领导的,其中的骨干分子几乎全是共产党员和进步分子。武汉沦陷之后,鄂豫皖等地的爱国青年大批聚集此地,继续为抗战效力。在统一战线的旗帜下,此地的进步文化工作曾一度掀起高潮。中共南方局对此地的文化工作很重视,周恩来同志曾亲自安排军委会政治部抗演六队来此长期工作,还特意介绍美国女记者史沫特莱来此地采访,后者曾撰文盛赞此地为"文化战区"。1939 年 10 月 26 日《新华日报》在"社论"中对此地的文化工作也有过评介,文中写道:"从大体上讲来,一两年来我们的战地文化工作,已有了长足的进步,无论在晋东南、襄樊、湘北、粤北、皖南等地,或是在太行山、中条山、大别山等山脉中,俱有很多文化工作者在不辞劳苦和不避艰难地工作着。"

如前所述,1939 年 8 月姚雪垠与臧克家等人曾组成一支"笔部队",跋涉三千里,专程访问过此地。他们在立煌及周边地区待了近一个月,广泛接触过当地的进步文化团体和救亡青年,对大别山中的进步文化事业印象极佳。他们离开大别山后,当地的进步文艺青年仍怀念着他们,欣克来在《立煌的文化动态》①一文中这样写道:

> 立煌,这旧日的金家寨! 长期内战,造成这地方文化水准的低落与封建势力的抬头。今天为了配合全国抗战,为了粉碎敌人新的政治阴谋,为了动员民众赶上军事的进展;文化工作在大别山中将占了何等重要的地位! ……(笔者删节)这里的文化工作者殷切地希望将山中的工作以及对后方的需要传达到大后方去。最近来立煌的国际友人史沫特莱女士和臧克家、姚雪垠先生一定不会辜负我们对他们恳切的嘱托。

姚雪垠没有辜负朋友们的期望,他返回老河口后即撰写了一篇战地通讯②,热情地向大后方的读者介绍大别山的文化工作,文中写道:

> 在安徽省当局的领导之下,大别山中团聚了一部分甘心苦干的文化人。其中有知名的专家学者,有前程远大的优秀干部。他们编报纸,编刊物,编印书籍,编剧排戏,教授功课,并担任着其他机关的其他工作,每个人都是身兼数职,忙碌得一塌糊涂。因为工作太多了,便感到人手不够,渴盼着能有一批文化的生力军开进山中来。他们不断的向后方的朋友们寄信,向过路的熟人请求:"我们需要人! 需要人!"只要你能做工作,生活上决没问题,省政府领导的动委会是有充足的经费延揽人才的。
>
> 谁也想不到在万古荒凉的深山中会出版了这么多的报纸刊物,在质和量上都叫人相当满意而惊异! 在报纸方面,有《大别山报》和《皖报》,虽然发行

---

① 原载《中原月刊》第 1 卷第 2 期,1939 年 10 月。
② 姚雪垠:《大别山中的文化线》,原载 1939 年 11 月 29 日重庆《大公报》。

较困难,每一种都销行在三千以上;另外有一种周报《大家看》,形式编排得很新颖,内容通俗而有趣。在期刊方面有《文化月刊》,《中原月刊》,《青年月刊》,《战时文化》,和其他比较小型一点的许多刊物。像《文化月刊》和《中原月刊》,都是十六开本,一百五十页左右的综合性高级读物,每一期都销到四五千册。大别山中的青年生活是活跃的,紧张的,他们一边创造着工作,一边创造着自己,因此书籍和刊物的销路是相当惊人的。

姚雪垠再次来到大别山,其初衷只是为了纾解被第五战区长官司令部"免职"的郁闷心情,只是为了寻觅一块能够暂时静心写作的栖身之地而已。他所以选择大别山,一则是由于对此地的文化工作抱有好感,二则是对此地"延揽人才"的刚需有所体会,三则是与桂系少壮派、第五战区政治部主任、时任安徽省民政厅厅长的韦永成有过约定。如前所述,韦永成是桂系少壮派中很有政治头脑的人物,他对姚雪垠、臧克家等作家一向青眼有加,1939年重庆密令第五战区驱逐进步文化人,他却授以政治部秘书的名义把他们给挽留下来,他还曾倚重姚雪垠等著名作家组织过颇有影响的三次"笔征",他还曾有意将姚雪垠等调到广西去主持"前线出版社"。1941年1月韦永成调任立煌,三个月后姚雪垠便接踵而至,这并不是偶然的。

换句话说,姚雪垠此次来到大别山中,并不算仓促的逃亡,反而是有准备的转移阵地。启程之前,他把近期写作的一些文稿全都带上了,包括已经起笔的中篇(长篇)小说《戎马恋》和已经写成的《文艺反映论》《略论辞赋的发展道路》等理论文章,这些都是他要送给山城文化界的见面礼。

姚雪垠来到安徽省政府所在地——大别山腹地、小镇立煌,受到了当地文化界的礼遇,还得到了一个安徽省政府参议员的头衔。不久,他在中原月刊编辑部附近觅得了两间"公家"的小屋,就此安顿了下来。小屋背倚大山,四围林木葱郁,杂花繁茂,阳光不得透窗而入,故名"半幽轩"。

住定之后,他才知道大别山的政治文化形势已与两年前有很大的不同。原省府主席、第二十一集团军总司令廖磊已故世,第十一集团军总司令李品仙继任之。群众救亡组织多遭"遣散"或"改组"。曾经一度高涨过的抗日救亡运动已陷入低潮,衰颓低迷的文化气氛笼罩着山城。不过,此地毕竟距离国民党中央政权较远,桂系与蒋介石集团存在着一些矛盾,因而当地统治集团中仍有同情支持救亡工作的人在,加之原中华文协襄阳分会的会员黎嘉、刘芳松、白克、山莓和国新社特约记者王门等人都在此地坚持工作,抗建艺术社、青年剧社等进步文艺团体仍在开展活动,此地救亡工作的再度兴起也还存在一定的政治和群众基础。

当年,韦永成除身兼第五战区政治部主任和安徽省民政厅厅长等要职之外,还接任了当地最有影响的中原出版社的董事长。他手里掌握着两个刊物:一是《中原月刊》,一是《中原副刊》。前者是桂系官方的喉舌,以刊发政治类的文章为主;后者是消闲类的综合刊物,以刊发文艺类稿件为主。《中原副刊》原来是由韦的妹夫萧大铺主持的,刚出版了两期,稿件良莠不齐,格调低迷,近乎"软性"。韦永成有意把《中原副刊》的主编权交给姚雪垠,便与姚雪垠商议,让他把这个刊物"整整"。姚雪垠说:"没问题,但内容我要改改。"韦说:"可以。"于是,姚雪垠便从《中原副刊》的第三期起担任了该刊的实际主编,韦永成仍挂名主编。①

就这样,原来打算在这座山城静心写作的姚雪垠,与刊物的编辑工作结了缘。他在大别山中总共只待了十七个月(从 1941 年 5 月至 1942 年 9 月),却主编了十六期刊物(《中原副刊》四期,《中原文化》十二期)。也许可以这样说,姚雪垠在大别山中对进步文化事业的贡献大都体现在刊物的编辑工作上。他虽则对此有过抱怨,还曾设想"假若我能够把大部分精力用在小说和文艺理论的写作上,沉重的负担也不会使我叫苦的"②,但他还是咬咬牙坚持了下来。

在韦永成的默许和支持下,姚雪垠对《中原副刊》进行了大刀阔斧的改革,力求一扫衰颓的风气。他不是一个初出茅庐的编辑家,早在抗战初期他就在开封主编过"大江以北最前进"的《风雨》周刊,对于编辑事务可谓驾轻就熟。《中原副刊》出至第 6 期后,他又将该刊改名为《中原文化》,全面地贯彻自己的编辑思想,终于把这个刊物办成了大别山中进步文化阵营的标杆。1942 年初,李春舫在《大别山里的文艺工作》③一文中对姚雪垠主持的这份刊物有过介绍,称:"(《中原副刊》)出至第三期后改由姚雪垠负责编辑,前两期是由萧大铺负责编辑的,(1941年)四月创刊至九月出完了第一卷,第二卷开始易名为《中原文化》,大加整顿,现在是大别山惟一的学术的文艺的刊物。"

姚雪垠对该刊的"改革"或"整顿"并不是一帆风顺的,几乎每前进一步,都要承受人事纠葛或政治风险——

他刚刚接手主编职位,便在《中原副刊》第 3 期的"编辑室播音"里公开宣示了"改革"的决心,写道:"为着更适合读者的要求起见,从本期起在内容和形式上

---

① 参看杨建业录音整理稿。
② 姚雪垠:《创作论初集·后记》,1942 年 5 月作。
③ 载《抗战》(半月刊)第 6 号,1942 年 2 月 1 日出版。

姚雪垠(前排中)在立煌时与友人合影

有个大的改革。希望读者能给我们一点批评意见,好使我们不断的继续改进。"

所谓"大的改革",首先便是打破原刊物用稿的人情圈子,致力于提高刊物质量。他为了杜绝"熟人稿"或"权贵稿",特意制定了规则严厉的"稿约":

一、本刊园地绝对公开,凡合乎本刊性质之稿件无不竭诚欢迎,如文章性质不合,或写得不好,纵出自至亲厚友手笔,亦不采用。

二、所谓性质不合之稿有如下数种:a 板起面孔说枯燥话;b 低级趣味或逃避现实的冒牌幽默;c 捧自己或捧别人,但捧得过火,甚至肉麻;d 又要教训人又要骂人,但立论不深刻,措词欠艺术;e 洋洋大文,使本刊无法容纳。

三、本刊编者对来稿有删改权,不愿删改者请先声明。

……(笔者删节)

八、来稿请迳寄编辑室,勿托私人介绍或转交。

为此,他"腰斩"了好几篇不合其编辑思想的连载文章,不惜得罪了当地的不少政要和附庸风雅的旧派文化人。被"腰斩"的文章包括致愚的《关于清代的会党运动》、贺学恒的《中国作家及其作品——文坛漫话》和君逸的《补读斋读书随笔》等。姚雪垠晚年在接受记者采访时曾谈到"腰斩"事,他回忆道:

(韦永成虽然赞成我对刊物进行改革)但他没有想到我会大杀大砍,把原来连载的文章都砍掉了。其中一位文章的作者是安徽银行的行长,叫官自高,人们叫他"官糟糕",还有一个是检查(察)署的秘书长。韦永成办刊物是为了跟他们拉关系,好做买卖。我把刊物的内容换了以后,韦永成叫我去谈话,劝我不要砍内容,但我坚持自己意见。①

"腰斩"事在山城文化界引起了积极的反响,刊物将腾出来的篇幅给了当地的进步文学青年,给了那些反映抗战时期现实生活的文艺作品。李育仁、王门、林克柘、卜乃夫等的诗歌,熊纬书、黎嘉、李春舫等的小说,李春舫、阮华等的文艺理论,程南秋、黎嘉等的戏剧创作,都相继在刊物上亮相。一股和煦的春风吹进了这座被政治高压笼罩着的山城。

姚雪垠的这一改革举措很快便得到山城进步文化人的认同,刊物声名鹊起,来稿络绎不绝。他在刊物"编后记"中感激地写道:"我们要尽量不辜负读者,在选稿上抱着'包黑'的严正态度。我们的朋友都绝对原谅我们,同意我们的这样态度,这是诚恳所得的胜利,也是我们感到十分欣幸的事。"②

除此之外,姚雪垠的另一个重大的"改革"举措,便是致力于突破山城"战地文化自给自足"的旧格局,放手引进外埠的作家作品,促使地方文化融入全国的进步文化大潮。

"战地文化自给自足",这个口号原是抗战初期当地文工会诸人提出来的。当时,由于武汉沦陷,交通线被阻断,进步读物匮乏,山城进步文化工作者意识到,唯有自力更生,奋发努力,才能打破封锁,推动当地抗日救亡运动的开展。到了抗战中期,地方当局篡改了这个口号的原来意义,反对和抵制外界的进步文化传入,以推行"党化"文化,遂造成当地文化工作封闭保守的沉滞局面。

姚雪垠接手主编职务时,正值端午节,他便在《中原副刊》第3期上借韦永成之名发表了一篇题为《纪念伟大诗人屈原》的文章,借古喻今,弘扬正气,以提振山城进步文化人的斗志。他写道:

　　　　一位诗人的忌日会这样普遍的被一个民族永远的纪念着,在世界上还非常罕见。虽然这里边包含有其它的偶然原因,正如寒食节不一定全为纪念介之推,可是纪念的意义实居着主要成分。人们同情屈原和纪念屈原,是伟大的民族良心的具体表现。屈原是一位坚贞的,热情的爱国者,有高洁的人格,

---

① 杨建业录音整理稿。
② 《中原副刊》第4期"编后记"。

远见的智慧。如果说他是伟大的艺术巨匠或革命诗人，不如说他是知识分子最好的人格化身。……（笔者删节，下同）

（对于）我们抗建工作者（来）说，读了他们的作品也应该要格外警惕自己的动摇和腐化倾向。……

屈原虽然死了两千多年，但屈原的人格和诗篇永远用光辉异彩照耀着我们。我们不要糊糊涂涂的过端午，像过其它习惯和相传的节日一样。在我们这国步艰难的时代，对端午节应赋予新的意义，即是说要认清它是我们历史上第一个伟大的爱国诗人的殉国忌日。

引文中的"对端午节应赋予新的意义"一句，是有所指的。1939年中华文协"诗歌组"曾议决将每年的端午节定为诗人节，以"效法屈原的精神"。1941年端午节，中华文协在重庆成功举行了第一届诗人节庆祝会，驱散了因皖南事变而笼罩在国统区的阴云。姚雪垠从报刊上获知这一消息后很是振奋，但当年还没有条件在山城也组织同样的纪念活动，于是便借此文抒发心中的激情。附带提一句，一年以后的端午节，姚雪垠与当地进步文化工作者亲密合作，终于胜利地在大别山中举办了盛况空前的诗人节庆祝活动，活动包括"第二届诗人节纪念特刊"的大型壁报展示及第二届诗人节纪念晚会，这是山城进步文化人在皖南事变后的第一次集体亮相，压轴的节目是姚雪垠在"晚会"上作的题为《屈原的文学遗产》的激情演讲！关于纪念大会的盛况，限于篇幅，在此不赘，有兴趣者可参看西罕当年撰写的长篇通讯《"诗人节"在大别山》①。

一个好的文学刊物总是开放的。姚雪垠接手主编职务后便大量采用外稿，或通过约稿或采取"文选"的形式转载，大后方作家老舍、欧阳山、田汉、茅盾等的有影响的作品纷纷在刊物上露面，战区作家臧克家、碧野、田涛等新撰的稿件也不断地涌来，刊物呈现出勃勃的生机。

为了消除长期封闭所形成的对外部世界的隔膜，姚雪垠也做了一些有益的补救工作。他在刊物上增设了《新文艺运动史散编》《外国作家介绍》等栏目，"前者由李春舫先生担任，后者由许多朋友分别担任"；他还特意增设了《抗战文学名篇选载》的栏目，重新刊载《华威先生》《"差半车麦秸"》等已有定评的抗战文学名篇，使山城文艺青年有机会重温抗战文学的由来和发展。

①　请参看《抗战》（半月刊）第17号，1942年5月5日。

　　姚雪垠对该刊的"改革"还不止如此,他还通过《密勒氏评论报》①等窗口密切关注世界反法西斯阵营的最新动向,亲自撰写和翻译政论文章和时事评论,及时地在刊物上发布,剖析急剧变化的世界局势,宣扬反法西斯阵营必胜的信念,提振山城军民的抗战信心。如下三篇是1941年间他以"化名"在其主编的刊物上发表的重头文章(或译文)②:

　　　　冰天作:《希特拉的最后一张牌》,载当年7月《中原副刊》第4期

　　　　沉思译:《苏联前线三元帅》,载当年8月《中原副刊》第5期

　　　　沉思译:《罗斯福是否会牺牲中国》,载当年10月《中原文化》第1期

　　《希特拉的最后一张牌》作于纳粹德国对苏联不宣而战(当年6月22日凌晨3时30分)的数天之后,其文昂然宣布,"纳粹主义和社会主义在本质上是绝对对立的……苏联的危机即人类文明的危机……全世界所有的被侵略者都变成苏联的同情者和知心朋友,不可避免的要共患难,同生死",并断言希特勒失败的命运"是注定的"。

　　该文也许是姚雪垠用"化名"发表的第一篇颇有分量的时事论文,该文较为全面地显现出了他的政治、军事、哲学修养和辩证法功底。也许是为了避免引起麻烦,他在该期刊物的"编后记"中写道:"为着给德苏大战以正确分析,我们请冰天先生写了一篇《希特拉的最后一张牌》。冰天虽然是一个生疏的化名,但他在几年前就曾以另一个笔名在各刊物发表文章。"

　　该文面世后,影响很大。很快,冰天的真实身份便为众人所知晓。此后,来自各报刊的约稿便连绵不断,姚雪垠虽然不太愿意写这些"不擅长的"文章,但每月仍要"固定的写五篇"左右。珍珠港事件(1941年12月7日)爆发后他写得更多,有一发不可收之势。笔者在旧报刊中找到了一些,现将若干文章标题列如下,以飨读者③:

　　　　《德苏开战后的世界新局势》,署名冰天

　　　　《急风骤雨的太平洋》,署名冰

---

　　① 《密勒氏评论报》是美国人1917年6月创办于上海的一份重要英文报纸,1941年12月6日到1945年10月20日间由于日本侵略军占领上海,报纸被迫停刊。

　　② 姚雪垠还有一篇重要的译文《中国不会败》(原作者为蒋介石的顾问端纳),于1941年12月16日—20日连载于湖北老河口《阵中日报》。

　　③ 姚雪垠在大别山中所使用过的笔名有"冰、冰天、冬白、白茫、沉思"等,还用"韦永成"名发表过文章。

《一九四二年国际局势展望》,署名姚冬白

《扩大的世界战争》,署名姚冬白

《新加坡沦陷后的远东情势》,署名姚冬白

《反侵略统一作战的明确化》,署名冰

《太平洋战局》,署名冬

《长沙三捷》,署名白

《印度问题》,署名冰

《土耳其的危机》,署名白

《日本行动方向之谜》,署名冰天

《封存日本资金与上海贸易》(译作),署名沉思

这些政论、时论文章,皆着力于剖析敌我政治、军事、经济态势,宣扬世界反法西斯阵线的光明前途,抨击消极抗战的黑潮;这些文章,皆以立论精警、擘析入理、迅速准确,而得到读者的称赞,其中还有一些文章不胫而走,流传到其他战区乃至大后方,产生了广泛的影响。

姚雪垠主编的刊物就这样在山城站住了脚,扎下了根,甚至远销至各战区及大后方,获得了不少好评。1943 年初姚雪垠来到重庆后,曾自豪地宣称:他主编的刊物是"茫茫中原,茫茫战地,茫茫江淮之间唯一的文艺刊物,唯一的不含毒汁的菌蕈"①。同时,他也赢得了山城进步文化人的尊重。据大别山抗战文化运动的亲历者回忆,"当时,在立煌的文化界,有一个以进步作家姚雪垠为中心的小圈子"②。在这个进步的小圈子里,有刘芳松、程南秋领导的抗建艺术社和青年剧团的文艺青年,有李则纲牵头的抗战史料征辑委员会的成员,有王门等国际新闻社的青年记者,有林克柘、李育仁、孙岳军、卜乃夫等大别山诗歌社的同人,有黎嘉、李春舫、熊纬书等钟情于文学创作的青年作家。在这个孤悬于敌后、远离大后方的特殊政治环境中,他们组成了一支"有力的孤军",他们的进步政治文化活动在一定程度上打击和揭露了国民党的黑暗统治和消极抗战的逆流,鼓舞了人民的抗日热情。

在大别山中的一年半时间里,由于编辑工作占用了太多的时间和精力,姚雪垠只创作了两部小说:中篇小说《戎马恋》(1941)和《孩子的故事》(1942)。《戎

---

① 姚雪垠:《大别山中的文艺孤军》,1943 年。

② 1986 年石瑛同志给笔者的信。

1995 年，纪念抗战胜利 50 周年之际，中国作家协会颁
发给姚雪垠的抗日纪念牌

马恋》起笔于 1941 年初被第五战区长官司令部"免职"之后，取材于战地生活的
见闻，意在表现政治形势逆转之后救亡青年们的思想状况及其对不同的生活道路
的选择，具有强烈的现实意义。从某种意义上讲，可视为《春暖花开的时候》主题
和情节的延续。《孩子的故事》起笔于 1942 年初，是抗战初期《母子篇》情节和主
题的延续和拓展，作家有意地以"爱的哲学"来贯穿之，表现出了一种新的创作倾
向。后来，作家又将其主题和题材进行了扩展，扩写成长篇小说《母爱》，以求更
加全面地表现战区生活，并企望具有国际主义意义。得失成败，且待后述。

在大别山中的一年半时间里，也如抗战初期主编《风雨》周刊时那样，他把零
星的闲暇时间多用在了文艺理论建设上，先后撰写了十几篇论文，作品散见于各
地文艺报刊。1942 年，他精选了其中的六篇，编成《创作论初集》，后改题为《小说
是怎样写成的》，1943 年由商务印书馆出版。顺便提一句，1943 年初姚雪垠来到

大后方,即被推举为中华文协研究组的副组长(组长是胡风),这或可视为抗战文坛对他的文艺理论家身份的正式认可。

1942 年 9 月,姚雪垠编完《中原文化》第 2 卷第 6 期后,突然接到朋友的示警,说是当地 CC 系统①欲对他不利。他便去找韦永成商谈,并托词说目前大后方文坛已经开始复苏,想去重庆生活和写作。韦永成一口答应,热心地赠送路费,开具路条,并派人暗中护送他平安离境。

姚雪垠只身离开大别山,前往千里之外的故乡邓县。旅途中的某夜,昏暗的油灯下,他回想起在群山峻岭深处一年半的生活经历,回想起山城里相濡以沫的朋友,浮想联翩,不由得提起钢笔,在灰黄的纸页上写下《山城之恋》四字标题,文中感叹道:

> 去年当杜鹃花开的时候,我孤独而苦闷的来到山中;如今当枫叶正要变红的时候,我怀着兴奋的心情出山,在烟雨中开始了秋天的旅程。②

当年 11 月,姚雪垠潜回家乡河南邓县。年底,只身前往重庆。

第二节　《戎马恋》

中篇小说《戎马恋》,在晚年姚雪垠的心目中,似乎并不是一部重要的作品。有相当长的一段时期,作家在回忆文章中甚至不太愿意提到它,他曾这样说道:

> 在四十年代,我出了几部长篇和中篇小说,我自己比较重视的是《春暖花开的时候》、《牛全德与红萝卜》和《长夜》。所以在这部回忆录性质的《学习追求五十年》中,我在四十年代的中、长篇小说创作,只谈这三部小说。

作家对该小说的有意忽视,不是没有原因的。《戎马恋》是他创作于抗战中期的较为得意的小说作品之一,但也是他的第一部受到抗战文坛某流派严厉批评的小说作品。期望值与现实感的巨大反差,使得他在很长的一段时间内相当郁闷。

但是,这部作品却不是能被轻易地忽略的。这部作品是作家文学生涯中唯一的一部以"负面形象"为主角的小说作品,与当时抗战文坛上流行的"从落后到新

---

① CC 系统:指国民党要人陈果夫、陈立夫所控制的全国性特务组织,全称为中国国民党中央执行委员会调查统计局(简称为"中统")。

② 姚雪垠:《山城之恋》,1942 年 10 月作于旅途中。原载《中原月刊》1943 年第 7 卷第 5 期。

生"创作倾向完全相反；它是作家的第一部有意以"革命与恋爱"为情节框架的小说作品（其后一部是《重逢》），作家企图以精细的心理刻画把这种备受诟病的模式翻出新意来；它也是作家的又一部以"宗教"为背景的小说作品，同类作品短篇小说《山上》《江边》都没有成功，他企图在这部小说里对孩提时代所接受的宗教教育来一次彻底的清算。简言之，这部作品是作家对抗战中期第五战区政治形势逆转后，进步文化人面临"分化"现实的敏锐反映，是鄂西北战地群众性救亡运动由盛入衰的历史留影。它不仅完整地记录了作家当年复杂的心路历程，也如实地保存了作家在艺术道路上的一次难言成败的勇敢尝试。

1941 年，姚雪垠曾谈到这部小说的素材来源：

> 一九三九年冬天我到鄂北前线去搜集材料，总司令派他的秘书钟君陪我到各师防地，负责招待和协助工作。钟君告诉我他的恋爱故事，并把故事轮廓简单的写给我做小说材料。这故事在我的心中整整的存蓄了一年，到去年冬天才决定写成中篇。

> ……（笔者删节）原来的故事被我改变了，主题改变了，人物也决不是钟君和他的爱人的本来面目了。这里边男主角和女主角都带有我自己影子，特别是后半部更含着我自己的悲喜苦乐。①

简言之，这部小说的情节外壳和人物原型都来自"听来的故事"，作家在长达一年的构思过程中对其进行了改造，人物和情节被典型化了。在该小说的最初版本中②，还保留着"转述人"的痕迹，但在后来的版本中，这点痕迹逐渐被抹掉了。

1942 年，他还曾谈到这部小说的主题：

> 在抗战中，我看见了两种普遍现象：第一种现象是，凡热情的知识青年受了打击之后，容易动摇灰心，形成在思想上追求光明而在生活上逐渐的脱离革命的人格矛盾。另一种现象是，一个青年如果政治苦闷，生活松懈，他对于恋爱的需要就格外强烈。仔细的分析起来，这两种现象有着本质的关联。我从发现这种"本质的关联"着眼，就创造出金千里这个人物。许多读过《戎马恋》一部分初稿的朋友，都觉得我写金千里不如写张蕙风成功。其实，张蕙风我只是写得她可爱而已，但对于金千里，我却有意把他写成抗战中一种青年典型。他的弱点也许正是你的弱点，我的弱点，我们许多朋友的共同弱点。

---

① 姚雪垠：《关于〈戎马恋〉》，1941 年作。
② 参看姚雪垠《戎马恋》的连载本（载《中原副刊》1941 年第 3 期至第 6 期）。

基督教说，人生下来就是有罪的，这种罪叫做"原罪"，好像先天的梅毒一样。我们的"原罪"，便是我们的先天的某种劣根性。劣根性是可以在生活上予以克服的，正如先天的梅毒也可以治疗一样。但如果克服不尽，或甚至任其发展，那就糟了。从金千里的身上，我们看出来这种"原罪"在新的生活环境之下的滋长情形，我们觉得他活该痛苦；但金千里是一面镜子，从这面镜子里可以照出来我们自己。不信，就请你照一照吧！①

简言之，这部小说的主题是对当时从事救亡运动的知识青年在政治形势逆转之后滋长的"先天的某种劣根性"（"原罪"）的揭露与抨击。无独有偶，稍晚些时，曾同在第五战区生活过数年的小说家碧野也创作了一部类似主题的长篇小说《风砂之恋》。1944 年，这两位战区作家创作的这两部小说作品都受到了某派批评家的严厉批评，认为都属于"主观战斗精神衰落"的"不成功的作品"②。

《戎马恋》的故事并不复杂。1946 年有位批评者在其文章中复述了该小说的故事情节，说得大体不差，转引如下：

> 起初，一个名叫金千里的随着军队做文化工作的青年军官，在驻军的一个外国医院里发见了并且爱上了一个名叫张蕙风的青年护士，但她生活在基督教义之中，既不了解抗战和时局，也没有自由思想和政治兴味，甚至连自由恋爱的勇气也很缺乏，幸亏金千里百折不挠，一面和医院当局做斗争，一面向张蕙风施行抗战革命理论的灌肠手术，终于把她拖开了医院。其后，张蕙风一经参加了抗战工作，便很快的在人生态度工作热情上超过了她的教师，全神贯注在工作上，要到敌后去献身，视恋爱为次要，而金千里则沉溺于肉的欲求和后方都市中小家庭幸福生活的幻想；于是局势一变，原先拖着别人走的变成了别人的累赘。结果，张蕙风走向敌后战地，金千里变成疯狂病卧在后方医院里边。③

这位批评者对该小说主题、情节和人物都有很好的理解，但他完全无视了作家的创作动机，错误地将金千里当成了作家的化身和代言人，费了很大的力气一拳打来，结果打在了空气中。

为了便于读者了解《戎马恋》这部小说在历史上的真实存在状况，我们在展

---

① 姚雪垠：《关于〈戎马恋〉》，1942 年 5 月作，载《新文学》1944 年第 1 卷第 2 期。此篇与上一篇同名，但内容不同。
② 石怀池：《评两部恋爱小说》，1944 年。
③ 龚鸾：《骑士的堕马——评姚雪垠中篇小说〈戎马恋〉》，1944 作，1946 年发表。

开评述之前还是得先弄清它的版本情况。

《戎马恋》有如下几个版本：

第一个版本为"连载本"。该小说于 1941 年初在家乡邓县起笔，旅途中耽误了两个月。4 月底，作家抵达安徽立煌后继续写作，6 月至 9 月在当地刊物《中原副刊》上连载四期。小说共十三章，五万余字。现在的读者或研究者几乎无人读过这个版本。

第二个版本为"大东版"。1942 年初，作家在"连载本"的基础上进行了改写和扩写，增加了一倍的篇幅，同年 5 月脱稿。全书共二十章，十余万字，①1943 年交由大东书局出版。1944 年后，引起文坛激烈讨论和批评的正是这个版本。

第三个版本为"东方版"。1944 年，作家根据茅盾等指出的批评意见对该小说进行了修改，他曾自述称："说是修改，不如说是改作，因为修改的字数占全书之半，大删大添的地方很多。"②小说改题为《金千里》，全书二十二章，二十余万字。1946 年 3 月交由东方书社出版。这个版本未能引起文坛的关注。

第四个版本为"长江版"。1985 年作家对该小说作了最后的修订，作家曾自述称："这次重新发表的本子，是根据 1949（6）年东方书社版校改了错字，填补了漏字，对很少数字句略作修订。"③该修订版恢复了小说旧名《戎马恋》，曾交"长江文艺丛刊"发表，后收入《姚雪垠书系》。

鉴于当年大后方文坛所关注的是书名为《戎马恋》的"大东版"，而不是后来改题为《金千里》的"东方版"，因此笔者评述的主要对象也是"大东版"，但会不时地拿"东方版"作为对照，或许还会涉及"长江版"，但那只是作为探究作家创作思想变化的补充资料罢了。④

"大东版"与"东方版"相比，除了书名不同，女主角名字不同⑤，结局不同之外⑥，还存在着很多的不同处。

---

① 1942 年 5 月姚雪垠在《关于〈戎马恋〉》一文中谈道："去年九月间写成一半，觉得已经可以结束，便放下笔来。今春为着出单行本，就拿出原稿来补充整理，遂又增加了一半，共分为二十章，约近十万字。"

② 姚雪垠：《金千里·序》（1946）。

③ 姚雪垠：《〈戎马恋〉重新发表弁言》，1985 年 6 月 27 日作。

④ 限于篇幅，这方面的评述不能展开。只说说几个版本中对女主角出路或前途的设计，"大东版"在大别山，"东方版"在延安，"长江版"却是在"那里"。

⑤ 在前两个版本中，女主角姓名为张蕙凤，取自成语"蕙风和畅"；在后两个版本中，女主角改名为张慧凤。笔者为简便计，论述中统一为前一名字。

⑥ 在"大东版"的结尾，女主角走向大别山；在"东方版"的结尾，女主角走向延安。

20世纪40年代,姚雪垠出版的部分抗战小说

首先,主题的侧重面有所不同。"大东版"的扉页上印有一段"内容提要",如下:

　　这本书娓娓述说一个对于宗教怀着极大的虔诚的少女,如何冲破了这重精神上的藩篱和恋爱的束缚,毅然的舍弃了她一向所崇拜的神和人,而走向民族革命的大道。这本书的故事,虽然是战时的,但任何激变的时代都会产生这样的青年——我们的女主角张蕙风;同时在任何激变的时代中,也会有我们的男主角金千里。他有革命的思想,却没有革命的行动。在若干青年中,他是比较属于先知的,但是他在艰巨的工作前倒下来了,转而求慰藉于狭义的爱情。终于,他完全被遗弃在时代的后面。这是一个悲哀。而中国,在她走向复兴的途中,还会经历若干次激变的。

小说正文前面,还有一段带有浓厚宗教意味的"卷头语",如下:

　　于是女人见那棵树的果子好作食物,也悦人眼目,且是可喜爱的,能使人有智慧,便摘下果子来吃了。

　　　　　　　　　　　　　　　　　　　　　　　　——旧约·创世纪

在"东方版"中，这些具有强烈的"宗教"氛围的背景提示，这些关于女主角崇高地位的告白，都被删掉了。"女主角张蕙风"的地位下降，"男主角金千里"的地位上升。原主题中启蒙的意味被削弱，批判的意味被加强。

其次，"东方版"对"大东版"中的许多"性心理"描写的文字作了删改和删除。

1942年，《戎马恋》脱稿之后，姚雪垠曾在一篇文章中谈到该小说中的"细微的心理分析"与《春暖花开的时候》①有相似处，但更有发展。他举出了两个例证：

> 我在《戎马恋》中有一段是描写金千里的狂热的爱情，他将张蕙风搂抱住，狂吻着，在这种时候，金千里固然感情很冲动，而我也不能不放下笔，站起来，走出屋子，在寂静的小院中走来走去。当我写某一天晚上张蕙风走进了寝室，春心与宗教信仰相搏斗的那个场面，我自己也满怀春意，时时的停下笔来，望着窗外的星天。②

如前所述，作家在《春暖花开的时候》中只描写了人物的"单恋"或曰"精神恋爱"，别说"狂吻"，就连"牵手"也没有写过。而在《戎马恋》中，"灵"与"肉"之间的藩篱被冲破了，虽然还保留着最后的界限。请留意作家在上文中特别提到的两段情节描写，它们都只完整地存在于"大东版"中。

第一个情节，"张蕙风走进了寝室，春心与宗教信仰相搏斗的那个场面"（括号中的文字是"大东版"原有，而为"东方版"删去的）——

> 同学们都睡得很熟，从枕头上发出来均匀的，没有一点烦扰的平静呼吸。那位同张蕙风睡在一张床上的同学李莲，身上的单子踢在一边，舒展的（，毫无忌讳的，）伸开着发育成熟的丰满身体。（一条肥白的小腿从床边搭拉下来，另一条却缠在单子里面；两个小小的圆乳房，在一半敞开的薄薄的汗衣下边随着平匀的呼吸起伏着。）从她的胸部到腿部，那种极其柔软的、显明的、丰满而含春意的线条，和那种单纯而匀称的艺术结构，使人看见后会联想到文艺复兴时期的绘画或雕刻。（倘若被一个普通的男子看见，恕我说一句粗野的老实话，他会疯狂的咬她一口！③）张蕙风的眼光无意的落在这件美术品上，注视了半天，忽然觉得不好意思起来，走去替李莲将单子盖在身上，并且轻声的嘲笑说："这么大的姑娘，不害羞！"但当她再坐到桌边以后，越发不可遏止的胡想起来，想着从来不曾老实想过的那些平素认为淫邪的罪恶念头。

---

① 本节所提到的《春暖花开的时候》，指的是连载于《读书月报》的版本。不另注。
② 姚雪垠：《创作漫谈》，1942年4月。原载《中原文化》1942年第2卷第1期。
③ 1944年石怀池在《评两部恋爱小说》中对括号内的内容提出非常严厉的批评。

她的眼睛里射出害羞的、醉意的、热情而又怅惘的奇异光彩,脸颊上泛着微红,突然的微笑一阵,但随即又突然忏悔的一皱眉头,沉重的叹一口气。

（"大东版"第64页）

第二个情节,"描写金千里的狂热的爱情"的那个场面（只见于"大东版",不见于后来的版本）——

她翻开书页,一朵干枯的黄色花子和一片血红的三角枫叶,不经意地落到了地上。张蕙风伏下身子去捡拾花子和枫叶的时候,金千里突然的抱住她,并且也跟着伏下身子,把嘴唇向她的腮上凑去。她虽然没有挣扎,身子瘫软的依偎在金千里的怀里,然而却很快用两只小手遮住脸孔,使他只能在她的耳朵上,脖颈上,青蓝的发根上,疯狂的吻了一阵。她瘫软在他的胳膊上,差不多全失去了动弹的力气,脑筋不能够再思索任何事情,感觉也有点糊糊涂涂,甚至如果金这时候在她的细嫩的皮肤上咬了一口,她大概也不会知道疼痛。金千里被狂热的爱火燃烧得眼睛和四肢都有点微微发酸,不能自禁的闭住了眼眶,嘴唇重重的印在张蕙风的后脑勺上,除掉偶而用舌尖敌着那蓬松在嘴唇旁边的柔软的短头发以外,有三四分钟光景他没有任何的其它动作,他们几乎完全停止了呼吸,耳朵也不能听窗外的任何声音,只是互相感觉着对方的心在跳动,过了这沉醉的片刻之后,金千里忽然又有了新的力气,再也控制不住自己的感情,他用力的把张蕙风抱起来,放在膝上,迅速的解开她胸前的一个制服扣子,把一只手向她的圆圆的乳房伸去……

（"大东版"第123—124页）

实话实说,以上描写都可归于"心理分析"的一个分支——"性心理"描写的范畴了。近日读到女作家残雪的一篇文章,她抱怨中国现代作家气魄不够大,作品中缺少"性心理"分析和描写。笔者不禁哑然失笑。如果她读过七十余年前姚雪垠的这部作品,或许就不会这样说了。

在《戎马恋》中不仅有着大量的类似的"性心理"描写,而且还有着"变态心理"的描写哩！如前所述,作家在塑造罗兰（《春暖花开的时候》中"三女性"之一）的形象时,曾运用过这种手法,罗兰一直暗恋着教员张克非,当她发现心上人与别的女性过从甚密时,气急之下神思恍惚,竟用钢笔刺死了平素最为珍爱的金鱼。在《戎马恋》中,这种手法更被频繁地运用在金千里的形象塑造上,"每当遭受了绝望的打击之后,他都会生出来这种希望毁灭一切,否定一切的念头"（"大东版"第204页）；而当他怀疑张蕙风心有他属时,竟产生出非常疯狂的念头（"大东版"第222页)。

以上两段文字,都是后来各类各派批评家常用来批评该小说为"绯色的爱情故事"或"色情小说"的例证①。当年,国内文艺理论界还欠缺有关心理学、性心理学和变态心理学方面的学养和研究,姚雪垠在《戎马恋》中所做的这些超前的艺术实验,得不到理解,是不足为怪的。

姚雪垠小说作品对"性心理"的艺术表现甚至可以追溯到他的文学创作起步阶段,其小说处女作《两个孤坟》中对雇工王材和婢女雪香的关系有过心理暗示,其作于河南大学预科期间的一篇表现"单相思"的习作更是有意识的尝试,在《春暖花开的时候》中已经成功地运用在罗兰的形象塑造上,而在《戎马恋》中被发展到了极致。这种探索对于拓展作家的艺术表现力是有益的,远例且不细说,且看《李自成》中对明朝大将洪承畴降清前的诡异场面及复杂心态的描摹,不难看出,其挖掘最深的便是人物的"性心理"波动。

在《戎马恋》的人物塑造上,姚雪垠采用了与《春暖花开的时候》基本相同的"影子法"或"分身术",即把自身经历有选择地分给作品中的人物。他把自己早年"上过私塾,上过教会办的小学和初中"的经历给了女主角张蕙风,让她一度迷失在神的庇佑下,与火热的大时代绝缘;他把自己抗战初期办过"小型救亡刊物",曾"回到闭塞的故乡去做救国的拓荒工作",曾"遭遇到社会的和家庭的许多打击",继而担任某集团军长官司令部"秘书",后被重庆方面怀疑为"某党嫌疑"而被解职的经历,全部给了男主角金千里,让他一次又一次地面临人生道路的选择,而走上与自己完全不同的道路。

除此之外,姚雪垠在《戎马恋》的人物塑造上还采取了一种与《春暖花开的时候》有很大不同的创作方法——"第二我"法。所谓"第二我"法,指的是不仅把自己的部分经历分给作品人物,而且把自己的人格、人品、精神和思想的某些方面也赋予作品人物,甚至把自己的"先天的某种劣根性"也给予作品人物。他让这个"第二我"在与自身主客观条件完全相同的环境中生活,让他循着"先天的某种劣根性"自由地发展,而把批判的锋芒隐藏在艺术描写之中。

"第二我"法,对于姚雪垠来说,是一种全新的艺术尝试,是"影子法"或"分身术"的深入和拓展。他曾自述称,这种新的创作方法来自西方作家作品的启迪。

----

①　前一个评价参看石怀池《评〈戎马恋〉》,1944年发表;后一个评价参看龚寯《骑士的堕马——评姚雪垠中篇小说〈戎马恋〉》,1946年发表。

他在《创作漫谈》（1942）中具体地谈道：

> 果戈理写出来何列斯塔可夫，乞乞科夫，罗斯特来夫和马尼罗夫，他自己在生活上也就带有着这些人物的成分。这位伟大的作家曾经坦白的说道："我公开的说出一切：所有我的最近的著作，都是我个人的历史……我开始将我个人的污秽，分给自己的英雄们，从上面盖上他们的个人的丑恶。"然而，果戈理又说道："但是，听了这个自白之后，请不要把我自己也属于此类——和我的英雄们一样。不，我不像他们。我喜爱善良，我寻找着她，憧憬着她；但我不喜爱我的一些卑贱，也不像我的英雄们一样去拉它们的手。我正同它们斗争，并且将来也要同它们斗争，我要赶掉它们。"

当然，我们还不能这样说，姚雪垠抗战以来的全部作品，包括《"差半车麦秸"》《春暖花开的时候》《牛全德与红萝卜》，也与果戈理一样，全是他个人的历史。我们只能说，《戎马恋》在很大程度上可以视为他个人的历史，更为准确地说，是他的"第二我"的历史，是他的"先天的某种劣根性"没有受到理性约束而自由发展的历史。

在作品的具体描写中，作家无意掩藏"（自己）个人的污秽"，也无意掩盖"（'第二我'）个人的丑恶"，放笔写去，毫无顾忌，且不忘随时随地"同它们斗争"。然而，他的这些努力并没有得到抗战文坛上某派批评家的理解，各种责难纷至沓来。

茅盾先生终于看不过去了，忍不住要为姚雪垠说上两句，1945年他在《读书杂记》中评点道：

> 此书主题虽然可以说是暴露那些口头革命而生活腐化的救亡绅士，虽然用张蕙风与金千里的"距离越来越远"以表示恋爱与工作如何方能一致，虽然作者竭力表示他对于张金二人的批语和对于恋爱与革命的意见，虽然他讥刺金千里的动摇与矛盾十分用力，但是，全书读来总觉得力量不够，写人物，写景，都见得力疾声嘶，写金张二人心理苦闷与矛盾颇用了些力气，惜未能深刻，照全书故事看来，倘使缩短篇幅或许倒紧凑而精粹些，文章格调与作者另一中篇小说《牛全德与红萝卜》颇不相伴。[①]

如果姚雪垠能够更早一点读到茅盾先生的这个评点，也许他就不会在《春暖花开的时候》的"现代版"（1944年）中增加"陶春冰"和"吴寄萍"这两个人物了。

---

① 茅盾：《读书杂记》，1945年3月。

说得更清楚一点,这两个人物都是作家的"第二我",前者是作家抗战以来"背负着难言的苦痛……在明枪暗箭中过生活"①的化身,后者是作家"将(自身)抗战前夜的政治苦闷与病人心理交织起来"的化身。这两个人物形象上都带有太多的"个人"的成分,难以唤起读者们的共鸣。不过,有心人也许会发现,这两个人物形象的生活轨迹,倒可以弥补作家自传中的有意的疏漏。

如前所述,笔者在论及作家在《春暖花开的时候》"连载本"中采用"影子法"或"分身术"时曾有过一点担心,即担心作家可能会爱上自己的影子或可能会爱上自己的创造物,担心作家可能会滑向弗洛伊德所称的"自恋型人格障碍"。如今,我们已经在《戎马恋》中的这位颜值颇高自视亦高的青年军官身上看到了这种倾向,其后还将在《春暖花开的时候》"重庆版"中看到这种倾向的发展。当然,这是后话了。

回头再来谈谈《戎马恋》,毫无疑问,这是一部以"恋爱与革命"为框架的中篇小说,其主题是启蒙的,也是批判的。正如晚年姚雪垠的自我评价:

> 至于这部《戎马恋》,只是一部严肃的爱情小说,既非色情的,也非黄色的。小说的故事和主题思想,尤其是小说的主人公形象,在我国三十和四十年代的进步知识分子中带有典型意义。②

第三节 《孩子的故事》及其他

短篇小说《孩子的故事》③,是继《戎马恋》之后,姚雪垠在大别山中创作的又一篇小说作品。在晚年姚雪垠的心目中,它似乎也不是那么重要。有相当长的一段时间,作家在回忆文章中也不曾提到过它。

然而,当年在大别山中的时候,他可是把这部作品看成是有望突破《"差半车麦秸"》水准的一次艺术尝试,至少和《牛全德与红萝卜》一样的看重。他曾这样说道:

> 《差半车麦秸》这篇小说,我在写作时决没有想到它这样成功,被几年来批评家与读者们如此"赏识"。假若那时候我没有写出来《差半车麦秸》,也

---

① 姚雪垠:《山城之恋》,1942 年 10 月作。
② 姚雪垠:《〈戎马恋〉重新发表弁言》,1985 年 6 月作。
③ 《孩子的故事》在初载刊物上被标注为"中篇小说"。

许这几年我又写出了不少短篇;但不幸《差半车麦秸》出现得太早,使我以后不得不十分慎重起来。这几年来,我也时常企图从自己的发展中来打破《差半车麦秸》的水准,在前年我写了中篇《牛全德与红萝卜》,今春又写了《孩子的故事》。不管这两篇小说是否成功,我所费的心血却都远远的超过了写《差半车麦秸》。①

《孩子的故事》创作于 1942 年年初,载于好友臧克家主编的刊物《大地文丛》创刊号(1942 年 5 月)②。由于该刊刚出版即遭到查封,这篇作品未引起较大的文坛反响。

1942 年,姚雪垠在一篇文章中提到该小说的素材来源:

> 一九三八年五月初的一个早晨,我寂寞的别了汉口,怀着苍茫与矛盾的心情回到河南。车厢中,我看见了一位苍白色的年轻母亲带着五个孩子,坐在我的面前;我因为爱那个顶小的顽皮孩子,于是就同她谈起话来。大概是两个月后,我写了散文《母子篇》,发表在《大公报》上。这是《孩子的故事》的最早根源。去年我收到了一位青年朋友的习作小说,小说是完全失败了,然而他的故事梗概却给我很大启示。经过两个月时写时辍的工夫,我完成了这篇《孩子的故事》,交给《大地文丛》创刊号发表。③

概而言之,《孩子的故事》是散文《母子篇》中人物和情节的继续,其后的"故事梗概"采自"一位青年朋友的习作小说"④,当然,作家也对其进行了改造。

细细对照这两篇作品,可以发现人物和情节的若干变化:

在《母子篇》中,那位"苍白色的年轻母亲"和丈夫都是广东人,战前她的丈夫在"安徽滁县的一个军事机关作事情",战时他奉调去往河南,留下她和六个孩子在滁县;日寇突然袭来,她带着孩子们逃往武汉,最小的孩子在途中被流弹打死,她的左手也被击伤,留下了残疾。作家在火车上遇见他们时,她带着五个孩子由武汉前往河南与丈夫会合,她怀里抱着的"顶小的顽皮孩子"只有三岁,作家最"爱"的是排行第四的女孩了,时年四岁。

在《孩子的故事》中,那位年轻的母亲和丈夫夏纪宏变成了济南人,战前丈夫

---

① 姚雪垠:《关于〈差半车麦秸〉及其它》,1942 年作。
② 臧克家时任第三十一集团军参议,三一出版社副社长、代理社长。其主编的刊物《大地文丛》,创刊号出版后即遭到查禁。
③ 姚雪垠:《关于〈差半车麦秸〉及其它》。
④ 《孩子的故事》的副标题为《记一个朋友的忠实报告》,保留了采用他人"故事梗概"的痕迹。

在中学任教,战时全家逃往安徽。不久夏纪宏到徐州从军,她则带着两个孩子——四岁的男孩夏安和不满周岁的婴儿阿艰留在了安庆。日寇侵皖时,她带着两个孩子逃往武汉,途中婴儿阿艰被流弹打死,她的左手也被击伤,留下了残疾。接下来,作家改变了他们的命运,未让他们顺利地逃到武汉,而把他们放在武汉大撤退的动乱中继续承受磨难。在一次空袭中,这位年轻的母亲不幸被炸死,孩子则侥幸被路过的国军某部团长陈剑心救起。此后,这位被改名为夏光明的战争孤儿便在陈团长和政工队员叶振飞等的呵护下健康成长起来,成了一个人见人爱的儿童工作者。

姚雪垠曾坦承在这部作品中投注了比任何作品都更多的感情,他写道:

> 我写小说,从来没有像写《孩子的故事》这样自己感动,当我进行写作的时候,我紧紧的关闭了门窗,为的怕别人打扰我。而同时,也是怕别人偶然闯进来,发现我提着笔默默的凝思,眼里充满着闪闪的泪花。我爱孩子,母性,爱生命,爱人类的同情心,因此,我企图用爱来贯穿着这篇小说。为了有所爱,所以我们才有所憎恨;我们恨敌人,决心消灭它,正因为我们爱人类! 我的这一套爱的哲学,在《戎马恋》中曾经发挥过。①

所谓"爱的哲学",在《戎马恋》"大东版"中被称为"爱的哲理",原文如下:

> 人往往因为有了"爱",他才觉得自己的生活有意思,所以"爱"就是生命的内容。但"爱"的对象是不同的。有人爱上帝,有人爱钱,有人爱名,有人爱全人类,有人只爱一个人,又有人爱他的微小的事业。每个人都把他的生命寄托在他的"爱"上,像张蕙风把一切交给宗教,像杨健把一切交给革命。各人都为完成他自己的"爱"而生活着,战斗着,一直到死,到临死他还要把"爱"的精神留给别人。一切殉教者,一切伟大的烈士,都是为了"爱"而显出他的伟大来。② 一个人如果什么都不爱,这人的生命是最空虚的,最无聊的,他将感到生活的毫无意义。然而什么都不爱的人也往往有一种特殊的"爱",那便是"死"。

（"大东版"第82页）

由于有了这种先验式的创作理念,姚雪垠在《孩子的故事》创作过程中便"企图用爱来贯穿着这篇小说"。他用了极其细腻的笔法来表现夫妇之爱、父母之爱、

---

① 姚雪垠:《关于〈差半车麦秸〉及其它》。
② 《戎马恋》东方书社版在这里增加了一句:爱国,爱人民,爱我们的苦难民族,爱抗日救亡的伟大事业,这是当前最崇高的、最神圣的"爱"。

同胞之爱……其中,描写得最为细腻最为感人的当数"母爱":

> 夏光明有一个弟弟叫做阿艰,是开始逃难时的一个月在济南生的,所以父亲就给他起这个名字作为纪念。父亲离开安庆时候,阿艰已经会在地上爬,也会含糊不清的叫爸爸妈妈。阿艰像豆芽子似的,一天一个样的长着,长得又白又胖,小手掌和小脚掌厚得像圆的一样,衬得手指和脚指又短又小,十分可爱。他的两个脸蛋儿早晚红鲜鲜的,隔着又嫩又薄的皮肤可以看见许多微细的红色血管。爸爸妈妈很爱阿艰,我们的小朋友也很爱他的弟弟。他们不住的逗着他笑,当笑的时候他的脸蛋上就陷下去两个浅浅的小涡儿来,于是爸爸和妈妈都忍不住在他脸蛋儿上吻了起来。

在逃难的途中阿艰被流弹打死,母亲悲痛欲绝,但不忍舍弃:

> 母亲瘫软的坐下去,把阿艰放在大腿上,看一看他的前胸,又看一看后胸,随即伏上去把脸孔压在孩子紧闭的眼睛上,不顾危险的哭了起来。小光明站在母亲的旁边哭着。一边哭唤着妈妈,那位善良的农人也蹲了下去,用粗大的手臂不停的擦着眼泪,仿佛不忍看见这过于凄惨的一幕,月光又隐进黑云后面,原野立刻也跟着昏暗起来了。

母亲继续带着夏安逃亡,遭遇敌机轰炸,母亲不幸身亡,到临死她还护佑着孩子,"把'爱'的精神留给别人":

> 从一座震塌的稻草苫盖的过车大门下面,他们扒出来那位不幸的年轻母亲。一扇沉重的木门压在她的身上,从鬓角流出来细细的一股鲜血混和着脑浆。孩子踡趴在她的身体和墙壁之间,上边有木门遮着,没有受伤,但也动弹不得。当陈团长和弟兄们扒开了稻草同木料,又移开那扇木门的时候,他们看见母亲侧卧在地上,脸朝向孩子方面,已经死去。她的左手紧抓着孩子的一只胳膊,右手揿在地上,牙齿深深的咬进自己的下唇里边,大概在临断气时她还有片刻的努力挣扎,企图用自己的身体将沉重的木门支高一些,保证小孩子不受伤害。弟兄们把她的身子移开,劈开了她的坚硬的手指,将孩子从地上抱了起来。陈团长用手电照着弟兄们做抢救工作,他清清楚楚的看见死者睁着眼睛,直到人们将她的身子移动,这只眼睛才慢慢的合了下去。

作品后续描写国军某部官兵及政工队员爱护这位难童的相关情节也写得十分细腻感人。

可惜的是,作家当年似乎没有时间和精力来完成这部作品,构想中的"新的一代是从怎样的艰苦中成长起来的"主题并没有被充分表现出来。作家用"两年的时光,在汉水流域的战地上,在出击和撤退,工作和学习之中很快的过去了"这一句话概括了这位难童的成长过程;对朝鲜义勇队在鄂北战场的活动,随队的日本女孩平林贞子与夏光明的跨国友谊,也是匆匆带过;甚至对陈剑心团长殉国前写下遗嘱,将全部抚恤金留作这位难童将来的教育费一事也是草草了之。

读过这部作品,读者也许除了遗憾之外,还会觉得迷惑:姚雪垠在战区生活了五年之久,他写过以民众抗日游击队为题材的《"差半车麦秸"》和《牛全德与红萝卜》,也写过以救亡青年生活为题材的《春暖花开的时候》和《戎马恋》,都写得还算成功,为何不继续写下去,而突然改弦更张对"难童"题材产生如此大的兴趣呢?

原因无他,这是大别山中特殊的生活环境及作家特殊的心境交互作用的结果。

姚雪垠当年蛰居在大别山中的立煌县,受制于当地特殊的政治环境,生活圈子非常狭小,除了偶尔参与当地文化人的活动之外,大部分时间都耗在中原出版社的小屋子周围。经常陪伴在旁边的是一群孩子,一群来自战区"儿童工作队"的难童。1942年10月,他在离开大别山的旅途中曾写下了一篇随笔①,其中谈到与难童们相聚时的情景:

> 夏天,黄昏后山中不仅凉爽,而且是那么静谧,使我感觉得仿佛是处身在一种神秘境界。我坐在院中的草地上,面前坐着一群在炮火中成长起来的大孩子,给他们谈一谈故事,谈一谈我自己的写作计划或幻想。他们有些是在抗战第二年参加了战区的儿童工作队,如今都长高了,有的变成了小画家,有的变成了小诗人,有的以他们的工作能力和天真使人喜爱。他们差不多是天天晚上到我的住处来,带着孩子们的羞怯向我提一些学习上的问题要我讲解。我同他们坐在一起,苦闷的心怀便多少得到安慰。在他们走后,我往往仍旧寂寞的坐在院里,任露水暗暗的打湿衣裳,一直坐到夜深人静。

他当年已为人父,看着眼前的难童们,不能不想起被撇在家中的四个子女,长女今年刚满十岁,幼子还不足两岁哩。他当年离家往大别山时,长女比《孩子的故事》中的夏光明稍大一点,已会唱"捏着小拳头,打倒小日本"的歌谣,幼子跟小说中的阿艰一样大,"长得又白又胖,小手掌和小脚掌厚得像圆的一样,衬得手指和脚指又短又小,十分可爱"。

---

① 姚雪垠:《山城之恋》,1942年10月作于旅途中。

看着眼前的难童们，这叫离家一年有余的作家如何不想家？如何不想孩子？无怪乎我们在小说中不时地看到这样的描写：

> （某部政治部宣传科长的心声）那位指挥唱歌的小朋友很像我自己的孩子，他有一双大而有神的眼珠子，长的睫毛和宽阔饱满的前额。我非常喜欢他，正如我在久别后看见我自己的孩子一样……

> （某部陈剑心团长的心声）在记忆中，他的孩子同小光明在相貌上有点相似，也有着鲜红的脸颊，高高的鼻子，大大的眼睛，宽广的前额，并且还有着同样的眼睛和哭的姿势，只是他的孩子要比小光明大两岁或者三岁……

很明显，作品中"某部政治部宣传科长"和"某部陈剑心团长"，在这一刻，都是作家的"第二我"。明了此节，我们对姚雪垠创作《孩子的故事》时抑制不住感情波动，也就比较能理解了。

如前所述，姚雪垠在创作《戎马恋》时也在人物形象塑造上投注了极为丰富的感情，由于常常"设身处地"地替"第二我"着想，"象忧亦忧，象喜亦喜"，有着不能控制地爱上自己笔下人物的倾向。在这部作品中就更是如此了。当年作家并不太知道这种创作方法可能会产生的弊端，反而坚定地认为，作家的眼泪无上崇高，能够感动自己的作品，就一定能够感动别人。他曾这样表述道：

> 作家实在同演员一样，他除"自我"之外还有一个被别人人格所感化的"第二我"。演员在舞台上会真的哭起来，作家在他写作的时候也会流泪。这种泪是无上崇高无上纯洁的泪，是象征人类良心的泪。

能够感动作家自己的作品，是不是就一定能够感动读者呢？恐怕还不能这么说。但当年姚雪垠就是这么认为，他决心要把这篇使自己深深感动的作品加以扩充，以表现更加崇高的主题。于是，不久，长篇小说《母爱》便诞生了。

1942 年 7 月，他在一篇文章里谈道①：

> 这篇小说在最近将改成一个中篇②，加上一倍字数，使它在内容上更丰富，更富于国际意义。不过，将来的那个中篇完成之后，这个短篇依然维持着现在面目，不加改动，也不必毁掉。我觉得它还相当完整，是可以独立存在的。

这部由《孩子的故事》扩展而成的长篇小说初题为《母爱》，起笔于大别山中，

---

① 姚雪垠：《关于〈差半车麦秸〉及其它》（1942 年 7 月初作于大别山）。

② 在当年的出版广告上，这部小说被标注为"长篇"。

完成于家乡邓县,1943年由现代出版社出版。

在改写扩写的过程中,作家为力求"使它在内容上更丰富,更富于国际意义",在如下两个方面下了大功夫:

首先,作品致力于将《孩子的故事》中一笔带过的关乎难童夏光明成长关键期的"两年时光"细细地补全。作品中还增加了关于国军某部陈剑心团官兵在武汉撤退时担任全军后卫的描写,增加了关于该团官兵救护和收养难童、流亡青年的描写,增加了关于团直属工作队叶映辉(前作中为叶振飞)精心照料夏光明的描写。

另外,作品还致力于将《孩子的故事》中草草提及的一些具有"国际意义"因素的线索丰富化。作品中增加了对于日本女童平林贞子与中国难童夏光明跨国友谊的描写,增加了对朝鲜义勇队及日本反战人士的描写,增加了当地军民救助苏联飞行员的描写。

一言以蔽之,这部作品中充满了母爱、父爱、同胞之爱、军民之爱、异国之爱,及友邦之爱。

显而易见,这部作品的主题非"母爱"所能包容,于是作家不久后便将其改题为《崇高的爱》。

笔者手头抄录有一份当年的出版广告,如下:

《新苗》姚雪垠著,土纸本四十五元。

这是姚雪垠先生的第一本长篇力作,全书分三部,共约三十万言,每部都可自成篇幅。第一部名《崇高的爱》,今已出版,书中写母性的爱,男女的爱,以及纯真的儿童的爱。写一群少年男女孤儿老妪怎样被炮火毁坏了他们的一切,由爱的索子,爱祖国,爱人类,爱和平,爱……,把他们这样不同源和不同流的人们捆在一起。他们结成了一条心,一同生活,一同奋斗,如家人父子那样的相亲相爱。因此他们才能从苦难中挣扎出来,在战争中成长。从这里可以窥见人类的希望和新世界的曙光。

(渝证安一二九一)现代出版社(重庆)

由上可见,姚雪垠当年非常看重这部作品,甚至有扩写成"三部曲"的计划。附带提一句,这个"三部曲"原拟的总题是《新苗》(后来改为《新生颂》)①,第一部

---

① 1944年,姚雪垠曾将《新生颂》中的一部分抽出来,交《抗战文艺》第9卷第1、2期合刊发表,另题为《夏光明》;又将其中两章抽出来交《文学修养》发表,另题为《少女与小孩》。请参看《文学修养》第2卷第2期《少女与小孩》之"解题"。

题为《母爱》(后改为《崇高的爱》),第二部名为《五月的鲜花》,第三部的题名未知。

笔者细细地阅读过《母爱》,印象最深的有两个方面:

第一,该作品描写难童夏光明成长过程的笔法细腻到了极点,对孩童心理、行为、语言均有非常传神的描摹,但有些情节未经汰选,拉屎放屁皆以入文,描写不仅琐屑,而且趣味不高。长处暂不分析,只谈短处。下面两段文字,一段是写"拉屎",一段是写"放屁":

其一:当她(叶映辉)用纸替孩子擦屁股时,摸着一根又细又圆的,软软的,热热的,有生命的什么东西从孩子的肛门里拖下来,拖得很长。她害怕得大叫一声,把那个东西拉出来摔到地上,把小光明抛到床上,几乎要骇哭了。过了片刻,镇静下来,她点着蜡烛向地上照照,看见一条蛔虫在一堆屎上蠕动。

其二:小光明赤条条的坐在桌子上,两只脚放在墨盒的两边,规规矩矩的望着"大姐"埋头写作。过了一会儿,他觉得寂寞得不能忍受,于是偷偷的像一只小青蛙一样的爬在桌上,把屁股翘起来,让肛门对准蜡烛,用力的放个响屁,烛亮儿猛一摇晃,随即熄灭了。叶映辉惊骇的大叫一声,但立刻恍然大悟,仰在椅子上格格的大笑起来,直笑得流出眼泪,肚子疼痛。

在当年文坛中人看来,这样的描写非但趣味不高,简直称得上是恶趣味了。于是,谤声四起。数十年后,他的朋友孙陵在回忆文章中还提到此事,写道:

三十四年(1945)夏天,我因事进城,住在文协,梅林给我铺好床,拿来一顶帐子之后,坐下来闲谈,不知如何话题一转,谈到雪垠……随后他又从雪垠作品上举了一些例,痛诋雪垠如何下流。到今天我只还记得其中的一个例,据说是晚上要吹蜡烛,一个人反对用口吹,脱下裤子把屁股对准灯光,扑的一声放了一个屁,便把蜡烛吹熄了云云。这个例子究竟出现在雪垠的那一本作品上,我也懒得去追问。(孙陵:《我熟识的三十年代作家》)

以讹传讹,人云亦云。一个小小的恶作剧,就这样被放大了。

然而,任性使气,毫无忌惮,敢于试验,愈挫愈勇,这正是姚雪垠前半生小说创作的最大特点之一。如前所述,他早年读元曲(元杂剧)时有过一个心得,即赞赏其取材几无限制,甚至连"淫鄙猥亵,平日几乎不堪入目之材料,散曲家尽管大胆描写,毫无顾忌"。他创作于30年代前期的作品,如《露水夫妻》《七月的夜》《援兵》和《生死路》等,在取材和描写上都有这种特点;创作于抗战初期的作品,如

《"差半车麦秸"》和《牛全德与红萝卜》等，也具有这种特色；创作于抗战中、后期的作品，如《春暖花开的时候》的"重庆版"和《长夜》，也都带有这样的取材特点。附带提一句，抗战后期"胡风派"的批评家路翎曾对姚雪垠的作品展开了严酷的批评，他所注目的一个方面便是姚小说作品中那些"不堪入目"的素材和描写。再提一句，姚雪垠此期对儿童心理、行为和语言的艺术探索，并非徒劳无功，至少为其日后塑造李自成义军中的"孩儿兵"提供了有益的经验，读者可以在他们的身上看到难童夏光明的影子。

第二，这部作品第一次表现了正面战场上中国军队的战斗和生活场景。在这部作品中，我们能读到陈剑心团官兵在武汉大撤退时担负后防任务的英勇表现，我们能读到该团官兵救护难童和流亡青年的感人情节，我们能感受到该团官兵与驻地基层组织及老百姓的和谐关系，我们还能看到该团团长高尚、无畏、严格及慈爱的军人风范。

别的暂且不说，只谈谈作品中描写陈团长为严肃军纪挥泪处决旧部的一个情节。陈团长有个传令兵违反了群众纪律，按律该杀，营长赶来求情：

陈团长又没有让他说完，忽然脸孔严肃起来，截断他的话问道：

"是不是大家请你来为张学文讲情？"

"是的，团长。"营长试探似的要求说："这孩子平素倒很守纪律的，也许是同老百姓们混熟了，想同老百姓开个玩笑，并没有想到会犯枪毙的罪。"

"开玩笑就敢偷杀吃老百姓一只羊，不开玩笑就该偷人家一条牛吗？"

高营长看风头不顺，有点儿狼狈起来，但为着搭救一条性命，他只得继续恳求说："是的，这孩子真糊涂！不过他当团长的传令兵已经五六年，没功劳有苦劳，还是请团长从宽处罚，留下他一条性命。"

"正因为他是我的传令兵，"陈团长跳上马去，"犯了法才更没有宽容余地。"

"听说老百姓们今天上午也都在向团长求情，那个失去羊的老头子听说团长要枪毙张学文，急得跪在你面前替张学文……"

"这是咱的军法，为什么要管老百姓？假若我们自己不讲军纪，没有军法，我们凭什么掌握部队？凭什么同敌人打仗？"

"那么打他一顿，判他几年监禁好不好？"

团长苦笑一下，用十分坚定的口气说道："凡是这样的事情，还是从严办理，为整个部队的前途着想吧！"

读者可以从长篇小说《李自成》中读到类似的情节,却不知其来源竟然在这里。不仅如此,在这部作品中描述该团官兵积极正面的情节还有许多,诸如"军民同乐""军民一家""军政一家"等情节都有。附带说一句,前几年曾有批评家讥笑《李自成》中的"老八队"被塑造得太过完美,似乎是以"八路军"为蓝本创作的。他们当然不会知道,作家塑造"老八队"形象的依据之一却是此时他在第五战区亲见亲闻的这些部队。

姚雪垠笔下陈剑心团的故事都是有生活依据的,来自于他在第五战区奔波五年的生活体验。1939年初他从前线采访归来,写过一篇题为《文人眼中话军纪》的文章,文中有如下一段:

> 部队里长官的修养和生活态度,对于部队纪律的关系非常大。因为长官直接影响干部,干部决定部队的一切。比如何××师长他自己从事过多年的教育工作,有修养,有见识,并且严明,他的部队在××作战时就特别受民众欢迎,受民众帮助,士兵也特别富于牺牲精神。黄××师长是一个细心严谨的人,自己以身作则,凡事一丝不苟,他的部队就几乎成了本战区的一支铁军。在他的军纪里边有"安门捆草"一项,曾有过一个连长在移防时没有招呼士兵将老百姓的门安好,稻草捆好,受了他的严重惩罚。罗家陡坡之役,黄师同侵袭敌人一直激战了八天八夜,终于把敌人打退。纪律好也是这次大胜的主要因素。其时有些老婆子甘心情愿给部队做向导,女人们自动出来抬伤兵,听起来令人感动得掉下眼泪。

文中的"何××师长"指的是何基沣将军,"黄××师长"指的是黄樵松将军。这两位都是第三十三集团军总司令、原西北军将领冯治安手下的虎将,都是名震天下的抗战英雄,而且他们都曾深受中共的影响,其军纪军规曾部分仿效八路军制订的"三大纪律、八项注意"呢。当年,姚雪垠与臧克家等作家深入战地,与这些爱国将领有过交往,结下了深厚的友谊。臧克家在《国旗飘在鸦雀尖》和《走向火线》等诗作中铭记下了他们的名字,姚雪垠也在《四月交响曲》和《战地春讯》等散文中表彰过他们的事迹。笔者以为,《母爱》中的这位陈团长的身上或许也有着何基沣和黄樵松将军的影子。

在很长的一段时间里,研究者有过这样的疑问,姚雪垠在第五战区生活了五年,为何没有创作过一部表现正面战场上抗日将士的小说作品呢?现在找到答案了。姚雪垠写了!他不仅写了这一部,而且有过创作战地生活"三部曲"的宏愿和实践呢!

姚雪垠晚年在回忆录中曾轻描淡写地谈到《新苗》的第一部《母爱》,但没有提第二部《五月的鲜花》,似乎是有意遗忘了。他写道:

> 在《春暖花开的时候》第一部出版前后,也就是四十年代前期,我另外出版了几部中、长篇小说,反映了我三十五岁以前创作的不同色彩,也反映了我当时的创作精力。……《新苗》是一部计划写的大部头长篇小说的第一卷,出版后没有继续往下写。①

文中谈到的"大部头长篇小说",指的是总题名为《新苗》(后改题为《新生颂》)的抗战三部曲,第一卷的书名是《母爱》(后改为《崇高的爱》);第二部的书名是《五月的鲜花》②,1943 年 9 月 15 日至 11 月 15 日连载于《时与潮文艺》第 2 卷第 1 期至第 3 期,第 3 期文末有"下期续刊"字样,却未见续载,不知何故。

姚雪垠有意不提《五月的鲜花》,当然有他的考虑,在 20 世纪 80 年代,该小说所选取的题材似乎还不能堂堂正正地摆上桌面。但在现在看来,这部长篇小说倒真是一部不可多得的表现正面战场的抗战文学作品,也许只提这三件事就够了:这是第一部以革命烈士③、国民革命军第 11 集团军第 84 军第 173 师师长钟毅将军为原型的抗战小说。钟毅将军在 1940 年 5 月第二次随枣会战中壮烈殉国(1940 年 5 月 9 日),时年三十九岁;该小说以美国记者史沫特莱与钟毅将军在战场上结下的异国情缘为主要情节线之一;该小说的命意取自抗战歌曲《五月的鲜花》:"五月的鲜花开遍了原野,鲜花掩盖着志士的鲜血。为了挽救这垂危的民族,他们曾顽强的抗战不歇。"

1944 年,评论家李长之在《时与潮文艺》上发表书评,从情节、人物、语言等五个方面对《新苗》第一部《母爱》提出批评,认为这部作品"不是姚先生的得意之作",并不无深意地指出"我们希望的是再具体些,再沉着些,再推敲些! 大作品不能是急就章",但他并未对曾在同一刊物上连载的《新苗》第二部《五月的鲜花》提出批评,令人不解。④

---

① 姚雪垠:《我的前半生》。
② 小说发表时副标题明确标注为《〈新生颂〉第二部》。
③ 钟毅将军殉国后,重庆和延安都曾举行公祭。新中国成立后,中央人民政府追认其为革命烈士。2014 年 8 月 29 日,经党中央、国务院批准,钟毅入选由民政部公布的"第一批 300 名著名抗日英烈和英雄群体名录"。
④ 1944 年 3 月,李长之在《时与潮文艺》上开辟了《书评副刊》,在第 3 卷第 2 期《书评副刊》第 2 号(同年 4 月)上对姚雪垠的《新苗》第一部《母爱》提出了批评,但未涉及《五月的鲜花》。

第四节　"体系"初成

历史常常有惊人的重复。

姚雪垠在大别山中的一年半时间里，也如抗战初期主编《风雨》周刊时那样，被烦琐的编辑事务束缚住了手脚，没有整块的时间可用来从事小说创作，于是便把零星的闲暇时间都用在了文艺理论建设上。

如前所述，姚雪垠自从走上文学道路，就是一个创作与理论并重的作家，在进行小说创作的同时未曾停止过文艺理论研究；他不是一个"高产"的小说作家，他的文学劳绩的很大一部分体现在文学理论的探讨和建设上。注重理论指导下的创作实践，并从创作实践中总结经验，再用于指导创作实践，这是姚雪垠文学活动的最大特点，这也是促使他的小说艺术不断发展演进的内在动因，从这一点上，我们可以清楚地看出他与同期某些青年作家的差异。

大别山中一年半的蛰居生活对姚雪垠是非常有益且必要的，它给了作家一个缓冲、休整和充实自己的机会，使其能冷静地反思和检讨已有的创作成果，使其能睿智地汲取和借鉴外人的创作经验，用以锤炼和提高自己。他感恩这段难得的蛰居生活，走出大别山后，还曾在一篇散文中深情地怀想：

> 虽然有老鼠，有长虫，有中午的闷热，早晨的浓雾，然而我对于大别山也并非全无留恋，特别是我留恋暂时的幽居生活。五年来的时间大半是在前线上，征途中，轰炸之下，匆匆忙忙的溜走了。我需要短时期安定下来，读读书写写文章，立煌正适合我的要求。在这儿，没有敌人的进攻，也没有敌机的狂炸，而物价又比后方便宜。虽然我是背负着难言的苦痛，但十几年来，我没有一天不是在明枪暗箭中过生活，我能够忍受一切苦痛，甚至将死生置之度外。既然在山中我还能短期的住下去，读读书，写写文章，同朋友聊一聊闲天，这地方就多少有点儿值得留恋。①

在大别山中的一年半时间，他先后撰写了十几篇理论文章，作品散见于各地文艺报刊。1942 年，他精选了其中的几篇，编成一本论文集，命名为《创作论初集》，十余年来的辛勤耕耘，终于结出了丰硕的成果。他在该论文集的《题记》中

---

①　姚雪垠：《山城之恋》，1942 年 10 月于旅途中。

总结了自己理论研究工作的特点和经历，写道：

> 已故的苏联诗人马雅可夫斯基在一篇文章的开头说道："我不是以理论家的资格来发言，而是作为一个实践者来叙述我写作的经验的。"那么我呢，不仅没有理论家的资格，连创作经验也并不丰富。我在理论方面研究的范围是"创作哲学"，说得通俗一点便是"创作论"。这研究在如今还是开端，我是利用我所懂得的一点儿方法论，来解剖我的贫弱的创作经验。我深知道自己的创作经验太少，不足以作为研究的根据，所以也打算经常的去搜集中国的和外国的作家经验。但因为数年来奔走战地，孤陋寡闻，所谓搜集工作也就虽有志愿，无从实现。
>
> 我研究创作理论的动机，远在三四年前，实际上却是开始于去年春天。去年春天我来到大别山中，因为朋友们的刊物和自己的刊物都缺乏理论文章，不写不行，便只好将过去储存在肚子里的若干材料，加以整理，用通俗的笔调写了出来。写过一两篇之后，我发现我自己的理论已经差不多有一个体系，这使我感到很大的快慰。

他为什么说"我研究创作理论的动机，远在三四年前，实际上却是开始于去年春天"？这里涉及两个问题，不能不解释清楚。

第一，所谓"远在三四年前"，指的是 1937 年他在开封主编《风雨》周刊时期。如前所述，1937 年 9 月至 11 月的三个月间，他在该刊上连续发表了七篇以"救亡文艺"为总题的系列理论文章，论题涉及抗战文艺的主题、题材、典型和语言诸问题。当年，能够如此努力地致力于抗战文艺理论建设的作家并不多见，可惜由于该刊流传不广，持续时间太短，没能引起抗战文坛的注意。而且，他并不认为这个时期的理论文章可归于"创作论"，因为这些文章都是纯粹意义上的理论探讨，并没有谈及自己的"创作经验"。

第二，所谓"实际上却是开始于去年春天"，指的是 1941 年 4 月从湖北老河口来到安徽立煌之后。在蛰居大别山期间，他撰写了十余篇理论文章，除了少数几篇——如《屈原诗的产生问题》《研究屈原诗方法问题》和《屈原的文学遗产》等——是早年即开始的"中国文学史研究"的继续之外，其余的文章大都可归于"创作论"的理论范畴。

此外，"我发现我自己的理论已经差不多有一个体系"云云，也需要认真解读。按照今人的一般理解，"文艺学是一门以文学为对象，以揭示文学基本规律，介绍相关知识为目的的学科，包括三个分支，即文学理论、文学批评和文学史。这三个分支具有不同的研究对象和任务。它们之间既相互独立又相互联系、相互渗透。文学理论作为研究文学普遍规律的学科,有独特的研究对象和任务,具有鲜明的实践性和价值取向;它是文学实践的理论总结,又受到文学实践的检验和修正,并给文学实践以指导"。

如前所述,姚雪垠早年(1933)曾醉心于"中国文学史研究",稍迟(1935)又涉猎了新现实主义创作方法,再稍迟(1937)又曾致力于抗战文学理论建设,1940 年曾偶尔与文学批评理论结缘①,近年来(1941)开始撰写有关"创作论"方面的文章。因此,姚雪垠所说的已初成"体系"的理论,实际上已经涵盖了文艺学的三个

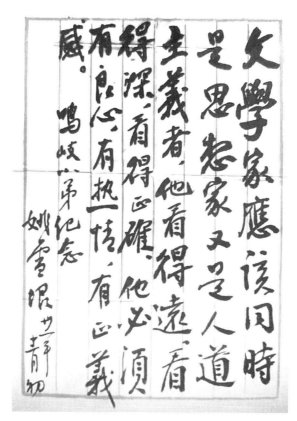

1942 年冬,姚雪垠离开大别山路过老河口时写给青年
军官周鸣岐的题词。这是保存下来的姚雪垠最早毛笔手迹

---

① 1940 年姚雪垠与人发生论争,撰写过《谈论争》《战术补例》《〈雷雨〉碎话》等文章。

分支,并不只局限于文学理论("创作论")。

1942 年,姚雪垠精心选择了七篇文章,编成论文集《小说是怎样写成的》(原题为《创作论初集》),交由商务印书馆 1943 年 6 月出版。该集目录如下:

《题记》(前言)

《文艺反映论》

《论写作的学习过程》

《创作漫谈》

《我怎样学习文学语言》

《抗战文学的语言问题》

《小说是怎样写成的》

《屈原的文学遗产》

从这个集子的目录,可以清楚地看出姚雪垠理论"体系"所涵盖的范畴并不止于"创作论"。为了给读者一个交代,他在《题记》中解释道:

> 这个集子里所包含的七篇论文,除第一篇《文艺反映论》和《屈原的文学遗产》之外,都写得很通俗。像《创作漫谈》和《小说是怎样写成的》等篇,我有意写得能适合集体学习,一个人拿着朗读,一群人能够听得明白。我企图能把理论融化到创作里,而把创作的手法应用到写理论文章上。这企图虽然并没有完全实现,但自信我的论文还写得能叫读者看得懂,听得懂,不枯燥,也不艰深。

既然《文艺反映论》和《屈原的文学遗产》两篇并不是与其余五篇属于同一类型的理论文章,姚雪垠为何要把它们收进这本集子里呢? 原因无他,非如此则其理论不成"体系"矣。

《文艺反映论》可以说是姚雪垠初成"体系"的文艺学理论的总纲。

这篇论文起笔于来大别山之前,写成于 1941 年 5 月,全文约一万三千言。初载于大别山中一个小文艺刊物,后载于重庆《文学月报》,均得到好评①。1942 年 1 月作了修订,增设了六个小标题,分别是:《文艺是现实的反映》《为什么反映现实》《原始的写实主义》《文艺的细胞》《人类反映现实的能力》《理论是反映现实的钥匙》。其内容涵盖了文艺发生学的基本问题、中国文艺发展史各阶段的历史

---

① 《文学月报》的"编辑后记"中称:"《文艺反映论》的作者姚雪垠先生是大家极熟悉的,这篇论文可以说是他自己的创作经验的成果,和一般的论文应该是不同的,编者愿意在这里推荐。"

特点、现实主义的源流及发展、逻辑思维与形象思维、世界观和思想方法论与文艺创作的关系,等等。

该论文的基本观点可归纳为如下四点:

一、文艺是现实的反映。不论作家对现实的态度如何,他们的作品都渗透着现实精神,反映着某一特定时代的特定社会集团的生活或意识。

二、文艺具有功利性。从文艺发生学的角度进行考察,原始文艺即具有实用性。革命的文艺更注重社会效果,要反映现实、改进现实和创造现实,要利用艺术的暗示感动、教育、组织读者。

三、文艺创作的源泉是作家的生活体验。这个过程以感觉为基础,以理性为指导,以形象为归宿。文艺形象的创造过程包含着三个阶段和两次否定,基本公式是:由现实存在到概念认识,再到艺术现实。艺术形象比现实生活中的人物更深刻、更丰富、更生动、更具有普遍性。

四、哲学的认识论与创作的方法论是统一的而非同一的①。这就是说,只有把握了科学的认识论和宇宙观的作家,才能透过现象和假象洞察现实的本质或根源,才能运用分析和综合,创造出典型形象;但文学创作又是从认识生发出来的一个特殊的劳动过程,是有别于认识的另一个实践过程,它不仅被认识的条件所决定,而且受个人的表现技术和工具限制。

该论文所阐述的四大理论观点可简述为阶级分析论、社会效果论、形象创造论和特殊规律论,是作家毕生坚持的文艺思想最核心的组成部分。这些理论观点对于今天的文艺工作者来说也不陌生,但在当年,能如姚雪垠这般熟稔地运用历史唯物主义和辩证法来探讨有关文艺学重大理论问题的作家,其实并不多。

《屈原的文学遗产》可以说是姚雪垠运用其初成"体系"的文艺学理论剖析中国文学史现象的一次成功的实践。如前所述,作家早在30年代初即立志要成为一名"历史学家"或"文学史家",曾写过不少有独立见解的文章,后来因经济原因转入文学创作,仍未稍减其关注历史学科最新学术成果的热情。这篇论文可以说是其多年积累所达到的学术高度的完整展示。在这篇论文中,他对学术界关于屈原诗源流的研究进行了"研究之研究",文中历数了——从西汉的淮南王刘安、东汉的王逸,到宋代的朱熹、清代的戴东原,直到现代的胡适、陆侃如、侯外庐,乃至

---

① 姚雪垠1986年12月4日给俞汝捷信:"我一直认为哲学上的唯物主义反映论与创作方法上的革命现实主义是统一的,而前者是后者的灵魂。"

郭沫若等学者专家——的相关研究成果；并对他们所持的研究方法——古代学者寻章摘句的研究方法、清代朴学家们具有怀疑精神的治学方法、胡适等尊崇的杜威实验主义方法、曾一度流行的强调民族性和地域性的泰纳研究方法，乃至郭沫若所尝试的以现代哲学为核心的研究方法——进行了适当的点评。他在略谈了"我个人同一般文学史家们在方法上的不同之处"之后，还提出了"我对于这问题的主要观点"，写道：

> 战国是诗与散文的解放时代，屈原应运而生，消化了当时各种文学遗产，通过自己的天才和努力，配合着丰富的生活内容，才能创造出一种崭新的诗形式。这种新形式在当时是一种革命的形式，在历史上具有划时代的意义，对后来的诗歌发展起着伟大的影响。当时楚国的民间祭神歌只是给了他重要启示，而不是这新形式的产生的决定力量。对这种新形式的产生起决定作用的，是屈原诗的内容，其中包含着所反映的关于诗人的生活，思想和感情；而这些东西同他的政治生活，个性，气质，文化教养，社会意识，又是相关联而不可分的。

如何评价姚雪垠在屈原诗源流研究这一课题上所取得的学术成就，这不是本评传的任务，也超出了笔者的学术能力。但笔者倒是非常有兴趣地注意到姚雪垠在点评当代"楚辞学"研究成果时所持的毫不容情的批评态度，他写道：

> 屈原的诗体并不是楚民族原有的诗体，这一点正表现屈原的独创性，伟大性。人们往往因误解"楚辞"这个名字，便以为楚民族有一种独立的诗形式，和北方的诗完全不同。我们的许多文学史家们也总在字面上打圈子，企图找出来屈原以前的楚诗与北方诗歌在形式上的差别之点。有的瞎子摸象，摸到音乐方面。有的从楚诗或屈原诗句中找出来一个"兮"字，认为是楚民族文学的特点，实际上"兮"字的应用不仅楚诗中有，在北方的诗中也不少，读过《诗经》的人都会晓得。中国的学术界很奇怪，研究文学史的人往往连起码的文学理论都不懂得，只会记流水账，而且有时还记错账。他们不知道所谓文学形式是包括着作品的语言，结构，表现手法，种种复杂的外的组成，而与内容相结托。单从一个字着眼去研究形式，不是白费力气吗？

也许是由于姚雪垠本人具有"跨界"的"杂学家"的学问修养，他对"文学史家"便有着特殊的要求；非仅如此，当他反观创作界时，对作家也有着另外的要求，他认为："作家应该同时是一个博学的读书人，又是一个对现实最好的和热情的观察者或研究者。纵然作家不必同时又是文艺理论家或其他专家，但你应该对现代文化各部门有广泛的而且相当丰富的常识才行;要不然,你就不会更深更广的认识这时代,就不会做这时代的伟大的表现者和指导者。"①与此相关,他在开展文艺批评时也带有非常鲜明的个性特征:他十分轻视(他认为的!笔者按)欠缺文艺创作经验的文艺理论家,也十分轻视(他认为的!笔者按)欠缺中外文学史知识和现代哲学知识的文艺理论家。前面的例子可以参看40年代中期他与"胡风派"的文艺论争,后面的例子可以参看80年代中期他与刘再复等的文艺论争。在这篇论文里,他对"中国的学术界"的严厉指责,当年可能也得罪了不少人吧!

从某种角度来看,姚雪垠的这部理论集子《小说是怎样写成的》,也可视为他对抗战文坛某种文艺理论倾向的公然挑战。他在《题记》中开诚布公地谈到了这部集子的写作初衷,写道:

> 我读过许多理论的文章和书籍,有些是翻译的,有些是我们的理论家自己写出的,我觉得其中有不少的都是"天书"。我说它们是"天书",是因为那些作者所用的句子艰深得很,别扭得很,我硬着头皮子读过后不是不能全懂,便是简直不懂。我觉得很奇怪:我们的理论家们都负着启蒙运动的伟大任务,都是拥护"大众化"的人,为什么还要把"天书"送给青年呢?翻译的东西固然有的是因为原文高深,不能更改,只好还让它保存着原来面目;但是我们的理论家们自己手下的文章也写得叫人读起来头疼,这就有点儿不敢赞同了。像我这样的读者尚且感到头疼,还有许许多多的不如我的青年读者,他们不是更要头疼么?山东从前有一个讨饭的叫做武训,小的时候没有读过书,后来就立志把讨来的钱积蓄起来为没钱读书的穷孩子办个学校。我呢,从前吃了"天书"的亏,所以就立志为不能够读懂"天书"的读者写一些通俗的理论文章。

文中被姚雪垠称为的"我们的理论家",指的便是胡风!附带说一句,1943年春,姚雪垠来到抗战大后方重庆,其理论业绩得到了大家的认可,被推举为中华文协理论研究组的副部长,而竟不能与正部长胡风和谐共事,他们之间的怨念也许就是在此时结下的。

《小说是怎样写成的》中其余五篇论文,才是姚雪垠真正属意的"创作谈",是他专门写给初学写作者看的入门读物。《创作漫谈》的题头语——"为谈得

---

①　姚雪垠:《论写作的学习过程》,1941年作。

亲切起见,请原谅我引用自己的创作经验。"——可以概括这几篇论文的共同特点①。

在《论写作的学习过程》(1941年10月)中,他从自己的求学经历说起,条分缕析地剖析了初学写作者莫不重视的"多读""多看"和"多写"三者之间的辩证关系,认为这三者应统一于"多写"("写作实践")。他进而指出:"许多机械的实践论者只把社会生活(行动)看做实践,不把创作本身看做实践,是很不对的。"他的这个观点与胡风1945年在《置身在为民主的斗争里面》提出的观点非常相似,后者认为作家的社会生活实践及社会责任感最终都体现在"创作实践里面的一下鞭子一条血痕的斗争"。

在《创作漫谈》(1942年2月)中,他直接地把自己的作品《戎马恋》端上桌面进行解剖,他介绍了在男女主角典型化过程中采用"影子法"和"第二我"创作方法的心得,对初学写作者最容易混淆的"现实"(生活真实)与"真实"(艺术真实)的关系问题进行了辨析,并提出"西洋的哲学家"关于"塑造典型环境中的典型性格"的经典论述即是小说艺术所欲达到的最高境界。

《小说是怎样写成的》(1942年5月)也是一篇写给初学写作者的通俗理论文章。他处处现身说法,如何选取题材,如何研究人物,如何构思情节,如何深刻地表现社会矛盾,有如教师授课,不厌其烦。如果说该文有什么亮点,可能在如下两段:

> 其一:"在你开始文学创作的事业之前,必须用理论,学问,生活实践,先创造你自己。"

> 其二:"上边所谈的这番道理,是哲学也是创作论,尤其是创作小说和戏剧的基本问题。在你准备写长篇小说之先,我劝你最好读一读现代哲学,它不仅会指导你怎样去观察事物,把握事物的现象和本质,矛盾和发展,它同样也将写作的方法启示给你。新现实主义的作家,应该把世界观,方法论,创作实践,看做是统一的,所以不应该忽略了哲学修养。"

如上教诲,仿佛跟孔圣人"不学诗无以言,不学礼无以立"的庭训颇为相似,只是把"诗"和"礼"换成了"现代哲学"而已;如上教诲,也仿佛跟同时代人"要做文,先做人"的教导别无二致,只是把"先"要做的事情更具体化了。附带提一句,姚雪垠在同期小说《戎马恋》中塑造了一个"播种者"(青年导师)的角色,这人物

---

① 姚雪垠后来的文艺理论文章大都也采用类似的写法,因而被刘再复称为"我证我"。

中就有他自己的"影子"。

《我怎样学习文学语言》（1941年9月）和《抗战文学的语言问题》（1942年1月）是可以放在一起读的系列文章，都是以自身创作经历为范例，讨论二十多年来文学语言的演进过程及未来的走向。

前一篇文章着重讲述了自己在"大众化"运动中如何深受启发，潜心搜集口语，编撰《南阳语汇》，并用于小说创作的过程。文中有一段文字可以称得上对"口语"的颂歌：

> 它（指口语）是无数人在千百年中集体创造的，是依据无数次的生活体验，经过无数锤炼，无数琢磨，无数淘汰，才成功的活语言，所以它恰到好处，在嘴里咀嚼时有滋味，写在文章里发生光辉。这才是真正的和活的国粹，流露着民族的，大众的，几世纪以来的生活，学习，思想和情趣。这些口语里渗透着无数的无名天才的心血，这里边也有宝贵的启示，启示一个文学家应该怎样去创造语言，形容事物。自然，我不能说凡口语全是好的。口语也有不合理的，不合时的，所谓含封建意识的成分在内，有些还是带有非常狭隘的地方性。对口语如对其他的文化遗产同样，要在接受遗产时加以批判，坏的舍弃，好的发扬，将来的全国通用语一定是被发扬的各地语言的混合产儿。

后一篇文章着重讲述抗战爆发后，文艺工作者在参加实际的救亡工作中，"为着发挥文学的战斗力量，他们不得不尽可能去使用活生生的民众语言，同时也不得不向民众去学习语言，搜集关于生活的知识，甚至去留意民间文学的传统的表现手法"，从而推动了文学语言"口语化"的历史进程。文章在概述了"句法简单与语言朴素，已经成为'时代风格'的主要特征"之后，作家惊异于在北方文坛上发现了同道，他写道：

> 在杂志上常见有许多名字陌生的青年作家，以北方游击区中军民生活为题材，写的小说和诗歌，差不多有一个共同特征，即民众的口头语被大量的采用着，摆脱了知识分子白话的欧化、腐化与贫血症。这些名字陌生的青年作家，目前虽没有在文坛上挣到光荣地位，但将来他们必然会成为历史的主流，比已经成名的作家更有希望。

目前我们还不知道姚雪垠是从何种杂志上读到"北方作家"的那些作品的，也不知道他所说的那些"名字陌生的青年作家"指的是谁。但可以肯定地说，他的这个赞誉是非常恰当也是非常超前的。这篇论文发表时（1942年1月），延安文艺座谈会尚未召开,赵树理的代表作《小二黑结婚》和《李有才板话》尚待1943年才能面世,以民众口语表现民众生活为主要特征的"新的人民的文艺"这一历史形态尚在萌芽时期,还未形成磅礴之势呢。

根据以上的发现和判断,姚雪垠在该文中对文学语言未来的走向作出了预测,他写道:

> 所以文学的口语化,我以为应该是以知识分子通用的白话为基础,克服不必要的欧化语法,肃清不良的文言残渣,提炼民众的土语俗语而使它的语汇无限的丰富起来。这一点粗浅的意见,许多人认为是不够进步,不够彻底,但我以为在今日使用汉字作书写工具的条件之下,只有这意见才为创作实践所需要,谈别的都似乎有点空洞。

姚雪垠的"语言观"得到了大后方专家学者们的关注,著名语言学家林曦在《新华日报》上发表文章①,对论文集《小说是怎样写成的》中的两篇谈"语言"问题的文章极为赞赏,他写道:

> 再从中国语文研究方面看,我觉得最肯花费匠心来使用中国大众语文的作家来谈语文问题,也是一件非常值得欢迎的事。中国语文科学研究的国土,还是一片荒地。科学输入以来,语音学家和研究中国各地语音的书籍也有了几本;可是语言学家和研究中国各地语言的书籍,却少到几乎没有。提到语汇语法,大家就觉得浩瀚无边得很,没法下手,也无从谈起。纵然有谈的,也把语言当做一付死物件儿来分析,很少人能从社会生活和思想的发展来看语文本身的发展法则的,更不要说在它的实际应用中来观察研究它了。在这样的时候,作家们的用语经验谈,也就有更可重视的价值。

但他对姚雪垠提出的"所以文学的口语化,我以为应该是知识分子通用的白话为基础……丰富起来"的预测表示"不能同意",他说:"知识分子,是不能独立成为一个阶层的,因此也并不能形成一种可以列入历史阶段的语言。试看从乡间冬烘先生夫子的斯文腔调到留洋学生的满口夹杂洋文的口语,从老舍的北平话到欧阳山的广东官话,这能构成什么样一种语言基础呢? 这又怎么能够文学的使用呢?"他的意见当然是对的,姚雪垠虚心地接受了这个批评,以后再论及"文学语言"的走向时,便在"知识分子通用的白话"的前面加上了"北方"二字。

姚雪垠初成"体系"的文艺理论,由于其基础是建立在自己的"创作经验"上

---

① 林曦:《姚雪垠的文学语言观》,载1943年8月23日《新华日报》第4版。

面,便不能不与他的某些作品的文坛评价发生紧密的联系;所谓"一荣俱荣,一衰俱衰",作品评价高,理论也评价高,反之亦然。这种带有强烈反差意味的历史现象曾出现在抗战后期,也曾出现在 20 世纪 80 年代中期,且待后述。

第九章

走进大后方

1943—

第一节　雾都重庆

1943 年 1 月，姚雪垠离开家乡邓县，由巴东入川，辗转来到重庆，借宿在中华文协总部张家花园的一座二层小楼内，与先期来渝的好友、诗人臧克家同居一室。①

此时，重庆文化界已度过皖南事变后的萧条期，大批进步文化工作者纷纷从香港、昆明、桂林等地返回大后方，进步文化工作又开始活跃起来。但同时，国民党当局也在力图加强对文化工作的控制，1942 年 9 月国民党中央文化运动委员会主任委员张道藩发表的《我们所需要的文艺政策》及 1943 年 9 月国民党五届十一中全会通过的《文化运动纲领》都是强化其文化专制主义的法典。一言以蔽之，在国民党统治的核心地区重庆，政治文化斗争非常尖锐复杂。

姚雪垠似乎无暇体会笼罩在雾重庆上空的严峻气氛，他正为身居陪都文化中心的亢奋情绪包裹着。说来也挺辛酸，自从踏上文学道路以来他便有着一种向慕"文化中心"的情结，30 年代初期他曾半真半假地说过："岂只出刊物，想成名也须如此。长住开封不敌短住上海，长住上海又不如短游欧美。做土地（爷）一辈子也没什么出息。"②1938 年他曾向上级组织提出要求，认为只有在武汉这样的文化中心才能发挥自己的才干；1939 年他在第五战区时，也曾为有机会调往桂林主持出版社而欣喜不已。③ 附带提一句，姚雪垠此后的荣辱也在某种程度上与这种心结有关，1947 年居上海，1954 年居武汉，1976 年居北京，开局大抵都还不错，但结局却都不甚美妙。他的性格似乎并不适应在大城市（文化中心）生活。当然，这是后话了。

不管怎么说，当年大后方抗战文坛——无论何党何派——都给了这位创作业绩斐然的"战区作家"以很高的礼遇。他的文章既能在中共南方局机关报《新华日报》上发表，也能在国民党中央文运会的刊物《文化先锋》和《文艺先锋》上发表；左翼文人撰文夸奖他，右翼文人也撰文夸奖他。

---

① 臧克家《怀念寿彝》："当时我住在张家花园 65 号中华全国文艺界抗战协会，与姚雪垠同室联床。"载 2000 年 8 月 17 日《光明日报》。

② 姚雪垠：《赋得神通广大》，1933 年。

③ 参看姚雪垠 1940 年 1 月 21 日致白克信，载《阵中日报》。

当年 3 月,中华全国文艺界抗敌协会(中华文协)换届选举。他被推选为理事,继而被推举为研究组副主任,其名望达到了巅峰。据报载:

> (本市讯)中华全国文艺界抗敌协会,前于三月二十七日,举行第五届年会并改选理监事,兹该会业于三十日开票,选出在渝理事老舍、茅盾、郭沫若、姚蓬子、张道藩、王平陵、邵力子、胡风、夏衍、孙伏园、宋之的、阳翰笙、徐霞村、姚雪垠、叶以群、曹禺、陈纪滢、冯乃超、马宗融、李辰冬、梅林等二十一名;外埠理事巴金、张天翼、洪深、朱光潜、沙汀等五名;候补理事臧克家、戈宝权、孔罗荪、徐盈、陈白尘、黄芝岗、陆晶清、王亚平、黎烈文、曹聚仁、张骏祥、葛一虹等十二名。监事冯玉祥、叶楚怆、华林、郑伯奇、曹靖华、潘梓年、谢冰心、张西曼、顾一樵等九名;候补监事马彦祥、徐仲年、崔万秋、张恨水等四名。又该会于四月一日召开五届首次理事会,推老舍、徐霞村、姚蓬子、胡风、王平陵为常务理事,并由老舍、徐霞村兼总务组正副主任,王平陵、陈纪滢为组织组正副主任,姚蓬子、叶以群为出版组正副主任,胡风、姚雪垠为研究组正副主任。推梅林为秘书。①

请注意两点:一、他被推选为中华文协在渝二十一名"理事"之一,而同是第五战区来的著名诗人臧克家却只被选为"候补理事";二、他被推举为中华文协研究组副主任,以小说家的身份竟得与著名理论家胡风共事。一句话,他就这样突然地闯进了中华文协的领导圈子。

他能进入中华文协的领导圈子,不能排除有政党方面的助力。姚雪垠晚年曾简略地谈到此事,他说:"这年(指 1943 年)春天,召开中华全国文艺界抗敌协会代表大会,选我为理事,兼创作研究部副部长,部长是胡风。由于我与胡风意见不一致,有矛盾,所以没做什么工作,这是我的不对,因为这是党的安排。"②然而,非常令人不解的是,我们却未能从姚雪垠公开发表的回忆录中读到有关"党的安排"的任何细节,也未能从胡风的回忆录中找到关于当年他俩合作共事的任何记述,这真可谓历史的吊诡处!

他能进入中华文协的领导圈子,尽管可能存在有政党助力的因素,但主要还是应归功于他这几年傲人的文学业绩。仅列举 1942—1943 年这两年结集出版的作品,就有如下数种:

---

① 《文艺界抗敌协会第五届理监事选出,老舍冯玉祥等人当选》,载 1943 年 4 月 3 日《新华日报》。

② 杨建业录音整理稿。

报告文学集《M 站》(收《界首集》《血的蒙城》《鄂北战场上的神秘武装》《战地春讯》《M 站》五篇,《M 站》奉命免刊),桂林文学编译社 1942 年 6 月初版

短篇小说集《红灯笼故事》(收《"差半车麦秸"》《碉堡风波》《红灯笼故事》和《孩子的故事》四篇),桂林文学编译社 1942 年出版①

散文集《春到前线》,桂林文学编译社 1942 年 10 月出版

英汉对照文艺丛书《M 站》,桂林远方书店 1942 年出版

英汉对照文艺丛书《"差半车麦秸"》,桂林远方书店 1943 年 10 月出版

中篇小说《牛全德与红萝卜》,重庆文座出版社 1942 年 10 月出版

中篇小说《重逢》,重庆东方书社 1943 年 7 月出版

中篇小说《戎马恋》,重庆大东书局 1943 年 3 月出版②

文艺论文集《小说是怎样写成的》,商务印书馆 1943 年 6 月出版

长篇小说《崇高的爱》(《新苗》第一部),现代出版社 1943 年 11 月出版

以上作品,几乎涵盖了文学作品的大部门类(除了诗歌);而且,几乎都是刚一面世便引来如潮的喝彩声——

紫明在《红灯笼故事》的书评中写道:"这是'大地文艺丛刊'中的一个集子,包含着四篇短小精悍的创作。作者是有才华的,这四篇都可以说(是)上乘的作品。读起来,使我们各各有着不同的感动……这是渗透了作者的才华,作者的血肉的好书,是不只值得一读而已的。"③

克伦斯在《牛全德与红萝卜》的书评中写道:"首先要指出这部作品的优点:是人物性格活的雕塑,语言的活的运用。尤其是对牛全德这条汉子,最生动,最鲜明,最突出地映现在我们的眼前,我们的脑里,我们的心里。"④

林曦在《姚雪垠的文学语言观》⑤中写道:"人们读了《差半车麦秸》《牛全德与红萝卜》,好象听到了从来没听见过的农民士兵大众的新声音,觉得这才保存了《水浒》《金瓶梅》《红楼梦》《老残游记》的用口语的优良传统。"

最为有趣的是,国共两党文艺界的领军人物不约而同地对他刚刚出版的中篇小说《牛全德与红萝卜》发表了热情洋溢的评论。

---

① 该短篇小说集另有一个版本,名为《"差半车麦秸"》,(收《"差半车麦秸"》《碉堡风波》《红灯笼故事》和《孩子的故事》),桂林远方书店 1943 年 9 月出版。

② 《戎马恋》大东出版时间仅知年,不知月。这里取茅盾《读书杂记》中说。

③ 载《文学批评》第 1 卷第 2 期,1943 年 3 月 1 日。

④ 载《文学评论》,1943 年 12 月。

⑤ 载 1943 年 8 月 23 日《新华日报》。

　　较早对这部作品发表书评的是姚雪垠抗战初期在第五战区的好朋友、原《鄂北日报》主笔、曾任《读书月报》主编、现为《新华日报》副刊主编的胡绳（笔名友谷）。他在书评中写道：

　　鲁迅曾说："倘说，凡大队的革命军，必须一切战士的意识，都十分正确，分明，这才是真的革命军，否则不值一哂。这言论，初看固然是很正当，彻底似的，然而这是不可能的难题，是空洞的高谈，是毒害革命的甜药。"（《二心集》）因为在大队的革命军中，必然是包括着从各个阶级阶层身份中出来的人，真正的精锐的革命队伍仍是要从杂色的队伍中锻炼出来的。而在象我们所正从事着的民族革命中，当然更不可能是人人都具有同一的正确的分明的意识，尤其在敌人直接踩躏下踊现出来的农民游击队里，自然会有农村里的流氓无产者，像牛全德这样的人参加，也有"对于生活完全没有热情，对于未来的事情也不抱任何兴趣和希望，任何新的花样对他都是烦扰的，多余的"而只是苦苦地依恋着已被破坏了的土地的"老实"农民，像"红萝卜"这样的人参加。

　　一般说来，参加抗战队伍的各种人，都是各自带着其性格上的优点而来的。而当他们进入这革命阵营中越持久，越深入，他就越会抛弃其缺点发扬其优点。能够了解这些人，是不能不有一种对于同伴的战友的博大深厚的爱不可的。这本一百页的中篇小说的作者，我们可以看出来，正是象对于兄弟同胞那样地来写他的人物——"老牛"和"红萝卜"的。他原谅了他们各自具有的缺点；他同情他们在参加革命队伍过程中所有的苦痛与烦恼，他称扬着他们各自在革命队伍中坚持下来的努力。①

　　同时，胡绳也在书评中指出了该作品中存在着的某些不足，婉转地批评了作者"知识分子的生活和气质"给作品带来的不利影响，要求作者"更远地抛开由知识分子生活中所带来的思想与感觉方式，更密切地和民众的生活拥抱在一起……塑造出些更完整的性格来"。

　　紧接着对这部作品发表书评的是曾在抗战初期为姚雪垠"雪中送炭"②的天津女子文理学院国文系教授、时任国民党中央文化运动委员主任秘书，并兼任《文

---

① 友谷：《牛全德与红萝卜》（书评），载 1943 年 2 月 8 日《新华日报》副刊。
② 姚雪垠在回忆录中谈道："很感激《光明》半月刊的主编人之一的沈起予同志，及时地为我汇来了存在他那里的两篇小说的稿费。当时上海和北平已经不通汇兑，他将款子汇给在天津女子文理学院教书的李辰冬，然后通过大陆银行转汇给我。这真是雪中送炭！"

化先锋》《文艺先锋》两刊主编的李辰冬。他在书评中写道：

> 抗战以后，我们的作家们的人生观大大改变了，一方面，不再由个人的立场来谈情说爱，或发泄牢骚，或描写自己的兴衰际遇；他方面，不再用阶级的立场来挑拨内乱，或工人罢工，农民暴动。大家都站在国家民族的立场而争取胜利与建设文化。如站在国家民族的独立自由的立场，那个人的受辱，阶级的利益都是微乎其微。因抗战的愈战愈强，国运的日益兴隆，改变了作家们的心理，由悲观而变为乐观，由黑暗而变为光明，由无办法而变为有办法，由胡里胡涂而变为认识清楚，由模糊不清而变为认识清楚，由模糊不清而变为意识显明，老实讲，如果作家对人生有处理的办法，那他的作品里的人物对人生一样有处理的办法。

> ……（笔者删节）

> 由黑暗而光明，由错误而正确，由流氓而英雄，由个人主义而民族主义，由吊儿郎当而"人应该活得有意思一点"，这是"牛全德"型。"牛全德"型不产生于抗战前而产生于抗战后，这由于民族抗战的结果，因此，我们称《牛全德与红萝卜》为民族文学。[①]

同时，他也在书评中指出了作品的某些不足，对作者塑造人物性格的阶级分析法尤为不满，认为"如此写法，很容易给读者一种误会，认为作者在表现无产者是革命的，而小资产阶级是不革命的观念"，但仍坚称"在大体上《牛全德与红萝卜》是民族文学中不可多得的佳构"，并呼吁道："我们希望政治部文化劳军委员会将这书印数十万部，分散给各游击队，因为这是他们极好的精神食粮。"

附带提一句，当年李辰冬是国民党中宣部部长张道藩[②]的助手，也是其"三民主义文艺"主张的积极推行者，他同时把"战区作家"姚雪垠的中篇小说《牛全德与红萝卜》和臧克家的长诗《古树上的花朵》推崇为"民族文学"的典范，是看中了这些作品颇为接近于张道藩在《我们所需要的文艺政策》中倡导的"六不"和"五要"的文艺方向。"六不"指：不专写社会的黑暗，不挑拨阶级的仇恨，不带悲观的色彩，不表现浪漫的情调，不写无意义的作品，不表现不正确的意识；"五要"指：要创造中国民族的文艺，要为最苦痛的民众写作，要站在民族的立场创作，要有理智的作品，要用现实的形式，等等。

---

① 李辰冬：《牛全德与红萝卜》（书评），原载 1943 年 3 月《文艺先锋》第 2 卷第 3 期，后收入其论文集《新人生观与新文艺》，正中书局 1945 年出版。

② 张于 1943 年初任此职。

尽管李辰冬对作品的评价貌似要比胡绳高上许多，但姚雪垠心中如明镜一般，仍只把胡绳当作知音。在那个年代里，人们较之文坛声誉更看重的是政治分野，像姚雪垠、臧克家这批在"左联"旗帜下成长起来的作家，他们与中共组织有着一种天然的血缘亲情，绝不会因为他党他派的一顶高帽子便得意忘形。更何况，当年姚雪垠不仅踏入了中华文协领导圈子，同时也是国统区中共文艺领导层非常重视和依靠的文艺人士呢！

晚年，姚雪垠曾与某记者谈到当年与党组织的关系，说道："当时文艺界党内最高领导人是周恩来，下面是徐冰，具体负责人是叶以群。这一阶段党对我很重视，很信任。大家经常在郭沫若家开会，谈谈情况，交换意见。"他还回忆过这样一件事："有一天在郭老家吃饭，谈到文艺界的许多事及山东文化界之事。周总理说：'雪垠兄，你发表的那个《需要批评》写得很好，我已告诉新华日报社作为整风参考文件。'"①这篇受到周恩来表彰的《需要批评》，是姚雪垠刚到重庆时写的一篇杂文，载于当年 2 月 12 日《新华日报》副刊。该文的主要观点是："一部作品，当没有发表的时候，它属于作者所有，和社会不发生关系；但发表之后，它便不属于作者，而属于社会，起码是和社会发生密切关系。因此，作品初版之后，作者应虚心的听一听社会上舆论如何，正确的批评如何，不要过于自私，也不要过于自恃。倘若批评家指出来真正毛病，作家应该毫无吝惜的将原作加以修改，好让这作品对社会发生更好的影响。"

也许是"一语成谶"吧，继胡绳和李辰冬对《牛全德与红萝卜》的评介之后，读者界对该小说的关注度大大提升，"批评"如期而至。据姚雪垠回忆："《牛全德与红萝卜》在重庆发表之后，正如当年《差半车麦秸》在香港发表之后的情形差不多，在全国青年中获得了很多读者，几乎到处都在谈论着这部作品。"②于是，该作品的优点和缺点都被放大了，被推上了"需要批评"的境地。翌年初，在中华文协组织的"读书小组"中，茅盾、冯乃超、以群、臧克家、刘盛亚等与作者一起"座谈"了这部作品，并提出了中肯的修改意见。姚雪垠心悦诚服地接受了批评，并决定停版修改。当然，这也是后话了。

其实，当年姚雪垠并没有太把走红的《牛全德与红萝卜》看得多么的重要，他的心思全放在手头正在改写的长篇小说《春暖花开的时候》上。如前所述，这两

---

① 参看杨建业录音整理稿。

② 姚雪垠：《〈牛全德与红萝卜〉的写作过程及其他》(1947)。

部小说作品都起笔于 1939 年初,《春暖花开的时候》的创作稍早,作家力图在这部作品中突破《"差半车麦秸"》的艺术规范,用一种新的语言和艺术形式来表现新的生活;《牛全德与红萝卜》的创作稍迟,作家只是打算沿着《"差半车麦秸"》的成功道路再走一程,以慰读者们的期待。换句话说,前者是创新,后者是因循,在姚雪垠的心底,《春暖花开的时候》的分量要比《牛全德与红萝卜》重得多。因此,他不愿仓促地把《春暖花开的时候》的"连载本"交给出版商,而宁愿再多花一年的时间进行改写。

诗人臧克家在回忆录中曾谈到他们当年在张家花园简陋的寓所里勤奋写作的情景:"我和姚雪垠同室而居,'斯是陋室,惟吾德馨',我们都很穷乏,笔耕糊口,他写他的《春暖花开的时候》,我写我的《古树的花朵》,夜深喁喁闲话,窗外石板小径上响着脚板声。"

姚雪垠决意要把《春暖花开的时候》打磨成抗战文艺的精品,他似乎预感到这部三十万言的"巨著"将是他这一时期小说创作所能达到的最高峰,但他没有料到这部呕心沥血之作,竟会在抗战后期文坛上搅起漫天的风云。

在这一年里,他除了全力改写《春暖花开的时候》之外,还抽空写了些短小的作品,散文或是文艺论文,有如下的收获:

散文《大别山中文艺孤军》,载 3 月 27 日《抗战文艺》"文协成立五周年纪念特刊"

散文《出山》,载 4 月 1 日《文化先锋》第 2 卷第 2 期

散文《风雨时代的插曲》,载 5 月《抗战文艺》第 8 卷第 4 期

散文《我的学校》(一、初学记,二、东大寺,三、北城门楼),连载于 6 月至 7 月《国民公报》

论文《略论士大夫的文学趣味》,载 5 月《大公报》副刊《战线》

论文《中国作风与叙事诗》,载 6 月《大公报》副刊《战线》

论文《论深刻》,载 8 月 2 日《新华日报》副刊《新华副刊》

前几篇散文都是忆旧之作,作家成名之后大都会写一些这样的文字来应付报刊的约稿;后三篇是文艺论文,延续着作家的理论探索之路。值得一提的是,最后的那篇论文《论深刻》,却在不期之间惹上了不大不小的麻烦。

此事说起来有点复杂,1943 年年初重庆"才子集团"(中共驻重庆的几位文化人士乔冠华、陈家康、胡绳等)与党外人士胡风等为了配合延安整风,发动"广义的启蒙运动",在《新华日报》和《群众》上发表了一系列有独立见解的文章。不

料,这些文章却遭到延安中宣部的否定,当年 11 月延安发来电文批评道:"现在《新华》、《群众》未认真研究宣传毛泽东同志思想,而发表许多自作聪明错误百出的东西,如 ×× 论民族形式、××× 论生命力、××× 论深刻等,是应该纠正的。"①电文中这三个被隐去名字的作者,前二位大概指的是胡风和乔冠华,后一个指的是姚雪垠。

那么,姚雪垠的《论深刻》中究竟有哪些犯忌的文字呢? 我们细细地读了这篇文章,发现下面这一段谈"世界观"的文字或许有点犯忌:

> 正确的理论固然可以指导现实的发展,但理论却是从现实的发展中从人的实践中,逐渐发展完善起来的。凡是真理都是客观的,都是存在于客观社会现实里边的。只有忠实于现实的人,才能够从现实中发现真理。换句话说,不管许多人的立场不同观点各异,只要都肯忠实的向现实的深处发掘,最后所得的认识一定会大体一致。这大体一致的共同认识就是客观真理,只有程度的深浅,偏差的大小,而没有本质的不同。大家愈肯用忠实态度,愈能向深处发掘,而所得的共同认识愈统一,愈客观,愈接近客观真理。反过来看,仅只书本上获得一套理论而不能深入到现实里边去生活,去观察,去研究,则理论也会在你的手里发霉,起毛,腐化,生蛆。所以想成为一个作家,或想长久保持你的创作生命,你应该七分依靠生活,三分依靠世界观,你应该为生活和深入现实来学习理论,不必为作品的倾向主题而学习理论;你应该把广大的现实世界看做是创作知识的中心源泉,可别把空洞的理论,世界观,当做了你的靠山。

也可能是下面这一段谈"人道主义"的文字惹的祸:

> 一切伟大的作家都是伟大的人道主义者,都具有悲天悯人的胸怀,都富于人类的正义感和同情心,这没有别的原因,唯一的原因是他们能忠实于现实,深入于现实。忠实于现实,故忠实于真理;深入于现实,故不能不有真恨、真爱、真的感情,不能不有所拥护,有所抗议,拥护那合乎真理的,而抗议那违反真理的。这真恨,真爱,真感情,以及这拥护,这抗议,就是人类的正义感,人道主义的基本精神。有了这,你的作品就充实;没有这,你的作品就空虚。有了这,你的作品就深刻;没有这,你的作品就肤浅。有了这,你的作品就崇高;没有这,你的作品就庸俗。有了这,你的作品就富于人间性;没有这,你的作品就是鬼画符。

---

① 摘自 11 月 22 日《中宣部关于〈新华日报〉、〈群众〉杂志的工作问题致董必武电》。

　　第一段文字与"写真实论"有关，文中的表述与作家一贯主张的"写生活"观点有密切关联，但似乎有贬低"世界观"之嫌；第二段文字与爱爱仇仇的"人性论"有关，如前所述，作家在创作《戎马恋》时曾鼓吹过"爱的哲学"，并在《孩子的故事》中有所发扬，只是现在提得更高，所谓"有了这……没有这"云云，其逻辑关系有点牵强。请脑补一下当年的政治文化环境，联想一下年前毛泽东《在延安文艺座谈会上的讲话》的内容，《论深刻》被延安斥之为"自作聪明错误百出"，也就毫不奇怪了。幸运的是，当年这份从延安来的电文并没有公开，也没有对当事人有任何直接的影响。

　　姚雪垠仍一如既往地生活和写作着，他特别喜欢被读者和观众环绕着的环境，在这种场合中他愈加能够展示自己的才华。他的与生俱来的任性、自负和自恋的性格，没有受到任何的约束，甚或有扩张的趋势。

　　他气定神闲地应付着各刊物的约稿，且坦然地要求各刊给予"最高稿酬"，丝毫不顾忌可能会发生的影响。譬如这封写给《当代文艺》主编的信：

　　××先生：因实在分不出时间另写新作，故在长篇中抽出一段。此稿务请于三月份以前刊出，因全书出版亦在三四月间也。

　　稿付排后，最好将稿费交银行汇下，并望维持斗米千字水准。弟在渝全以版税稿费糊口，且有家室负担，故各刊约稿均以最高标准。此点想可鉴谅。

　　匆祝

　　刻安

弟姚雪垠上

（1943 年）十一月二十九日①

　　该刊公开发表这封来信，其用意不问可知，而负面影响随即便传播开来，几年后竟演绎成了另外一番模样。姚雪垠的好友孙陵晚年曾回忆道："重庆文协为了稿费问题曾经开会讨论，文协底口号是'千字斗米'，而雪垠则主张应有分别，并且为了加强他的主张，他提出'妓女'为例。在开会时提出这种比较，诚然荒谬，而且不伦不类，他这样说道：'譬如逛窑子吧，红姑娘底价格，就要比年老色衰的窑姐儿高几倍！'"②

―――――――――

　　①　该信载于《当代文艺》（熊佛西主编）第 1 卷第 2 期，1944 年 2 月 1 日出版。姚雪垠给该刊的稿件是长篇小说《春暖花开的时候》中的一节，题为《春夜》。

　　②　孙陵《我熟识的三十年代作家》，收入台湾成文出版社有限公司印行"中国现代文学研究丛刊之七"。

他曾意气飞扬地谈到未来的写作计划，却被人以为是在"夸海口"。时任中华文协秘书的梅林在日记中有如下记载：

1943 年 8 月 3 日，星期二

十一时许，我们到臧克家房子里去。这时姚雪垠正双脚缩在藤椅上高声的同以群臧克家谈明末李闯王、张献忠这两位贫农起事并实行报复手段的故事。常任侠立即参加了这闲谈，他对这故事是极有研究和兴趣的。关于张献忠对有钱人，大地主，斩去右手以及大剥皮小剥皮的故事，他加以描写，睁着他的好像时在生气的大眼睛。

"张献忠之所以专斩有钱人大地主的右手，是为了右手专向人家要钱打人家的耳光。"他说，"而张献忠在幼年时代同他的父亲赶牲口到重庆，在一个大地主门口，牲口拉屎，那大地主硬要张献忠的父亲用手捧起屎来吃。不吃，活活把他的父亲吊死了。① 这对于这位'七杀主义'的贫农，有极大的刺激，后来他结交贫农起事就实行报复。"

这里他举出他所看过的两册木刻本的《蜀乱》，据说那部书中央图书馆有。（雪垠立即写下。他正在收集无数的材料，打算写一部关于这方面的历史小说。）

1943 年 8 月 8 日   星期日

大家近乎开玩笑似的谈着将来的读书写作计划。徐迟希望将来可以熟读世界名著原文后即钻古本，而到四十岁以后才真正走入世界，他露出乌黑的缺牙齿说："希望将来有一座小楼房，一个游泳池，一个网球场，一个小花园，一辆小汽车，然后你们到我那里去喝咖啡。"他这样预约着说。姚雪垠则说，他希望写下几百万字的《崇祯皇帝》，用上好的纸张印刷，精装烫金。……克家的早就说完了，为了在洗冷水浴，没有听到。至于我有什么希望计划之类么？只要呼吸自由，下笔没有顾忌，就感谢上帝不尽了。②

附带提一句，这是见诸他人文字的关于姚雪垠之于长篇历史小说创作构想的最初记载。当年几乎无人相信他会转入历史小说创作，但到 1948 年他却真的开始系统研究明史，撰写了几万字的长篇读史笔记《崇祯皇帝传》（未完稿）③，连载

---

① 若干年后，姚雪垠把这个细节稍作改动，写进了《李自成》第一卷第十八章。
② 《梅林的抗战文坛日记》，《新文学史料》2018 年第 3 期。
③ 该著并不是传记类作品，而是读史笔记。

于上海《幸福》月刊第 23 至 26 号（1948 年 12 月至 1949 年 3 月）。

他异常勤奋地创作着。长篇小说《春暖花开的时候》的改写工作进展顺利。据《文化新闻》1943 年 11 月 13 日载："姚雪垠最近着手改作《春暖花开的时候》预计九十万言。现已写就二十万言。闻该书将分四部印行,内容与其已发表之《春暖花开的时候》有不同之处。"

他非常热心地参与各项社会活动。1943 年 9 月,时任国府"副委员长"的冯玉祥慕其名,请陶行知先生代邀来重庆近郊歇台子讲授"小说作法"和"诗之发展",为期半月,姚雪垠欣然前往。① 同年年底,时任中央大学国文系副教授的吴组缃应学生要求,邀其来校演讲"小说诸问题",他亦欣然前往,演讲时间长达六小时,略无倦意。②

他的好友、时任《大公报》副刊《战线》主编、后定居台湾的作家陈纪滢在回忆文章中曾不无微词地谈到姚雪垠好出风头的性格特征,写道:

> 雪垠有才则唯恐人不知,如后来回到重庆,每逢大小会议,他必发言,发言往往不中肯綮,只卖弄他的能言善道。
>
> ……（笔者删节,下同）雪垠说话不让人,做事好逞能,到处出风头,包括写文章也表现了全能。这些都是招人嫉妒的地方。
>
> ……总之,雪垠不愧为"天才",然而"天才"外露,往往还逞能,这是中国人的大忌。可是他又憋不住,所以在任何场合,都会发觉有他在,有姚雪垠在场! 他永远控制会场、桌面及三个人以上的群体。

其实,姚雪垠何尝不知道"峣峣者易折,皎皎者易污"的道理,只是天性如此,"憋不住"而已。1946 年,他在修订《戎马恋》时,不无悔意地给主人公的经历加上了这么一段:

> 自从金千里来到重庆,也天天在忙,天天在变。他不仅有文学天才,不仅懂得的方面很多,也富于活动能力,到任何地方都可以很快的变做中心人物,活跃起来。座谈会如果没有他参加,座谈会就会减色;朋友们问摆龙门阵如果缺少他,这龙门阵也不够劲儿。他热情、豪放,具有天赋的说话才能。在重庆,他很快的认识了很多朋友,发表过几篇文章,加入所谓文化人之林。

然而,在陪都这个"文化人之林"中,并不是所有人都能像陈纪滢那样宽容地

---

① 请参看拙著《冯玉祥邀姚雪垠讲学相关书信四札》,载《博览群书》2011 年第 12 期。
② 请参看拙著《吴组缃致姚雪垠书信三札》,载《博览群书》2012 年第 4 期。

对待他。很快,姚雪垠就碰了一个软钉子。

1943 年 12 月 30 日,中华文协总会和中国文艺社联合主办辞年恳谈会,邵力子、张道藩、胡风、姚雪垠、冯雪峰、曹靖华、李辰冬等百多人出席,胡风主持会议程序,议题是"一年来文艺成果的观感"。会上,阳翰笙、常任侠、李辰冬和姚雪垠分别谈了对于戏剧、诗歌、写作者的心理和小说创作的"观感"。

会后,姚雪垠把对于小说创作的"观感"整理成文,定题为《论目前小说的创作》①。在这份可视为其任职文协研究部的工作报告中,他回顾了新文学运动的战斗历程,细数了抗战以来小说创作所取得的多方面的进步,并对未来的发展前景充满期待。他写道:

> 今日要期望早一点有天才出现,就必须给天才以成长条件;要期望早一天有伟大作品,就必须给伟大作品的出现以便利。我相信中国新小说有光辉前途,并坚信会产生天才作品和伟大作品,但认为社会条件如果适季,天才和伟大作品的出现,将必更容易。

在这短短的一段文字里,"天才"和"伟大"就出现了四次之多。是自期还是期许,或是兼而有之?

也许就是这篇文章里的上述措辞让胡风感觉不快,几个月后,他在一篇名为《天才》(1944 年 9 月)的杂文里,写道:

> 自信是天才,也可以的,但不能老是"怀才不遇"地喊着我是天才呀,你们不优待我呀……对于敌人,这不算是什么战法,对于友人呢,恐怕只能算是市侩主义了:我是天才呀,与众不同呀,你们为什么不出高一点的价钱呢?

一年后,路翎撰写了一篇题为《市侩主义的路线》的文章,矛头指向了姚雪垠。

第二节　《春暖花开的时候》"重庆版"

在居留雾都重庆的两年时间里,姚雪垠把主要的创作精力都放在长篇小说《春暖花开的时候》的改写上。

如前所述,《春暖花开的时候》共有三个版本:第一个是 1940 年初至 1941 年

---

① 原载 1944 年 3 月《时事新报·半月文萃》第 3 卷第 1 期。

初连载于《读书月报》的"连载本"版，第二个是 1944 年由现代出版社出版的"重庆版"，第三个是 20 世纪 80 年代由作家最后改定并收入《姚雪垠书系》的"北京版"。我们在本节中，讨论的是《春暖花开的时候》的"重庆版"，而以"连载本"作为参照系，不涉及"北京版"。

《春暖花开的时候》"连载本"结束得很仓促，盖因皖南事变爆发，不得不中止了写作。姚雪垠蛰居于大别山中之时，每一念及，便有说不尽的遗憾和创作冲动。他曾这样说道：

> 《戎马恋》我整整的在肚子里酝酿了一年才开始动笔，动笔后又时写时辍，经过了一年多才告完成。至于《春暖花开的时候》，我用心更大。我现在只写成前年发表过的第一卷，但每个女主角的前途发展，以及她们生活的细小特征，我早在动笔的半年前即已经研究清楚。她们永远活在我的心上，活在我的眼前，我了解她们正如我了解自己。关于这部长篇小说的中途停笔，一点也不是我对它失去勇气或信心，而是由于生活需要我暂且把它放一放。只要将来生活条件允许，我相信我会以最大热情，毫不困难的将以后的三卷写出来。为什么？因为我对于她们太熟悉，太挂心，写这部小说就像我担负着一种应尽的义务。①

陪都重庆，给了他最起码的"生活条件"；张家花园，给了他适宜写作的环境和心境。于是，他以"最大热情"投入《春暖花开的时候》的改写之中。然而，一年之后，他贡献给读者的仍然只是第一卷，续后的第二卷和第三卷，由于某种原因，没有能够动笔。因而，1944 年出版的《春暖花开的时候》单行本仍只是一部不能充分体现作家创作意图的未完成的作品。

那么，如果把"以后的三卷"全部写出来，这部作品会呈现出什么样的整体风貌呢？1940 年底，姚雪垠曾在致《读书月报》主编胡绳的信中简要地谈到过全著三卷的整体构思，他写道：

> 这一部小说：第一卷开始于春暖花开的时候，第二卷主要的是肃杀的秋天和严寒的冬天，第三卷仍结束在春暖花开的时候。……（笔者略，下同）
>
> 故事的真正展开是在第二卷，高潮是在第三卷的中间或下部。在第二卷中，敌人、汉奸、地主、农民，都以新生力量为中心构成了复杂而惨烈的矛盾斗争，罗香斋将发展成为一个汉奸典型，很讲"良心"和"道德"的落下水去，很

---

① 姚雪垠：《创作漫谈》。

严肃的做了"正直的"汉奸,所以他不是时代的丑角,而是真正的严肃的人物。……

在第一卷中写得最失败的是没有把张克非的面貌个性刻划成功,尤其对于"罗兰的单恋"太没有反应。这一点,我将在修订的时候加以修改。到了第二卷中他们间的关系将有一些新的变化,但一直到最后仍保持着两相倾心但谁也不肯低头求爱的特殊关系,能使这关系维持下去的当然还是由于工作条件。到第三卷,张克非在作战时受了重伤,被抬送在一家农民的茅房里。罗兰半夜里赶去看他,他已经不能说话,两只眼睛对罗兰转动一下,两滴泪珠滚到颊上后就也绝气了。……

林梦云在第二卷中被送到远处去学习,一直到第三卷末尾才带着新的干部(大半是那边的同学)回来。……

罗明在第三卷中也受了伤,但到春暖的时候就好了。当养伤的时候离开了同志们,离开了工作,幸而有黄梅在身边看护,才能解脱了寂寞的痛苦,做看护时,黄梅表露出了温柔的一面,像小林,却比小林温柔得朴素。终于罗明同黄梅发生了爱情,离开时就痛苦,在一块儿时,就感到无限的幸福,然而直到第三卷终结时,他们的爱情还没有成熟。……①

简言之,就如上三卷的整体构思而言,已写成的第一卷,确实还未到"故事的真正展开"的时候呢。

如前所述,《春暖花开的时候》有着双重主题,第一层主题是"革命":"一二·九运动是一声春雷,抗战开始后就进入春暖花开的时候。虽然会有急风骤雨,但春天的来到毕竟不可阻挡。国民党右派势力对抗日青年的压迫和打击,会使抗日青年发生分化,但是主流继续前进,很多青年会锻炼得更成熟、更坚强,勇敢地投身民族革命的洪流。"②第二层主题是"恋爱":表现救亡青年的恋爱生活。作品的双重主题,从上述作家的整体构思中可以得到很好的印证。

遗憾的是,无论是《春暖花开的时候》的"连载本"还是"重庆版",都只完成了第一卷,故事的情节始终停留在"春暖花开的时候",未及进入"肃杀的秋天和严寒的冬天",未及充分表现"国民党右派势力对抗日青年的压迫和打击",亦未及充分表现"抗日青年的分化",因而也就未能完成或实现作家最初的创作意图(主

---

① 摘自胡绳:《附记》,载《读书月报》1943 年第 2 卷第 11 期。
② 姚雪垠:《学习追求五十年》。

题)。

　　1944 年李长之先生在评介"重庆版"第一分册时指出:"春暖花开似乎是指书中一般参加抗战的少女之活力的青春底生活",在评介第二分册时又曾指出:"截至现在读到的为止,似乎没看出所写的这些青年在战斗中有多末大分量,最大的功绩不过是演剧和办壁报,我不知道后来写不写他们真正作战,我更不知道作者是否想到要有多少篇幅去写才可以称得起这前两部来。"他所针砭的就是该著的这个先天缺陷。①

　　《春暖花开的时候》"重庆版"第一卷分为三个分册,由"连载本"的十五万字扩展到了三十五万字,完稿后作者曾将部分章节交给《天下文章》《当代文艺》《时事新报》等报刊先期发表,后交由重庆现代出版社 1944 年 4 月至 9 月陆续出版。附带说一句,现代出版社是田仲济于 1943 年年底创办的,姚雪垠也曾参股,股金即是《春暖花开的时候》的稿费。②

　　1944 年 2 月,现代出版社开始在报纸杂志上作《春暖花开的时候》单行本"征求预约"广告,其文曰:

　　　　本书为姚雪垠先生代表作,写活跃在大别山中的一群青年男女,尤以对于三种不同典型的女性,刻画入微;有的粗犷豪爽,有的热情奔放,有的温文尔雅。一颦一笑,一举一动,均活跃纸上。前曾于某杂志刊载一部份,传诵遐迩。现经作者精心改写,计划分三部共九分册出版,现第一部第一二分册已分别发排,第三分册在赶写中……③

　　"预约"的结果应该非常不错,第一版第一次印刷就达上万册,读者界和评论界反响强烈。姚雪垠在回忆文章中曾谈到《春暖花开的时候》"重庆版"的出版盛况:

　　　　《春暖花开的时候》第一部一出版就成为轰动一时的畅销书。解放以前,新小说出版时一般只印二千册。《春暖花开的时候》第一部出版时国统区已经大大缩小,被称为抗口大后方的二三十万人口以上的大城市只剩下重庆、成都、昆明、桂林和西安,这种历史情况跟解放后发展起来的面貌不能相

　　①　李长之评介《春暖花开的时候》第一分册和第二分册的书评均载于 1944 年《时与潮文艺》的《书评副刊》。

　　②　杨洪承、田桦《田仲济著译年表简编》(《新文学史料》2003 年第 1 期)载:(1942 年)7 月,与沉樱、姚雪垠、曲润路等创办现代出版社。吴按:姚雪垠 1942 年尚在大别山中,参股事似应在 1943 年。

　　③　参看《当代文艺》第 1 卷第 2 期"征求预约"广告。

比，而且各大小城市之间的交通十分不便。在这样的发行条件之下，《春暖花开的时候》第一版（现在通称为第一次印刷）印了一万部，不到两星期销售一空，赶快重印。《春暖花开的时候》出版之后，抗日大后方的读者纷纷谈论，成了一个热闹话题，尤其是小说中塑造的三个青年女性，更使广大读者深感兴趣。①

《春暖花开的时候》"重庆版"的出版，是 1944 年抗战文坛的一件大事，凡是从那个时代走过来的文坛老人，都对这部长篇作品葆有深刻的印象。其后的几年，这部作品由于遭受到某派文人不负责任的批评，被加以各种莫须有的罪名，渐渐地沉入历史的忘川之中，直到四十余年后方得重见天日。当然，这是后话了。

《春暖花开的时候》"重庆版"在大后方引起的轰动，远远大于三年前"连载本"所引起的文坛反响。那么，"重庆版"较之"连载本"，究竟多了些什么？ 究竟在哪些方面作了重大的修改呢？

也许可以这样说，"重庆版"除了作品的双重主题、"三女性"的性格特征、整体的语言风格及作家审美情趣仍与"连载本"保持着一定的承继性之外，其余的小说要素——时间、地点、人物、情节结构、矛盾冲突等——都有着重大的改变。

"重庆版"将故事发生的时间段改变了。"连载本"的故事情节发生在台儿庄大捷之后的一两周内，而在"重庆版"中则将其挪移到台儿庄大捷前后一两个月内，以具有重大意义的历史事件作为小说情节发展的时间节点，突出了战局的变化对内地救亡形势的影响，使得情节的发展更具有时代感。

"重庆版"将故事发生的地点也改变了。"连载本"以湖北均县抗日文化工作讲习班为创作蓝本，作家其时初次进行长篇小说创作，尚未充分掌握典型化的方法，过多地拘泥于现实生活，作品中人物多有蹈空之感；而在"重庆版"中故事发生地挪移到了河南信阳附近的一座小城，作家将其自身抗战初期参与救亡运动的经验全部糅合进小说情节之中，以中原语言写中原事，作品中人物也都有了立足之基。

"重庆版"中的人物增多了。"连载本"中的主要人物只有讲习班中的两个教员（张克非和罗明）和三个女生（黄梅、林梦云和罗兰），辐射开来的社会关系仅有罗氏的封建家长罗香斋及国民党县政府诸人。"重庆版"中则增加了许多人物，讲习班有了四个教员（张克非、罗明、杨琦和兼职的陶春冰）和一大群有名有姓的

① 姚雪垠：《我的前半生》。

男女学员,其辐射开来的社会关系也变得错综复杂,罗明、罗兰这条线上引出了其大兄罗照和大嫂李惠芳及表姐吴寄萍,杨琦这条线上引出了其父、开明士绅杨铭诚,黄梅这条线上引出了其舅父及被抓了壮丁的表哥,张克非这条线上引出了中共地下县委负责人郭心清、宋伯慈诸人,陶春冰(白原)这条线上引出了开封战教团的方中允、余新之和冯子兴诸人,等等。

"重庆版"的情节结构也因此改变了。"连载本"是以均县小城里的抗日文化工作讲习班从成立到解散的全过程为主线展开的,不枝不蔓,无依无傍,是为单线结构;"重庆版"则将这条单线扩展为以中共河南省委为幕后领导,平津同学会为前台指挥,文化工作讲习班、妇女救国会、儿童补习班、演艺队等救亡组织互为依托,而以潢川青年军团、开封战时教育工作团、驻军某师政治部为后援的地区性救亡运动,中间还穿插了"扒城"和"壮丁"等重大社会事件,变成了平面结构。

"重庆版"中的人物关系也有了重大改变。且不谈讲习班人物上上下下明明暗暗的政治关系,仅以救亡青年的恋爱关系为例:"连载本"中罗兰暗恋教员张克非,罗明暗恋学员林梦云,而黄梅尚无所爱。而在"重庆版"中罗兰暗恋的对象变成了教员杨琦,林梦云暗恋的对象变成了诗人陶春冰,黄梅突然有了一个追求者沈岚,但她没有给他以希望,其他的救亡青年也各有所爱。

以上这些改动,为作家提供了一个更真实更全面地表现抗战初期豫西南抗战救亡运动历史的平台,作品中的人物也有了充分展示其历史真实性的腾挪的空间;以上这些改动,也足以证实作家经过几年的艺术探索,其长篇小说的艺术表现能力有了长足的进步,而后一点正是我们最为关注的。我们知道,《春暖花开的时候》是姚雪垠由短篇转向长篇的第一部作品,也是他在抗战时期的长篇小说代表作,作家在该小说中所进行的艺术实验,为其日后创作《李自成》提供了最为直接的艺术经验。用姚雪垠自己的话来说,"我的关于长篇小说的美学思想,几个主要方面都是开始出现于《春暖花开的时候》,完成于《李自成》"①。

那么,《春暖花开的时候》"重庆版"在"长篇小说的美学思想"上有何继承与创新呢? 笔者打算从以下几方面进行简单的评述:

第一,承继并发展了"写生活"的典型化方法。

如前所述,姚雪垠晚年曾对《春暖花开的时候》有过自我评价,其中第一条就是肯定该作品"写出了抗战初期国民党统治区抗日青年的生活,小说中的生活气

---

① 姚雪垠:《春暖花开的时候·前言》(修订版)。

息很浓厚。它不是从抽象的概念出发宣传抗日,也不是着眼于'机关枪哒哒哒……',而是始终着眼于写生活"①。

姚雪垠在创作"连载本"时,对"写生活"的典型化方法已经有了初步的理论认识。1940年5月他在《论典型人物的创造》中曾写道:"作家所要把握的是有生活的活人。人离开了活动,离开了生活,便只剩下一个抽象的概念了。"因而,他对"三女性"性格的刻画主要是通过生活细节的刻画来完成的。他不仅关注于她们在"政治"方面的不同表现,更关注于她们在日常"生活"中方方面面的差异,他的笔触已经进入了"女生宿舍"等私密场所,作品的描写中也因而带有很多的闺阁气息。

在创作"重庆版"时,他对"写生活"原则的理性认识更加深化了,1943年年底,他在《论目前小说的创作》中写道:"今日小说界同人努力追求的是怎样创造这时代的典型人物,竞向性格的深处发掘……文笔逐渐向细密发展。细密不是烦琐,也不是软弱,而是要从细密显出深刻。因为要刻画人物性格,自不能粗枝大叶,草草落笔。写人物像雕刻一样,一刀一刀的挖进去,慢慢的慢慢的,人物就从石壁上凸现出来。"因而,他对"三女性"性格的刻画也就更加执着地通过"写生活"来完成,笔触更加细腻,更加深入,也更加私密化。

"重庆版"在描写"三女性"的"私生活"时,不同于"连载本"的浅尝辄止,而是工笔细描。作家力求在具有典型意义的生活细节的对比描写中表现"三女性"各各有别的性格特征,作品中不仅写到了她们的日常起居细节,甚至还写到了她们的生理期:

　　　　罗兰走回到自己桌边,端起瓷茶壶倒了一杯冷开水正要往肚里灌,林梦云赶忙望着她大声叫道:

　　　　"小罗,不能喝! 不能喝!"

　　　　罗兰怔了一怔,笑着说:"不碍事,我常喝凉茶。"

　　　　黄梅也跟着说道:"喝冷开水不怕什么? 俺们乡下人没有开水,渴的时候用手捧着泉水喝个饱,也没见几个人肚子疼,出毛病。"

　　　　"你不晓得,"小林用笑眼望着她,低声说:"她身体弱,有警报不能喝冷水。"

　　　　"别捣乱,"黄梅不相信的说,"真有警报吗?"

───────────

① 姚雪垠:《学习追求五十年》。

"你问小罗,可不是真有警报?"

"我看她好端端的,一点毛病也没有,你们城里人真是顾忌多了!"

如此细腻的生活描写在当年的长篇小说中是很难读到的。

对此段文字,"胡风派"的批评家路翎撰文批评道:"作者写罗兰喝冷水的时候被林梦云阻止了。黄梅不懂得这个。小林就说:'你不晓得,她身体弱,有警报不能喝冷水。'于是黄梅就替作者演丑角,跑出去躲警报了! 可是即刻她就知道了,原来'警报'是特殊术语——姚雪垠先生大约是指月经——可是你们把新名词也用得刁钻古怪,什么'警报',还不如'月刊出版了'叫人倒容易明白!"

路翎是将当时的闺阁用语"有警报"误会为"跑警报"了。

"写生活"对于作家并不是一句空泛的口号,它的前提是先得有生活,然后才能"写生活";对于批评家也是如此,你得先有生活,然后才能评判他人的"写生活"。

不过,路翎倒是看出了姚雪垠的这部小说似乎借鉴了古典小说名著《红楼梦》的某些艺术手法,于是他在批评时又摘引了该小说紧接着的一节文字:

"小林,你真是一个好姑娘!"黄梅插嘴说,"别人有一点小毛病你就这样地挂在心尖上。将来,将来……不知道你更要怎样体贴温存呢!"

"我要撕你的嘴!"小林骂道。"嗨,过几天我恐怕连男同学都要受你欺负呢!"

黄梅只看着小林的酒窝嗤嗤地笑着,并不还嘴,看得林梦云不好意思起来,脸皮一红,转过去对罗兰说:"还是小罗好,黄梅有时候就不像一个女孩子!"

罗兰忙接着说道:"好姐姐,我刚才跑了好些地方,累得喘不过气来,你到厨房里给我弄点开水好不好? 我这里有好茶叶子,弄来了咱们都喝。"罗兰又连叫了几声"好姐姐",瞧出来林梦云没有拒绝的意思,忙把壶里的冷开水倒到洗脸盆里,拉开抽屉,从一个纸盒里取一撮茶叶子放到壶里,又举起手来行个军礼。

"好姐姐,"她又用可怜的娇声要求说,"积积福,行行好,我喉咙里在冒火呢。"

平心而论,细读如上描写,林梦云的体贴、罗兰的娇憨、黄梅的粗疏,小儿女日常生活中的娇嗔佯怒和嘲笑打闹,霎时都活生生地跃然纸上了。如此细腻的生活描写,在当时的文坛上很难找到比肩者。

对此段文字，路翎在《谈"色情文学"》（1944年11月作）一文中批评道："救亡女性们互相叫着'好姐姐'和'好妹妹'，我们好像走到'大观园'里去了。"

茅盾先生稍迟也留意到《春暖花开的时候》，1945年他在《读书杂记》中评论道：第一分册里虽然"太多了小儿女（都是救亡青年）的私情蜜意……有点象春暖花开的时候一群小鸟在枝头跳跃，啾唧不歇"，但"如果这一群小鸟不在'抗战的花园'，那或许反而不落俗套，也未可知"。[1]

说是卖弄风情也罢，说是不合时宜也罢，姚雪垠并未因受到批评而从此放弃"写生活"的典型化手法。"文章千古事，得失寸心知"，他从《春暖花开的时候》的艺术实践中收获了很多。后来，他进而认为，"写生活"是现实主义艺术的题中之意，因为"典型环境表现在典型的生活细节之中"[2]，并将这一理论观点作为其长篇小说美学思想的重要组成部分之一。

晚年，姚雪垠在杨建业录音整理稿中还曾谈到"写生活"的创作原则在《李自成》中的成功运用，他写道：

> 1960年（《李自成》第）一卷初稿完成后，我做了一首诗："百代风流各创新，前贤未必绝无伦，今人自辟康庄道，不拜施罗马后尘。"因《三国演义》没有完整结构，不懂得写生活。中国长篇小说到了《金瓶梅》才开始写生活。我们接受的中国文化遗产在罗贯中不可想象，起点不一样。

第二，承继并发展了"多种语言艺术"的运用。

如前所述，姚雪垠晚年曾对《春暖花开的时候》有过自我评价，他认为这部作品当年深受读者欢迎的条件之一便是"它的语言特色或文笔风格"。他还对其"语言风格"进行了如下的解说：

> 我受到大众语问题讨论和"新文字"运动的启发，又从三千年祖国古典文学传统悟出来一点美学道理，在"七七事变"前就开始探索自己要追求的语言风格，到写《春暖花开的时候》基本上明确了。概括起来说，我要追求的语言风格是：朴素、生动、流畅。[3]

我们知道，单就小说语言而论，《春暖花开的时候》与《差半车麦秸》及《牛全德与红萝卜》的风格是不同的：《差半车麦秸》的"语言特色"是豫西南民众"口语"的精彩运用，《牛全德与红萝卜》则是人物对话的"口语化"再加上叙述语

---

①　茅盾：《读书杂记》，1945年5月。
②　姚雪垠：《春暖花开的时候·前言》（北京修订版）。
③　姚雪垠：《学习追求五十年》。

言的"散文化"，而《春暖花开的时候》无论是人物对话还是叙述语言都大量采用经过提炼的北方知识分子"白话"，呈现出别样的风貌。

姚雪垠在创作《春暖花开的时候》"连载本"时，对文学作品的内容及形式的关系已经有了初步的理论认识。他曾谈道："任何文学形式和表现手法都有适应性，适应性包含局限性。我不能囿于某一种小说形式和写作手法，将好事变成了作茧自缚"，"所以我不是只局限于一种语言，而是学习了多种表现人物的语言"。①

他在创作《春暖花开的时候》"重庆版"之前，对文学语言的"口语化"发展趋势有了更清楚的理论认识。1942 年他在《抗战文学的语言问题》中写道：

> 文学走上口语化，决不是文学作品完全否定了白话的意思。所谓白话，它既不是从天上掉下来的，也不是同民众绝对无缘的语言。它本身也是活生生的语言，特别为最有文化教养的知识分子所使用，在词儿和语法上较为洗练，较为严密，其中有较多的现代语汇。它的毛病在受欧化过甚影响，带有文言的残渣，且表现民众生活的语汇比较贫乏，除掉了欧化和文言的成分以外，在北方语区中白话同民众语并没有大的差异……（笔者有删节）

> 所以文学的口语化，我以为应该是以知识分子通用的白话为基础，克服不必要的欧化语法，肃清不良的文言残渣，提炼民众的土语俗语而使它的语汇无限的丰富起来。这一点粗浅的意见，许多人认为是不够进步，不够彻底，但我以为在今日使用汉字作书写工具的条件之下，只有这意见才为创作实践所需要，谈别的都似乎有点空洞。

如前所述，姚雪垠的"以知识分子通用的白话为基础"的文学语言观曾受到语言学家林曦的批评，被认为有倒退之嫌。当年的文坛上，关于以哪一种语言为文学基本语言的问题，存在着三种意见：第一种以周扬为代表，主张"以群众的口语为基本"②；第二种以艾青为代表，主张"拿现代流行的科学的口语作为基本语言"③；第三种以林曦为代表，主张以"五方杂处，南北交融"的"普通话"（即所谓的"蓝青官话"）为基础④。比较起来，姚雪垠的语言文学观与艾青颇为接近，但论述更为严谨科学，也更接近 1955 年汉语规范化"以北方话为基础方言"的标准。

---

① 姚雪垠：《学习追求五十年》。
② 周扬：《马克思主义与文艺》。
③ 艾青：《我对于目前文艺上几个问题的意见》。
④ 林曦：《姚雪垠的文学语言观》。

不过，作家在《春暖花开的时候》"重庆版"中所进行的多种文学语言的实验，能否达到所期许的"朴素、生动、流畅"的要求呢？请看如下的摘录。

摘录之一。下面的文字摘自《春暖花开的时候》"重庆版"第10章的开头，这是作家最为欣赏的一章，曾被单独抽出来另题为《春夜》交杂志发表。

清明节过去几天了。

这是一个风软花香的暮春之夜。上弦月像一个尚未长成的小姑娘，躲在邻家院中的绿杨背后，怯生生地侧着一只眼睛向校园中窥望。校园中的树梢上，花枝间，春夜在极其神秘地、轻悄地、温柔地絮语着。从树梢上望过去，几颗幽静的明星倚着雉堞残破的古城头，像小姊妹们并排儿坐在一起，悄悄地谈论着天上的荒唐故事，生怕被别人偷听了去。

黄梅和罗兰怀着奇异的飘然心情，都不说话，亲密地依偎着，耳朵和鬓发互相厮磨，在花影间走来走去。黄梅穿着新做的草绿制服，戴着军帽；那一个穿着淡紫色的短袖旗袍，两个小辫子搭在肩上。罗兰差不多是无力地倚靠着黄梅，而黄梅像男性似的扶持着她的朋友。走到丹桂树下，她们仍然不说一句话，只交换了一个眼波，在微带凉意的青石长凳上坐了下去。

这是一段景物和情致交融的文字，它的语言风格非常柔美。

摘录之二。下面的一段文字摘自《春暖花开的时候》"重庆版"第16章，描写"女性三型"之一的林梦云春游时在溪边唱歌的情景。在《春暖花开的时候》"连载本"中，作家曾描写过这位"女神"哼唱山歌《一根棒儿》时的魅人情景；在"重庆版"中，作家将其哼唱的歌曲改为《春暖花开曲》，并给予了更加魅人的艺术描写：

林梦云抬起来她那充满着愉快的、热情的、带着天真梦想的大眼睛，凝望着山谷外展开在阳光下的油绿原野，用右手中指和食指的尖端在膝头上换替地点着拍子，低声唱了起来。她唱的是《春暖花开曲》中最美的一段，描写各种花儿在百鸟的歌声中睁开眼睛，在软软的暖风中打着哈欠，在阳光的爱抚中绽开笑靥；随后她们在一阵细雨中洗了一个痛快的澡，用早晨的清露滋润了喉咙，开始把自己打扮得娇艳动人，随后各种小草向她们祝贺，各种小虫为她们狂欢舞蹈，而蝴蝶和蜜蜂都做了她们的使者，兴奋地、忙碌地、到处传达着她们的甜蜜心意，替她们散布着春天的消息。小林的歌声像一根极长的金色细发，在空中飘荡，发光，又娇嫩得像花草的嫩芽迎风微颤。当她正在唱歌的时候，一片落花随流水漂来，仿佛被婉转的歌声吸引，在水面打个旋转，偷偷地贴在她的腿上，不忍离去；一群小鱼秧悄悄浮出水面，一动也不动地停留在她的面前；一只色彩美丽的小蝴蝶从野花丛中飞出来，飘飘地绕着她的花冠飞。

这是一段景情交融的文字、一首散文诗，它的语言风格非"华丽""华美""华瞻"不能形容。

摘录之三。下面的一段文字摘自《春暖花开的时候》"重庆版"第22章，描写四里八乡的农民奉命"扒城"的浩大场景，这样的大规模的群众生活场面的如实摹写在"连载本"中不曾有过，但曾出现于作家早年的报告文学作品《M站》中。

> 成千上万的农民汇集到古老的城墙下，蔓延到附近的街道上，有的已经按照分配的段落开始工作，有的还在陆续从乡下赶来。在这个非常壮观的集团里面，有不少驼着脊背的老头子，白胡须在风中飘着，在太阳下闪着银光；有不少才只有成人的肩头那么高的小孩子。由于他们第一次走进县城，看见城墙，看见这么庞大的农民集团，他们以惊骇和好奇的眼光，不住地向各处张望；有不少半老的女人，因为她们的丈夫死了，她们的孩子打仗去了，或者还太小，或者病在床上了。在这个集团里面，有很多人害着眼疾，有些人的眼皮向外翻着，眼球上网满血丝，很可能他们的眼疾是一代一代传下来，永远也没有医过；有很多人的脸孔虚肿，黄得可怕，显然他们是被疟疾或别的什么传染病蹂躏了许多日子，靠着天大的幸运，靠着一些莫名其妙的药方，刚刚治好；有很多人的脖子里长着瘿包，因为食物中缺乏碘质；此外，也有很多的小孩子患着秃子。虽然在这个集团中人的成色非常不齐，但是单看看这些人们所穿的破烂衣服，单看看他们的结着茧皮的双手，就知道他们是从乡下来的真正的劳苦大众。……噢，这个包括着健康的和不健康的，太老的和太小的，包括着孤儿寡妇的庞大集团，是多么的善良，多么的不幸，多么的富于忍耐力呀！

这是一段写实的文字，它的语言风格非常的"质朴"。

综上所述，"重庆版"的语言风格是多样化的，柔美、华美、质朴兼而有之，虽然与作家所期许的"朴素、生动、流畅"还有距离，但已相当接近了。姚雪垠在这部小说中所进行的文学语言多样化的实验，曾引起不少批评者的关注，或褒或贬，不一而足，且待后述。

姚雪垠对《春暖花开的时候》的自我评价很高，20世纪80年代他在完成了《春暖花开的时候》的最后一次修订后曾谈道：

> 我的关于长篇小说的美学思想，几个主要方面都是开始出现于《春暖花开的时候》，完成于《李自成》。所谓几个主要方面，如：以现实主义创作方法

为根本,适当地容纳浪漫主义的创作方法;重视写生活,典型环境表现在典型的生活细节之中;重视写人物性格,生活细节围绕着典型人物;在相连的几章中,或在同一章中,追求笔墨变化,丰富多彩;讲究小说的散文美;重视小说的多种语言艺术,形成中国风格或民族气派。①

《春暖花开的时候》"重庆版"所进行的艺术探索,当然不止于笔者如上谈到的两个方面,或许也不止于作家自我评介所涉及的方方面面。除此之外,还有许多,限于篇幅,在此不赘。

第三节　"整风"与"整肃"

1944 年是不平凡的一年。

当年年初,对中国现代文学运动及中国知识分子命运均有着重大影响的《在延安文艺座谈会上的讲话》被介绍到国统区。同年 5 月,何其芳、刘白羽受中共派遣来到重庆,宣传延安整风和《在延安文艺座谈会上的讲话》精神。同年 8 月,重庆《新华日报》转载《中共中央宣传部关于执行党的文艺政策的决定》,文中指出:

> 小资产阶级出身并在地主资产阶级教养下长成的文艺工作者,在其走向与人民群众结合的过程中,发生各种程度的脱离群众并妨害群众斗争的偏向是有历史必然性的,这些偏向,不经过深刻的检讨反省与长期的实际斗争,不可能彻底克服,也是有历史必然性的。

接着,重庆进步文艺界开始了小范围的整风。周恩来根据国统区的特殊情况,制定了《关于大后方文化人整风问题的意见》,提出了组织大后方文化人学习《在延安文艺座谈会上的讲话》的几条原则:"要注重学习精神实质,而不是表面的字句或简单的'对号入座';必须顾及到不同的环境和条件;对历史的反省是为目前斗争服务的。"②为此,南方局文化组秘密地组织了若干个"读书小组",每组有若干个进步作家,由党的文艺领导召集,不定期地集中学习和讨论,学习方式采取批评和自我批评相结合,气氛是和风细雨的。

如前所述,当年姚雪垠是中共非常信任和重视的文学家,他能经常参加徐冰、

---

① 姚雪垠:《春暖花开的时候·前言》(修订本)(1987)。
② 王大明:《周恩来同志为在国统区传播〈讲话〉所做的巨大贡献》。

叶以群等文艺领导人召集的会议，能直接听到上级组织的声音，因而也就更能自觉地根据整风精神来开展"批评和自我批评"，以期改进自己的文艺工作。

姚雪垠参加了以中华文协名义召集的一个"读书小组"，按照整风精神"检讨"自己的和他人的作品。诗人臧克家与他同在一个小组，他在回忆文章中写道："我们这一组五个人：茅盾、叶以群、姚雪垠、刘盛亚（SY）同志和我。记得只开过两次会，一次在生活书店的宿舍，一次在张友渔同志家中，研究、讨论了什么作品、什么问题，已经记不得了。"①不过，姚雪垠倒是清楚地记得"读书小组"曾讨论过他的《牛全德与红萝卜》，1947 年他在一篇文章中谈道：

> 1944 年的春天，《牛全德与红萝卜》遇到了一次最深刻、最公正、最严肃、最使我感激难忘的批评。这次批评是采取讨论会的形式，并没有文章发表，至今我珍贵的保存着当时在几张纸片上记下的批评要点。参加这次讨论会的有茅盾先生，冯乃超先生，以群兄，克家兄，SY 兄，克家兄和 SY 兄因为没有来得及细读，为慎重起见很少发言。以群兄，乃超先生，茅盾先生，都发表了许多极其令我心服的宝贵意见。他们说出了这部小说的成功之处，也详细地指出了它的缺点。特别使我感激的是茅盾先生。他的眼力是那么不好，这部小说初版本印刷得是那么一塌糊涂，为了要批评这部书他竟耐心的细读两遍，请想一想这态度是多么认真，对一个后进是多么诚恳！ 自从这一次批评之后，我就决心依照他们的意见进行修改。②

如前所述，《牛全德与红萝卜》出版后曾在大后方文坛引起了很大的轰动，各党各派的文化人都给予了这部表现底层民众参加抗战的中篇小说以很高的评价。该作品的"成功之处"非常突出，首先在于人物对话中民众"口语"的精彩运用，其次在于叙述语言的"散文化"风格；该作品的"缺点"也非常显著——作品中游击队的组织关系模糊，政治宣教工作若有若无，写"坏女人"的转变遗漏了一个"过程"，写红萝卜的心理忽略了"矛盾发展"，等等。

姚雪垠非常珍视大家的批评意见，年前他刚写过 篇题为《需要批评》的杂文，文中有些表述似乎就是针对当时《牛全德与红萝卜》所引起的文坛反响而发的，如下：

> 目前文坛上只见创作，不见批评，不管作品好也好，歹也好，大家默然。

---

① 臧克家：《少见太阳多见雾》，载《新文学史料》1981 年第 1 期。
② 姚雪垠：《〈牛全德与红萝卜〉的写作过程及其他》（1947）。

从表面上看，文坛上风平浪静，一团和气，但是这种现象的骨子里却很坏，它会使这文坛荒芜起来。好的作品没人提到，没人注意，往往使有前程的作者在悠长而艰辛的旅途上感到寂寞，甚至也许会感到疲倦。不好的作品没人批判，那影响更其糟糕。如果那作者在主观上想写出好作品，而由于功力，由于生活，一句话，由于种种条件不够，使他的作品失败，那么，批评家就应该负起责任，给他一点切实的帮助。如果大家不管，甚至故意"默杀"，那他就只好"盲人骑瞎马"，在学习过程中浪费去许多时间和精力。如果另外有作者存心歪曲现实，而批评家袖手旁观，就等于放纵毒菌自由蔓延。也许有人说：作品好坏，读者自有公论。然而事实上读者并不全有很高的理论修养，最容易上当的常是读者。制造有滋养价值的食物给读者，是作家的责任；遇到真伪混杂，甚至糖果与砒霜混在一起的时候，就需要批评家帮助读者选择了。况且，白璧无瑕的作品如今还没有产生，纵然是众口交誉的好作品，也难免含有瑕疵。赞扬成功部分，批评瑕疵之点，不是多余的吹求，而是帮助作家在百尺竿头更进一步。批评家不说话，作者稍有成就之后，便容易自满自骄，养成主观主义。所以批评家不是作家的敌人，也不是作家的捧场者，而是诤友。

基于如上的认识，姚雪垠心悦诚服地接受了"诤友"们的宝贵意见，并决定修订。同年年底《牛全德与红萝卜》第一版卖完后，他便决定停印。修订工作持续了好几年，1947年交怀正文化社出版。他在修订版的《跋语》中谈到当年停印事，写道："我在重庆是全指望自己的版税过活的人，停印一本书就说明我是多么的甘心去服从公正的批评。后来像《春暖花开的时候》那些书我都有心停印整理，但出版家要顾及血本，我的交涉都没有得到成功。"①

在这个"读书小组"中，姚雪垠也曾担当过"诤友"（批评者）的角色。就在同一年里，他写了两篇批评文章——《现代田园诗》（作于 1944 年 5 月）和《生活、思想、语言》（作于 1944 年 10 月）②——对老朋友臧克家抗战以来的诗歌创作道路和诗歌作品作了非常透彻的分析和非常精到的评介，进行了包含着"自我批评"在内的"批评"。

我们注意到了他在这两篇文章中所表现出来的对于整风精神的自觉的响应，及对于鼓励知识分子进行脱胎换骨"改造"的历史大潮的即时回应。

---

① 姚雪垠：《〈牛全德与红萝卜〉的写作过程及其他》（1947）。
② 该文为庆祝臧克家四十岁生日而作。

他在《现代田园诗》中这样写道：

你爱农民，却没有同农民共同呼吸；你同情"进步"，"反抗"，然而又同这事远远离开。这就是你的矛盾，你的苦闷，你自叹着"叶赛宁道路"的最大原因。在诗歌上你颂扬革命，企望进步，在生活上你要同革命和进步远离，内心中又有点害怕，有点悲观，有点厌倦。结果，颂扬是你的义务，而后者种种才是你的真实灵魂……(笔者删节，下同)

你同我都熟悉农村，而你比我更为熟悉。说你是对农村的变化没觉察到，没注意到，那是不对的；说你不了解今日的农民生活，还不对。你同我一样，所了解的是悲惨黑暗的农村，而不是新生的农村。我觉得当你的生活还没有深深的接触到新生的农村，你不必从观念出发去歌颂新生和斗争，只要牢牢实实的去揭发黑暗，代悲苦无告的农民诉出冤抑，做到字字血泪，语语惊心，也就尽了诗人的伟大任务了……

他在《生活、思想、语言》中这样写道：

过去的和我们这一代的诗人，还不曾有过出身于真正的工农大众，至多也不过是出身于半地主半自耕农阶层，因而意识上和生活习惯上，都带着浓厚的小资产阶级知识分子气。我们的出身，我们所受的文化教育，我们所处的时代环境，规定了我们的人格的双重性，即一方面要前进，一方面又不肯彻底的前进。由于人格的双重性，或灵魂内部的矛盾性，我们一方面颂扬劳动，一方面却远离劳动；一方面甘愿为大众服务，一方面又不肯同大众打成一片；一方面看清了大众在历史中是进步势力，是人类希望的真正创造者，一方面把自己看得比大众更高，一切又都比大众优越；一方面我们自以为是新时代的号角，历史的叛徒，一方面往往只能做革命的同情者，喝彩者，拿上一管笛子跟随在大众后面。因为这样，所以虽然我们有一部分诗人曾经、正在或将要同大众在生活上发生接触，但接触的程度却不容易达到极深极密，不容易同大众打成一片。作为今天的最有前途的优秀诗人，必须跳出原有生活的狭小天地，应该不怕同大众在生活上和精神上打成一片，这就是旧的自我的蜕变或改造工作，也就是从思想意识到生活的改造，从生活到思想意识的改造，最后归结为从人格的翻新提高到诗格的翻新提高。

细读如上引文，其中有着对于"小资产阶级知识分子(劣根性)"的自我批判，有着对于造成"人格的双重性"主客观因素的深入挖掘，有着对于"叶赛宁道路"的深刻反省和警惕，有着"从思想意识到生活的改造，从生活到思想意识的改造"

的自觉要求。在当年的政治环境中，一位党外的作家能将"批评和自我批评"进行到如此的程度，也算是很难得的了。

然而，姚雪垠等"自我蜕变"的积极态度却不得"胡风派"认同。三年后，方然在一篇批评文章中这样写道：

> 这中间你呀，我的，倒也说出了真理。作家底满腹"思想"、牢骚、闷气，也许是"人类"底"天性"什么的吧，通统说出来了！还说到了叶赛宁呢！由此观之，当前的世界也的确是对不住我们底作家了！但这是三年前讲的话吧，毕竟是时过境迁了。……（笔者删节）"诗人"们也尽管放心了，叶赛宁的鬼是不会来拉的了，革命就这样请革下去吧！"理想"大概也就差不多了罢！①

不过，抗战文坛对姚雪垠"需要批评"的呼吁倒是欢迎的。1944 年 3 月，《时与潮文艺》从第 3 卷第 2 期起增设了《书评副刊》，著名书评家李长之担任主编，对文坛热点作品逐一进行点评。截至当年年底，该《书评副刊》共出九期，点评的作品达到三十余部。其中，被他选中的来自战区的作家作品——姚雪垠的《新苗》《春暖花开的时候》第一分册和第二分册，臧克家的《泥土的歌》，碧野的《肥沃的土地》和《风砂之恋》——就有六部之多，他对这些作品均作了精到的艺术分析，大体上是肯定的，但也毫不容情地指出了作品中的弱点，如批评《新苗》失于"敷衍草率"，批评《春暖花开的时候》第二分册描写林梦云时"专注意其色相"，等等。近年来有研究者高度评价李长之在《书评副刊》上所撰写的书评，称："不能说李长之的书评都是大家和优秀之作，但至少他的大部分的书评所评论的是当时最有代表性、最优秀的作品，在中国文化史上能够占上一席地位的作品，即可见其书评的品位。"②这个评介是比较公正的。

几乎同时，就在姚雪垠这些进步文化人自觉地在组织的指导下开展着"批评和自我批评"时，就在李长之这些学院派批评家热心地为这些有成就的新晋作家指疵时，一场"整肃"运动开始了③。

1944 年 4 月，胡风在中华文协第六届年会上宣读了一篇论文，题为《文艺工作底发展及其努力方向》（下简称《努力方向》）。他提出：抗战中期以后，由于"思想限

---

① 方然：《文化风貌录》，《呼吸》第 2 期，1947 年 1 月 1 日出版。

② 于天池：《李长之的书评及其理论和风格》，《北京师范大学学报》2001 年第 3 期。

③ "整肃"这个名词始见于 1947 年胡风为论文集《逆流的日子》所作的《序言》，他在该文中回顾了"整肃"运动的由来，认为 1944 年前后现实主义文学曾陷入反现实主义的"重围"，因此"这就急迫地要求着战斗，急迫地要求着首先'整肃'自己的队伍"。

制和物质生活底困苦这双重的压迫",某些作家"主观战斗精神底衰落",导致了"对于客观现实的把捉力、拥抱力、突击力底衰落"。于是,各种"反现实主义的倾向"便从"两三年前开始了强烈的生长,现在正达到了繁盛的时期"。他认为,"要胜利就得发动斗争,发动在明确的斗争形式上的文艺批评……(笔者删节)只有通过批评,才有可能追索到生活世界和艺术世界的深的联系,只有通过批评,才有可能揭开而且解剖一切病态倾向底真相,保卫而且培养一切健康力量底生机"。

当年 7 月 24 日,胡风组织的三篇书评见于《新华日报》的《新华副刊》:

朱涛:《风砂之恋》(书评)

石怀池:《风砂之恋》(书评)

石怀池:《戎马恋》(书评)

我们特别关注的是署名石怀池①的复旦大学学生所撰写的两篇书评,他是一位有才气的学院派文学研究者,也是一位深受胡风文艺思想影响的文艺批评家。他托路翎交给胡风转送《新华日报》的原是一篇题为《评两本恋爱小说——碧野的〈风砂之恋〉、姚雪垠的〈戎马恋〉》的文章,全文分为三节,万余字。②《新华副刊》的编辑在发表时全删了原文第一节有关胡风《努力方向》观点的转述,删削了第二节中对于作家碧野"主观战斗精神底衰落"的揣测;全文发表了第三节中关于作家姚雪垠创作风格转变的评述。如下引文均摘自第三节,从中可以见出当年北碚学子对姚雪垠抗战小说作品的总体评介:

> 一位学工程的朋友读完《戎马恋》后,多少有点感慨似的说:"姚雪垠写小说的风格变啦。——以前读他的《差半车麦秸》和《牛全德与红萝卜》时,是非要像煞有介事似地坐着读的。而最近读他的《新苗》和《戎马恋》,却可以非常惬意地躺起来看啦。不过,读时虽然很顺利流畅,事后却什么都忘记啦,而那个农民游击队员差半车麦秸,还有红萝卜和牛全德等人物,一直到现在还能生动地出现在眼前呢。"

> 当然,这只是一种直觉式的判断,但是,它既然是读者反应之一,我们也就不应该忽视它底内含的意味。

> 从《差半车麦秸》、《牛全德与红萝卜》到《春暖花开的时候》,到《新苗》和《戎马恋》,这是作家姚雪垠创作发展的路线。由于迄至现在为止,《春暖

---

① 又名束衣人。

② 请参看《石怀池文学论文集》,第 138—146 页,耕耘出版社 1946 年出版。

花开的时候》还仅仅出版两册（约占全书十分之二），未窥全豹自不宜妄加批评，可是，正如那位读者所感到的，由《差半车麦秸》到《戎马恋》，姚雪垠的创作风格已大大地改变，前者是"从战斗的生活和觉醒的人民得到滋养，得到感受"①而产生的作品，它是人民大众的诗篇，曾经而且应该被誉为抗战里程碑式的作品。而《戎马恋》则正如碧野的《风砂之恋》一般，已是一部多少带有抒情意味的知识分子的绯色恋爱故事，虽然无论在人物典型的创造上，全书结构的安排上，描写手法的生动上，《戎马恋》是远胜过《风砂之恋》的。但是，较之《差半车麦秸》，它却依然是一部不成功的作品。

石怀池文中转述的"一位学工程的朋友"对姚雪垠小说创作"风格"演变的"直觉式的判断"，也许很有普遍性；但他对姚雪垠"创作发展的路线"的揣测和推断却仍属皮相之论。如前所述，当年姚雪垠的小说创作确实貌似呈现出两条不同的道路，从《"差半车麦秸"》到《牛全德与红萝卜》是一条道路，从《春暖花开的时候》到《戎马恋》《新苗》是另一条道路，但这两条道路并不是非此即彼的，也不是水火不容的，它们都是作家有意识进行的小说艺术实验，不久这两条道路便将在《长夜》的创作中合二为一。

我们特别注意到石怀池对《戎马恋》之被看作是"带有抒情意味的知识分子的绯色恋爱故事"而作的艺术分析，该文引证了小说中"一大段的对少女李莲颇富肉感的睡态的描写后，作者在括弧里用自己的口吻（所发的感慨）"②，严肃地批评道："这实在是丧失了一个作家在处理他的对象时所应有的认真严肃的态度的。"前文已述，姚雪垠在运用"影子法"和"第二我"法来塑造人物时，有时会因过于迷恋笔下的人物而伤害作品的艺术表现，李长之批评作者在《春暖花开的时候》第二分册中过分关注林梦云的"色相"即是一例，这里又是一例。

回过头来细细地品读石怀池的这篇书评，还可以得到许多感悟：尽管他先验地将作品的缺陷归结为"主观战斗精神的衰落"，但并没有将作家的历史贡献一笔抹杀，因此尚不失为一篇有理有据的书评。靳以先生对他的这位高足的文艺批评风格是认可的，曾赞扬道："他不发空谈，每一个意见都有依据，他绝不信任幻想，也不以自己的好恶为本，他全以多数读者的意见为意见，他不玩弄技巧，批评

---

① 这句引文出自胡风的《文艺工作底发展及其努力方向》，原文未加注，盖因《新华副刊》的编辑删除原作第一节时的遗漏。

② 在《戎马恋》的"大东版"中，括号中的作者道白为："假若被一个普通的男子看见，恕我说一句粗野的老实话，他会疯狂的咬她一口！"这句话在后来的"东方版"中被删除。

别人来炫耀自己;他也不站在门户的私见上,为自己的友人喝彩,抹杀别人的一切,他的颂扬和贬斥全是极其恰当的。"①

但 1944 年 11 月 8 日路翎在致胡风的信中这样写道:"石君的稿子,原则上是的,但繁缛了。不直接地、单纯地说,而援引着学问的根源。看起来不爽快似的。"胡风深以为然。翌年,《希望》问世,"整肃"运动正式拉开序幕。

第四节 川北三台

1945 年年初,姚雪垠的日子过得似乎还算惬意。尽管大后方物价飞涨,所得稿费不敷生活,但他仍安之若素、意气风发。年前,他的长篇小说《春暖花开的时候》第一部三个分册全部出齐,引起了极大的轰动;年初,他从重庆市区移居北碚,多次应邀去各大学演讲,极受学生们的欢迎;3 月初,他接受了时任东北大学中文系主任陆侃如先生的邀请,准备不日即赴位于四川北部的三台县该校中文系执教。

但他万万没有想到,一场针对他但不只针对他的风暴正在酝酿中。

1944 年 11 月,就在《春暖花开的时候》的第三分册面世后不久,路翎在给胡风的信中称②:

> 寄上《谈娼妓文学》。这完全是拿出结论来的东西了,对于作品的具体的分析和理论的检讨,是没有的。但我想也不需这些,对于"娼妓文学",不知你觉得如何?沥兄和石君都说要写一两篇,大约五号以前可以给寄来的。

信中提到的文章《谈娼妓文学》,即为后来载于《希望》第 2 期(1945 年 5 月出版)的书评《谈"色情文学"》,评点的是碧野和姚雪垠的长篇小说;"沥兄和石君"指的是冀沥和石怀池,他们都是复旦大学的学生,是比较接近胡风的文艺青年,路翎代胡风向他们约书评稿。

路翎为何要写这篇书评来为碧野和姚雪垠的小说作"结论"呢?这是有原因的。如前所述,年前李长之在其主持的《时与潮文艺》的《书评副刊》上曾点评过来自战区的作家姚雪垠、臧克家和碧野的作品,给予了肯定的评价;去年路翎约石

---

① 靳以《不朽的生命——序〈石怀池文学论文集〉》。
② 该信收入《致胡风书信全编》中,写作时间标为"一九四四年×月二十日",笔者认为当是 11 月。

怀池写过一篇批评碧野的《风砂之恋》和姚雪垠的《戎马恋》的书评,由胡风交《新华日报》副刊发表,但发表时编辑把原稿中略带刺激性的句子都删了,只保留了艺术分析的部分。因为有这些事,于是路翎便亲自操刀写了这篇重新为碧野和姚雪垠作品作"结论"的文章。

1945 年 3 月,就在姚雪垠重庆沙坪坝中央大学演讲的数日后,路翎又在给胡风的信中写道①:

> 四川话说"要把言语拿顺"。没有这样的言语的人们,自然是拿不顺,也听不顺的。那位写春暖花开——的小文豪,目前在此地的学府里公开演讲,据沩兄说,全是"技巧论",然而听众一致赞美。这就是说,他已经拿顺了语言了。

> 可是我却想用些法子使他们感到百事都不顺遂——但事实上这也不值一提。我们的感觉与他们的逐日地远离,也就与另一面逐日地接近,这是值得高兴的事罢。

信中提到的"想用些法子使他们感到百事都不顺遂",其中的"法子"指的就是他和石怀池等人撰写的抨击姚雪垠等作家的书评,"他们"指的是胡风所定义的以姚雪垠为代表的"非现实主义"和"反现实主义"的作家群,"写春暖花开的小文豪"指的便是姚雪垠。截至 1944 年年底,胡风已经收到路翎寄来的批评姚雪垠等的文章好几篇了,如上面提到的《谈娼妓文学》(批评碧野和姚雪垠的小说),还有《病在急就》(批评姚雪垠的长篇小说《春暖花开的时候》)、《骑士的堕马》(批评姚雪垠的中篇小说《戎马恋》)②,等等。

1945 年 4 月初,就在姚雪垠刚刚离开重庆赴川北三台任教之时,舒芜在给胡风的信中写道③:

> 宁兄来信,说那边的大学里的壁报,有批评《论主观》之文,大约受了春暖花开之类的叭儿狗的唆使,先向文协论文开火,这样的文章竟也出现于《希望》,云云。

信中提到的"宁兄"指的是路翎,《论主观》指的是舒芜发表在《希望》创刊号上的哲学论文,"春暖花开之类的叭儿狗"指的是姚雪垠及其拥戴者;但"文协论

---

① 1945 年 3 月 13 日路翎致胡风。

② 龚鸯:《骑士的堕马——评姚雪垠中篇小说〈戎马恋〉》,1944 年作,载 1946 年 3 月《中原、文艺杂志、希望、文哨联合特刊》第 1 卷第 4 期。

③ 1945 年 4 月 16 日舒芜致胡风信。

文"所指不详,或指胡风在中华文协第六届年会上宣读的论文《文艺工作底发展及其努力方向》,或指胡风在《希望》创刊号上发表的论文《置身在为民主的斗争里面》,前一篇文章为发动"整肃"运动而作,后一篇文章为"呼应"舒芜的《论主观》而作;这两篇文章共同高扬起反对"客观主义"和"主观公式主义"的大旗,把"整肃"运动提高到与"机械——教条主义"作斗争的哲学高度。

然而,姚雪垠对这些文坛异动一点也没有察觉。

1945 年 3 月底,他如约来到地处四川北部三台县的东北大学就任中文系副教授,月薪三百法币,担任"小说原理"和"中国现代文学"两门课程。那年,东北大学文学院的师资力量可谓极一时之盛,院长为金毓黻先生,中文系主任为陆侃如先生,教授有孔德、冯沅君、杨荣国、赵纪彬、董每戡、杨向奎等知名学者。开学不久便是校庆日,陆侃如先生在《理想的中文系》①一文中热情洋溢地写道:

> 大学是造就专门人才的地方,中国文学系的目的在造就中国文学的人材。文学方面的工作有二,一是批评,一是创作。所谓文学的人材就指创作家和批评家。……要完成这目的,中文系的教授中必须包含创作和批评两方面的专家,来担任指导青年的工作。目前东大中文系教授的人选,各方面还算完备。希望不久的将来,能在学生中收到相当的效果。

姚雪垠正是陆侃如文中提到的"创作"方面的专家,他在副教授的职位上十分胜任且心情愉快:他的口才,他的风度,他的学识,他的作家身份,甚至于他的颜值,都为他赢得了不少拥戴者。对此也有人不以为然。翌年方然在《文化风貌录》一文中写道:"现在,作家当稳了教授,而且据说在台上讲演时,台下有许多'女孩子'底'大眼睛'在他身上骨碌碌转!②"此文描绘的也许有几分真实性。

他很快就融入了这个新的环境之中。在潜心教书育人的同时,也没有忘记进步作家的本分和责任。他积极参加中华文协三台分会③的各项活动,如 4 月 6 日应川北文协分会暨东大二十余学术团体之请在东大礼堂公开演讲《文艺的欣赏和批评》④,5 月间出席文协三台分会举办的文艺晚会,他与陆侃如、冯沅君、董每戡等都出有节目⑤。他也经常参加中华成都文协举办的各项活动,如当年暑期成都

---

① 载《东北大学校刊》复刊第 11 号,校庆纪念号,1945 年 4 月 26 日出版。
② 该文载《呼吸》1947 年 1 月第 2 辑"新年特大号"。
③ 据有关资料,姚雪垠在三台时曾与杨向奎、丁易等组建了中华文艺界抗敌协会川北分会。
④ 姚雪垠演讲,黑黎记录:《文艺的欣赏和批评》,《文学青年》1945 年第 1 卷第 1 期。
⑤ 据说姚雪垠在晚会上讲了"红灯笼故事"。

文协为大中学生及社会青年举办的文艺讲座,他与叶圣陶、吴作人、朱自清、陈白尘等为主讲者。附带提一句,此次活动曾被国民党内部通报为"异党活动"①。

就在姚雪垠在三台忙碌之时,一场针对他但不只针对他的风暴在陪都重庆刮起来了。

1945年5月,胡风在《希望》第1卷第2期上刊出了两篇书评:一篇是石怀池的《评〈一个人的烦恼〉》,该文把严文井的这本长篇小说②说成是"目前创作上自然(客观)主义倾向的一个例子";另一篇是冰菱的《谈"色情文学"》,该文把碧野的长篇小说《肥沃的土地》和姚雪垠的长篇小说《春暖花开的时候》当成打击目标。

如前所述,1944年11月,路翎写成了一篇为碧野和姚雪垠作"结论"的书评《谈娼妓文学》。1945年2月胡风决定在《希望》第2期上发表这篇书评,不料稿子交给印刷厂后,竟被泄露了出来。当月25日,路翎致信胡风,称:"听到沥兄(指冀汸)说,他们有同学从城里来,听北辰(指林辰)说,碧野等人看到了《希望》第二期的原稿。不知是怎样偷到的。"由于书评的原题已经"走漏",胡风索性将原题改为《谈"色情文学"》,也许他觉得这更能配合年前《新华日报》对荆有麟小说《间谍夫人》"在色情以上"的批评③吧。

《谈"色情文学"》是一篇奇文,它完全以政治化的宣判取代了艺术分析。该文从碧野的长篇小说《肥沃的土地》说起,写道:

> 碧野先生的《肥沃的土地》(长篇《黄汛》第一部)是表征着目前的新文学创作上的一种恶劣的倾向的作品。这种倾向,基本上是生活的空虚及对这种空虚的生活的虚伪,自欺欺人的态度,以及思想能力,实感能力底缺乏。从这种空虚和缺乏,产生了对于政治理论和社会理论作着盲目的适应和投机的八股文学;用来点缀这八股文学的,是一种表现着作者自身底可怜的苦闷的色情主义。……(笔者删节,下同)

---

① 据《叶圣陶年谱》,载1982年《新文学史料》第1期。

② 严文井的长篇小说《一个人的烦恼》,反映抗日战争初期,一个富有热情但容易动摇的知识青年刘明,从毅然参加抗战到"颓然而返"的生活历程,细致而生动地描述了他的遭遇和烦恼。这部书的原名是《刘明的苦闷》,最初刊登在1941年2月在重庆出版的《文艺阵地》第6卷第3期上。1943年茅盾先生热情地为这部书写了序言。为了应付国民党检察官,把书名改成《一个人的烦恼》,巧妙地避开国民党当局忌讳的"苦闷"二字。重庆建国书店1944年出版。

③ 《新华日报》副刊于1944年10月9日、10月16日和11月2日连续刊载批评荆有麟《间谍夫人》的文章。

色情加上政治的和文学的公式主义,一面向今天的苦闷的中层社会博取观众,一面又宣告说:"看吧,人民大众!"这是把自己当做妓女的色情文学!这是把作者自己及其观众当做嫖客,把人民大众当作妓女的色情文学。……这样的卖笑者的这样的色情文学,是目前的文学创作上的一个显明的倾向。

忽而是"八股文学",忽而是"色情文学";忽而是"妓女",忽而是"嫖客";崇高的政治话语夹杂着低俗的市井粗口,构成了"希望派"书评奇特的文风。流风所至,俨然时尚。未久,方然在《呼吸》上撰文批评刘盛亚的《夜雾》时竟然这样写道:"熔化无名氏、徐訏、张恨水、姚雪垠等诸家之长于一炉,要性交,有的是;要手淫,有的是;有吊膀子,嫖,男嫖女,女嫖男都有;要打情骂俏,卖关子,有的是;要'革命',有的是……"①再稍迟,《泥土》上竟也有这样的批评陈白尘《升官图》的文字:"看《升官图》我们就仿佛看见了作者是一头性欲勃发的动物,在生活里面得不到性欲的满足,便晕痴痴地跑到作品中去舞台上去,让观众或读者和作者自己一道在他所'创造'的人物里面狂嫖一通去求得满足。"②

路翎接下来笔锋一转,矛头指向姚雪垠的《春暖花开的时候》,他写道:

公式的政治理论和文学理论,在这里(指《春暖花开的时候》)有着同样的作用,作者告诉我们,黄梅这个人物,是从下层社会出身的,罗兰这个人物,是从地主阶层出身的,等等。在比较这两个人物的时候,作者就得意洋洋地使用着温柔的场面。描写罗兰在房里穿军裤,一阵春风吹来,她赶忙地掩上了腿,我们觉得这简直是画龙点睛的笔法了。描写对花相思,对水流泪,作者显得肉麻的温柔体贴,使他底读者简直要陶醉了。然而,关于救亡运动,关于民族革命战争底深刻的生活根源和冲突,作者是一点东西都没有写出来。

这篇书评,诚如路翎自己承认的那样,"对于作品的具体的分析和理论的检讨,是没有的",有的只是"对于政治理论和社会理论"生吞活剥的搬弄,以及粗鄙到了极致的"政治的和文学的"宣判。

《希望》杂志对碧野、姚雪垠的批评,虽不足以引起读者的共鸣,但却造成了抗战文坛的惶惑。《肥沃的土地》描写的是劳动人民正常的婚姻生活,《春暖花开的时候》中的男女青年甚至连手都没有牵过,何来的"娼妓",何来的"色情"? 很多作家和批评家都表示不解,就连国民党方面的作家孙陵和陈纪滢等,都欲站出

---

① 方然:《文化风貌录》,1946 年作。
② 杜古仇:《堕落的戏,堕落的人——看〈升官图〉演出以后》,《泥土》第四辑 1947 年 9 月。

来打抱不平。

茅盾先生忍不住出来说话了。他在《读书杂记》中指出,碧野的《肥沃的土地》中男主角对女主角的"爱是真爱,不是性欲冲动",总的格调是健康的;他全面审视了姚雪垠的《春暖花开的时候》的三个分册,认为"作者最大的失算在于未曾精密计划了全书的总结构","第一分册太多了小儿女的私情蜜意",但"在第二、三分册中,儿女私情渐渐退居次要地位","在小鸟啾唧之中有了金戈铁马之声,甚至不妨说金戈铁马之声终于成为基本的音调了。作者终于把这部书挽救过来,不使成为抗战红楼梦"。①

《希望》杂志对碧野、姚雪垠的攻击,也引起了中共文化领导人的警觉,年初南方局即收到过周恩来、董必武从延安联名发出的电文《关于大后方文化人整风问题的意见》(1945 年 1 月 18 日),该文明确指出:

> 如文化人整风只限于文委及《新华日报》社两部门的同志,则可行;如欲扩大到党外文化人,似非其时。因目前民主运动正在开展,正好引导文化界进步分子联合中间分子,向国民党当局作要求学术、言论、出版自由的斗争,向顽固分子作思想斗争,揭露国民党文化统制政策的罪恶,并引导其与青年接近,关心劳动人民生活,以便实际上参加和推动群众性的民主运动。这也就是很好的整风。

南方局文化组认为《希望》杂志的表现与延安精神格格不入,于是在年初专门召集内部会议,讨论《论主观》问题,茅盾等在会上对胡风的"客观主义"理论及舒芜的这篇哲学论文提出了严厉的批评。但胡风却认为:"他(指茅盾)批评《论主观》不过是借口,实际上是不满意有的文章批评了他所赏识的姚雪垠,并且以为我批评客观主义是针对他的。"②不久,乔冠华也找到胡风面谈,希望他改变对姚雪垠、碧野等进步作家的态度,同样也遭到胡风的拒绝。胡风晚年对此事有过追述:

> 我看他(指乔冠华)还基本上是凭人事关系决定态度的。例如,他对姚雪垠是抱有好感的(我当时没有设想过姚雪垠是共产党员),向我提过打算约姚雪垠一道谈谈文艺问题,但我没有回答他,还在《希望》第一期(吴按:第三期)上发表了尖锐批评姚雪垠的文章。等于给他吃了闭门羹。他没有向我

---

① 茅盾:《读书杂记》,1945 年。
② 《胡风全集》第 7 卷第 623 页。

表示什么，还给《希望》译了诗，译了《费尔巴哈论纲》。他只好放弃了想我凭人事关系决定对人对作品的态度。当时，文艺是徐冰领导的，他只是从统战原则上作政治领导，文艺问题本身从没有干涉过。①

文中的"人事关系"说的是"组织关系"。如前所述，当年姚雪垠是非常接近中共的文艺人士，经常与徐冰、叶以群等"在郭沫若家开会，谈谈情况，交换意见"。胡风对此是知情的，但他坚持认为"整肃"的只是"文艺问题"。

写到这里，笔者不禁有疑问：当年胡风与姚雪垠曾同为中华文协创作组正副部长，都属于中共文化阵营里的进步作家，为何前者会把后者当成目标呢？

原因大致有三：

其一，姚雪垠与胡风不属于同一创作流派。按照严家炎教授在《中国小说流派史》中的分类，姚颇为接近于以茅盾先生为代表的"社会剖析派"，该流派的主要特征是"用马克思主义观点解剖社会，并通过生活横断面再现社会，揭示中国社会的性质"，其代表作家有茅盾、吴组缃、沙汀、艾芜和姚雪垠等；而后者则属于"心理现实主义派"，其主要特征是"比较强调作者的主观精神，重视人物的心理分析，特别是某些畸形性格的分析"，其代表作家有丘东平、彭柏山、路翎、冀汸等。抗战时期，胡风的"门户之见"甚严。

其二，姚雪垠一向不满于胡风的小圈子作风，在文章中多有开罪于胡风处。早在 1936 年，姚雪垠就对胡风反对"国防文学"口号的言论提出过批评；1940 年，他更在《谈论争》中指责胡风当年在"两个口号论争"时"犯了宗派主义的错误"；1942 年，他又在《创作论初集·后记》中批评"我们的理论家们自己手下的文章也写得叫人读起来头疼"；1944 年，他更在《现代田园诗》中公开讥讽"我们的大批评家……文法不通"，并一针见血地批评道："主观主义和小圈子作风常常是互为因果，相生相成。理论家如果主观色彩太强，自己封锁在小圈子里，对圈外人就缺乏诚恳态度，甚而不是一笔抹杀，便是默杀。"

其三，姚雪垠是"从前线回来的作家"，而胡风素来对这批作家存有偏见。1942 年胡风回答记者"作家为什么在这样宝贵的时机不上前线"的提问时，曾这样说道："作家上前线是应该的，但也要看他是抱着怎样的心情上前线去，在前线做一些什么。如果以为上前线去更会被人看重，去做个把秘书科长，或者做一些时官长底贵宾，和战争隔离着，和兵士隔离着，为了听到一些材料写成作品，我看

----

① 胡风：《文稿三篇》，《新文学史料》1995 年 2 月。

是没有什么意义的。"①胡风的这种表述很多作家并不认同。抗战后期艾芜在一次座谈会上曾指出："作家到前线或其它地方去搜集材料,批评家就立即嘲笑说:某某到前线去搜集写作材料去。似乎很可笑的样子。我以为这是不对的。"②

由于这些原因,胡风一直未能改变对姚雪垠的态度。

而此时,姚雪垠在川北三台并未受到太大的影响。当年,他的最大苦恼并不在于《希望》杂志发出的冷言冷语,而在于如何克服创作上所面临的瓶颈。

如前所述,姚雪垠于1938年初发表了《"差半车麦秸"》之后,曾遭遇过创作上的瓶颈,后来在战区生活中找到了突破的契机。1945年初,当他手头的存稿全部变成铅字之后,他又一次茫然着不知该从何下笔了。同年,他在《自省小记》一文中曾谈到面临的创作困境,写道:

> 今天历史现实的内容是民主统一,历史运动的主力是人民大众,这一切我都晓得。但由于客观的限制和主观的弱点,我始终漂浮于抗战现实之上,游戏(离)于历史主流之外,成为历史的观光者和喝彩者。这并非说我在抗战中没有工作过,而是说我不曾深入的工作过。我在抗战中真正接触到的不是人民大众而是救亡青年;而且不是以青年的身份接触青年,而是以"青年导师"的身份出现于青年面前。这就说明了为什么在这伟大的时代中我忽而热情澎湃,又忽而起空虚之感,而这种种也反映在我的作品之上。……我确知光明的存在和发展,但光明却不在我的周围。倘若允许我自由的描写,自由的出版,我可以写出很深刻的东西来。但今天我感到极大的痛苦,既没有光明的生活可写,也没有黑暗的现实允许我写。如今,我的写作范围几乎缩小到只有抗战初期那一段生活!

当年国统区的进步作家,在接受了《在延安文艺座谈会上的讲话》的熏陶后,在感知了解放区新的人民的文艺后,创作上大都会有一段自省期和徘徊期。他们热切地期望能改变生活和创作现状,能进入并描写"光明的生活",却受限于所处的环境,心有余而力不足。

当年7月,姚雪垠从三台来到成都,突然找到了突破创作瓶颈的契机。他在《长夜·后记》里回忆道:

---

① 《关于创作发展的二三感想》,1942年12月。
② 梅林:《关于"抗战八年文艺检讨"——记一个文艺座谈会》,原载1946年《文艺复兴》第1卷第5期。

前年（指 1945 年，笔者注）暑假，我到成都，留住在东方书社。一天晚上，东方请客。席散后，叶圣陶先生，董每戡兄，东方的王晼芗经理，和我在院中吃茶，随便聊天。不知怎样引起的，我把这故事（作家少年时被土匪绑票百天的故事，笔者注）又从头到尾地讲了一遍。当时叶圣陶先生曾劝我把它写出，王经理也很打气。从这天晚上起，我才有写的决心。若没有这次闲谈，也许这故事会永远放在心里，等将来埋在土里，永远也写不出来。

《长夜》就是这样起笔的。这部小说里所表现的是 20 年代军阀混战时期的中原的社会现实，不属于他所向往的"光明的生活"，但也不是当局所不允许写的"黑暗的现实"。姚雪垠在历史与现实之间，在政治导向与文学旨趣之间，在不能与不愿之间，找到了突破的契机。① 在这里还要补充一句，过去有不少研究者认为，姚雪垠的《长夜》是遭到严厉批评后的发愤之作，这是有疑问的。因为该小说的起笔时间早于路翎《市侩主义路线》的发表时间三个月。

然而，《长夜》的写作并不顺利。据姚雪垠自述，当年 8 月初《长夜》开笔，9 月初完成了第 5 章，10 月初返回三台后，竟没有续写：

> 回到三台，精神上的痛苦更加深了。因为胜利后的局势愈来愈坏，因为得到了母亲病故的不幸消息，因为寻找星星的烦恼和失望，加之教书生活的没有意思，我日夜痛苦着，写不出一个字来。

不能续写的四个原因中，"寻找星星的烦恼和失望"令人费解，暂且不论；但"我日夜痛苦着"，却道出了当年发生的一个政治事件所导致的心灵折磨。姚雪垠晚年在接受记者杨建业采访时曾坦诚地谈道："当时出现了一件意想不到的事，在延安整风中有人说我是国民党特务，造成党对我的误会。"为了澄清事实，姚雪垠曾多次往返于成渝两地，与徐冰、叶以群等面洽，但谣言仍持续流传了好几个月：

> 后来董必武从延安来重庆，徐冰介绍我与他谈话，他说他不知道。徐冰说我们再了解了解，于是地下党通过各种关系了解，最后说没有此事；打申报告延安，延安回电说，要以当地情况为准，不能以延安的话为依据。但是延安正搞抢救运动，一些人乱咬，乱揭发，不知哪位仁兄无中生有揭发我。徐冰找

---

① 1933 年，姚雪垠以少年时被土匪绑架百日所获得的生活经验，创作了短篇小说《露水夫妻》，并刊载在其任主编的小刊物《大陆文艺》上。由于该刊刚出版即遭查封，该小说少有人知，未引起文坛的关注。久而久之，作家似乎也将这篇小说遗忘了。直到 1945 年，他在文坛前辈叶圣陶等的鼓励下，才重新构思同类题材的长篇小说《长夜》。

1945—1946 年间，创作《长夜》时期的姚雪垠

我到办事处喝酒，说不要生气，问题解决了，不要介意。我的气很难消下去。新华日报社长潘梓年找我道歉，我说我要到延安去追查，徐冰说去延安路不好走，了解到是有人整急了乱说。胡风骂我就是在这期间，与诬告是国民党特务有关系。（杨建业录音整理稿）

姚雪垠被诬为"特务"事发生在何时？有许多说法，孙陵回忆文章中称在抗战胜利之后，姚雪垠回忆文章中语焉不详。[①] 笔者认为，孙陵的回忆较为准确。被诬事不会早于 1945 年 6 月，当年 5 月《希望》第 2 期出版后，乔冠华曾找胡风谈话劝其改变对姚雪垠的态度，此事足以证实其时南方局文化组对姚仍是信任的；也不会晚于当年 11 月，同月出版的《希望》第 3 期上刊出了一篇"骂"姚雪垠的书评《市侩主义的路线》，次月邵荃麟在《新华日报》上发表文章竟附和该文对姚雪

垠的指责,称:"在一些色情文学中间,例如被人所指摘的《春暖花开的时候》等等中间,不是在色情之外也加上一些抗战八股吗?"①足以证明其时南方局文化组对姚已有疑心。

姚雪垠回忆中提到的那篇"胡风骂我"的文章即是载于《希望》第3期的署名末民的《市侩主义的路线》,这篇书评也是路翎按照胡风的要求写的。

1945年6月13日胡风给路翎去信,嘱咐道:"能弄两三则书评么? 或者把春暖花开先生追击一下,赏给他一点分析。但这得追到什么《半车》去,那是穿着客观主义的投机主义,而且是从《八月的乡村》偷来的。"

7月初,路翎写成书评《市侩主义的路线》。书评内容完全是胡风信中意见的演绎——

胡风让他批判姚雪垠的作品时要追溯到《"差半车麦秸"》上去,并定义这篇作品为"穿着客观主义的投机主义",他便在文章开头劈头盖脸地写道:"姚雪垠先生的《差半车麦秸》是抗战初期的有名作品之一。但在现在看来,这是客观主义的,技巧的东西。它只是现象和印象的冷淡的罗列。在抗战初期的那个普遍地热情蓬勃,充满着主观的欲望而无法深入现实的时期,这篇东西,和其它的两篇这一类的东西,就以它们的冷静而被注意了。"

胡风认为姚雪垠的《"差半车麦秸"》是从萧军的《八月的乡村》"偷来的",他便在文章中煞有介事地比附道:"在萧军的《八月的乡村》里,出现过一个叫做小红脸的农民义勇军。小红脸痛苦地渴念着土地和家庭,带着这样的矛盾,整天吸着烟袋,经历着血与火,战斗下去了……在《差半车麦秸》里面,差半车麦秸同样的带着农民的习惯,并且怀念土地,参加了游击队。"他甚至还指出,《牛全德与红萝卜》中的人物"仍然是不停地吸着烟袋",这些都是"偷"的证据。

胡风让他再"把春暖花开先生追击一下",他便心领神会地把姚雪垠其他作品也一并绑上了审判台,其文称:"色情的东西畅销了。公式理论的客观主义受到冷淡了。空虚的知识分子,在革命和反动之间待机着的这些先牛们,就一直跨到市侩主义的酒池肉林里面去——自然,仍然顶着帽子的,那鞠躬,是更为频繁的。这就是《重逢》《戎马恋》和《春暖花开的时候》。"

路翎在这篇文章里批评了姚雪垠配合时事政治和政党政治的创作积极性("向公式理论鞠躬"),批评了姚雪垠"写典型"和"写生活"的创作方法("赏玩人

---

① 邵荃麟:《略论文艺的政治倾向》,载1945年12月《新华日报》。

姚雪垠（后排左2）与三台东北大学中文系老师合影

物"），对姚雪垠的创作业绩和创作潜力表示了怀疑（"技巧，也显得穷窘了"）；然而，胡风让他"赏给他一点（艺术）分析"，路翎却没有能做到。他在同文中辩称："这是一个过于简略的考察。这里面并未涉及我们的现实主义的理论问题，同样的没有涉及文学的形式，内容的结构及语言的问题，因为，在我们的对象不是什么痛苦的错误，而反而是市侩主义的时候，这些，都是距离得十万八千里的。"

胡风收到书评后，并未急着发表，直到关于姚雪垠"特务"的流言传来，胡风才把这篇署名为未民的书评发表在《希望》第1卷第3期（1945年11月出版）上。

实话实说，这篇书评本身并没有什么特出之处，其叙其论都难以征服读者，但它出现的时机却恰到"好"处，除了配合谣言攻势给姚雪垠一记闷棍之外，还在"整肃"运动中起到了示范作用。此后，类似的没有任何艺术分析的近乎政治宣判的批评文章便大量出现在各地"胡风派"主编的刊物上面，抗战文坛上稍有成就的青年作家如沙汀、艾芜、臧克家、碧野、刘盛亚、吴祖光、赵清阁、陈白尘等，甚至连成名作家如郭沫若、茅盾、巴金等，都成了被诋毁的对象。

"胡风派"发起的"整肃"运动，虽然声势颇大，附和者和起哄者不少，但由于缺乏严谨的学理性及与人为善的科学态度，在创作界和学术界的影响非常有限，其影响力远不及现在某些学者所认为的那样。

1946年1月初，姚雪垠结束了在三台东北大学的教学工作，来到成都寻找出川的机会。当年4月初，"从剑阁出川"①，径直去往上海，不久返回家乡邓县，次年初又去上海。

在羁留成都期间，为生计所迫，姚雪垠曾应邀去华西坝齐鲁大学讲课，也曾为金陵女子文理学院文学院开特约讲座。当年，成都华西坝地区汇聚了华西协和大

①　姚雪垠：《我对三峡的向往》。

学、金陵大学、金陵女子文理学院、齐鲁大学、燕京大学等五所高校，大师云集，人文鼎盛。姚雪垠在此地讲学时间仅两三个月，赢得了不少口碑，这为其日后在上海大夏大学谋职奠定了很好的基础。

在羁留成都期间，尽管困顿而忙碌，他没有懈怠所钟爱的文学事业：他完成了中篇小说《戎马恋》的修订，改写的部分竟占全书篇幅的一半，改题为《金千里》，交东方书社于1946年3月出版；长篇小说《长夜》仍在断断续续地写着，并未置之高阁；由于其神思深深地沉浸在20年代的回忆之中，故乡的人情风物夜夜入梦，他竟连续撰写了《我的老祖母》《外祖母的命运》《大嫂》等多篇散文佳作。

从1945年初至1946年4月，姚雪垠在四川总共待了一年半的时间。在这段并不太长的时间里，发生了太多的事情，有过太多的起落，给他留下了太深刻的印象。两年后，他在《长夜·后记》中饶有深意地写道："假若我将来为自己写一部传记的话，这一年半的生活特别重要，大概可以单独的写成一卷。"可惜后来他未能兑现这一承诺。

第十章

走进上海滩

1946—

第一节　《长夜》和"农村三部曲"

1946 年 4 月初,姚雪垠从陆路出川,途经剑阁、宝鸡、洛阳、开封等地,径直前往上海。

他为什么不先回邓县老家探亲呢? 或许是如其后来所说,是想"先到上海看看"①,以决定未来的去留吧②。

如前所述,他很早便有着一种向慕"文化中心"的情结,30 年代初期他曾半真半假地说过:"岂只出刊物,想成名也须如此。长住开封不敌短住上海,长住上海又不如短游欧美。做土地(爷)一辈子也没什么出息。"③抗战之前,他曾在北平短暂地住过一两年;抗战初期,又曾在武汉小住过几个月;抗战后期,他先后在重庆和成都、三台居留了三年有余。他的享有盛名的作品,几乎都是在大城市里构思和完成的,如第一篇登陆上海文坛的小品文《文人与装鳖》便是作于北平,成名作《"差半车麦秸"》写成于武汉,《春暖花开的时候》单行本完成于重庆,而《长夜》的构思和起笔都始于成都。抗战胜利后,大批文化人云集上海,引领着全国的文化潮流,姚雪垠企望在此占得一席之地。

当然,他并不是一无所恃地来到上海的,手头的长篇小说《长夜》已经完成大半,他期望能在上海敲定这部作品的连载和出版事宜。当时,对他的作品颇有好感的一批出版界人士大都已经先期返沪,如曾连载过《春暖花开的时候》第一分册的《天下文章》主编徐昌霖先生,曾连载过《春暖花开的时候》第三分册的《时事新报》编辑部主任陈翰伯先生,以及曾"劝"他写出《长夜》的现任中华全国文艺界协会总务部主任的叶圣陶先生和曾热情地给他"打气"的东方书社经理王晼芟先生。

姚雪垠把《长夜》初稿送交上海《联合晚报》主编陈翰伯先生阅过,双方商议

---

① 杨建业录音整理稿。

② 据金传胜《姚雪垠五通书简略考》:1946 年 5 月 3 日,姚雪垠由成都抵达开封。次日《河南民报》刊出《名作家姚雪垠昨日由蓉抵汴》的消息,并预告文化界邀请姚雪垠次日(5 日)上午在河南大学作公开演讲,题为《我怎样写小说》。几天后,姚雪垠转赴上海,于 10 日晨抵沪,下午在电车上不幸被窃贼偷去七万元。叶圣陶在当天日记中留下了姚雪垠来访的记录:"王晼芟偕姚雪垠来。雪垠方自陇海路到此,云将返豫视其家。"姚赴沪途中似乎曾在开封稍事停留,录以备考。

③ 姚雪垠:《赋得神通广大》,1933 年。

1946 年 5 月,姚雪垠(前排右 6)自川返豫,在河南大学与邓县同乡合影

决定,俟《长夜》定稿后再寄交报纸连载。《联合晚报》是中共在上海创办的第一家以非党面目出现的、群众性的报纸,在进步读者中颇有影响。

姚雪垠于当月返回河南,全心投入《长夜》的续写。他曾自述道:

> (1946 年)春末夏初的时候,从上海转向河南,过南京休息的几天中赶着又写了一点。为要静下去赶写它,在开封停留了一个暑假。但没有写完,战争又把我赶回故乡,没心情再去提笔。在故乡住了四个月,直到埋葬过父母之后,临离开故乡的不久之前,才又续写。最后这部书脱稿于上海,时在一九四七年的二月十二日,离开始写的时候已经有一年半了。①

1946 年 5 月底,《长夜》已基本写成。当年 6 月到 9 月,该小说几乎同时在开封《河南民报》副刊和上海《联合晚报》副刊上连载。先在刊物上连载,然后交出版商出版,前者好比是为后者打广告,这是当时出版界的惯例,《长夜》也是如此。

然而,也许是由于该小说取材的独特与描写的平实等特点吧,这部作品连载

---

① 《长夜·后记》,1947 年。

后在文坛上竟没有引起什么反响,就连当时一些追踪姚雪垠创作道路的批评者也有意无意地把这部作品给忽略了。如 1946 年 10 月载于开封《文艺精华》创刊号的萧垠的论文《论姚雪垠》,文中虽然给了评论对象以极高的评价,却无一字提到其近作《长夜》,其文称:

> 姚雪垠,便是在这个时期以内的文坛上的一朵绚烂夺目的奇花。他和欧阳山、张天翼、巴金、沙汀……等,同样的都是由生活中养育出来的作家,他们是勇敢的生活战斗员,他们使小说的技术武装了起来,在生活的砥砺与磨炼中锐利了起来……现在,他还在努力的写着,真挚的生活着。至于他未来的创作活动,将会给时代表现些什么,那只有等到以后再论了。

翌年初,姚雪垠抵达上海后,获知文坛对《长夜》的零星评价。他曾回忆道:"陈翰伯对我说,郑振铎看了较肯定,胡风很不满意,详细没有谈。"[①]两年后,胡绳在《评姚雪垠的几本小说》(1948)中提到了这部小说,给予了非常有限的好评。[②]

这也许是一个信号,当年的文艺主潮正向着"人民的世纪"奔涌,"人民的文艺"正当其道,表现"光明的生活"和"前进的人民"是应时的题材,读者界和批评界对于表现其他题材的文艺作品的接受度是相当有限的。

姚雪垠当年何尝不知道文艺主潮的趋向,他在《用什么话写小说》(1946 年 5 月)中坦诚地写道:"现在,文学中所表现的事件,是千千万万的人的事件,文学是千千万万的人的文学。"然而,由于主客观条件的限制,他没有接触解放区"光明的生活"的机会,也没有表现国统区"黑暗的生活"的自由,于是,他只能从自己的记忆深处来发掘题材,选取 20 年代军阀混战时期中原社会生活的一个横切面来进行如实抒写。

《长夜》就是这样一部毫无趋时意图的作品,也是一部与作家抗战时期创作风格完全不同的作品。

这部小说采用了自传体的叙事方式。姚雪垠曾自述称:"这是一部带有自传性质的小说。虽然也有虚构,但是虚构的成分很少。小说的主人公陶菊生就是我自己。我是农历九月间生的,九月俗称菊月,所以我将主人公起名菊生。"他以往的几部小说中也或多或少地带有自传因素,如《春暖花开的时候》"重庆版"中的

---

① 杨建业录音整理稿。

② 姚雪垠在《我的前半生》中谈道:"一九四七年,《长夜》在上海出版,只印了二千册。那时解放战争已经开始,《长夜》不但没有受到重视,而且文艺界的进步阵营中因为《长夜》中没有写出有觉悟的农民形象,谈起来颇有微词。"

陶春冰和吴寄萍，如《戎马恋》中的金千里和张蕙风，但都是以"影子法"或"第二我"法将自己经历、性格、学识和修养的某一部分赋予笔下的人物，虚构的分量居多；但这部作品中的主要人物陶菊生则完全是作家的代名①，少年时代姚雪垠的聪明乖巧和胆大妄为，他的自傲、任性和自恋的性格，他的幼稚浪漫的英雄梦，甚至于他的高颜值，都在这部作品里得到了淋漓尽致的展现。两年后他的朋友胡绳在文章中批评他没有改掉知识分子"自我欣赏"的毛病，就是从这一点着眼的。

这部小说采用了一种新的取材角度。姚雪垠曾自述称："这部小说中描写的不是一般的农村生活，而是土匪生活，是通过写一支土匪的活动反映二十年代历史条件下的中原和北方的农村生活。"其实，他早年的作品，如《露水夫妻》②《咒》《福之死》《上工》《月出之前》《野祭》《小罗汉》《七月的夜》《援兵》《生死路》等所描写的都是20年代中原农村宗法社会崩溃后的社会生活；这些作品中所出现的众多人物形象，也大都是即将落草为匪和已经沦落为匪的贫苦农民；《长夜》与这些早期作品的区别仅在于，早期作品是零星的片段的印象式的描写和表现，而《长夜》则是集中的全面的体验式的描写和表现，后者对官、匪、绅一体多元社会现象的展示及对"杆子"内部等级差别的披露，甚至可以提供给社会学家用作分析这一时期社会生活的原始资料。姚雪垠晚年曾称："《长夜》和《李自成》有密切关系，读《长夜》是打开《李自成》的创作问题的钥匙之一。"我们从这两部作品相同的取材角度上可以窥得一二。

这部作品更接近于巴尔扎克式的古典现实主义传统而与其所曾服膺的革命文学精神有所疏离③。它不再追求对于时事政治的及时呼应和激情演绎，而是注目于历史现实的如实摹写；它把文艺作品的再现和认识功能放在第一位，而不再特别强调其教育和组织功能。④ 用姚雪垠自己的话来说，该作品的主题是："忠实地反映二十年代河南农村生活的重要侧面和生活在那样历史条件下的人物的精

---

① 有研究者不同意这个观点，认为"少年陶菊生"与"作家姚雪垠"不能"混为一谈"。

② 《露水夫妻》是作家创作于1933年的短篇小说，取材于陷匪百日的生活体验，堪称《长夜》的前身。请参看拙著第5章第1节。

③ 姚雪垠1984年1月5日给吴永平信："这本小说(指《长夜》)的一点点艺术生命力(法文译本将于今年春天在巴黎出版)只在于它采用了朴素的现实主义创作方法，反映了二十年代中国农村的一个重要侧面。"

④ 姚雪垠1986年12月4日给俞汝捷信："《长夜》之所以成功，是现实主义创作方法的胜利。倘若解放之后写，就不会有那样成功。解放以后，我国学术界往往以政治要求或唯心主义破坏了哲学上的唯物主义反映论，在创作方法上以强调廉价的政治功利主义或'先进的'思想性强奸了富有生命力的现实主义。"

神面貌。"①这样的表述不能不令人想到巴尔扎克,后者自称是法国的书记官,其作品《人间喜剧》真实具体地反映了法国 19 世纪的历史,被誉为那个时代的"百科全书"。如果说,《李自成》"开辟了历史小说的新道路",其创作方法的"新"从某种意义上可看作是古典现实主义传统的回归,这种回归便是从《长夜》发端的。

这部作品所塑造的人物也不再是作家所擅长的"从落后到新生的农民典型",而是"前一个时代"的一群"看不见一点光明"的农民叛逆者形象。姚雪垠曾自称:小说中的人物所走的是"那条在两千年中被尸首堆满的,被鲜血浸红的,为大家熟悉的古旧道路。这条路只能带向毁灭"。中国文学史上有过表现这条"毁灭之路"的经典名著《水浒传》,从某种意义上看,姚雪垠的两部长篇《长夜》和《李自成》,都与《水浒传》有着千丝万缕的联系。1987 年,湖北省社会科学院资深研究员张啸虎先生在《〈水浒传〉〈李自成〉发展比较观》②中正确地指出:"把《水浒传》与《李自成》作历史的比较的考虑,探求我国长篇小说从古代到现代的内在联系,摸索现代作家对古代作家的美学继承关系,这对古代小说理论的发掘,对现代小说创作的借鉴,都是有益的和必要的。"《长夜》的研究,也可以从这一点入手。

这部作品所采用的文学语言更呈现出一种别样的风貌。它不再如《"差半车麦秸"》般陶醉于"俚语方言"的魅力而沾沾自喜;也不似《春暖花开的时候》般无处不洋溢着花花绿绿的青春气息③;也不再如《牛全德与红萝卜》般刻意地追求着散文诗的节奏;它质朴,质朴得近乎白描,它简单,简单得近乎写意;也许可以说,直到此刻他才真正懂得了文学语言"清水出芙蓉,天然去雕饰"的妙处。《长夜》初稿上曾用这样几句话来描写劫后的村庄——"大部分的房屋被烧毁了,只剩下红色的墙壁映着蓝天;碾盘上生着绿苔,井沿上长满荒草……"④——当年姚雪垠在开封女师大演讲会上朗诵这段文字时,引发了全场如雷的掌声。至于该小说中充斥着的特殊行业的"行话"和"黑话",则复现了 20 年代另一社会层面的另一语言生态,抗战前期他曾在短篇小说《露水夫妻》《七月的夜》《援兵》和《生死路》中

①　姚雪垠:《为重印〈长夜〉致读者的一封信》(1995)。
②　张啸虎:《〈水浒传〉〈李自成〉发展比较观》,载 1987 年《水浒争鸣》第 5 辑。
③　"花花绿绿"一词取自钱锺书文章《因为缺乏美感,文章才写得花花绿绿》,指初学写作者抒情状物的过度。
④　这段文字引自姚雪垠 1946 年 5 月在开封女师大演讲的记录稿《用什么话写小说》。《长夜》初版改为"官路旁的村落大半都成了废墟,剩下些烧红的墙壁映着蓝天。井沿上围着荒草。碾石上长着苔藓"。

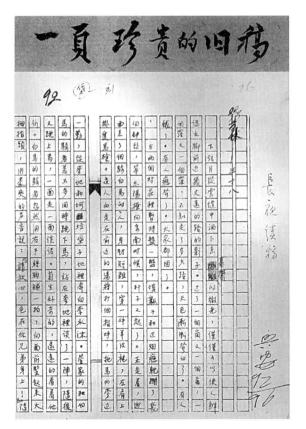

《长夜》仅存的一张原稿。"一页珍贵的旧稿"为姚雪垠
晚年手书

有过精彩的运用，这当然也可视为《李自成》的语言储备之一。

20世纪80年代，严家炎教授对《长夜》有过评价，录如下：

> 《长夜》以二十年代军阀混战时豫西山区农村为背景，描写了李水沫这支土匪队伍的传奇式的生活，塑造了一些有血有肉的"强人"形象，真实有力地揭示出许多农民在破产和饥饿的绝境中沦为盗贼的社会根源，同时也表现了他们身上蕴藏着反抗恶势力的巨大潜在力量。像《长夜》这样以写实主义笔法真实描写绿林人物和绿林生活的长篇小说，是"五四"以后的新文学中绝无仅有的……（笔者有删节）把一批"强人"形象送进新文学的画廊，发掘和表现强悍的美，是姚雪垠对中国现代文学作出的一个独特贡献。①

---

① 《中国大百科全书·文学卷》中的"姚雪垠"词条。

　　姚雪垠对如上评价表示"很赞成"，但觉得尚有两点"美中不足"："一是他没有指出来《长夜》与我中年后写作《李自成》有一定的联系，二是《长夜》在语言上很能表现出我的独特成就。"①

　　《长夜》在姚雪垠文学创作道路上占有特别重要的地位，他在晚年的回忆文章中不仅将其视为其步入中年后创作风格转变的标志性作品，也将其视为其晚年巨著《李自成》的前期艺术和思想准备。他曾自述道：

>　　"收拾铅华归少作，排除丝竹入中年"，我三十五岁以后常念清代诗人黄仲则（黄景仁）这两句诗，它对我启发很大。《春暖花开的时候》和《戎马恋》不够朴实，这两部作品带着我青年时代的气息，还未进入中年时期的"深沉"、"朴实"的境界，这既有年龄关系，也有修养关系，但代表了我的青年时代。《长夜》写作，比较深沉、朴实，华美不要了，摆脱了青年时代的一些弱点，进入了成熟的中年时代。②

　　诚如作家所说，《长夜》创作风格的转变，"既有年龄关系，也有修养关系"，或许还有其他的原因，譬如创作思想的演变，时代环境和政治环境对于创作题材的限制，批评家们（包括李长之、茅盾和路翎等）对其小说作品的批评，等等。

　　后退一步，天高海阔——这也许能比拟姚雪垠创作《长夜》时对小说题材的新的考量；洗净铅华，素面朝天——这也许能比拟姚雪垠创作《长夜》时文学语言上的新变化。

　　姚雪垠在《长夜》的创作过程中体味到了复归所熟悉的中原生活的好处，更由此发现了一个值得深入开拓的文学沃土。

　　1946年7月，正当《长夜》在豫沪两家报纸上连载之时，姚雪垠在开封的地方报纸上发表了一篇题为《三年写作计划》的重要文章，他在这篇文章中对其抗战以来的小说创作进行了深刻的反思，表达了返璞归真的创作愿望，并宣告了其后三年的小说创作计划。他在文中写道：

>　　近代西洋许多作家，都喜欢写他们的故乡生活，因故乡的风土人情，生活习惯，以及语言特征，比较熟悉，比较亲切。尤其现实主义的作家，不能离开现实去虚构题材，必须从他们最熟悉的生活中去把握题材，于是故乡就成了他们的主要的创作源泉。

---

①　姚雪垠：《为重印〈长夜〉致读者的一封信》。

②　杨建业录音整理稿。

抗战期间,姚雪垠(前排左)与友人苏金伞(前排右)等合影

　　在现实主义和浪漫主义的表现手法中都重视地方色彩,而尤其在现实主义中更为重视。地方色彩可以加强作品的现实性和亲切感,构成作品的独特空气。在农村题材的作品中,地方色彩是最主要的表现对象,也就是说,以农村生活为题材的作品,必须表现出地方色彩。农村小说中的人物如果没有地方色彩,就成了架空的人物,不真实的人物。环境如果不带有地方色彩,环境就无法构成,那只是抽象的哲学概念。地方色彩和典型性的逻辑关系就是特殊与一般的逻辑关系。我的见解是如此,将来大概也不会变更。

　　姚雪垠抗战初期的小说作品具有相当浓重的地方色彩,如成名作《"差半车麦秸"》和名动一时的《春暖花开的时候》及《牛全德与红萝卜》,其故事发生地都在作家所熟悉的豫西南;但他抗战中期的作品则突然丧失了这种特色,如《戎马恋》《重逢》和《新芽》(第一部《母爱》和第二部《五月的鲜花》)等作品,盖因其故事发生地突然挪到了作家并不十分熟悉的鄂北和鄂中吧。李长之曾批评《新苗》中的人物没有"个性",指的就是作品中的人物因缺乏"地方色彩"而致"架空"的缺陷。

俞汝捷先生曾谈到姚雪垠"早年生活"经验和"地域特色"之于其小说创作成就的紧密联系,他写道:

> 早年生活的印象是如此深刻,以致它影响到作者后来的创作。首先是提供了无尽的素材。……(笔者删节)在他后来漫长的笔墨生涯中,青少年时代的经历与闻见仍是一个宝贵的矿藏。事实上他的成功之作几乎都以河南为背景,包括《李自成》第二、三卷的情节也主要是在河南展开的。其次是强悍之美构成了他作品的重要特色。虽然在多种笔墨的尝试中,他也追求过柔婉,但对他来说更得心应手、更挥洒自如的还是强悍的风格。其三是浓郁的地域特色,包括特有的文化心理、风俗习惯、语言等等,这在早期作品中已有表现,如农村"野祭"的习俗之类,而在作者后来的作品中,则成了愈来愈自觉的追求。①

从这个意义上看,《长夜》的创作可视为作家在走过一段弯路后恍然复归的重要标志。

在同文中,姚雪垠还谈到他对"故乡"生活经验的新感悟——

> 基于上述看法,我不能不把我的故乡,豫西南那个角落,作为我的文学创作的一座矿山。这是一座无尽藏的矿山,需要我好好发掘。我将使故乡的生活习惯,人物性格,人民的灾难,以及许多古老而生动的土语,藉我今后的一些作品,使全国的读者都熟悉起来。我没有多的希望,这是我所有的极少数的希望中的一种主要的希望。今天我已经有这一点将故乡的人民生活介绍给全国的力量,我也愿意珍重的运用这一点力量。多年在外边奔跑或短时定居,对我的文学事业的帮助都极小。在外边,我是漂浮在社会之上,永远不像故乡对我的熟悉和亲切。在外边,我看见一百样现象会忘掉九十样;在故乡,我会闻一而知十。所以单从个人的成败来说,我也要紧抓住我的故乡。如果对故乡了解深刻,我可能会有大的成就,留下来不朽的事业;否则,我的希望就微乎其微。

---

① 俞汝捷:《"雄心不死似刑天"——姚雪垠的创作历程》。

读过如上的表述，不能不令人联想到美国作家威廉·福克纳（1897—1962）对他的"邮票般大小的故土"的挚爱和痴迷。福克纳一生共写了十九部长篇小说与一百二十多篇短篇小说，其中十五部长篇与绝大多数短篇的故事都发生在其构筑的"约克纳帕塔法县"，人称"约克纳帕塔法世系"。福克纳曾说："从《沙多里斯》开始，我发现我那邮票般大小的故土很值得写，而且无论我多长寿也不可能把它写完……我喜欢把我创造的世界看做是宇宙的某种基石，尽管它很小，但如果它被抽去，宇宙本身就会坍塌。"纵观姚雪垠的小说创作，我们也同样可以体会到他对"豫西南那个角落"深沉的精神依恋和情感寄托。

具有这个感悟或不具有这个感悟，对于姚雪垠来说是至关重要的，它不仅决定了其中年以后人生道路的选择，也决定了他后半生的文学成就。新中国成立初期，他执意辞去上海大夏大学的教职返回河南当一名专业创作员，其思想动机便源于此。

在同文中，姚雪垠非常具体地谈到计划中的"农村三部曲"——

至于如何来描写故乡，说来话长。简单说来，我将集中力量写从民国初年到抗战期间的农村生活。要从我的故乡反映出中国农村的一般命运，使自己的作品一方面是田园诗的，一方面是社会信史。三年之内，也许只写抗战以前，已经计划成的有五种作品，其中只有一种是属于抗战期间。这五种作品的内容大致如下①：

第一部小说叫做《黄昏》。在这部小说里，我打算从民国初年的农村写起，作为旧时代的一篇挽歌……（笔者略，下同）

第二部小说的名字叫做《长夜》。……写农村崩溃过程中的土匪，农民，豪绅地主，地方军阀，互相之间的错综关系。因为以土匪为骨干，写作上不免受许多限制，所以只能算用避重就轻的办法，从侧面表现历史。

第三部小说叫做《残星》②。在农村崩溃的过程中产生了一种可敬的英雄，要挽救那不可收拾的崩溃局面，像镇平的彭禹廷先生。彭禹廷先生的乡建理论比之三民主义中"耕者有其田"的思想是稳健而保守的，比之共产主义的土地政策则显得更为落后。但就事论事，彭先生所领导的改良运动，在当时确有其不可磨灭的积极意义。……

---

① 姚雪垠在该文中提到的"五种作品"还包括"姊妹篇"《烟草》和《烟卷》，但又称构思尚未成熟，故笔者将其省略。

② 1947 年 3 月，姚雪垠在另一篇文章中将"农村三部曲"的第三部《残星》改题为《黎明》。

"农村三部曲"以作家的家乡"豫西南那个角落"为创作蓝本,以作家自身生活经验为题材来源。作家曾自述称:"《黄昏》题材就植根于我的童年和少年的生活"①,《长夜》"记录出我的少年时代的历史侧影"②,《残星》(《黎明》)"写北伐战争前夕到战争期间,我的故乡农村所发生的新变化"③。

1946 年余下的日子,姚雪垠是在河南度过的,他频繁往返于家乡邓县与省会开封,参与各种文化活动,拜访各方面人士,搜集各种地方史料,为创作"农村三部曲"作前期的资料准备。

在此期间,他曾遍访故乡耆老,咨询民国以来豫西南政治、经济、文化诸方面的重大历史事件。两年后,他选取了 1942 年河南大饥荒的历史事件创作了电影剧本《万里哀鸿》。据笔者所知,这是中国现代文学史上第一部表现该事件的文艺作品④。

在此期间,他走访了"镇平诸君子",恳请他们提供关于宛西自治运动领袖彭禹廷和别廷芳的生平事迹。翌年秋,起笔创作长篇小说《小独裁者》,写下了十几万字后,因不满意而烧毁。

在此期间,他还曾多次拜访同乡学长、民间发明家卢镕轩先生(1895—1988)。当年冬,动笔创作长篇传记文学作品《记卢镕轩》,写了八章后启程赴上海,翌年 5月在上海完成全书。

第二节　武训学校及其他

1947 年 1 月,姚雪垠带着《长夜》和《记卢镕轩》的书稿,从故乡来到上海。上海是战后的文化中心,出版社林立,文化畸形繁荣,重庆的文化人有很多都"复员"来到此地,姚雪垠的朋友田仲济、臧克家、碧野等也先后来此,都想在此地求得发展的机会。

离汴之前,姚雪垠曾有信告知朋友田仲济。如前所述,1943 年姚与田在重庆

---

① 姚雪垠:《我的前半生》。

② 姚雪垠:《长夜·后记》,1947 年。

③ 姚雪垠:《学习追求五十年》。

④ 20 世纪 40 年代初有美国记者白修德和中国记者赵悔深(李蕤)等人对这场大灾荒的即时报道,但用文艺形式表现该历史事件的唯有姚雪垠的这部电影剧本《万里哀鸿》(1946)。五十余年后,刘震云的《温故一九四二》和以刘作为蓝本的冯小刚导演的电影《一九四二》问世。

时即为知交,姚曾参股田任总编辑的现代出版社,并与田和陈纪滢等共同创办《微波》文学月刊。此时,田在上海音乐专科学校任副教授,并为由渝迁沪的现代出版社编印"现代文学丛书"。姚雪垠来到上海后,暂住在田家。田热情地接待,还热心地为他谋得了上海武训学校的教职。

上海武训学校是著名教育家陶行知倡办的,校长时为上海音专毕业生、山东人李士钊(1916—1991)。该校原为业余文化补习班,其宗旨为"发扬武训先生舍己利人的伟大人格,推广他生前所未竟的普及教育事业,使人人都有读书机会"。1946年初,该校正式在上海山东会馆开学,开始时名为武训补习学校,下半年升格为相当于大专水平的上海社会大学(对外仍称武训学校)。该校先后开设有新闻、教育、文学、外语四个专业,专职教师不多,大部分教师都是兼职的。姚雪垠、臧克家、田仲济、陈白尘、焦敏之、陈原、傅彬然、方与严、赵纪彬、张文郁等都曾在该校任教、兼职或举办讲座。据说姚雪垠曾被聘为该校文学系主任,惜无确证。①

姚雪垠在上海武训学校任教期间,适逢国统区"反饥饿、反内战、反迫害"的爱国学生运动风起云涌之时,他非常关注这场运动,并毫不犹豫地与爱国学生们站在一起。他当年的学生郭衍莹曾回忆过"姚老师"的一次传奇表现,写道:

> 1947年,国统区的学生运动风起云涌,口号是"反内战,反饥饿,要和平,要读书"。国民党上海市教育局的头头神经过敏,好像嗅觉出《武训颂》和学生运动的口号有某种相通,因此禁止演唱武训校歌。并多次派警察来山东会馆强制执行任务,也多次遭老师和学生抵制。有一次适遇姚雪垠在给学生讲法国都德的爱国名著《最后一课》。他责问警察《武训颂》有哪一句违反了"戡乱剿共"条例。警察瞠目结舌,无以回答。姚随即向学生们挥手告别,说当局连武训(都)不让颂,我明天就不来了。此时只听得山东会馆的礼堂里又响起了《武训颂》,弄得警察很狼狈。第二天上海各大报纸纷纷用醒目标题报道事情经过,成了头条新闻。后来国民党市政府迫于舆论压力暂时取消了这个禁令。②

《武训颂》是陶行知先生1944年在重庆时的作品,其词为:"朝朝暮暮,快快

---

① 1947年2月8日《文汇报(上海)》载:上海武训补习学校定二月十日开学,十七日正式上课,为适应工商界人士需要,已辟商业科,并将英文科改为外语科,增开法文、俄文课程,该校已聘请田仲济氏为教务主任,姚雪垠氏为文学科主任。录以备考。

② 郭衍莹:《我所知道的上海武训学校及其文化人士》,《文史春秋》2020年第6期。

乐乐。一生到老,四处奔波。为了苦孩,甘为骆驼。与人有益,牛马也做。公无靠背,朋友无多。未受教育,状元盖过。当众跪求,顽石转舵。不置家产,不娶老婆。为著一件大事来兴学,兴学,兴学。"1946 年,李士钊将其定为上海武训学校校歌。

1947 年 4 月初,姚雪垠在剧作家徐昌霖先生的介绍下,结识了怀正文化社老板刘以鬯,双方谈成出版"雪垠创作集"的计划。不久,他便搬到该出版社的纸型室里暂住了下来。

不过,即便是在紧张忙碌地编撰"雪垠创作集"之余,姚雪垠仍积极参加武训学校爱国师生组织的民主集会,勇敢地站在民主运动的潮头。他当年的日记里有着如下记载:

五月廿五日

　　早晨起来,打开国民党的报纸《新闻报》,看见本市文汇、联晚、新晚三报被警备部勒令停刊的消息,不胜吃惊。国民党一意胡行,完全疯了。赶快亲自跑到街上买了一份《大公报》。《大公报》上对于这件事只有一则很小的,而且很平淡的消息,足证当局命令之严,使消息不能够自由报导。

　　今日报上还登载了昨日交通大学和同济大学被捕了九十余人。他们分为若干队在南京路一带宣传反战,一批一批的被警察捕去。第一批被捕之后,第二批勇敢的出发宣传。有一队在外滩宣传,被警察包围起来。他们向警察请求再宽限五分钟就捕,以便作最后一次宣传。警察同情了,答应了他们的要求。他们向围观的市民们更激昂慷慨的宣传反战。到了五分钟,自动的整队唱着歌走上警察的大卡车。多么悲壮！多么伟大的精神！

　　下午七时,武训同学在青年会开师生联谊会,我去参加。武训同学到有二三十个人,先生中只有我到了,另外士钊也到了。开会时,便衣警察来了两次:起初不准开会,弄得大家的心情极为紧张;后来那位警察进来站了站,士钊将开会的性质同他讲明,才允许继续开会。

这则日记中提到的"文汇、联晚、新晚三报"指的是《文汇报》《联合晚报》和《新民晚报》,"武训同学"说的是武训学校的爱国学生,"士钊"指的是该校校长李士钊。

五月廿八日

　　近来对于政治的兴趣又高了起来,这大概是由于国民党的疯狂作风使我太愤怒的缘故。奇怪,昨夜听见楼下人声,我忽然跳起,将这本日记藏在书架上,今早一想,不觉失笑。

这则日记中简略地提到的"午夜惊魂",一个月后被姚雪垠写进了短篇小说《恐怖》里,描写颇为传神,且待后述。

六月二日

　　早晨买来《大公报》,看见两天内各地国民党当局普遍以暴行压迫学生,连德国的法西斯也不如了(按:这句话是在愤极的心情下写出的,所以尚有毛病)。开封河大被捕了四十八名同学,另外有新闻记者、教员、公务员多人被捕。武大被捕了六位教授和助教。学生被捕的数目不详。重庆共捕了将近千人。《大公报》记者有八名被捕,中工学生且因拒捕被打死了两名。这是什么世界? 这是疯狗的世界!

从上述这几则日记里,我们可以看出姚雪垠此期对时事政治的莫大关注。然而,他为什么说"近来对于政治的兴趣又高了起来","近来"与"年前"作家的政治态度有什么新的变化? 这应该作进一步的探究。

我们知道,姚雪垠本是个"对于政治的兴趣"非常高的作家,从30年代初步入文坛之日起,他就自觉地将文学事业视为服务于政治理想的"武器",致力于"解剖分析那些行将崩溃的社会层,或替意识朦胧的大众叫喊出悲苦惨痛"[1];抗战初期,他的短篇小说《"差半车麦秸"》、长篇小说《春暖花开的时候》乃至中篇小说《戎马恋》等,都是紧密"配合着政治为革命服务"的作品[2];抗战中期,他的长篇小说《新苗》(《母爱》和《五月的鲜花》),则更是在"扩大的世界战争"政治背景下的精心撰构,其目的在于追求"国际意义"[3]。抗战后期,他来到重庆,他的政治态度和文学业绩得到了中共南方局文化组的肯定和器重,成为风云人物。

说是"近来对于政治的兴趣又高了起来",这"近来"是与"年前"对比着来说的。如前所述,1946年前后,姚雪垠曾受到延安整风运动的波及,被诬为"特务";稍后,又遭受严厉批评,被称为"色情作家";他一度失去了在《新华日报》上刊载出版广告和发表文章的权利。在创作上,他随即也进入了一段潜沉期,曾十分热衷的政论和时评完全停笔了,曾十分热衷的现实生活题材也被迫放弃了。从某种

---

① 姚雪垠:《英雄非典型》,1935年。
② 姚雪垠:《论现阶段的文学主题》,1938年。
③ 姚雪垠:《关于〈差半车麦秸〉及其它》,1942年。

意义上看,《长夜》是作家由近距离地表现生活转为远距离地观照生活的代表性作品,而"农村三部曲"的创作计划则是作家力求回归古典现实主义传统,由"配合着政治为革命服务"而转而矢志做"历史与现实的观察者、记录者和批判者"的公开告白。这里还要多写两句,《长夜》所代表的创作倾向,或可被后人认为是转向"史官"文学的一种表示,但在大多时人眼里被看作是"退缨"的一种标志。姚的朋友胡绳当年就曾批评道:"《牛全德与红萝卜》与《春暖花开的时候》失败了,因为作家在抗战时期并不能把握住正在展开着的历史现实,而回忆过去的历史现实的《长夜》则较多成功,因为比较熟悉的原故,——从这一对比中,并不能得到写过去比写现在较为稳当的结果。因为写过去仍然是为了今天的读者,而把握不住今日的现实也不可能正确地写出昨天和前天来。"

当然,姚雪垠在日记中所提到的"近来对于政治的兴趣又高了起来",更多指的是作家对国统区愈来愈黑暗的社会现实及日益高涨的民主运动的态度及在创作上的表现。

"年前"(1946),他仅创作过一篇针砭现实的政论类作品《我抗议——一个无党派人士的愤怒》,该文为当年2月10日重庆较场口事件而作。他在该文中写道:

二月十日,重庆各界庆祝政治协商会议成功大会,被一大群与国民党政府有关的暴徒扰乱,殴打大会主席团郭沫若,李公朴,施复亮诸人,并殴伤到会的两位记者和许多育才学生。这事情发生于德意日三个法西斯国家溃灭后的中国,尤其发生于国民政府所在地的重庆市中心,真是国家的一大耻辱!如此国家,如此政治,使我们对十九年来国民党所领导的政治痛心,使我们忍不住要对着总理的遗像一哭。

政治协商会议是国民政府与国民党同意召开的,她是在全国人民和国际民主党人的热切要求和齐责下召开的,她的成功就是中国的新生。只要是中国人,不管属什么党派,有什么背景,就应该庆贺这一次协商成功。只有法西斯伙伴余孽,只有二十年来喝惯人血的流氓和疯子,只有失掉人心的特务分子,才反对中国的团结进步,才反对世界的和平安宁,才不愿开协商会议,才肯以流氓手段来破坏人民为国内和平曙光的降临而举行的庆祝大会。就是说,只有极少数的民族败类,只有司托雷平的一群走狗,才敢于做出来这样的下流事情！[①]

"近来"(从1947年至上海解放前夕),他对时事政治较之"年前"有着更多的关注和表现,创作了如下一批揭露和抨击黑暗统治的作品：

《希特勒的猴子》(寓言),载1947年1月16日《文汇报》

《面具和手套》(寓言),载1947年1月29日上海《联合晚报》

《读〈天堂春梦〉》(书评),载1947年3月20日《四川时报》

《人性的恢复》(短篇小说),1947年6月作,载张白怀主编的"短篇创作丛刊第一辑"《人性的恢复》

《恐怖》(短篇小说),1947年6月作,载《文艺战地》1948年第1期

张白怀主编的《人性的恢复》,书名下是本辑作者的签名

---

① 姚雪垠:《我抗议》,载1946年2月14日《华西晚报》。

　　《希特勒的猴子》和《面具和手套》是创作于1947年初的一组寓言,姚雪垠第一次用这种文体来抨击黑暗现实,也许是受到了著名作家冯雪峰的影响,抗战后期他曾与冯雪峰同在重庆张家花园居住过。

　　前一篇寓言讽刺的是横行不法的国民党特务,认为他们承继了德国法西斯的衣钵,文章中有这么一段:

　　　　在希特勒到花园中散步的时候,或者在私人办公室中同女秘书们闲聊天的时候,刽子手头领希姆莱常常鬼鬼祟祟走来报告,从口袋里掏出来厚厚的一叠黑名单子,那上面满写着要逮捕的和要秘密处死的人名。这些不幸的牺牲者里边也包含着无数优秀的科学家、文学家、艺术家、思想家,还有苦苦做活而吃不饱饭的工人和农人。猴子看见希姆莱口袋里有黑名单子,也摹仿希姆莱的样子,弄了一些破纸片装在口袋里,而且比希姆莱装得更多。于是希姆莱高兴了,派他的秘密警察总监中训练警犬的专家们把猴子也带了去,重新训练,过了不久,凡是希姆莱手下的刽子手和警犬能做的事情,这只东方猴子也样样会了。

　　后一篇寓言讽刺的是国民党的独裁统治,认为他们所有的矫饰都是为了掩盖其吃人的罪恶目的,文章中有这么一段:

　　　　所有的恶人都崇拜这位暴君,称他为古今来第一个伟大人物,说他是人类的真正救主。王国中凡是有喝血的地方,吃人的地方,都盖有他的生祠,悬挂着他的画像。每逢到他的生日,从他的宫廷到全国各地,都举行盛大庆祝,好像他真是被全国人竭诚爱戴。如果有人在私下对他有一句批评,这个人就会有坐监或砍头危险。因为,在这个王国中有这样的奇怪法律:国王是绝对神圣的,批评国王就犯了亵渎神的罪;国王代表国家,批评国王就犯了叛国罪。

　　《人性的恢复》和《恐怖》都是创作于1947年6月的短篇小说作品,此时姚雪垠刚完成"雪垠创作集"的编撰工作,尚住在怀正文化社,有创作小说的余暇和精力。这两篇小说的主题都是揭露国民党特务对爱国民主人士无处不在的恫吓和迫害。

　　前一篇取材于作家本人抗战初期在第五战区的生活经历。1940年冬,作家以《阵中日报》记者的身份赴汉水前线某集团军采访,总部政治部主任派了一位姓杨的少尉全程陪同,说是帮忙照料生活,实则是暗中监视。同行半个多月后,杨少尉觉得作家实在是"一位有良心、有头脑的新闻记者",便向其吐露了曾参加特务训练及曾参与迫害进步青年的经历。作家听完倾诉后感慨万端,"外边,风雪继续着,一片白色,使我不由的感到恐怖……"

后一篇取材于作家寄寓于怀正文化社时期的生活经历。如前引日记所述,姚雪垠在该出版社编撰"雪垠创作集"时,曾有过特务登楼、一夕数惊的体验。小说主人公梁乐平是一个普通的教师,某天深夜"听见弄堂中陆续有汽车声,打门声,他判断今夜是全市总逮捕,起码有几千人要在这几个钟头里失去自由,甚至生命",他觉得自己"没有参加过任何党派,仅仅平素爱对学生说几句愤慨话",自忖大概不会出事;但手里的这本日记本没有办法,撕毁吧舍不得,藏又无处藏,一时手足无措。小说中开头的一段几乎完全是写实:

> 深夜里,猛烈的敲门声把梁乐平从凶恶的梦中惊醒。他一翻身从床上跳下来,扭开电灯,但随即又把电灯关住。慌慌张张的摸索着穿上裤子,他带着枕头下的日记本子冲进了马桶间里。虽然这事情他早在意料中,特别是这几天来他把可能被捕的问题考虑过几千次,但事到临头,他竟然没法使自己镇静,不仅他的心在凶狠的狂跳着,连他的腿也有点打颤了。①

情节展开后则完全是心理描写。情节发展跌宕起伏,人物心理随之变幻。折腾到天快亮了,却发现是一场虚惊。

1947年下半年,国统区经济崩溃,货币贬值,民不聊生。即便如姚雪垠这样勤奋的作家,即便他刚出版了四卷本的"雪垠创作集",版税也不敷生活。他当年困窘的生活状况,在日记中也有零星记载:

八月四日

> 下午丰村与吴视来,晚饭留他们吃面。谁知每人只分到一碗,都没吃饱。客人走后,我心中很为不安。为什么不买两斤面条呢?

八月五日

> 碧野来,谈了半天,留下一篇两万字的小说,想换笔稿费救急。我请他吃两碗阳春面,为的省钱!

九月十五日

> 昨夜因挂心将来(在大事变实现前的最后黑暗阶段)经济更困难,睡觉极不安,做了许多凶梦。早晨醒来,看见枕上落了许多头发。为生活穷愁如此,而胡派尚造谣诬蔑,可谓毫无良心!

---

① 姚雪垠:《恐怖》,《文艺战地》1948年第1期。

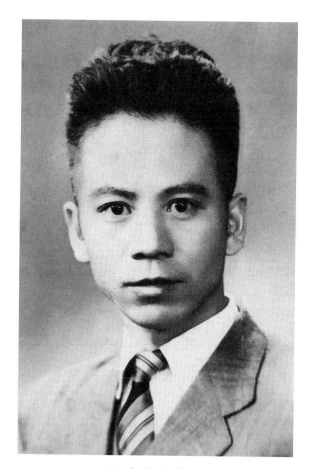

1947年,姚雪垠在上海

　　前两则日记中提到的丰村和碧野,都是已经成名的文艺家,他们当时的经济状况大体与姚雪垠相当,或更次之。

　　后一则日记中提到的"胡派尚造谣诬蔑"事,指的是月初发生的一桩文坛公案——突然有人对姚雪垠发难,同时在上海《时代日报》和北京《泥土》上发表批判文章,诬陷刘以鬯的怀正文化社为国民党特务机关,诬陷"雪垠创作集"得到了国民党的资助,影射姚雪垠为文化特务——该文坛公案的影响甚大,后果也相当严重。此事说来话长,且待后述。

第三节　"雪垠创作集"

姚雪垠辞职离开上海武训学校的时间大约在 1947 年 5 月末。其时，他已不再借住在朋友田仲济家，而是寄寓在沪西忆定盘路（今江苏路）怀正文化社二楼的纸型室里。

怀正文化社的老板名叫刘以鬯（1918—2018），1941 年毕业于上海圣约翰大学，同年奔赴抗战大后方重庆。当年，他不仅是个虔诚的文学爱好者，还是个狂热的初学写作者。他曾主编《国民公报》和《扫荡报》副刊，老舍的长篇小说《四世同堂》第一部就是他编发连载的。1945 年抗战胜利后回到上海，担任《和平日报》总编辑；不久，创办怀正文化社，出版中国新文学作品。1948 年去香港，后来成为著名作家。

多年以后，刘以鬯曾忆及怀正文化社与姚雪垠的缘分，写道①：

> 先严名浩，字养如，家中堂名为怀正堂，均从"浩然正气"取义。我为着纪念先严，所以将我办的出版社定名为"怀正文化社"。上海是全国出版中心，书店林立，像"怀正"这样的新出版社，想出好书，并不容易。不过，我很固执，除非不办出版社，否则，非出好书不可。"怀正"成立后，出版范围很窄，不出杂书，专出高水准的新文学作品。

附带提一句，"胡风派"当年对该社社名有误解，他们以为"怀正"必与"怀念蒋中正"有关，臆测该社为国民党特务机关，进而诬称姚雪垠为文化特务。

当年，刘以鬯称得上是位慧眼独具的出版商，他非常喜爱那些不从俗、有个性的文学家及其作品。譬如，他十分喜爱"鬼才"作家徐訏，曾把他接到社中居住，并出版其颇受左翼人士非议的作品；他也非常喜爱"天才"作家姚雪垠，尝为在重庆时无缘相见而抱憾，根本不在意"胡风派"对其的恶意中伤。1947 年年初，一次偶然的机会，剧作家徐昌霖告诉他姚雪垠来到上海的消息，他大喜过望。于是，他马上托徐昌霖与姚雪垠约定在国际饭店三楼见面。姚雪垠谈了自己的作品和近期写作计划，谈了《长夜》，也谈了计划中"农村三部曲"的另外两部《黄昏》和《黎

---

① 刘以鬯：《关于〈雪垠创作集〉》，收入《关于长篇历史小说〈李自成〉》，上海文艺出版社 1979 年出版。

明》（或名《残星》），还谈到河南豫西的土皇帝别廷芳。刘以鬯越听越兴奋，当场拍板定下出版"雪垠创作集"的计划，并邀请姚雪垠住在出版社，提供免费食宿。此后半年多，姚雪垠就住在出版社放纸型的房间里，安心地从事写作。

1947年5月至8月，"雪垠创作集"共四种陆续面世。

第一种为短篇小说集《"差半车麦秸"》，共收录了六个短篇：《"差半车麦秸"》《红灯笼故事》《新芽》《伴侣》《碉堡风波》和《大选》（又名《选举志》），均为姚雪垠短篇小说中的精品。

刘以鬯为该集所撰广告词如下：

> 这个集子虽只包括六个短篇，却都是姚氏的代表作品，读了这个集子，可以看见十年来现实是怎样发展，也可以看出来作者的风格是怎样一步步的达到炉火纯青之境。这六篇作品，有的会使你拍案愤慨，有的会使你感动流泪，有的又使你惘然微笑。其中《"差半车麦秸"》及《红灯笼故事》两篇，不仅在国内被认为伟大时代的代表作品，且均早译成数种文字，传诵国际，被列入世界名作之林。

第二种为长篇小说《长夜》。该作品为姚雪垠的近作，是作家创作方法和创作思想发生重大变化后的具有里程碑意义的作品。

刘以鬯为该集所撰广告词如下：

> 这是姚氏新近完成的长篇力作，充满了北方的原野气息。所写的人物是绿林好汉，生活是和我们陌生的绿林生活，使你一开始就被它的紧张的情节吸住，放不下手。然而这部书却是最有分量的，最深刻的，反映北方农村的作

怀正文化社出版的"雪垠创作集"四种

品。如果把现代中国划分为三个阶段，第一阶段是开始崩溃；第二个阶段是崩溃中的大黑暗，大混乱；第三个阶段是觉醒和黎明；那么这部书所反映的就是第二阶段的现实了。

第三种为中篇小说《牛全德与红萝卜》。该作品起笔于1940年，曾于1941年11月以"残本"的形式在《抗战文艺》上发表，后于1942年以"完本"的形式由重庆文座出版社出版。该作品面世后曾引起过抗战文坛的热议，也曾引发"胡风派"的激烈攻讦。1944年作家听取了茅盾等先生的意见，其后几年里对该作品进行了较大的修订：补写了"省青救会"对该民众抗日游击队的领导关系，补写了"省青救会"派遣的宣传队和指导员在该游击队开展的细致的思想教育工作，补写了主要人物"坏女人"的转变基础和转变过程等，算是补齐了短板。

刘以鬯为该集所撰广告词如下：

> 当数年前《牛全德与红萝卜》在重庆发表之后，立时轰动遐迩，被认为继《"差半车麦秸"》后中国新文艺之光辉收获。一直到现在，我们所有描写北方农民性格的作品，还没有一部能超过《牛全德与红萝卜》的。兹经姚氏精心补充，使此有名佳作，更成完璧。这不仅是一部小说，也是一首朴素的田园诗。要明了姚氏风格之美，不得不快读此书。

第四种为长篇传记《记卢镕轩》。该作品为中国现代文学史上最早的长篇文学传记，具有开先河的意义。该作品记述了作者的邓县同乡卢镕轩发明单轨火车、设计黄河连环坝、改良稻米品种等动人事迹，赞扬并叹惜其在"科学救国"道路上顽强行进的"可敬的精神"和"可悲的命运"。作品起笔于1946年冬，曾部分连载于《人物》杂志。因其题材的独特及人物的传奇性，曾引起过上海文坛的密切注意。1947年初曾有某电影厂想把它搬上银幕，后因经费问题而搁浅①；20世纪50年代初香港文艺家胡金铨（1932—1997）供职长城电影制片厂期间，曾将该作品改编成电影剧本《单轨火车》，可惜未被搬上银幕。

也许是由于这本传记文学作品迟至当年8月始问世，刘以鬯未及为该作品撰写广告词。

然而，仅从以上三则广告词中亦可见出刘以鬯对姚雪垠作品的喜爱和推崇。他希望姚雪垠能继续写下去，写出计划中的中国农村的《黄昏》和《黎明》。然而，

---

①　姚雪垠1947年3月5日致卢镕轩信中称："前日中央电影厂一位朋友，愿将兄拍为电影，惟估计成本须三万四万元以上，故此事尚未十分决定。"

由于此时国统区经济已经崩溃,"币值大跌,通货出现恶性膨胀。在这种情况下,保留白报纸尚可随时售出;将白报纸印成书籍,非蚀本不可。出版社陷于半停顿状态,无法继续出书。《雪垠创作集》当然也出不下去了。"①

"雪垠创作集"的出版是中国现代出版史上的一段佳话,它反映了一种新型的出版商与作家之间的关系,其间没有多少经济利益的追求,没有多少流派荣光的角逐,有的只是文友间的相互欣赏和同气相求。在姚雪垠最困难的时期,刘以鬯给予了他热情的帮助,姚雪垠铭记在心,念念不忘。数十年后,姚雪垠因《李自成》创作成功而声名远播,刘以鬯追忆起当年与姚雪垠的关系时,恬静地说:"姚雪垠热爱写作,所以勤于写作,有理想,有抱负,有才能,且有艺术良知。就那时的情形来说,'怀正文化社'谈不上给他什么帮助,充其量只是同事们的鼓励与一个清静的环境而已。"

怀正文化社出版的这套"雪垠创作集",印刷精美,版式大方,内容上乘,上市之后,得到了文坛的注重和读者的好评。然而,也就是这套作品集,竟引起了"胡风派"对姚雪垠的一场新的攻势。其后一两年间,北平、上海、成都、重庆、广州等地出现了一批讨伐姚雪垠及其作品的批判文章,俨然形成一种"世人皆欲杀"的诡谲氛围。

"胡风派"的新攻势也许与他们对怀正文化社社名的误解不无关系。据姚雪垠回忆:

> 1947年元月,我从河南又来到上海,住在现在香港作家刘以鬯办的出版社内,出了四本《雪垠创作集》。后来胡风派又写文章骂我。出版社房子是刘父盖的,刘父做过宁波海关官员,所以有钱。抗战期间,刘的兄弟去了重庆,汪精卫有个特务头子叫丁默邨,他在这里设有分支,刘氏兄弟抗战胜利返回,收回了房子。胡风派不问明情况,认为这是特务机关。刘氏兄弟的出版社叫"怀正出版社",胡风派说是"怀念蒋中正","怀正"是刘家的"怀正堂"。②

"胡风派"对姚雪垠的这场突如其来的新攻势当然与姚雪垠为"雪垠创作集"所写的《序言》和《跋》有着更直接的关系。

如前所述,自1945年以来,"胡风派"曾在多篇文章中对姚雪垠的作品进行过

---

① 刘以鬯:《关于〈雪垠创作集〉》。
② 杨建业录音整理稿。

批评,指称他为"色情作家"和"娼妓作家",指他的创作思想是"市侩主义路线",认为他笔下的人物"雷同",质疑说他的技巧"穷窘",甚至说他的作品是"客观主义"。

姚雪垠为此十分恼火,但也只得强自隐忍,以退为进,发奋图强。这套"雪垠创作集",可以说是他的卧薪尝胆之作,尤其是集中的两部近作《长夜》和《记卢镕轩》,无论是在表现社会生活的广度和深度,或是在刻画人物性格的生动性和丰富性方面,比起抗战时期的作品,都上了一个新的台阶。编完这套集子,姚雪垠似乎长舒了一口气,说话的底气也上来了。

他在《长夜·后记》中这样写道:

一（两）年前,胡风派的朋友们曾经对我的作品展开了热烈的批评,不管他们的批评态度使我多么地不能同意,我一直把他们当做我的畏友,感激他们对我的鞭策。他们说我的《差半车麦秸》是革命的公式主义,《牛全德与红萝卜》自然也是,而且他们从后一部作品中断定我创作人物的本领已经完了。他们忘掉了一个事实,就是《差半车麦秸》这小说发表于抗战开始后的次年春天,也可以说是最早地写出了从落后到新生的农民典型。这之前没有公式,这之后渐渐地成了公式。胡风派的朋友们一面在批判着这种公式,却一面在这一种公式里打跟头,创造着公式的工农英雄。至于他们说我不能够再创造出新的人物,那不是一向目空一切地小看惯圈外朋友,便像人们在愤恨时所发的咒语一样。咒语照例只代表主观愿望,要是咒语都灵验,这世界上还有什么客观的真理可讲? 我当然不相信"一咒十年旺"这句俗话,但我相信至少在十年内我的人物不会有枯竭的时候。在这部小说中我又写出了几个人物,在下一部小说中可能会写出更大更多的典型性格。我不是故意要唱一出《三气周瑜》,只是因为我既然从事于小说写作,写性格是我的份内之事。

他在《"差半车麦秸"》的《跋》中如此写道:

将抗战期中所写的极其有限的短篇小说,另外加上战前的两篇不成熟的作品,编为这个集子。分量是这么轻,使我对这伟大的时代和亲爱的读者双方面感到惭愧。虽然我自己感到惭愧,却有两种人看见这集子的贫乏会感到快慰:一种是被我的笔尖刺疼的,另一种是在新文学阵营中抱着天无二日地无二王的观念,除相信他们的小圈子是最正确和最进步的理论家和作家之外,决不相信别人对这时代也曾有些微贡献。我承认这两种人的立场是绝对不同的,但他们却不谋而合的有一个共同愿望,即是将我永远的放逐或轻轻的判处死刑。

　　幸而我是从风雨中,从原野上,从荆棘与野兽的包围中成长起来的,曾遇过无数打击,尝惯了迫害和暗算。过去既然我不曾见利失节,畏威移志,今后当然也不会对任何强者低头。我是从窒息的环境中,从刀剑的威胁下,倔强的生活过来的,今后我还要倔强的生活下去。生活是战斗,我的武器就是笔。除非我真正死掉,我相信没有人能使我缴械。为了我对这时代应负的责任,而不是为要使前边所指的两种人感到失望,我今后更要仔细的,大量的,没有休止的创作下去。继这个集子之后,我还有许多作品将陆续的,一部一部的拿出来,毫不犹豫地拿出来。善意的批评我绝对接受,恶意的诋毁也"悉听尊便"。我没有别的希望,我只希望这些表面革命而血管里带有法西斯细菌的批评家及其党徒能拿出更坚实的作品来,不要专在这苦难的时代对不能自由呼吸的朋友摆擂。

他在《牛全德与红萝卜·前言》中剖析道:

　　关于胡风先生理论上的法西斯毒素和机械论色彩,以及他对中国民族文化的毫无所知,对人民生活的隔膜,他的刚愎的英雄主义和主观主义,这一切不配做好批评家的弱点我今天都暂且不谈。今天,我尽可能地把问题的范围缩小,以讨论与《牛全德与红萝卜》有关的问题为主。……(笔者有删节,下同)当胡风派向我展开攻势的时候,他们决没有想到我在基本上还可以做一个忠实的"同路人",决没有想到我在这艰苦的时代中也有直接的和间接的屑微贡献,决没有想到我一直是在遭受着黑暗势力的打击和迫害。胡风派把我错看成他们的主要敌人,恨不得我立刻死去,不惜以种种造谣诬蔑的方法对付我,在当时我有点伤心,现在想起来觉得滑稽。我虽然有一个倔强的性格,但一直没想过用胡风派的方法报复胡风派。我对胡风派的作风虽极痛心,但我明白我同他们有一个共同的真敌人,那便是黑暗势力,所以我期望将来他们会放弃了狭隘的宗派主义的作风,会不再以诬蔑的态度对付文化战线上的患难朋友。我决不嫉妒他们成功,更绝对不希望他们毁灭。

　　……(笔者有删节,下同)胡风先生所领导的作风影响极大,所以虽然和他结合一起的不过三二人,但因为影响大,在国内俨然成一个不可忽视的小宗派。

　　……关于"胡风派"这个名词,有朋友劝我不用,为的是免得别人说文坛上真有派别，其实胡风派的存在尽人皆知，用不着掩耳盗铃。我们希望胡风派能放弃过去的狭隘作风，为整个的联合战线而努力。我提出"胡风派"这名词，毫无恶意，我认为宗派主义是巩固联合战线的一大障碍，不如揭穿了的好。两年来，文坛上稍有成就的作家如沙汀，艾芜，臧克家，SY等，没有不被胡风加以诋毁，全不顾现实条件，全不顾政治影响。青年本是热情的，经胡风先生一鼓励，一影响，就常常抛开原则，不顾事实，任意诬蔑，以攻击成名作家为快意。一般纯洁的读者见胡风派火气很大，口吻很左，就误认胡风派是左派的代表，于是风行草偃，一唱百和，形成了很坏的风气。

据笔者所知，姚雪垠的这篇写于1947年4月初的文章，是现代文学史上最早的公开点名批评"胡风派"的文字，也是最早的一篇没有政党背景的批判"胡风派"的文字。可为参照的是，邵荃麟执笔的《对于当前文艺运动的意见——检讨、批判、和今后的方向》一文，被学界公认为是中共文化人全面清算胡风宗派主义的动员令，始载于1948年3月"大众文艺丛刊第一辑"《文艺的新方向》，比姚雪垠的上述文字晚了将近一年。

更为凑巧的是，这篇《前言》刚刚脱稿，即被作家李乃仁（笔名荒芜）带到北平转给了出版家青苗。5月初，青苗将其改题为《论胡风的宗派主义》，发表在他主编的杂志《雪风》第3期上。同月，"雪垠创作集"面世，该文随之广泛传播。不久，成都有家报纸也转载了这篇文章。

这篇文章几乎同时在北平、上海和成都三地三处（刊、书、报）面世，引起了文坛的一片喧哗。

萧乾先生刚从国外回来，担任上海《大公报》主编。"五四"临近，他以"民主"为话题，撰写了社评《中国文艺往那里走》（1947年5月5日发表），热切地表达对文艺现状的不满及对未来的期许，他指出：

近来有些批评家对于与自己脾胃不合的作品，不就文论文来指摘作品缺点，而动辄以"富有毒素"或"反动落伍"的罪名来抨击摧残。在国家患着贫血，国人患着神经衰弱的今日，这现象是大可原谅的。我们希望政治走上民主大道，我们对于文坛也寄予民主的期望。民主的含意尽管不同，但有一个不可缺少的要素，那便是容许与自己意见或作风不同者的存在。民主的自由有其限度，文学的自由也有其限度。以内容说，战前亲日战后亲法西斯的作品也应该摈弃，提倡吸毒或歌颂内战的也不应容纳。但在"法定"范围内，作家正如公民，应有其写作的自由，批评家不宜横加侵犯。这是说，纪念"五四",我们应革除只准一种作品存在的观念,而在文艺欣赏上,应学习民主的雅量。

　　……(笔者有删节)谁能举出过去两年来可以与《阿 Q 正传》、《子夜》、《"差半车麦秸"》、《华威先生》伦比的一部作品呢?

如前所述,姚雪垠挑战对方的底气主要来自于近年来潜心创作所取得的成果;但放开眼光来看,他的勇气也未尝不是来自于占据文坛大多数的如萧乾这样的有热情有正义感的民主作家。

胡风很快地从不同渠道获知了姚雪垠的"挑衅"①,很快便读到了姚雪垠的这篇"大作",但他的反击比人们想象中的来得要稍晚一些,准确地说,要晚上三个来月。

8 月初,阿垅在胡风的授意下开始撰写反击文章,题为《从"飞碟"说到姚雪垠底歇斯底里》,长达万余字。

8 月 18 日,胡风收到阿垅寄来的文稿,不甚满意,退回让其修改。

8 月 23 日,胡风收到阿垅寄来的修订稿一式三份,一份送交朋友楼适夷主编的《时代日报》副刊《文化版》,另两份分别寄送北平朱谷怀主编的《泥土》和重庆的某刊物。

9 月 3 日至 9 月 5 日,阿垅的"飞碟"文在《时代日报·文化版》连载三天。该文写道:

　　假使我们并不健忘,那么,我们应该记得在重庆的年月,也应该记得当风声鹤唳的瞬息,姚雪垠是如何地在报端发表了他的自白,那是怎样一片悔罪的心不要"革命"了的。而现在,姚雪垠的杰作又是在什么出版机关出版呢?又住着什么人的屋子呢?

9 月 7 日,姚雪垠读到此文后感到十分震惊。他赶紧去拜访了《时代日报》编辑楼适夷,送上《为阿垅一文致"文化版"编者信》,严厉驳斥阿垅文中对其所进行的"闪闪灼灼的政治性诬蔑中伤",强烈要求报社责成阿垅对其文章中提到的"重庆自白""出版机关""屋子"三事"以负责态度,切切实实的加以解释"。楼适夷随即将姚雪垠来信事告诉胡风,胡风让楼先把稿子"压几天",他们好商量下一步的对策。

---

　　① 舒芜于当年 5 月 19 日从北平致信胡风,告之以姚雪垠在《雪风》发表文章事;几乎同时,阿垅亦从杭州致信胡风告知此事。

9 月 9 日，胡风致信阿垅，附上姚致《时代日报》信的抄件，让他赶紧找到载有"重庆自白"的报刊，以便与姚雪垠对质。为此，阿垅与朋友们找遍了京沪宁等地的图书馆，然而却一无所获。

9 月 13 日，楼适夷未及通知胡风，便在报纸上发表了姚雪垠的《为阿垅一文致"文化版"编者信》，并在"编者按"中敦促阿垅赶紧答复"姚先生认为栽诬的内情"。

9 月 16 日，胡风再次致信阿垅，传授如何在逆境下撰写答辩文章的技巧。他指出：第一，"对自白及出版处、住处等"三个问题，"不必老实到正面答复他"，冷嘲几句就够了；第二，措辞要"像包着橡皮的钢鞭子"，打得对方有苦说不出，以后不敢再来找"麻烦"。

9 月 25 日，楼适夷在《文化版》发表了阿垅的答辩文章《给文化版编者信》。阿垅文如此答辩：你有什么"资格""要我负责解释三点"？你"想一想自己所吃所住所言所为"，你"该叫做什么人……还需要解释么？"

姚雪垠读过阿垅的文章后非常气愤，他又找到楼适夷，要求给一句公道话，却遭到一顿痛骂；他找到叶以群，对方是中共地下党文艺方面的联络人，却表示爱莫能助；他想请文艺界的朋友们主持公道，大家却避之唯恐不及；他想通过法律起诉，又被以群等人劝阻……

姚雪垠气苦之极，在日记中写道：

（9 月 18 日）走出时代日报社，不是生气，而是伤心……真想不到……假若不是为着大的联合，我为什么要忍耐这一口气？

（9 月 22 日）昨日给以群信已言明，适夷既不把我当作文化友人……所以我对这不得已的起诉，问心无愧。不如此，则人格、名誉、全无保障，将有不易挽救的损失，此心已决，反感轻快不少。

（9 月 24 日）早晨去找以群，起诉事被他劝阻了。本来起诉我也知系下策，小题大做，而且又牵涉着政治问题。据以群云，阿垅已有回信，态度很坏。

《时代日报》是中共地下党借用苏商名义在国统区发行的报纸，其编辑部中的主要成员都是中共党员，该报在国统区有着崇高声望；该报《文化版》的编辑楼适夷是著名的左派文人，在中共上海文委中也担任着重要职务。

姚雪垠陷入空前的无助境地！

作家孙陵在其回忆文章《我熟识的三十年代作家》中描述了姚雪垠当年困窘的状态，写道："这个时期，雪垠确是非常苦闷。因为我喜欢喝酒，他便常来我家里藉酒浇愁。喝过酒便叹着气说:'年未四十,而发苍苍,而视茫茫……'我看看他的两鬓,确是白了一半。眼睛也近视起来了!"

这富有戏剧性的历史一幕,简直就是20世纪80年代姚雪垠与刘再复论争的预演:姚自以为真理在手无所畏惧,自以为创作成果骄人,自以为众望所归一呼百应,便像堂吉诃德一样地站出来,单枪匹马地挑战风车;碰得一脑门子血之后,还声称要打官司,不仅未得到权威人士的支持,还惹来一阵阵嗤笑。

这富有戏剧性的历史一幕,对姚雪垠有着重大的长久的影响。由于未能及时洗清被"胡风派"强加上的"文化特务"和"色情作家"的污名,他不仅未能出席新政权举办的全国文艺工作者第一次代表大会,而且长期被视为异类,尝尽了被歧视被损害被侮辱的痛苦。然而,也许正因为有了其后若干年炼狱般的生活经历,他的灵魂与修为"在血水中洗三次,在碱水中洗三次,在清水中洗三次……①",终于涤尽旧我,铸就新我,为其后的大成功奠定了坚实的基础。

这富有戏剧性的历史一幕,对"胡风派"也有着重大的长久的影响。他们所谓的"战斗道德"和"主观战斗精神"的虚伪性和虚弱性,都被文坛中人看在眼里。

据近年来公开的《叶圣陶日记》,其中便有几则当年的即时记录:

> (1947年)十月十日上午,(臧)克家来,谈文坛情况,于胡风颇不满,谓其为取消主义宗派主义之尤,于他人皆不满,惟其一小群为了不得。余于此等事向不甚措意,然胡风之态度骄蹇,亦略有不满也。

> (1947年10月12日)八时后(陈)白尘来谈,亦颇不满于胡风。

其后若干年,"胡风派"的流派理论与流派实践终也饱尝了被轻视被忽略的痛苦。

第四节　《万里哀鸿》和《崇祯皇帝传》

当年,姚雪垠并未过多地与"胡风派"纠缠,胸中自有乾坤者,不屑与人争一日之短长。诚如其所言,"我是从原野上,从荆棘与野兽的包围中成长起来的,曾遇过无数打击,尝惯了迫害和暗算。过去既然我不曾见利失节,畏威移志,今后当

---

① 俄国作家阿·托尔斯泰的《苦难的历程》的"题记"。

然也不会对任何强者低头。"①

1947—1948 年之交，国统区政治、经济、金融面临全面崩溃，物价飞涨，民不聊生。国民党对进步人士的迫害愈来愈肆无忌惮，警车"飞行堡垒"的轰鸣声整日整夜地在市区回响。在中共地下党的安排下，沪上有名望的文化人开始撤往香港，然后伺机潜往解放区，茅盾先生离开了，郭沫若先生也离开了；姚雪垠的几位朋友也相继离开了上海，碧野秘密地从陆路穿过中原走向北方，臧克家秘密地潜往岭南从海路驰向北平……

但姚雪垠却无意离开上海。他是一个在文学事业上有大抱负的作家，他执意要留在印刷出版条件优越的上海，以实现自己的文学梦。因而，他不在意越来越重的白色恐怖，也不在意自己的处境。

然而，上海居大不易，没有金条竟然租不到住房。姚雪垠作难了，他不能长期借宿在朋友家里，他急需一间能放下书桌的房子！

朋友孙陵听说了姚雪垠急欲租房事，提供了一条租房的信息。此君曾与姚雪垠同在第五战区待过，此时正在上海办一个叫《文艺工作》的刊物。他提议可以到台湾去租房，姚雪垠答应了。孙陵打听到的消息却是，台湾的租金竟然比上海更贵，姚雪垠顿时便死心了。

朋友王照慈知悉了姚雪垠急欲租房事，也提供了一条租房信息。王照慈原名王令菲，山东黄县人，笔名黎嘉。② 30 年代初走上文艺道路，曾为青岛"左联"成员；抗战初期流亡鄂豫皖，曾担任抗敌演剧队的导演和编剧；抗战中期羁留大别山时，为该地区最为重要的文艺家之一。姚雪垠甫至大别山时，还为其短篇小说《夜巡》等撰写过书评，两人关系甚笃；抗战胜利后，王照慈从安徽来到上海浦东，因其妻兄与高行农业学校（下简称"高行农校"）校长关系甚笃，得以应聘为该校国文教员。他获知姚雪垠寻租事，便盛情邀请姚移居高行，并也为姚谋得了一纸聘书。

1948 年年初，姚雪垠来到浦东高行镇，他终于觅得了一个能够静心写作的环境，一个能与旧雨新知畅谈文艺与政治的环境。此后一年有余，他便留居此地，竟

---

① 《"差半车麦秸"·跋》。

② 据鲁海《刘芳松访谈录》：王令菲，又名王灵菲，山东黄县人。他的父亲在青岛经商，居于青岛。在青岛《民报》等发表过作品。他 1932 年在青岛参加中共地下党和"左联"，地下党被破坏，他先后去上海和蓬莱我家中避难。1934 年返青岛后，风声仍紧。他和陈迈迁都同我谈过"左联"的情况，我介绍王令菲去北平入艺术职业学校学画，改名王郁私，又发表过不少文艺作品，笔名黎嘉。新中国成立后又改名王照慈，研究古典戏曲，在中央戏曲研究院工作。"文化大革命"时，因他在青岛与江青一起演过剧，了解江青底细，被迫害成神经病，不久去世。

有乐不思蜀之感。当年 9 月,有位记者专程来到高行镇采访姚雪垠,他在报道中生动地描写了姚雪垠的近况:

> 以描写北方农民性格和农村故事著称于一时的《牛全德与红萝卜》《差半车麦秸》《春暖花开的时候》《长夜》等长篇小说的作家姚雪垠,在抗日战争小说创作当中,他是一位产量很多,拥有不少青年读者的作家;然而,自从抗战末期以及战争结束以来,直到最近以前,却被一些批评家所不满,而他自己也似乎沉默了。这究竟是怎么一回事? 他的作品以及他自己对他过去的这些作品持何态度,现在这位作家在做些什么,将来还打算怎么做,这一连串的问题,似乎是每一个读过他的作品的人所早想知道的事情。他现在在上海近郊乡下居住,在一个约定的下午,我去看过他。
>
> 姚雪垠是一位相当活跃而洒脱的"中原才子",个性很倔强,但也能善于接纳他人的意见;不过,这不是表面上的,而是属于内心的自我改造过程。他近年来很少发表作品,经常在读一些理论之类的书籍,就是如此,他欢喜交友,谈天说地,极为诙谐,虽然已经是三十八岁的人了,但仍不减少年人所特具的那份天真热情。在他所住的那个乡镇上,他和周围的人物都搞得和融无间,有如家人,就是附近的老百姓,也都把他当作亲友一样看待。当我们到田野去散步而经过人家门口,"姚先生,进来坐坐嘛!"就好像亲友相逢一样地,坐在门前或走在路上的乡下人,常常这样招呼着他。①

从这篇访谈录中可以读出许多东西:不仅可以读出当时新闻界对姚雪垠的友善态度,也可以读出当时姚雪垠的轻松心境。不能不指出,这篇访谈录中所透露出来的文坛气息,与 1947 年下半年相比有了很大的改观。很明显,此时,文坛风习转变了。

文坛风习的转变也许要从年初郭沫若和茅盾离沪赴港后说起,他们两人都曾受过"胡风派"的攻击。在他们的推动下,中共华南局香港文委指派邵荃麟和冯乃超牵头创办"大众文艺丛刊",矛头直指"反人民的文艺"。

该刊第一辑上发表了"本刊同人,荃麟执笔"的论文《对当前文艺运动的意见》,这是由官方发布的第一篇讨伐胡风宗派主义的檄文。文章起首便揭橥社会上充斥着"对于文艺现实情势的指摘和不满",认定这种"惨状"与"目前批评上一些混乱的现象和宗派倾向"有着密切的关系。该文提出,建立"具有高度的社会

---

① 陈新:《姚雪垠答问》,载 1948 年 9 月 11 日上海《新民报》晚刊。

责任感"的文艺批评是挽救这种乱象的有效途径，并呼吁道："在左翼文艺界内部，为了坚持健康思想的主流发展，就必须有严肃的负责的思想批评，在反帝反封建的总方向下，扩大与巩固文艺统一战线，也必须有适当的批评……这个工作做得不好，其它工作也不会做得好的。"

该刊第一辑和第二辑上连续发表了胡绳署名的两篇文艺批评：前一篇题名为《评路翎的短篇小说》，批评作家路翎；后一篇题名为《评姚雪垠的几本小说》，批评作家姚雪垠。① 从某种意义上看，胡绳的这两篇文字称得上是邵文所要求的"具有高度的社会责任感"的文艺批评和"严肃的负责的思想批评"的示范之作。该文站在"人民的世纪"的时代高峰上，处处以"人民的文艺"为衡量标尺，通篇贯穿着"知识分子思想改造"的时代要求，严肃地敦促"小资产阶级知识分子"脱胎换骨；除此之外，该文也堪称同一时期文艺批评的经典之作，批评者真正关注着文艺作品的各要素——主题、题材、人物，行为、语言、心理，典型、真实、自我——而且不厌其烦地细致地进行着艺术分析。也许可以这样说，这两篇文章是该丛刊中足以传世的文艺批评论文。

胡绳是这样批评路翎的短篇小说作品的：

> 我们说，在那里，不管作者所写的是什么矿工，但所反映了的却是一种知识分子的心情；要写工人的恋爱，但写出来的恰恰是一种知识分子的恋爱；要写工人的思想，但写出来的恰恰是一种知识分子的思想！
>
> 为什么我们的作者硬要把本来属于小资产阶级知识分子的东西装到工人的心里去呢？
>
> 一个最简单的解答是：作者并不真正了解工人，而又不满足于仅仅在外形上来描画工人，想要"深入"一点，结果就只能把所了解的知识分子的一套拿出来垫空子了。
>
> 但问题恐不止于此。
>
> 再进一步，我们可以发现，小资产阶级的知识分子往往是一方面为自己心情上的复杂矛盾而苦恼，另一方面，却又沾沾自喜，溺爱着自己的这种"微妙"而"纤细"的心理，以为凭这点，正足以傲视于一切市侩……
>
> 正因此，我们的作家不但没有能真实地写出劳动人民，而且也并没有很

---

① 胡绳：《评路翎的短篇小说》，载 1948 年 3 月"大众文艺丛刊第一辑"《文艺的新方向》；胡绳：《评姚雪垠的几本小说》，载 1948 年 5 月"大众文艺丛刊第二辑"《人民与文艺》。

好地写知识分子。

胡绳是这样批评姚雪垠的小说作品的：

> 一个作家，如果不能真正抱着向人民负责的严肃态度，而以欣赏态度对待生活，根据自己的趣味来描写人物性格，以自我陶醉来代替了对历史真实的把握，那就不能不形成为创作生活的致命伤。

> 作家姚雪垠的基本弱点就在于此。

> 因此我不想用"客观主义"这样的说法来加在姚雪垠的身上，因为我们倒是希望他能够用忠实于客观的历史现实的态度来从事创作，——一个作家，只有树立这样的基本态度才为自己的思想情绪的改造奠下可能的基础。我也不想用"依照理论八股而从事创作"这样的话来批评，因为表现于姚雪垠作品中的主观内容并不是以什么八股教条为基础，而是泛滥着"出身于破落地主之家"的"知识分子"(这是作家自己的表白)的自我欣赏的情绪。在感觉到自己的情绪和思想已不够来认识在变化发展着的现实的时候(这种感觉是进步的契机)，便去乞灵于还未和自己的生活实践相结合的思想理论，这种情形是有的；但形成其创作的基本倾向实不在此而在彼。

在胡绳的笔下，路翎和姚雪垠这两位有才华的青年作家都属于尚未完成思想改造的小资产阶级知识分子，他们都还未能走进人民的生活，无论他们写过多少作品，也无论他们如何努力地表现工农，所表现的都只能是作家的未经改造的"自我"；因而，无论是自以为凭借着"主观战斗精神"便"足以傲视于一切市侩"的路翎，或是自以为始终秉承着"忠实于客观的历史现实的态度"的姚雪垠，他们创作的基本倾向都别无二致。

胡风读过"大众文艺丛刊"后很是震惊，留在上海撰写反击文章《论现实主义的路》，该文中有如下一段：

> 如果以为多吃了几斤盐，有了"资格"，可以自己作主了，就出"货"心切，性急起来，觉得不妨粗制滥造，让步到连活的人都可以不要，那么，主观公式主义和客观主义一定会兴奋地抱着脖子结成"统一战线"，跑来投标……而且，如果要化装富于肉感性，布景多添花样景，还可以随时敦请多年至交的高等化装师兼布景师，蜚声华洋两界的姚雪垠博士们来客串相帮……结果是抽空了也就是窒息了"活的群众及其实际斗争"，空出地盘来让堕落的文艺和反动的文艺趾高气扬地纵横驰骋的。

路翎读过"大众文艺丛刊"后更感震撼。他与胡风商量后，便埋头撰写驳论文章《论文艺创作底几个基本问题》（署名余林）。该文努力地修正"岛球"文人关于"小资产阶级作家"的定义，认为"小资产阶级作家"应该分为两类，第一类是本流派作家群，他们"一开始就和人民血肉地联系着的"，根本不需要"进行什么灵魂内的神奇鬼怪的斗争"；第二类是非本流派作家群，他们是"在严格的阶级意义上讲的小资产阶级作家（像先前的徐志摩和现在的某些作家），他们原来就和工农敌对，怎么会走到工农里面去？例如，以人民，民主为投机手段的小资产阶级作家（像姚雪垠之类），问题也就不能放在到不到战场或工农中间去这个提法上面。"文末有这样一大段：

> 他们更应该记着，他们那个"首先，是对于自己的批判"里面所轻描淡写地指出来的抗战期间在文艺底统一战线问题上，在文艺思想要求的问题上所犯的错误，正就是由于他们自己底纵容，那时候，被他们现在所歪曲的这个主观的精神要求即内在的真实的思想战斗要求，正是坚决地反对着那一切错误的。反对着对姚雪垠之流的色情文艺和市侩路线的纵容，反对着放弃思想要求去和张恨水梅兰芳的"统一"，反对着他们即在现在也一字不提的，在城市工作中最主要的戏剧这一部门底特别的堕落，反对着对才子神童吴祖光之流的纵容的。现在他们收获果实了吧。却仍然那样地轻描淡写，这，就不能不是对于历史和人民的罪恶！

后世的读者读到胡风和路翎的这些文字，也许不大明白他们何以对姚雪垠如此仇视，但大致可以掂量出姚雪垠当年在文坛上的分量。

中共香港文委诸人没有料到"胡风派"的反弹是如此的强烈，也许是为了维护国统区进步文艺界的"团结"吧，他们不得不对"胡风派"作出了一些妥协。"大众文艺丛刊"同人在续后发表的争鸣文章中，虽然在理论问题上寸土必争，但再未为姚雪垠说过一句话。①

当年9月，姚雪垠在接受上海《新民报》记者采访时语气却很是轻松：

> 记者问：作家与批评家之间，应该取一种什么样的态度才好，而作为一个作家，你对批评你的作品的人，又如何看法呢？

> 姚雪垠答：好的作家与批评家，应该同是站在人民的立场上，共同为创造新的历史而努力。批评应该摆脱主观成见和偏见，打破小圈子的作风，就事

---

① 续后出版的"大众文艺丛刊"上接连刊登出林默涵的《略论个性解放》和邵荃麟的《论主观问题》，两文都明确地批评了"胡风派""那一个知识分子的小集团"的"唯我独革"论，但都没有为姚雪垠置一词。

论事,"实事求是"。今天我们的作家固然很需要自我改造,而批评家们一样的需要改造,因为大家都是出身于小资产阶级的知识分子。一部分批评家们所表现的主观主义,宗派主义,唯我独尊的英雄主义,就说明了不管他们的姿态是多么"前进",而小有产者的劣根性并不比我们为少。我们的创作态度有时离开了人民立场,而某些批评家,他们打着人民的旗帜,却脚踏在小资产阶级个人主义的立场上,更甚于我们。所以大家都得改造。谁不痛改前非,真诚的向人民学习,谁将来就不能存在。

关于对我的批评,不管是出于善意或恶意的,只要我能见到,我必定仔细的读一读。搔到痒处的,可以使我知道如何改正,提起警觉;搔不到痒处的,一笑置之。至于有些人以轻薄狂妄态度造谣中伤,随便污蔑,自然令人生气,但事后一想,也就释然了。比较说来,我对于胡绳的批评是同意的。他看的较深,而且没有偏见。①

由上可见,姚雪垠很关心这场论争。他从"荃麟执笔"的论文中读出了中共文化领导层反对"宗派主义"的意图,从胡绳的论文中读出了他们对"小资产阶级知识分子思想改造"的要求;但他并不十分清楚这场世纪大战的政治文化背景,也不甚清楚论战双方所要争夺的究竟是什么?② 附带提一句,姚雪垠认为胡绳的批评"看的较深",是有道理的:当年只有胡绳一针见血地指出他的抗战小说中潜藏着强烈的"自我欣赏"(自恋)情结,只有胡绳敏锐地发现近年来他在创作方向上的不得已的转变,也只有胡绳读懂了他创作《长夜》时的取巧和无奈;胡绳还在批评文章中一语道破姚自以为"写过去比写现在较为稳当"的创作心理;这一切,算是真正搔到了他的"痒处"。

这场论争对姚雪垠其后一年多的文学创作有很大的影响,它甚至迫使作家暂时放弃了最为得心应手的小说艺术形式。他在接受上海《新民报》记者采访时这样谈道:

记者问:是不是因此就打算放弃写小说,而改写电影剧木呢?

姚答:不是这样的,写电影剧本是近来的事情,第一,当我接触到这工作

---

① 陈新:《姚雪垠答问》。

② 邵荃麟在《论主观问题》中写道:讨论的中心,是在对于主观问题如何理解,以及如何才能发扬文艺上的创造力量。在这些问题上,我们的见解是和主观论者基本地不同的。然而他们却处处以马列主义与毛泽东文艺思想者自命,因而引起了读者不少的误解,在这一点上,我们是有责任予以澄清的。原载1948年12月"大众文艺丛刊第五辑"《怎样写诗》。

的时候，我发觉它是直接诉之于观众，而观众确比小说要多得不能相比。可以说，在今天和将来，没有任何艺术的观众能超过电影的，这不是很好的教育工具，很有力的武器吗？第二，这是不用掩饰的，在此时此地，生活问题是任何人所不能不焦虑的，写电影剧本比写小说到底较能够帮助"生活"。第三，我已经写过一部《血腥的年代》，尚未完成，另外也计划两三长篇小说，着手搜集材料都已有数年之久，但因为迫于生活，写起来又不是一年半载可成，而且人民购买力如此低落时，销路不会好，出版者一定要赔本，而且还有其他问题会发生，所以一直搁了下来。第四，在创作上，应该怎样才能更接近人民，正确地反映现实，把握历史的发展等，自己现在还没有达到成熟时候，这也是迟迟未敢再以作品问世的原因之一。

简单地说，姚雪垠"未敢再以（小说）作品问世的原因"，是自知还未完成"自我改造"，自知尚未走进"人民生活"，因而尚不甚清楚应该"写什么"，也不甚清楚应该"怎么写"。当年，国统区文艺家在澎湃奔涌而来的"人民文艺"大潮面前，大抵都有过这样的迷惘和困惑，他们只有三种道路可选：要么依然故我，不改旧辙；要么反躬自省，力图更新；要么就此封笔，另寻他路。姚雪垠选择的是第二条道路，用他自己的话来说，即"痛改前非，真诚的向人民学习"。

他决心暂时搁置长篇小说创作。

访谈录中提到的被迫搁置的"长篇小说"，实际上并不止"两三部"。它们既指作家1946年便构思成熟的、表现20世纪初年至20年代中原巨变的"农村三部曲"（除《长夜》之外的《黄昏》和《残星》），也应包括作家计划中的表现中原近代工业萌芽的长篇小说姊妹篇《烟草》和《烟卷》，甚至还应包括作家已经写成十余万字的表现豫西乡村自治运动的长篇《小独裁者》①。

但姚雪垠没有想到，这暂时的"搁置"却是永远的放弃，从此再也没有拾起来的机会了。晚年他曾叹惜道："如今已入暮年，我深深遗憾的是：我那些要纵深地反映河南人民生活的愿望都未实现，仅仅留下来这一部四十年代（创作）的作品《长夜》！"

他决心尝试新的"更接近人民"的艺术形式。

访谈录中提到的"电影剧本"，指的是他正在上海《剧影春秋》杂志上连载的

---

① 姚雪垠在《学习追求五十年》中谈道：解放前，我曾经计划写一部长篇小说《小独裁者》，写了大约十万字上下，因为自己不满意，烧掉了。这是以镇平的彭禹廷和内乡的别廷芳为原型写的小说。

剧本《万里哀鸿》①,全剧共分为九部六十八节,似为分镜头脚本。作家选取了1942年饿死三百万人的河南大饥荒作为创作题材,表现出从"写过去"复归于"写现在"的积极态度,似乎是对胡绳批评的正面回应。该剧本以河南叶县"一个富裕的自耕农"李兴发一家三代九口的命运遭际为主线,生动地再现了中原战区农民所遭遇的这场旷世惨祸;剧中描绘了饿殍遍野易子而食的地狱景象,谴责了国民党地方政权的昏庸无能,适当地表现了战区某集团官兵对灾民的救助,揭露了当地劣绅伙同恶势力趁灾打劫的种种恶行,展现出1942年的人间惨剧非唯天灾也是人祸的历史真实。

姚雪垠对电影这一新兴艺术门类的关注大约始自1947年。这年年初他撰写过一篇影评,评述徐昌霖的"电影小说"《天堂春梦》②。他在影评中盛赞该作品的艺术特点,称:"(它的)写作手法是相当经济的,一个场面一个场面都对照的十分鲜明,且紧紧的扣着主题。这里没有枝蔓,也没有不必要的铺张。"这段话恰好也可以用来概括《万里哀鸿》分镜头脚本的艺术特点。

有必要作一备注:《万里哀鸿》是中国现代文学史上第一部完整地表现1942年河南大饥荒的文学作品,也是第一部已写成分镜头脚本的电影文学剧本③;这部被历史尘埃掩埋的巨制比当代作家刘震云的"调查体小说"《温故一九四二》早了四十余年,比冯小刚导演的电影《一九四二》早了五十余年。

他还为创作表现明末历史题材的长篇小说作了一些准备。

访谈录中提到的作品《血腥的年代》,似乎不惟指作家年初发表的史学专著《论明初的锦衣卫》,也指作家续后创作的长篇读史笔记《崇祯皇帝传》;前一部作品原题为《明代的特务政治》④,已写成五章计六万余字,第一章部分内容另题为《论明初的锦衣卫》交《中国建设》杂志发表,⑤因其内容太过敏感,编辑部未敢续载;后一部作品,已写成第一部,前三章四万余字连载于《幸福》杂志⑥,后因刊物

①　该电影剧本连载于上海《剧影春秋》第1卷第1、2、3号(面世载于1948年8月、9月、10月)。

②　姚雪垠:《读〈天堂春梦〉》,《四川时报》1947年3月20日。

③　据雅珀《新的剧作人:姚雪垠印象》(载《电影简报》1948年第12期)透露,"中电有开拍《没有春天的春天》的消息,这个戏,是姚雪垠写的……以灾区的生活为题材。"《没有春天的春天》是《万里哀鸿》的初拟名。姚雪垠的朋友徐昌霖时任上海中电三厂编剧导演(1947—1948年间在此任上)。

④　一年以后,叶丁易专著《明代特务政治》由群众出版社1949年出版。《序》中落款处有"1949年1月2日丁易写定后序于正定"字样。姚著与叶著并无关联。

⑤　第1章发表时定题为《论明初的锦衣卫》,《中国建设》第7卷第6期(3月号)。

⑥　《崇祯皇帝传》,连载于上海《幸福》月刊第23至26号(1948年12月至1949年3月)

停刊未能续载，余稿不存。

作家选取三百年前"明末的历史大悲剧"来作为创作素材，似乎有悖于其时奉行的"写现在"的创作宗旨，其实却不然，由于国民党文网森严，直接针砭现实的作品难以问世，很多作家便不得不选择历史题材以曲折地反映现实，姚雪垠也是适逢其会。

姚雪垠晚年曾谈及这两部作品的构思，他写道：

　　（关于《论明初的锦衣卫》）解放战争期间，我住在上海乡间，开始为写明末历史题材的小说着手准备。我首先抓住明代"绝对君权"制度的政治特点和形成崇祯性格的社会历史条件进行研究。我打算将这两个问题大体研究清楚之后，再继续研究其他问题。……发表这篇论文，一方面是为着借古喻今，起一点战斗作用，一方面是由于我为准备写小说而研究明代的东厂和锦衣卫。

　　（关于《崇祯皇帝传》）在写《明代的特务政治》的同时，我研究崇祯皇帝的悲剧和他的性格形成的历史根源。我从明朝中叶研究起，想弄清楚他的祖宗留给他的政治遗产。当时有一位青年人（我忘记了他的名字）到乡下找我，说他要办一个刊物，名叫《幸福》，要求我给他写点稿子。我将研究崇祯的材料略加整理，标一个《崇祯皇帝传》的题目，交他发表。①

作家说得很清楚，这两部作品都是为撰写"明末历史题材的小说"所作的史料准备。前一篇着重研究"明代绝对君权制度的政治特点和形成崇祯性格的社会历史条件"，后一篇着重研究"崇祯皇帝的悲剧和他的性格形成的历史根源"；这两篇作品虽然都带有"借古喻今"的意味，实际上更多的却是纯粹的历史研究；但令人遗憾的是，这两篇作品都还未及写到崇祯皇帝，前一篇写到明世宗即止，离朱由检登基还有六十二年，后一篇止于明光宗，离朱由检登基尚有八年。

姚雪垠在这里提到的"明末历史题材的小说"，指的并不是《李自成》，而是1943年寓居重庆张家花园时与人闲聊时提到的创作构想——长篇历史小说《崇祯皇帝》②。但当年他只是"想想而已"，并未真正着手搜集材料。1948年载于《幸福》杂志的同题的《崇祯皇帝传》，认真地说起来，只是为1943年构想的这部

---

① 均引自姚雪垠《学习追求五十年》。
② 请参看《梅林的抗战文坛日记》，《新文学史料》2018年第3期。

小说梳理的历史资料而已,其体裁并不是文学传记,更不是历史小说,而是"笔记"①。

顺便说一句,姚雪垠此时突然热衷历史题材小说创作,并不是时代风气或政治压迫所导致,而是其文学修养和历史癖好蓄积到一定程度的必然结果。如前所述,他早年的人生目标并不是小说家,而是"马克思主义史学家或中国文学史家"②;他走上文学创作之路后,仍关注着史学界的风风雨雨③;他所独具的文学修养和史学禀赋,在特定的时代精神的陶冶下,会发生精彩的融合和升华,为中国文学锤炼出一位划时代的历史小说家。

话又要说回来,姚雪垠为何要把他为这部"明末历史题材的小说"所梳理的两部史料统称为《血腥的年代》呢?④ 须知,《崇祯皇帝传》第一卷《悲剧的根源》第一章的标题即为《血腥的传统》,文中有如下文字:

> 明朝的历代皇帝尽都是血腥的统治者。他们不是靠清明的政治来维持政权,而是靠锦衣卫镇抚司、东厂和西厂,这些特务机关和特刑庭来维持政权,是靠惨无人道的酷刑和杀戮来维持政权。血债自然要用血债还,而一切违反理性的统治办法都只能增加人民的普遍仇恨和统治阶级内部的分崩离析。所以,在明朝,农民叛乱和少数民族的解放战争,将近三个世纪中此起彼落,接续不断,终而形成崇祯年间的狂风暴雨,将大半个中国都卷入内战之中,同时朝廷解体,连皇帝所信任的太监也一个个背叛了他。

毋庸置疑,按照这样的明史观写成的小说《崇祯皇帝》,较之作家中年以后动笔的《李自成》,在表现历史生活的真实性上将会有着很大的差别。而且,作家的视角在这两篇小说中也完全不同:在前一部小说中,承继着"明代的历代皇帝"血腥统治传统的崇祯皇帝朱由检将自始至终担任舞台的主角,而在三百年间持续不断的"农民叛乱和少数民族的解放战争"中应运而生的草莽英雄李自成和张献忠

---

① 1977年姚雪垠在《〈李自成〉创作余墨》中曾写道:解放战争期间,我在上海教书,着手研究明代以东厂和锦衣卫为镇压工具的"特务政治",写了不少笔记,还发表了一篇历史论义《明代的锦衣卫》。同时我研究崇祯及其家族的政治生活,从明武宗研究起,写了不少笔记,曾经以《崇祯皇帝传》的题目在刊物上发表了一部分。

② 姚雪垠在《学习追求五十年》中谈到最初的人生目标:"能够成为一个马克思主义史学家或中国文学史家。"笔者据此对引文作了补充。

③ 姚雪垠40年代撰写的史论文章:《读史随笔》(1944年12月)、《历史的悲哀》(1944年12月)、《历史不容曲解》(1948年7月)、《论石敬瑭式的政权》(1948年9月)。

④ 姚雪垠此期的明史观深受吴晗史著《从僧钵到皇权》(1944)和李文治史著《晚明民变》(1945)的影响。

则是配角;而在后一部小说中,主角和配角则将完全易位。① 不同的时代精神,不同的人生境遇,不同的创作心境,不同的创作手法,将赋予同一题材的小说以完全不同的主题。此事说来话长,且待后述。

值得欣慰的是,2003 年姚雪垠的哲嗣海天与中国青年出版社资深编辑王维玲合作,将《李自成》中关于崇祯的章节尽数抽了出来,经过四年的精心编撰竟得八十余万字,于 2007 年出版了《崇祯皇帝》上下两册,完成了其父六十年前的创作夙愿。②

重要的事情再说一遍:

第一,已发表的《明代的特务政治》和《崇祯皇帝传》这两部作品都只是作家为日后创作"明代历史题材小说"而梳理的史料③;

第二,作家当年构想的这部"明代历史题材小说"的主角是朱由检(崇祯皇帝),而非李自成或张献忠;

第三,作家其时对明末"农民战争"的认识还未达到一定的高度,也还未对"农民叛乱"首领李自成产生特别的研究兴趣,他曾表述道"历史上一切农民暴动,都带着强烈的报复主义,只求逞一时之快,缺少政治远见"④,还曾将杆匪头目李水沫比之为未"混成"时的李自成⑤。

1949 年 4 月,《崇祯皇帝传》连载到第 4 期时,解放军南渡的消息如春雷轰鸣,"血腥的年代"将要结束了,姚雪垠心中充满了喜悦。同月底,他在长篇传记《记卢镕轩·序》(再版)中激动地写道:

> 本书从第二版起改由东方书社出版。初版时为顾忌发行麻烦,不得已而忍痛删掉的句子,如今都补上了;偶然错误的地方也改正了。
>
> 初版时,内战正开始进行;再版时内战已接近尾声。初版时,我的故乡正战栗在最顽强的、野蛮的、半封建的反动势力的血腥的统治之下;再版时,那儿的一切反动政权和武装组织,早已被人民解放的洪流冲毁无余。初版时,

---

① 姚雪垠在《学习追求五十年》中谈道:在《李自成》这部小说中,主人公当然是李自成,但是最重要的配角决不是张献忠,而是崇祯皇帝。

② 1943 年 8 月 8 日,姚雪垠与梅林等聊天时谈道:"希望写下几百万字的《崇祯皇帝》,用上好的纸张印刷,精装烫金。"参看梅林《抗战日记》。

③ 姚雪垠在《为重印〈长夜〉致读者的一封信》(1995)中谈道:"一九四八年我住在上海郊区,除为《李自成》准备资料外……"此说当为误记。

④ 姚雪垠:《读史随笔》(1944 年 12 月)。

⑤ 参看姚雪垠《长夜》中的相关描写。

我的心何其沉重;再版时,我站立在东海之滨,遥望中原,默默的为故乡祝福,我的心啊何其兴奋而轻松!

本书所写的是故乡人与故乡事。如今,故乡的人民正在翻身,不知又出现了多少可歌可泣的英雄故事。我将归去,同他们生活在一起,用火焰一般的句子,写出来他们的传记!

就在这当口,解放大军逼近上海,炮声隆隆不绝于耳。在中共地下组织的发动和组织下,高行农校进步师生掀起了迎接解放的热潮,姚雪垠也积极地投身于其中。[1] 他主动接受中共地下党员张松和、石小平的领导,承担起中共“苏中一地委联络部”辖下的“上海中心组”分派的各项工作:他奉命在高行农校组建新民主主义青年团支部,他奉命团结当地中学进步教师建立“高桥区民主堡垒”,他奉命策反国民党卢湾警察分局的副局长,他奉命起草《告上海市民书》《告上海工人书》《告伪军官兵书》《告伪警察书》《告伪警官书》等多种传单,他奉命联络上海电影界人士筹划拍摄“上海解放新闻记录片”,他奉命主持地下刊物《群众报》,他忙得不亦乐乎……

1949 年 5 月 27 日,上海解放。

---

[1]　参看刘光杰《忆上海解放前后在高行农校的姚雪垠大师》(载《南阳人物》2007 年第 9 期)、余敏《怀念恩师姚雪垠》(载《新文学史料》2010 年第 3 期)。